WILLY J. STEVENS

DESAFÍOS PARA
AMÉRICA LATINA

Para Natalie, Peter y Alexander

WILLY J. STEVENS

DESAFÍOS PARA
AMÉRICA LATINA

Traducción de Víctor Valembois

TAURUS
PENSAMIENTO

DESAFÍOS PARA AMÉRICA LATINA
© D.R. 1999, Willy J. Stevens

De esta edición:
© D. R., 1999, Aguilar, Altea, Taurus, Alfaguara, S.A. de C.V.
Av. Universidad 767, Col. del Valle
México, 03100, D.F. Teléfono 688 8966

- Distribuidora y Editora Aguilar, Altea,Taurus, Alfaguara, S.A.
  Calle 80 10-23. Bogotá, Colombia.
- Santillana S.A.
  Torrelaguna, 60-28043. Madrid
- Santillana S.A., Avda San Felipe 731. Lima.
- Editorial Santillana S.A.
  Av. Rómulo Gallegos, Edif. Zulia 1er. piso
  Boleita Nte. Caracas 1071. Venezuela.
- Editorial Santillana Inc.
  P.O. Box 5462 Hato Rey, Puerto Rico, 00919.
- Santillana Publishing Company Inc.
  2043 N. W. 86 th Avenue Miami, Fl., 33172 USA.
- Ediciones Santillana S.A.(ROU)
  Javier de Viana 2350, Montevideo 11200, Uruguay.
- Aguilar, Altea, Taurus, Alfaguara, S.A.
  Beazley 3860, 1437. Buenos Aires.
- Aguilar Chilena de Ediciones Ltda.
  Pedro de Valdivia 942. Santiago.
- Santillana de Costa Rica, S.A.
  Apdo. Postal 878-1150, San José 1671-2050 Costa Rica.

Primera edición: abril de 1999

ISBN: 968-19-0532-6

© Diseño de cubierta: Carlos Aguirre

Impreso en México

Todos los derechos reservados. Esta publicación no puede ser reproducida, ni en todo ni en parte, ni registrada en o transmitida por un sistema de recuperación de información, en ninguna forma ni por ningún medio, sea mecánico, fotoquímico, electrónico, magnético, electroóptico, por fotocopia o cualquier otro, sin el permiso previo, por escrito, de la editorial.

Prólogo

Se afirma siempre que el primer paso hacia la solución de un problema consiste en plantearlo correctamente. Creo, en efecto, que todo acto humano es más eficaz si va precedido de la reflexión y de la comprensión. Por ello me complace presentar la edición en español del libro Desafíos para América Latina, una muestra de excelente capacidad reflexiva sobre la situación actual de nuestra región, escrita por mi amigo, el diplomático belga Willy J. Stevens.

En esta obra, un culto ciudadano europeo asume voluntariamente, y con envidiable sagacidad, la tarea de pensar y expresar las condiciones en las que América Latina se debe plantear el "problema" de enfrentarse a sus más importantes retos, en momentos en que el cambio de milenio provoca en nuestra civilización una serie de grandes excitaciones políticas, sociales y culturales. Indudablemente, para los latinoamericanos será muy útil el dictamen mesurado, lúcido y sistemático de alguien que, conociéndonos extremadamente bien, nos observa con afecto e interés, y con la posibilidad —magníficamente explotada por el embajador Stevens— de renunciar a cualquier apasionamiento. Puede afirmarse que, con una actitud clínica, el autor nos somete a un conjunto bien escogido de exámenes de laboratorio —los nueve retos fundamentales. Sin proponernos un tratamiento, su diagnóstico nos permite conocer mejor el estado de salud de nuestra región. Más aún, nos permite saber cómo se percibe, desde la perspectiva europea, ese estado de salud.

No prologaría un libro si, aun cuando, como es normal, no comparto todas las opiniones en él expresadas, no tuviera sólidas razones de aprobación. Por otra parte, sería desconsiderado con las lectoras y los lectores si pretendiera convertir este corto prólogo en una argumentación personal sobre los temas que el embajador Stevens trata aquí con toda propiedad y no menor autoridad. Sin embargo, no creo excederme si me manifiesto de acuerdo con lo que podríamos llamar la formulación metodológica de la obra. Cada capítulo enfoca un reto o problema, pero sin eludir las interrelaciones que existen entre ellos; pueden ser leídos y comprendidos separadamente. Esta característica, por así decirlo, antológica, permite al autor desplazar sus enfoques, con libertad pero sin arbitrariedades, desde lo específicamente nacional hasta lo generalizable a todo el continente.

Con lo que me siento más a gusto al examinar esta obra es con la selección de los temas. Sospecho que si el embajador Stevens me hubiera preguntado, antes de darse a la tarea de escribirla, cuáles son los retos a los que debería referirse, le habría sugerido básicamente los mismos. No me cabe la menor duda de que los primeros cinco son ineludibles y, si acaso, habría sido interesante la inclusión de un capítulo dedicado exclusivamente al tema de la educación en América Latina. Pero no quiero que esta observación se interprete como una queja. Por el contrario, ojalá mi distinguido amigo belga la tome como una invitación a que, en el futuro, nos privilegie con otros análisis sobre la situación de nuestra región.

La edición en lengua neerlandesa fue prologada por el dirigente político holandés Jan Pronk, quien entre otras funciones ha desempeñado la de ministro de la Cooperación de los Países Bajos. Como el embajador Stevens, el ministro Pronk es gran amigo de América Latina; a él debo agradecer un prolongado y consistente apoyo al proceso de pacificación y democratización de Centroamérica iniciado con los acuerdos de Esquipulas. Por ello es que este libro me depara, además del conocimiento de las interesantes y acertadas opiniones de don Willy J. Stevens, el grato honor de compartir esta placentera tarea de presentación con un extraordinario amigo común.

San José, Costa Rica, agosto de 1998.
Óscar Arias
Premio Nobel de la Paz

INTRODUCCIÓN

Para quienes todavía piensan en América Latina en términos de generales, selvas y sacos llenos de billetes sin valor, quizás es hora de que revisen ciertos mitos.
Financial Times, *27 de julio de 1994*

Abya Yala es el nombre con el cual los habitantes de América se referían a su espacio vital cuando Cristóbal Colón los descubrió en su camino hacia Cipango. El nombre quedó en la gaveta de la historia, porque ya poca gente lo utiliza. Sin embargo, Abya Yala representa más que una simple entidad geográfica: constituye una cosmovisión que surge de la tierra. Un mundo vivido en comunidad, pues la Madre Tierra no se puede fragmentar. El indígena es parte integral del suelo que lo vio nacer y que lo protege; a su vez, él lo cuida. Un indio sin tierra es como un muerto en vida.

Han pasado cinco siglos. Mucho ha cambiado desde entonces en Abya Yala. Varios factores siguen evolucionando. La caída del muro de Berlín inició el tercer milenio. A nadie escapa que en América Latina ahora prevalecen numerosos signos esperanzadores. ¿Se trata de un giro drástico e irreversible respecto del pasado, o solamente de algunas manchitas luminosas sobre un fondo oscuro?

En los años ochenta asistimos a la caída de todos los regímenes castrenses surgidos en la década anterior. ¿Será que los militares y la oligarquía por fin entendieron que las bayonetas no sirven para sentarse encima? Sólo en Surinam y en Haití hubo nuevos golpes militares. En este último país ocurrió en el contexto de la lucha por el poder que empezó en 1986, con la caída de la dictadura de la familia Duvalier.

En lo que va de la década de los noventa tuvieron lugar dos golpes militares, ambos otra vez en Surinam y Haití. El funesto golpe telefónico en Surinam terminó al año, por la vía de las elecciones y el golpe en Haití fue liquidado en 1994 mediante una intervención estadounidense. En Venezuela (1991) fracasaron dos revueltas militares. En cambio, el autogolpe del presidente Fujimori en Perú (1992) contó con el apoyo de los cuarteles. En 1993 el mandatario Serrano, de Guatemala, quiso repetir el ejemplo peruano, pero no logró apoyo similar. Tuvo que huir a Panamá, siguiendo la senda de Juan Domingo Perón, Anastasio Somoza y el sha de Irán. En 1994 se colocó en la misma lista el brigadier general Cedra de Haití depuesto por los norteamericanos y, en 1997, Abdalá Bucaram, quien pretendió que un golpe parlamentario con la ayuda de los militares lo había obligado a dimitir. A raíz de la profunda crisis política provocada por el dinero de los cárteles de la droga, infiltrado en las elecciones en Colombia en agosto de 1995, cierto número de ciudadanos de ese país, vinculados con las fuerzas armadas, pidieron al embajador de Estados Unidos, el temido procónsul Flechette, que los apoyara en su deseo de desbancar al presidente Samper. Fue el silencio lo que tuvieron como respuesta. Pareciera que Washington comprendió que un golpe militar, incluso en la lucha contra el tráfico de drogas, ya no es un recurso manejable. ¿O sería porque los estadounidenses tenían ya lo suficiente bajo control a Samper como para que bailara al son de ellos en la guerra frontal contra los barones de la droga en Colombia? En abril de 1996 el general Lino Oviedo, de Paraguay, creía que todavía podía recurrir a idéntica receta, pero la presión nacional e internacional a favor de la democracia y el Estado de derecho resultaron tan fuertes que el uniformado se vio obligado a dar marcha atrás.

En la mayoría de los países, las fuerzas armadas tuvieron una sensible transformación. Aceptaron los principios democráticos y se sometieron al poder civil. Se eliminó el servicio obligatorio y el número de conscriptos se redujo drásticamente. En Nicaragua la planilla bajó de 90 mil a 11250; en El Salvador de 63 mil a 31 mil; en Honduras de 25 mil a 10 mil; en Guatemala de 55 mil a 36 mil. Durante 1995, en América Latina los gastos para defensa se redujeron 1.6% del Producto Nacional Bruto, frente a 3.1% en 1985. Ninguna región en el mundo lo hizo mejor. El cambio resultó notorio, sobre todo en Argentina, Brasil, Chile y Perú. En 1994, Panamá y Haití llegaron incluso a suprimir su ejército. Costa Rica los había precedido con una medida similar desde 1949. Por doquier, es significativa la reducción del poder de los mandos castrenses en lo económico, social y político "oculto". Definitivamente, el ruido de los sables ensordeció. La policía secreta tampoco escapó a la poda. En muchas partes fue disuelta; ya no constituye una parte represiva del aparato militar, sino que es transformada y puesta a la orden del poder civil. En El Salvador llegaron incluso a crear una policía civil totalmente nueva. Es lamentable que, como uno de los dividendos negativos del proceso de pacificación, muchos agentes despedidos pasaron al crimen organizado, con el propósito de sobrevivir.

INTRODUCCIÓN

Al intentar los nuevos regímenes democráticos hacer justicia respecto de los crímenes del pasado, la protesta de la institución militar muchas veces se queda en meras palabras. Lo anterior contrasta sobremanera con la situación de hace diez años, cuando el presidente Alfonsín se las tuvo que ver con dos rebeliones, y los militares de Uruguay lograron ser absueltos por su colega Sanguinetti. Típico es el vuelco del general Pinochet. En contraste con sus amenazas de antes, al final se mostró más flexible cuando la Corte Suprema exigió que el general Manuel Contreras, exjefe de la policía secreta, y su asistente, el brigadier Pedro Espinoza, fuesen encarcelados. Se les acusó formalmente del asesinato, ocurrido en 1976, de Orlando Letelier, que fuera canciller del depuesto presidente Allende y que posteriormente había dirigido la oposición chilena en el exterior. En la Argentina de 1995 se asistió incluso a la confesión pública y el arrepentimiento de la dictadura militar por sus crímenes. De este modo, en algo contribuyeron a la reconciliación de la sociedad civil.

Sólo Honduras y Perú parecieran salirse de ese cuadro. En el país andino, desde su autogolpe de abril de 1992, el presidente Fujimori cogobierna con la cúpula militar; sordas escaramuzas y enfrentamientos abiertos se presentan de vez en cuando entre el jefe de Estado y el comandante general del Ejército, de la dictadura militar Nicolás de Bari Hermosa. En el país centroamericano, en 1995, cuando nueve oficiales fueron llamados por el juez civil en relación con el secuestro y la tortura de seis estudiantes en 1984, los tanques desfilaron por la capital. Los mandos castrenses invocaban amnistías concedidas en 1987 y 1991. Tres de los citados desaparecieron bajo la protección del ejército; en septiembre de 1997 fueron ubicados dos de ellos. Los demás se encuentran en fuga, unos en Canadá y otros en España. No cabe duda que, al fin de cuentas, la tropa tendrá que ceder y acatar las órdenes judiciales. Como balance de la administración Reina (1994-98), la cuota de poder político de los militares se vio sustancialmente reducida. El poder civil logró confirmar totalmente su supremacía sobre las instituciones armadas, que han puesto mucho de su parte. Justo es reconocer que Honduras se volvió hasta un modelo de democracia "electoral".

Después del colapso del imperio soviético, muchas guerrillas desaparecieron. Optaron por lograr sus objetivos por la vía democrática. Sólo en Colombia, México y Perú subsisten. El Frente Norte-380 de Nicaragua y el Frente Unido Andrés Castro, respectivamente, compuestos por excontras y exsandinistas, dejaron las armas en 1997, después de que el presidente Alemán se comprometió a respetar las promesas gubernamentales. En México, sin embargo, en junio de 1996 apareció un segundo movimiento. Si como resultado del nuevo crecimiento económico que goza el hemisferio no hay mejoría para las masas de pobres y pauperizados, no habrá que excluir una explosión de resistencia social intensiva. La creciente brecha entre ingresos y oportunidades alimenta la insatisfacción social y aumenta la conciencia de clase. Esto podría llevar a una nueva vida para el marxismo y a otra violencia política organizada. Los guerrilleros ya no suelen tener problemas en lo que se refiere a la obtención de fondos locales para su financiamiento. Se puede comprar armas en cualquier parte y constituye un secreto a voces que los movimientos de resistencia que concluyeron acuerdos de paz no necesariamente entregaron todo su arsenal. En realidad las guerrillas activas restantes pertenecen a una generación nostálgica. Son grupos de retaguardia de movimientos nacionalistas que se apegan a la lucha de clases y se empeñan por mayor igualdad social y reforma agraria o por integración y emancipación política de las poblaciones indígenas. Hace rato desistieron de la ilusión de importar el modelo de la revolución cubana. Si los gobiernos no están dispuestos al diálogo, puede que la subversión armada tenga poder de fuego para rato. En Colombia ya aprendieron la lección.

En general, ya son pocas las infracciones a los derechos políticos. Excepto en Cuba, en todas partes se celebran elecciones libres y abiertas, muchas veces bajo supervisión y con la colaboración de la comunidad internacional. En principio, hay libertad de prensa y derecho de sindicalización. Se restableció la democracia "electoral" que, desgraciadamente no equivale a la democracia "social", de carácter redistributivo y participativo. Se fortaleció el Estado de derecho con sus instituciones democráticas. Casi en todas partes florecen el sistema multipartidista y la alternabilidad. En México, con una tradición autoritaria tan antigua que, según las palabras de Carlos Fuentes, se remonta a Moctezuma y Cortés, el mismo presidente Zedillo tomó la iniciativa, con miras a cambiar el sistema desde las urnas en función de una profunda democratización. El 6 de julio de 1997 las elecciones parlamentarias en este país pusieron fin a la hegemonía del Partido Revolucionario Institucional (PRI) prevaleciente desde 1929. Sigue siendo el partido más importante, pero sin mayoría absoluta en la Cámara, la cual, de ese modo, pudo romper su vinculación umbilical con el gobierno. En la contienda presidencial guatemalteca, en noviembre de

1995, se inscribieron 26 partidos. En Nicaragua, en octubre de 1996, 24 candidatos apoyados por 35 agrupaciones políticas participaron en la carrera presidencial con miras a sustituir a la presidenta Violeta de Chamorro. Sólo dos tenían posibilidades reales de éxito. Incluso el Partido Colorado, en Paraguay, fue sometido a presión para abandonar su monopolio de cinco décadas en el poder, pero resistió. Casi en todas partes las organizaciones autónomas de base adquirieron más injerencia en el proceso administrativo y de desarrollo. También aumentó la participación de la mujer y de los grupos minoritarios.

Cabe destacar que el quinto centenario del descubrimiento de América Latina, en 1992, significó el inicio de una mayor representatividad de los pueblos autóctonos en el escenario político y económico, tras siglos de existencia al margen de la sociedad. Las constituciones de varios países reconocen ahora el carácter multicultural de los Estados y la existencia de las comunidades indígenas como entidades únicas, con derechos específicos, además de culturas y lenguas distintas. Esa situación, inimaginable dos décadas atrás, no quita que sea todavía arduo el camino por recorrer.

Las violaciones más flagrantes de los derechos humanos ocurren en el campo de los derechos de la vida y la integridad física. Felizmente los gobiernos ya no utilizan la violencia como instrumento de control social. Los hechos que todavía se registran ya no resultan, en general, orquestados por la misma autoridad, salvo algunos perpetrados en el contexto de la lucha contra las drogas, la violencia común y los focos guerrilleros subsistentes. La responsabilidad de los gobernantes se debe más a omisión o dejadez de intervenir de manera eficiente contra los autores de la violencia, sean personas privadas o grupos paramilitares como "Convivir", en Colombia, y las guardias blancas de "Paz y Justicia", afines al gobernante PRI en México. En muchos países latinoamericanos el Estado todavía no logra cumplir con las obligaciones que provienen del "contrato social" que Juan Jacobo Rousseau propugnó. Cierto es que ahora la opinión pública puede denunciar las violaciones y exigir castigo a los culpables, incluso si se trata de policías o militares. Esta mejora notable se debe en primer lugar a que las organizaciones intergubernamentales locales y extranjeras protestaron. También diversos gobiernos, las Naciones Unidas y la Organización de los Estados Americanos ejercieron presión para poner fin a la impunidad.

Lamentablemente, en muchos países sigue deteriorándose la situación respecto de los derechos sociales y económicos. La brecha socioeconómica y la pobreza nunca resultaron tan fuertes como ahora en América Latina. En efecto, la tecnología moderna provoca concentración de los ingresos y, al mismo tiempo, la función redistributiva de los gobiernos deja mucho que desear (con distintos matices según los países), bajo la presión de élites conservadoras. En este punto falla desafortunadamente la llamada "democracia electoral".

Casi en todos los países el gobierno instituyó comisiones de derechos humanos, dirigidas por un procurador especial o un *ombudsman*. Tanto en El Salvador como en Guatemala se contó con la asistencia de las Naciones Unidas en la verificación de las violaciones, en el primer caso con ONUSAL y después MINUSAL y en el segundo, con MINUGUA. Junto con el PNUD, trabajan en una reforma del sistema judicial y de mantenimiento del orden a largo plazo. En ciertos países la Iglesia católica y organizaciones no gubernamentales crearon sus propias comisiones de derechos humanos. Cuando en octubre de 1995 el ejército guatemalteco exterminó a once refugiados que retornaban a Alta Verapaz, el valiente presidente León Carpio logró forzar la dimisión de su ministro de Defensa, el general Mario René Enríquez. Un par de años antes eso habría resultado simplemente impensable. El llamado de la campana democrática resultó más fuerte que el tambor militar.

Excepto en Nicaragua y Honduras, se logró controlar la enorme deuda exterior de América Latina. Crece todavía, es cierto, pero ya no se siente como amenaza para los inversionistas y para el sistema monetario internacional. El servicio de esa deuda se hizo más manejable. En 1996 los pagos por intereses implicaban todavía 15% de los ingresos de las exportaciones frente al 41% en 1985. Los clubes de París y de Londres condonaron o reprogramaron muchas deudas. A Perú se permitió incluso quince años de reacomodo. Anteriormente sólo Rusia había obtenido un plazo tan largo. Sin embargo, para esas condonaciones y reestructuraciones los países deudores tuvieron que someterse a la disciplina ortodoxa según compromisos adquiridos en cartas de intención con el Fondo Monetario Internacional.

En los años noventa hubo cambios significativos en el manejo económico de América Latina. También aquí cayó Carlos Marx y resucitó Adam Smith. Se lograron resultados notorios. Se siguió construyendo sobre los primeros programas de ajuste aplicados después de la irrupción de la crisis de la deuda externa en 1982. Estos programas implicaban reducción del consumo interno y de los presupuestos, con miras a frenar la inflación y restablecer el equilibrio de la balanza comercial. Al principio, sin embargo, los resultados de la lucha contra la inflación y a favor de un restablecimiento del crecimiento económico resultaron insuficientes. Hacia finales de los años ochenta surgió entonces la convicción de que se imponían reformas duraderas. Se emprendió la lucha contra la débil política fiscal. El papel del sector público en la economía se vio reducido por rigurosas medidas de desregularización. Varios países privatizaron en tiempos sorprendentemente cortos numerosas empresas públicas, a pesar de la resistencia inicial de los sindicatos y nacionalistas nostálgicos. Hasta ahora la venta de unas 775 empresas estatales aportó 73 millones de dólares. Suprimieron el control sobre los tipos de interés y los precios, así como también las limitaciones cambiarias. Mejoró la recaudación tributaria. La disminución de los derechos de importación y de los impuestos sobre la renta se utilizó como medio para mejorar la capacidad competitiva en el nivel internacional. El comercio exterior y el sector financiero fueron liberalizados o sus reglamentos simplificados. Actualmente, casi en todas partes, comenzó la "post-reestructuración" económica. La atención prioritaria está dirigida hacia la modernización del Estado, la lucha contra la pobreza, la educación y la infraestructura.

En muchos países, la reestructuración más grande de todos los tiempos ha dado resultados macroeconómicos alentadores, como lo demostraría la, por lo general, muy buena resistencia a la crisis bursátil asiática. Sin embargo, en algunos la inflación sigue siendo demasiado alta y la tasa de ahorro, demasiado baja. Felizmente desde 1990 un enorme repunte caracteriza la afluencia de capitales hacia América Latina. Se trata, *grosso modo*, de treinta a cincuenta mil millones de dólares en inversiones extranjeras directas al año. Lastimosamente, este maná se concentra en un número pequeño de países. La crisis mexicana de liquidez en 1994-95 constituyó una buena ilustración de los cambios bruscos a que están sujetas las inversiones a corto plazo.

Catorce años de saneamiento económico conllevaron altos costos y tremendas tensiones sociales. Al principio de la crisis de la deuda existió la impresión de que el FMI quería salvaguardar a toda costa el servicio de la misma. No se podía poner en peligro el sistema monetario internacional y las consecuencias sociales para la población tenían poca importancia. Esta interpretación de los hechos prevalece todavía en la opinión pública de América Latina. Bajo presión pública los presidentes Rodrigo Carazo de Costa Rica en 1978, Alan García de Perú en 1987 y Rafael Caldera de Venezuela en 1994 intentaron imponer su propio ritmo para las necesarias acciones de saneamiento. Declararon abiertamente su rechazo a acuerdos concluidos con "el cártel diabólico" (en referencia a las instituciones financieras internacionales). Con el paso del tiempo, no quedó más remedio a estos países que constatar que reparar un desastre económico al margen del FMI resulta una empresa quijotesca. También el mandatario ecuatoriano Abdalá Bucaram, autoproclamado defensor de la redistribución social y económica a favor de los pobres, tuvo que comprobar en poco tiempo que no podía dejar de lado esas duras exigencias.

Durante la primera parte de la presente década los países de América Latina se agruparon en nuevos esquemas subregionales de integración o renovaron algunos existentes. Construyeron, además, una red de tratados bilaterales de libre comercio. En contraste con los anteriores esquemas de integración, creados hace aproximadamente 35 años e inspirados en una política proteccionista de sustitución de importaciones, propugnada por la CEPAL, los intentos de integración contemporáneos se basan en el libre comercio y la apertura. Se eliminaron limitaciones comerciales cuantitativas y las barreras arancelarias fueron reducidas al mínimo, lo que implicó una gran pérdida de ingresos tributarios. Precisamente, al exponerse en forma conjunta a la presión de productividad que la competencia internacional conlleva, estas economías procuran ahora su inserción en la economía global. Esos esfuerzos no reciben la bendición general, como se ilustrará más adelante.

Los años noventa trajeron una aguda sensibilización respecto de la pérdida acelerada del capital ambiental en América Latina. Se ha llegado a lograr conciencia de que la degradación del suelo, de las aguas, del aire y la deforestación desorbitada adquirieron proporciones alarmantes. Esta reflexión ecológica llevó, en algunas partes, a establecer planes de desarrollo sostenible y a tomar arduas medidas de protección del medio ambiente. Pero del dicho al hecho hay mucho trecho.

Como testigo tuve que comprobar, desgraciadamente, que los cambios y las buenas noticias en este "Extremo Oriente" no resultan nunca tan profundos y duraderos como pareciera. También por acá el dios Jano tiene dos caras. Siempre existe una distancia monumental entre apariencia y realidad. El progreso señalado palidece ante el crecimiento dramático de la pobreza, el aumento de las brechas socioeconómicas y la delincuencia privada y organizada. Las más recientes tensiones políticas y sociales en Bolivia, Colombia, Ecuador,

INTRODUCCIÓN

Venezuela, México, El Salvador, Argentina y República Dominicana muestran que la estabilidad todavía no es definitiva.

En los comentarios y los debates contemporáneos sobre este continente, muchas veces falta una perspectiva más profunda, matizada de proyecciones a largo plazo. Aumenta así la euforia que el orgulloso pueblo latinoamericano alimenta acerca de sí mismo con miras a restablecer el respeto, después de que en los años ochenta quedara señalado como parte de un mundo perdido y excluido. Esto se aplica a los argumentos habituales en relación con la democracia, los derechos humanos, la lucha contra la pobreza, la integración económica, la globalización y la política ambiental. El tango y el bolero no dejan de revelar que, en el fondo, el latinoamericano posee un alma y una espiritualidad cargadas de melancolía. Precisamente por eso, el habitante de este continente tiende a buscar su salvación en una proyección personal de tipo surrealista: "sigo siendo el rey".

El propósito de este libro consiste en presentar un relato accesible al público más amplio posible. Este subcontinente pertenece al mundo occidental, pero desde el inicio resultó marcado por una dualidad socioeconómica, con inestabilidad, luchas internas y represión. Cuando haga falta se recurrirá a esbozos históricos respecto de tendencias económicas, sociales y políticas. Se utilizará una serie de ejemplos y hasta anécdotas para retratar situaciones "macro" de manera más concreta, con el propósito de dibujar el cuadro. A partir de la realidad actual, se buscará palpar el futuro y delinear los desafíos por vencer para entrar al tercer milenio con más perspectivas de democracia social, paz y desarrollo duradero.

En discusiones acuciosas con interlocutores muy diversos, identifiqué nueve desafíos o problemas no resueltos que, en cierto sentido, constituyen la cara oscura de la realidad latinoamericana. Estos interlocutores, cada uno desde su propia especialidad y sin excepción, habían estudiado o vivido de manera profunda la realidad económica, social, política y cultural al sur del río Bravo. Tres de los desafíos llevan la delantera, porque en cada debate político, en cada encuesta de opinión, reciben atención relevante. Se trata de la transición hacia una democracia "social", la lucha contra la pobreza y la marginación social, y la reducción de la violencia privada y de la delincuencia organizada. Los restantes desafíos llaman menos la atención en el nivel de opinión pública, pero no por ello son menos relevantes: el respeto a los derechos humanos, incluidos los de la segunda generación; la justicia y la reconciliación nacional a raíz de pasadas violaciones a los derechos humanos; la integración regional; la inserción latinoamericana en la economía global o mundial; la lucha contra el tráfico de drogas y la protección del medio ambiente. Por supuesto, la lista de desafíos no es exhaustiva. Asimismo, su análisis muchas veces encubre otros problemas no menos urgentes y que hubieran merecido un capítulo aparte. Es el caso, entre otros, de lo inadaptado de los sistemas educativos, examinado brevemente bajo el problema de la pobreza (capítulo 2) y de los numerosos diferendos limítrofes nada propicios para la integración regional (capítulo 6). Los nueve ejes retenidos con frecuencia se entrelazan; los tres últimos, sobre todo, van más allá de las fronteras. Su solución contribuye a los valores e intereses de los países fuera de la región. Los temas mencionados no se presentan necesariamente en orden de prioridad, cosa por lo demás imposible (además de engañosa), desde un punto de vista analítico.

En el mundo occidental, fuera de este subcontinente, suele subestimarse con demasiada facilidad que América Latina no constituye para nada un bloque homogéneo, a pesar de que los países tengan muchas características en común. Los cimientos que unen a los 23 países de este subcontinente son su geografía, su parentesco étnico, religión, su cultura con ingredientes indígenas latinos y africanos, una tendencia hacia la violencia particular y política, pobreza y relaciones sociales que (con matices) mantienen la injusticia y la dualidad socioeconómica.

Las diferencias se refieren a la composición étnica de la población, el espíritu nacional, la riqueza real y potencial en términos económicos, la extensión geográfica, la cultura de hacienda, el papel de la mujer en la sociedad, la fuerza de los partidos tradicionales, la vigencia efectiva del Estado de derecho en el territorio nacional, la historia de la guerrilla y la experiencia en cuanto a intervenciones militares, la importancia geoestratégica, entre otros factores. Todos estos elementos encuentran su expresión en estructuras económicas, políticas y sociales propias de cada país. No sólo son heterogéneos estos mismos conjuntos, sino sus combinaciones y sus interferencias mutuas.

Para mayor comodidad se ha dividido a América Latina, del río Grande a Tierra del Fuego, en seis entidades separadas o combinaciones de estructuras, sin desmedro de fuertes rasgos en común. México tiene una configuración económica, social y política cada vez más influida por Estados Unidos, con el riesgo de que pierda ciertos aspectos de su propia identidad. Desde un punto de vista estrictamente geográfico, por lo demás, ese país pertenece a América del Norte, con la cual realiza 80% de su comercio.

El segundo conjunto está compuesto por tres islas latinas en las Antillas: Cuba, Haití y República Dominicana. Típicos de esos países son su mayor población negra, un sector agrícola predominante y un sistema colonial perpetuado. A raíz de 36 años de régimen "igualitario" y de economía dirigida, Cuba representa una realidad bastante peculiar. Haití, el país más pobre del continente y de habla francesa, es más africano que indo-latino y resulta un tanto extraño en el hemisferio occidental. La República Dominicana tiene estructuras que se relacionan más con las de América Central, por lo que se asocia cada vez más a esta región, sin dejar sus vínculos con el Caribe.

Los siete países del istmo centroamericano constituyen la tercera zona. Sin gran convencimiento, están tratando de formar un grupo regional. Tienen, sin embargo, sociedades tremendamente heterogéneas, complicadas y de nivel económico desigual. Una fractura entre estos países es el río San Juan, que separa Nicaragua y Costa Rica. A su vez, Costa Rica y Panamá están dispuestos a una cooperación intergubernamental con los demás países del istmo en campos específicos, pero todavía no quieren la integración política, que sí persiguen sus vecinos del norte. Belice constituye un caso especial. Desde un punto de vista histórico se relaciona más con la comunidad de los países caribeños, pero a la fecha prefiere su incorporación a América Central, a la que pertenece geográficamente.

América del Sur se puede demarcar en tres partes. Los cinco países andinos (Venezuela, Colombia, Ecuador, Bolivia y Perú), donde prevalecen los elementos mestizos y que (con excepción de Venezuela desde el *boom* petrolero de los años cincuenta) se aislaron históricamente de la inmigración y la influencia europeas. Los cuatro países del cono sur (Argentina, Chile, Paraguay y Uruguay), en oposición, la cultura europea y su idiosincrasia sí echaron fuertes raíces. Brasil, la sexta entidad, la cual mediante lazos históricos con Portugal y África, su población indígena, su enorme extensión, su sociedad dual, constituye un continente en sí. Acostumbrado como estaba a trazar su propio camino, hace una década colaboró con sus vecinos, después de que sus respectivos gobiernos habían empezado a relacionarse mejor en el contexto del Grupo de Contadora y del Grupo de Río.

Quedan finalmente Surinam y Guyana, dos injertos foráneos multiétnicos y multiculturales en el continente latino. Herencias surrealistas del colonialismo holandés e inglés y con democracias muy frágiles, ambos pequeños países envueltos en la selva económica, forman más bien parte del Caribe. Su vecino, la Guyana Francesa, sigue siendo un territorio ultramar de Francia.

Sería prudente que los gobiernos, las empresas, las organizaciones no gubernamentales, las universidades y los centros de investigación tomaran en cuenta las citadas diferencias en combinaciones estructurales, a la hora de analizar América Latina y determinar acciones políticas. Bueno sería que diversificaran su aproximación en función de las distinciones reseñadas. Por lo demás, este libro procurará la conveniencia de abandonar para siempre más de una conceptualización demasiado estereotipada sobre este subcontinente; hay una gran distancia entre el "discurso político" y la realidad latinoamericana. Es una región difícil de comprender, pero más arduo aún resulta explicarla.

Los nueve capítulos de esta obra están ideados voluntariamente como autónomos. Cada uno de ellos establece, a vuelo de pájaro, una problemática específica para la cual también se sugieren soluciones o conclusiones. No es cierto que generalmente sobran los "problematólogos" y que hacen falta los "solucionólogos". No fue mi intención establecer vínculos entre los desafíos señalados, aunque algunos desde luego existen. De tal manera, el lector puede limitarse a leer sólo aquellos capítulos sobre los cuales tenga un interés peculiar. Por lo demás, se trata de un libro que analiza problemas. Si bien en algunos casos puede causar una impresión negativa, éste no es el propósito. No veo de ningún modo a América Latina como un valle de lágrimas donde sólo reinarían la fatalidad y la desesperanza, sino más bien como un ave fénix capaz de vencer sus problemas. Tampoco infravaloro los esfuerzos sinceros que la mayoría de los gobiernos emprende de buena fe para cambiar el rumbo a tanto entuerto descrito. No quise insistir en lo que alguna vez el economista Alberto Hirschman denominó "fracasomanía" u obsesión por los errores y los tropiezos. Sólo se ha querido señalar al lado del enorme avance político y económico que se gestó desde el principio de la presente década, los principales problemas pendientes al filo del tercer milenio. No cabe duda, sin embargo, de que este trabajo supone un diagnóstico desde un punto de vista europeo. Como autor, ruego de antemano que se me perdonen posibles interpretaciones erróneas o juicios precipitados, capaces de herir sensibilidades locales. Me anima un espíritu de diálogo franco: ¿no señalaba Blaise Pascal, tiempos ha, que "del choque de las ideas surge la luz"?

INTRODUCCIÓN

Mi reconocimiento a todos quienes me ayudaron, de palabra y de hecho en la elaboración de este libro. Gracias al señor Jan Pronk, ministro holandés para la cooperación al desarrollo, quien escribió el prólogo de la versión neerlandesa, y a IRELA, en Madrid, por su ayuda en la identificación de los nueve desafíos.

Estoy en deuda con las personas con las que diversos conceptos de este libro estuvieron en el banco de pruebas. El expresidente Óscar Arias, de Costa Rica, Premio Nobel de la Paz y autor del prólogo para la versión española; los expresidentes Alfonso López Michelsen y Belisario Betancur, de Colombia, Ramiro de León Carpio de Guatemala y Violeta Chamorro y Daniel Ortega, de Nicaragua; el embajador José Botafogo, ministro de Comercio Exterior de Brasil; el doctor Leo Valladares Lanza, comisionado Nacional de los Derechos Humanos en Honduras; mi excolega argentino, el embajador Humberto Toledo; el embajador de Holanda en Brasilia, Frans van Haren; el embajador de Chile en Bogotá, Aníbal Fourcade; y el embajador de Chile en San José, el profesor Edmundo Vargas; excolega de Honduras, el embajador Rafael Leiva Vivas; el doctor Eduardo Lizano, presidente del Banco Central de Costa Rica; el profesor Christian Tomuschat, coordinador de la Comisión para el Esclarecimiento Histórico en Guatemala; el doctor Roberto Cuéllar, director de Investigación en el Instituto Interamericano de Derechos Humanos, y el doctor Rodrigo París, director del Instituto Latinoamericano de las Naciones Unidas para la Prevención del Delito y el Tratamiento de la Delincuencia (ILANUD).

Muchas gracias al profesor Marc Van Montagu (Rijksuniversiteit Gent), a mis colegas los embajadores James Hoyaux y Michel Delfosse, al ingeniero Ludo Aerts y al señor Rob Tjalkens, de Europol Drugs Unit, en La Haya, quienes leyeron parte del manuscrito. Por último, debo un reconocimiento especial al profesor Víctor Valembois (Universidad de Costa Rica), que no sólo asumió la traducción española de este libro, sino que colaboró desde el principio en su gestación con aportes de información específica, además de comentarios diversos.

Este libro contiene exclusivamente puntos de vista personales, los cuales no necesariamente coinciden con los del ministerio belga de Asuntos Exteriores.

San José, el 31 de mayo de 1998

Capítulo I
Difícil transición hacia la democracia social

El ejercicio del voto libre y periódico es el detalle esencial de la democracia.
José Ortega y Gasset

1. Oportunidades inauditas para
la democracia "electoral"

Uno de los grandes cambios que caracterizan a América Latina desde los años ochenta es el predominio de la "democracia electoral" y la reapertura de los parlamentos.[1] Eso resulta esperanzador, pero también implica acostumbrarse. La experiencia enseña que las elecciones y la participación política ayudan a dilucidar tensiones; de no funcionar este mecanismo, la violencia constituye la alternativa.

En todas partes se celebran elecciones libres y abiertas con base en una propaganda enloquecedora. En un vuelco histórico, ahora los candidatos vitalicios sustituyen a los presidentes vitalicios. El principio de la elegibilidad se ve respetado por doquier y se aplaude por igual. Los vastos terrenos de caza para el éxito político son accesibles a todos. Incluso Cuba dio un tímido primer paso en la senda democrática, en 1992, cuando revisó la Constitución, con el propósito de nombrar una Asamblea Nacional por voto directo. Sin embargo, allí la tendencia democrática no va más allá. Los candidatos todavía pertenecen a un partido monolítico. Los dirigentes de la oposición, conglomerada en el grupo Roco-Roque después de la desaparición del Concilio Cubano, fueron encarcelados por subversivos. Los periodistas incómodos son invitados a salir. Fidel se mantiene en el pedestal, respetado y temido, según una receta que maneja magistralmente, pero cuyas dosis son difíciles de ponderar. En su concepto, democracia e desigualdad socioeconómica son incompatibles. Durante el V Congreso del Partido, en octubre de 1997, la línea dura se reforzó aún más.

Fuera de ese antro, en todas las latitudes florece el multipartidismo. La efervescencia política e ideológica tiene campo libre. Después de la fallida intentona de asalto al régimen democrático por el general Oviedo, en Paraguay, en abril de 1996, el Partido Colorado ya no puede ser considerado más como simple instrumento del ejército. En México, las elecciones parlamentarias de julio de 1997 pusieron fin al dominio absoluto del Partido Revolucionario Institucional que, desde su fundación en 1929 (aunque bajo tres nombres sucesivos), había gobernado al país. Perdió la mayoría absoluta en la Cámara, pero sigue siendo la agrupación más grande. Eso sí: se acabó la hegemonía del Poder Ejecutivo en el Parlamento. Por primera vez en 68 años, después de leer su discurso sobre el estado de la unión en el Congreso, ante la Cámara y el Senado reunidos, el presidente se vio confrontado con la respuesta de un interlocutor escogido dentro de la alianza de los cuatro partidos mayoritarios de oposición. Este honor recayó en Porfirio Muñoz Ledo, el *enfant terrible* de la política azteca. En un recinto invadido por un silencio espeso señaló con voz segura: "Este acto encarna sueños y simboliza aspiraciones. Aquí desembocan luchas perseverantes y aun sacrificios en contra del poder absoluto, de sus gastos y sus excesos. A partir de hoy, y esperamos para siempre, en México ningún poder quedará subordinado a otro". Retomando la expresión del historiador Enrique Krauze, el parlamentario reiteró que el mandatario estaba ante la alternativa de ser el último "presidente imperial", o convertirse en el primer "presidente republicano" de México.[2] Aquello resultó histórico,[3] en un país donde el jefe de Estado de turno, hasta entonces, había gobernado prácticamente de manera absolutista durante el mandato de seis años.

Simultáneamente con las elecciones parlamentarias de junio de 1997, se llevó a cabo el primer escrutinio directo para alcalde del Distrito Federal. Cuauhtémoc Cárdenas, verdadero Tony Blair de la izquierda mexicana (PRD), triunfó con aplastante mayoría. La oposición está convencida incluso de ganar las elecciones presidenciales en el año 2000. Eso no es ilusorio. Esta revolución democrática y silenciosa se volvió posible desde que en 1996 se reformó el Estado, después de una penosa discusión entre los tres partidos más grandes. El gobierno perdió el control sobre el proceso de selección de líderes, que antes se aseguraba por medio de su injerencia en el Instituto Federal Electoral. Por lo demás, la facilidad con que disponía de fondos públicos para fines electorales se sometió a reglas, pero no fue limitado realmente por la ley ejecutiva. Los partidos políticos obtuvieron mayor representatividad democrática en el Congreso. Se argumenta que Luis Donaldo Colosio y Francisco Ruiz Massieu, en vida primer candidato presidencial oficialista y secretario general del PRI respectivamente, fueron asesinados por fuerzas reaccionarias del mismo partido, precisamente porque propugnaron ese tipo de cambios al sistema electoral. A la fecha, la investigación no ha concluido.[4] Como un Gorbachov mexicano, el presidente Zedillo pretendió poner fin al "dedazo", una tradición dentro del PRI, que permitía al presidente recomendar su propio sucesor. Hasta ahora, no contó con el apoyo de su partido en esta medida, pero en 1998 se autorizó por primera vez, la designación de dos aspirantes a gobernador de estado mediante el voto directo de la militancia. En septiembre de 1996 el Comité Ejecutivo Nacional del PRI había acordado que nadie podría ser nombrado para uno de los mandatos más altos (excepto el Senado), sin haber pasado por la prueba de fuego de una campaña electoral. Este impedimento, para que pudiesen presentarse "vírgenes electorales", tenía como propósito frenar el predominio de los técnicos en el gobierno.

La mayoría de los países de América Latina creó tribunales electorales para que las reglas democráticas fuesen respetadas por todos; se encargan del registro civil y de las listas de electores, además de actuar como vigilantes del proceso correspondiente. Por suerte, el fraude languidece. Cuando el octogenario Joaquín Balaguer, presidente de República Dominicana durante 22 años, se permitió manipular ligeramente las elecciones de 1994 con miras a mantener a raya a su contendor Francisco Peña Gómez, la presión norteamericana lo obligó a acortar su nuevo mandato a dos años. Por lo menos en lo que se refiere a contiendas nacionales, ahora el juego sucio constituye un hecho aislado. La acusación de Daniel Ortega, en el sentido de que en las elecciones presidenciales de octubre de 1996 en Nicaragua se cometió un fraude, no tuvo mayor resonancia.

Se procedió a limitar la potestad constitucional del presidente para disolver el Parlamento, lo cual no quita que, en países como Brasil, Perú y Bolivia, existe tendencia a marginar a los representantes del pueblo para imponer reformas neoliberales. También la comunidad internacional interviene; ayuda en la confección de listas electorales, da consejos para la reforma de las leyes específicas, colabora en los gastos para el proceso electoral y envía observadores que garanticen el correcto desenvolvimiento del conjunto. Para la contienda presidencial en Nicaragua a finales de 1996, la comunidad internacional aportó 33 millones de dólares para gastos vinculados al proceso. Que eso no siempre cae muy bien a la élite local, lo pudo comprobar España hace unos años en Bolivia.

En teoría hay libertad de prensa, pero las grandes rotativas siguen en poder de los sectores establecidos para defender los intereses de la oligarquía. En el capítulo IV se mostrará que, en América Latina, la de periodista sigue siendo una profesión peligrosa. También existe libertad sindical, salvo que se vea limitada por decreto. Sin embargo, en la práctica la influencia de los sindicatos resulta escasa por su propio comportamiento autosuficiente y poco combativo. La "sociedad civil" se encuentra organizada; como expresión de la "democracia directa"[5] obtuvo derecho a aportar sugerencias. Se incorporó la figura del *ombudsman*, no sólo en relación con la defensa de derechos humanos sino también como garantía contra los abusos de la administración y las instituciones. Se emprendieron pasos serios, pero no siempre eficaces, que fortalecen el Estado de derecho. Nunca como ahora fueron más favorables las condiciones para hacer funcionar de manera óptima la democracia "electoral" o formal. Por lo demás comprobaremos que la población utiliza estas condiciones políticas de manera insuficiente. Lo anterior es válido incluso ahí donde el voto es obligatorio. De manera sorprendente, igual sucede donde la democracia se logró sólo hace poco, después de un tremendo baño de sangre.

2. AMÉRICA LATINA: INCIDENCIA DE SUS TRADICIONES AUTORITARIAS

El restablecimiento de la democracia electoral resultó posible únicamente merced al retorno de los militares a los cuarteles. Por primera vez en la historia de América Latina su poder quedó tan reducido en términos políticos y económicos. Sus presupuestos bajaron, en beneficio de los gastos sociales para educación y salud pública (Cuadro I.1). Panamá y Haití llegaron incluso a suprimir sus fuerzas armadas. Eso no quita que en ese último país los exuniformados de vez en cuando se permitan gritar de manera amenazante. Fue arrasado el funesto *bunker* de Noriega en Panamá, desde donde gobernó de manera brutal y autocrática. En el cuartel general de Haití se aloja ahora el Ministerio para Asuntos de la Mujer, y la Academia Militar sirve para la formación de jueces.

Cuadro I.1: Gastos militares

	Porcentaje del PNB		Porcentaje de los gastos en Educación y Salud Pública	
	1985	1995	1960	1990-91
Argentina	3.8	1.7	62	51
Belice	1.4	2.6	-	-
Bolivia	2.0	2.6	105	57
Brasil	0.8	1.5	72	23
Chile	7.8	3.8	60	68
Colombia	1.6	2.4	57	57
Costa Rica	0.7	0.3	17	5
Cuba	9.6	2.8	64	125
Ecuador	1.8	3.4	104	26
El Salvador	4.4	1.8	34	66
Guatemala	1.8	1.4	45	31
Honduras	2.1	1.3	38	92
México	0.7	0.9	23	5
Nicaragua	14.2	1.8	100	97
Panamá	2.0	1.3	2	34
Paraguay	1.3	1.4	94	42
Perú	4.5	1.6	59	39
Rep. Dominicana	1.1	1.3	147	22
Uruguay	2.5	2.6	40	38
Venezuela	1.3	1.1	40	33
Países occident.	4.1	2.7	110	33

Fuente: PNUD, Informe Sobre el Desarrollo Humano *1997*, Oxford University Press, *1997. Cuadro 19.*

Por lo general, los militares aceptaron la retirada sólo a cambio de ciertas concesiones: amnistía para las violaciones cometidas respecto de los derechos humanos y autonomía en sus finanzas personales e institucionales. Con estas garantías, se instalaron a la sombra del sistema político y ahí parecen acomodarse tranquilamente. Ya no son políticos en uniforme, dispuestos a intervenir y a tomar el poder cuando, en su opinión, las cosas salen de su curso. Ahora se concentran mucho menos en problemas de seguridad interna que en amenazas transnacionales, tales como problemas fronterizos, tráfico de drogas, terrorismo y criminalidad internacional. Casi en todas partes la transformación se logró bajo presión de la calle. La población ya teme menos a los uniformados.

Desde la conquista, en América Latina el ejército ha sido la única institución, junto con la Iglesia, que dispuso de una estructura sólida y una ideología definida. No se puede decir lo mismo de los sindicatos, de los partidos políticos o de las organizaciones civiles. Las dictaduras y los gobiernos militares fuertes constituyen tradiciones milenarias sobre la base de un patrón cultural con facetas políticas e institucionales. Los sofisticados modelos de convivencia de los mayas, de los incas y de los aztecas tenían su base en una pequeña élite social no productiva que vivía a expensas del trabajo "forzado" de súbditos subdesarrollados y en extremo subyugados.

El gobierno colonial español no hizo sino mantener esas tradiciones autoritarias. La población indígena fue sometida a la fuerza al poder central mediante el sistema de encomienda[6] que permitió explotar legalmente su mano de obra para el enriquecimiento de la Corona española. Los reyes borbónicos apenas alterarían aquello.

Pocas modificaciones introdujo el derrumbe del imperio español, a partir de principios del siglo pasado. En todas partes la figura carismática del caudillo sustituyó la legitimidad tradicional del rey y de la Iglesia. Los caudillos eran dueños de haciendas[7] y hasta de vidas, ya que se vendían juntas. Los altos mandos militares se erigieron en árbitros del orden político, mientras los sectores menos privilegiados vieron en el servicio militar un mecanismo de ascenso socioeconómico.

Innumerables son los episodios de caídas y resurgimientos que intervinieron para terminar con los dictadores. La transición democrática empezó en los años cuarenta con elecciones en tres países. Una década después dos democracias jóvenes cayeron víctimas de las botas. En 1960, Paraguay era la única dictadura de América Latina. En contraste, a finales de 1976 sólo cuatro democracias en el subcontinente habían quedado en pie. La debilidad y la falta de viabilidad de los partidos políticos contribuyó en gran parte a la erosión de las jóvenes democracias. Resulta sintomático, en efecto, que fuera precisamente en los países con fuertes partidos anticomunistas, como Colombia, Costa Rica, Venezuela y México, donde se mantuvo a raya la tentación castrense.

3. Diferentes modalidades en el ejercicio del poder militar

Con frecuencia, los militares justificaron su presencia directa en las instancias políticas, económicas y sociales mediante objetivos mesiánicos o de seguridad nacional. El general Antonio López de Santa Anna, tres veces dictador de México, además de admirador de Napoleón, a mediados del siglo pasado llegó incluso a ordenar un entierro nacional para su pierna amputada al servicio de la patria. Después de este acto ridículo no se volvería a caer en tales extremos.

El embajador francés Alain Rouquié, en su trabajo de síntesis *L'état militaire en Amérique Latine*,[8] distingue cuatro formas de autoritarismo militar directo: a) las dictaduras arquetípicas de carácter más o menos patrimonial, como Somoza en Nicaragua, Stroessner en Paraguay, Trujillo en República Dominicana y Batista en Cuba, tenían más de estructuras tipo *Cosa Nostra* siciliana y neoyorquina que de comportamiento y clásica ideología castrense; b) el militarismo cuasi institucional en Argentina, Guatemala y, de manera más discreta, en Brasil; c) los gobiernos militares de izquierda reformista en Perú, Bolivia, Panamá y Ecuador al final de los años setenta; d) el ejercicio ocasional pero terrorífico del poder con propósitos ideológicos de derecha en Chile y en Uruguay, dos países mucho tiempo considerados como oasis de democracia.

También se ha dado el gobierno militar indirecto bajo el manto de la democracia. En ese caso, el ejército poseía su propio partido político, o tenía que otorgar su permiso a los partidos que querían participar en la carrera electoral. Ocurrió en Panamá con el general Torrijos, en Paraguay con el Partido Colorado, en El Salvador con el Partido ARENA, en Honduras con el Partido Nacional y en Guatemala con motivo de las elecciones de los presidentes Cerezo, en 1986, y Serrano, en 1990.

Finalmente, cabe mencionar también el poder económico de los uniformados. Éste no se limita sólo a urbanizaciones propias, hospitales y centros de formación; en muchos países el ejército era y es todavía dueño de fábricas de armas, bancos, supermercados, además de controlar los servicios aduanales. Cuba, una isla en tantos sentidos, no es sin embargo una excepción: mediante la empresa Gaviota, las fuerzas armadas son los propietarios del Club Mediterráneo en Varadero, de una línea aérea y de una serie de hoteles. Constituyen, de este modo, uno de los pesos pesados en el floreciente sector turístico de ese país. En Honduras, por medio del Instituto de Previsión Militar, el ejército resulta ser dueño de un banco, una aseguradora, una compañía de tarjetas de crédito, servicios de estudios de inversión, tiendas de armas, una fábrica de producción militar, una casa de edición, una empresa funeraria, cementerios privados, empresas agroindustriales, una fábrica de cemento (en cooperación con la empresa francesa Lafarge-Island), además de tener su propia estación de radio con música clásica. También Guatemala y Ecuador ofrecen ejemplos evidentes de poder económico en manos castrenses. Como lo demuestran los recientes escándalos en Bolivia, Honduras, Guatemala, Perú, Colombia, Haití, República Dominicana, México y Venezuela, muchas veces se encuentran militares comprometidos en el tráfico de drogas. Este conjunto de actividades económicas sirve ahora exclusivamente como caja de inversión para las pensiones de los militares y se encuentra totalmente separado del presupuesto de la defensa nacional.

4. El atardecer de los generales

Salvo contadas excepciones, desapareció el péndulo militar del campo político. En el periodo 1961-90 sólo cinco países se liberaron del gobierno militar directo. Se trata de Colombia desde el *intermezzo* del general Rojas Pinilla (1953-1957); Venezuela desde la dictadura de Pérez Jiménez (1948-1958); la República Dominicana donde el dictador autocrático Rafael Trujillo resultó asesinado en 1961 después de treinta y un años de terror; México[9] donde los militares ya casi no intervienen directamente en lo político desde la revolución de 1910; y Costa Rica, que abolió su ejército en 1949.

El gobierno colombiano sólo debe la continuidad de su tradición democrática al hecho de que en todas las decisiones se incluyen los intereses de los militares. En Venezuela, sin embargo, el sector bolivariano del ejército intentó en vano tomar el poder dos veces en 1991.[10] El motivo eran las grandes tensiones sociales y más de 200 muertos que la resistencia contra la aplicación del programa de ajuste estructural del FMI cobró. Finalmente, un año más tarde, el presidente Andrés Pérez fue expulsado del poder por manejo dudoso de fondos públicos para Nicaragua a favor de la protección de su colega Violeta Chamorro. Fue condenado a 28 meses de arresto domiciliario y puesto en libertad en septiembre de 1996. A pesar de tener 73 años a cuestas, con base en su gran popularidad todavía sueña con alguna injerencia política, sin aspiraciones a ser él mismo candidato. Puede que tenga muchísimos amigos políticos, pero por estar excluido de su partido, sus planes se ponen color de hormiga. Desde la caída del dictador Pérez Jiménez en 1958, el ejército de Venezuela quedó tras bambalinas, no obstante con poder político. Sin embargo, todas las nominaciones a partir del rango de coronel han de contar con la aprobación del Parlamento.

Cuba constituye un caso especial. Técnicamente y en el nivel hemisférico, los militares cubanos están entre los más subordinados al poder civil y al partido único. En realidad, se los encuentra cada vez más en instancias dirigentes del país y del partido. De los 150 miembros del Comité Central del PCC, 25 son altos oficiales; en el buró político, seis de los 24 miembros provienen de las fuerzas armadas. Es altamente improbable que entren en rebeldía abierta contra Fidel Castro o su hermano y sucesor designado, Raúl.

4.1 Ecuador

El primer país latinoamericano entre 15 en los cuales los militares se retiraron fue Ecuador; en 1979, sin derramar una gota de sangre, entregaron el poder a los civiles. Habían tomado el mando en febrero de 1972, al deponer al viejo y pintoresco Velasco Ibarra, quien se había otorgado plenos poderes. Con anterioridad, ese dirigente populista había sido elegido cinco veces jefe de Estado. Los golpistas utilizaron la misma etiqueta de "nacionalismo revolucionario" que el régimen que estaba en el poder en Perú, Bolivia y Panamá. El gobierno consolidado, bajo el mando del general Rodríguez Lara con su golpe de Estado, no tuvo ninguna intención de establecer una dictadura brutal. Prefirió no poner en peligro la relación tradicionalmente buena que existía entre el pueblo ecuatoriano y el ejército. En efecto, se autoproclamó "revolucionario, nacionalista, social-humanista y defensor del desarrollo autónomo". Inmediatamente, creó una empresa petrolera nacional con derecho a 80 por ciento de la producción nacional. Todos los contratos y las concesiones otorgados a sociedades extranjeras fueron revisados y el país se adhirió a la OPEP.

Mapa I.1 Repliegue de las dictaduras militares en 15 países de América Latina entre 1979 y 1991

Aquellas decisiones políticas incitaron a Estados Unidos a suspender su ayuda militar a Ecuador. Se emprendió una profunda reforma agraria. Sin embargo, esta "revolución nacionalista" fracasó. Tres comandantes generales suspendieron en enero de 1976 al presidente Rodríguez Lara, devolviendo el poder a los civiles; en este momento el expresidente vive retirado en su hacienda en la provincia de Cotopaxi. Desde 1979 se han sucedido con regularidad varios gobiernos civiles elegidos en las urnas. Sin embargo, en febrero de

1997 la democracia ecuatoriana sufrió una amenaza *sui generis*. El desprestigio del gobierno populista de Abdalá Bucaram, quien asumió el poder apenas en agosto de 1996, condujo a una protesta popular sin precedentes, motivada sobre todo, por un programa drástico de ajustes económicos. El Congreso aprovechó una laguna en la Constitución para despedirlo, basándose en su supuesta incapacidad mental. Unos meses más tarde, el presidente de la Corte Suprema de Justicia acusaría al mandatario interino, Fabián Alarcón, de haber creado empleos para 1200 fantasmas. Sobre la base de un referendo anterior, el órgano legislativo cesó a todos los magistrados, acusándolos de faltar a la neutralidad política. El 30 de noviembre de 1997 tuvieron lugar las elecciones de una Asamblea Nacional encargada de reformar la Carta Política. Como copia del mismo Congreso en cuanto a su composición política, la constituyente no logró grandes cambios. Totalmente dominada por los tres partidos, de centro-derecha, y tomando sus decisiones por mayoría simple, rechazó las exigencias de multinacionalidad de los movimientos indígenas. Finalmente la Asamblea Constituyente entró en conflicto abierto con el Congreso y el presidente, apoyados éstos por los militares, y quedó totalmente desacreditada. En mayo-julio de 1998 se celebrarán las elecciones presidenciales y el triunfador asumirá el cargo el 10 de agosto, con lo que se considera que al menos se restablecerá en el país su equilibrio democrático.

4.2 Nicaragua

En 1979 los guerilleros sandinistas lograron deponer al dictador Anastasio Somoza. Junto con la lucha armada de Fidel Castro en 1959, sería la única que logró tener éxito en América Latina. Su padre, "Tacho", contador de profesión, había sido jefe de la Guardia Nacional que Estados Unidos había impuesto cuando en 1933 retiró a los *marines* de Nicaragua. Era un caudillo local, un *manager* político que utilizó el aparato militar para su propio enriquecimiento y poder. En 1934 y con ayuda norteamericana, se alzó al trono después de asesinar al exgeneral Augusto César Sandino, un líder popular y nacionalista de izquierda moderada. Somoza también eliminó al resto de la guerrilla. Por faltarle apoyo popular sólo pudo mantenerse en el poder gracias a la Guardia Nacional, que le cobró caro. A cambio de protección, debió darle no sólo funciones políticas y militares, sino también la administración del transporte, de la salud y la recaudación de impuestos. De ese modo, la Guardia Nacional fue cómplice del pillaje inmenso del país que finalmente hizo brotar la revolución.

En 1979 el Frente Sandinista de Liberación Nacional derrocó a Somoza hijo,[11] quien huyó hacia Panamá y tiempo después fue ajusticiado en Asunción, Paraguay, por el guerrillero argentino Enrique Gorriarán Merlo. En 1980 los sandinistas moderados abandonaron el gobierno cuando buscó acercarse a Cuba y la Unión Soviética. En 1983 estalló la guerra civil con los "contras", apoyados tanto en lo financiero como en lo militar por Estados Unidos. A los "compas" no quedó más que crear un ejército enorme para protegerse, propósito armamentista que absorbió la mayor tajada del presupuesto. Esta cruenta guerra civil y el embargo impuesto por Washington llevarían a la total destrucción de la estructura económica. Al mismo tiempo, fueron minando la popularidad del gobierno.

Durante mucho tiempo los sandinistas se mostraron reacios a la idea misma de elecciones. Argumentaban haber alcanzado el poder en comicios de sangre y no estar dispuestos a entregarlo como un premio de lotería. Después de la caída del muro de Berlín, Daniel Ortega (gobernó en el periodo 1979-1990) tuvo que ceder a la presión internacional y accedió a convocar a las urnas, a cambio de la promesa, de sus colegas centroamericanos, de hacer un llamado al presidente Bush para que cesara su apoyo a la contra. Para gran sorpresa suya, perdió contra Violeta Barrios de Chamorro (que gobernó en 1990-1997), quien estaba al frente de una coalición circunstancial con 14 partidos. Las madres cobraban al comandante, sobre todo, el inútil derramamiento de sangre de tantos hijos suyos durante el servicio militar "obligatorio". Además, la intervención norteamericana en Panamá asustó a muchos electores. A Ortega, el cambio del uniforme militar por una guayabera florida no bastó para que se le atribuyeran credenciales democráticas.[12]

El despilfaro causado por una década de guerra civil y decrecimiento económico, expansión del sector público e hiperinflación, no tenía precedentes. En el momento del traspaso del poder en 1989, el PIB real era tan sólo los dos tercios de diez años antes y el volumen de las exportaciones la mitad. El saldo de la deuda externa, que correspondía a dos años de exportación en 1979, había subido a 50 años en 1989, o sea 700 por ciento del PIB. El ingreso *per capita* se había reducido al de la década de los años veinte. Con todo esto, Nicaragua había logrado el triste récord de volverse el país más pobre del hemisferio occidental y el más endeudado del mundo.

En la víspera de su salida, los sandinistas se apropiaron de unas 6 mil propiedades privadas, estimadas en mil millones de dólares; sus opositores llamaron este proceder autoservicio gratuito. El presidente Ortega se defiende argumentando que lo que se tildó de "piñata" no fue nada más que la legalización, a la carrera, de las transformaciones estructurales del sandinismo en el campo de la reforma agraria, urbana y de los asentamientos. Se trataba de salvaguardas, amparándose en las leyes 85, 86 y 88, adoptadas entre el 25 de enero y el 25 de abril 1990, los lotes, casas, tierras y cooperativas agrícolas otorgados a unas 200 mil familias pobres. Admite que su gobierno había demorado el otorgamiento de títulos de propiedad y que su salida imprevista del poder volvió la cosa más urgente. En su opinión, cada revolución es fuente de derecho incluso cuando se trata de los —según él— "pocos" bienes que ocupan actualmente, a beneficio personal, dirigentes de su partido y para los cuales, de todos modos, una solución se está buscando en el marco de la nueva ley de propiedad aprobada por la recién Asamblea Nacional en diciembre de 1997.

En ese mismo año y por primera vez en la historia de Nicaragua, una presidenta elegida democráticamente, la señora Violeta de Chamorro, pasaría el poder a otro vencedor en las urnas electorales: el liberal Arnoldo Alemán.

4.3 Perú

En 1980 Perú volvió a recorrer la senda democrática después de 12 años de régimen militar populista y autoproclamado como revolucionario y nacionalista. En 1968 el presidente Belaunde Terry fue depuesto por Juan Velasco Alvarado, circunstancia que no logró impedir que el primero fuese reelegido en 1980. Los golpistas habían enrumbado la nave del Estado para llevar a cabo una "revolución humanista" equidistante de los modelos capitalistas y comunistas. Pocos han sido los regímenes con objetivos sociales tan progresistas. La lucha contra la pobreza (sobre todo entre la población indígena) y la reforma agraria tenían alta prioridad. Los gobernantes militares seguían también una ruta nacionalista. Nacionalizaron los bancos, el sector petrolero y parte de la minería.

Muchas de estas medidas fueron anuladas después por el Fondo Monetario Internacional. La planificación socioeconómica tuvo un fracaso de tal magnitud que los militares tuvieron que dejar el poder. Esta experiencia revolucionaria de corte pretoriano fue descrita como "neomilitarismo", un fenómeno cuya proyección geográfica se limitó a Perú, Bolivia, Ecuador y Panamá. Lo cierto es que rompió con el *establishment* militar históricamente conservador.

En 1992 el presidente Fujimori, elegido democráticamente, cerró el Parlamento en una acción que contó con el apoyo del ejército. Su propósito era luchar contra la enorme corrupción y liquidar la guerrilla de Sendero Luminoso y del Movimiento Revolucionario Tupac Amaru, decisión que mereció la aprobación de la mayoría. Incluso su política orientada hacia la economía de mercado fomentó cierta tolerancia frente a sus excesos personales. Desde ese autogolpe, en Perú gobierna *de facto* un triunvirato que integra al presidente Fujimori, el comandante General del Ejército, Nicolás Hermoza, y el temido asesor presidencial de seguridad Vladimiro Montesinos, quien actúa como un auténtico *Rasputín* detrás del trono. De vez en cuando estallan chispas entre ellos, como corrobora la disputa grotesca, a finales de 1997, respecto de la autoría y los laureles para la operación Chavín de Huántar, que puso fin a la toma de la residencia del embajador de Japón.

4.4 Honduras

En este país centroamericano el orden constitucional se restableció en 1982, con la investidura de Roberto Suazo Córdova, después de casi dos décadas de gobierno castrense. Tanto en 1963 como en 1972 los militares habían depuesto a dos mandatarios elegidos popularmente. El golpe de 1963 se efectuó bajo la acusación del anticomunismo; el de 1972 se debió a la injerencia directa de las bananeras y los terratenientes. El coronel Osvaldo Arellano fue el dirigente militar más importante de ese periodo. Después de un inicio muy represivo contra todos los partidarios de la reforma agraria, a partir de 1972 se transformó repentinamente en un adalid populista de este tipo de reforma. Cayó en desgracia y fue sacado del poder por un nuevo golpe militar, a raíz de una investigación en el Congreso de Estados Unidos, en 1975, sobre sobornos pagados por la multinacional estadounidense United Brands a miembros de su gobierno. A principio de los años ochenta, la corrupción interna, los escándalos de drogas y la presión del presidente Carter se conjugaron para que el mando militar hondureño tuviese que elaborar una nueva Constitución, además de llamar a elecciones en 1982. El candidato del Partido Liberal, Suazo Córdova, resultó vencedor en las urnas; hasta el final de los años ochenta; al igual que en Guatemala, los militares se quedarían con el poder político detrás del gobierno nominal. En eso les favorecería la guerra civil en Nicaragua y en El Salvador. En contraste, sin embargo, con Guatemala, los uniformados hondureños se mantendrían neutrales durante la lucha electoral. Eso sucedió porque la izquierda no tenía candidatos propios y había poca diferencia entre los programas del Partido Nacional y el Partido Liberal.

El presidente liberal Roberto Reina (1994-98) se las agenció para vaciar progresivamente de contenido el poder militar e incluso logró suprimir el servicio militar obligatorio y volver a colocar a la policía bajo un mandato civil, después de 34 años de incorporación a las fuerzas armadas. El presupuesto, antes oculto y secreto y distribuido en partidas globales, ahora queda totalmente desglosado y supervisado por la autoridad hacendaria. En otras épocas, la institución castrense hasta escogía a quién quería como gerente de la Empresa de Telecomunicaciones, nombraba al ministro de Comunicaciones y Obras Públicas, sugería quienes debían encabezar otras oficinas gubernamentales, no se sometía a los juzgados civiles y convocaba políticos, autoridades civiles y dirigentes gremiales en los batallones para dictarles pautas o tomarles el pulso. Hoy en día los militares acatan las decisiones y órdenes que imparte el presidente constitucional. Una reforma institucional solicitada al Congreso nacional permitiría que, a partir de finales de 1998, se designara un ministro de Defensa civil como jefe de las fuerzas armadas. Merced a sustanciales medidas, allá el repliegue de los uniformados no sería sólo hacia los cárteles, sino también al margen de las prósperas empresas comerciales adquiridas durante su periodo de prepotencia.

4.5 Argentina

Después de Ecuador, Nicaragua, Perú y Honduras, tocaría el turno a los militares de una serie de países. La transición no se efectuó siempre de la misma manera, ni bajo las mismas circunstancias. En Argentina la guerra en las Islas Malvinas (Falkland) de 1982 fue el principio del fin para una de las dictaduras más sanguinarias en un país que había conocido tantas. Después, la misma Iglesia reconocería su culpa. Entre 1930 y 1973, salvo Juan Domingo Perón en su primer partido de gobierno, ningún presidente electo había podido terminar su mandato constitucional. Con razón se podía hablar de un estado de "golpe permanente". En Argentina la injerencia marcial estaba prácticamente institucionalizada. En la vida pública se consideraba el "factor militar" como un asociado legítimo, si bien nada de eso estaba estipulado en la Constitución.

Los militares asumieron de nuevo el poder en marzo de 1976, después de mandar para la casa a María Estela Martínez, la segunda esposa del general Perón. Las cosas se pusieron rápidamente color de hormiga para los uniformados, porque su mala administración trajo grandes problemas económicos y sociales. Para salvar su gobierno decidieron jugar la carta nacionalista. La exigencia territorial respecto de las islas Falkland o Malvinas les vino de perlas. La población argentina entera cantó a una sola garganta el estribillo reivindicativo. Cuando, finalmente, falló de manera estrepitosa la recuperación de las islas, lo cual además costó la vida a muchos jóvenes, la silla se les puso demasiado caliente.

Una vez efectuado el traspaso del poder a los civiles, se llevó ante los tribunales a los cabecillas castrenses. Los principales fueron condenados por sus infracciones a los derechos humanos. El mandato del radical Raúl Alfonsín se caracterizó por una crisis económica insostenible y por un equilibrio precario entre el poder civil y los militares. Dos leyes de amnistía decretadas por el presidente Alfonsín cambiarían poco el panorama. Recién, a partir de 1989, con la elección del peronista Carlos Menem se redujo la injerencia del poder militar. El presidente otorgó un indulto, incluso para quienes habían tratado de sacar a Alfonsín del poder. Se abrieron las puertas de las cárceles. Con lo anterior, el presidente Menem pudo ganarse el favor de los militares. De esta manera se pudo ahogar desde la base la rebelión de los "carapintadas", en diciembre de 1991, gracias a la lealtad de los jefes militares.

4.6 Brasil

En el vecino Brasil el retiro estratégico de la dictadura se efectuó de manera paulatina. Contribuyó la incapacidad de la cúpula militar para reactivar la economía, aplastada por la crisis de la deuda externa. El ejército había llegado al poder, en 1964, después de que fuera destituido el presidente Joao Goulart, con la promesa formal de un restablecimiento pronto del orden democrático. Si bien en este caso igual se puede hablar de "militarismo institucional", resultó ser uno de los primeros golpes militares desde aquél que provocó la caída del imperio en 1889.

Fue en Brasil donde se concretó la doctrina estadounidense de la "seguridad nacional". Esta teoría desarrollada por los militares surgió a partir de la percepción de la lucha frontal entre el occidente capitalista y libre y el mundo socialista, bajo la égida de Estados Unidos y la Unión Soviética, respectivamente. En América Latina esa pugna se reflejó en el surgimiento de "movimientos de liberación nacional", armados y financiados por los países comunistas. A fin de evitar la toma del poder por la izquierda, las fuerzas armadas consideraban que era su deber nacional tomar el timón y erradicar duramente toda "penetración subversiva". Cabe conceder, *a posteriori*, que en Brasil el peligro de izquierda que jamás contó con el apoyo de la población había sido sobreestimado. Se instauraron regímenes militares de "seguridad nacional" en Brasil (1964), Chile (1973), Uruguay (1976) y Argentina (1976). Todos contaron al inicio con el beneplácito y el reconocimiento de Washington, lo cual no quita que después varios de ellos se desvincularan de Estados Unidos.

Las víctimas de la represión militar en Brasil no fueron solamente los grupos guerrilleros; incluían, además, a los partidos políticos de izquierda, a los sindicatos, los intelectuales, las organizaciones campesinas, los periodistas todos, los escritores, los artistas y estudiantes que simpatizaban con la izquierda. A la usanza de Mc Carthy el lema era "el mejor comunista era un comunista muerto". El terror dictatorial no pudo impedir que en 1969 insurgentes marxistas lograran secuestrar al embajador de Estados Unidos, tal como lo describe la película "Cuatro días en septiembre" de Lucy y Bruno Barreto. Finalmente en 1985, y después de 21 años en el poder, los militares tuvieron que replegarse. Esto se hizo bajo una presión popular inmensa, tal como la que también tuvo que experimentar el presidente Fernando Collor de Mello diez años después, acusado de corrupción. En contraste con el caso argentino, el ejército brasileño actuó de manera mucho más reservada y todavía ahora se hace sentir discretamente en cada crisis nacional.

4.7 Uruguay

El escenario se repitió prácticamente igual con el traspaso de poder en Uruguay, en 1984. Un régimen militar implacable había cercenado progresivamente el poder civil a partir de 1972, en el que se infiltraron basándose en la teoría de la "seguridad nacional". Primeramente se eliminó la guerrilla armada y marxista de los Tupamaros, quienes habían desestabilizado el país durante años. El 14 de abril de 1972 el presidente Bordaberry fue llevado a declarar el estado de "guerra interna". Sin embargo, los militares sacarían al "presidente elegido" y el 12 de junio de 1976 nombrarían ellos mismos un presidente provisional, a pesar de que el país contaba desde hacía años con una sólida tradición democrática y una orientación social más bien progresista. Por desgracia, durante 11 años el país fue un ejemplo dramático del ejercicio del poder en forma terrorista bajo el manto de una ideología antimarxista. A lo anterior se puso fin, en 1984, con la elección del liberal Julio Sanguinetti.

4.8 Paraguay

Desde su independencia, Paraguay ha tenido más años de dictadura que de gobierno democrático. Su primer presidente, de nombre José Gaspar Rodríguez de Francia, llevó entre 1813 y 1816 el dudoso calificativo de "dictador temporal", como entre 1816 y 1840 el de dictador "perpetuo". Tenía orgullo de tal apelación, como lo describe su compatriota Augusto Roa Bastos en su novela cumbre *Yo, el Supremo*. El caso es que cuando Simón Bolivar le mandó una carta en 1824 respecto de la misión del científico francés Aimé Bonpland y se le ocurrió no utilizar el título en cuestión, el presidente Rodríguez de Francia, en su respuesta, recriminó esa omisión a su colega de la Gran Colombia.

Siglo y medio después, el general Alfredo Stroessner asumió el poder en mayo de 1954 al estilo de un caudillo decimonónico, cuando se hizo proclamar candidato presidencial por el Partido Colorado. Después se las arregló para ser reelegido constitucionalmente cada cinco años. Hijo rubio de un padre de Bavaria y una madre paraguaya, gobernó sobre la raza de bronce de los indios guaraní. Stroessner no dio participación al ejército y se empeñó en que el mundo externo se olvidara de él. Se mantuvo en el poder, por medio de contratos públicos, sobornos y comercio fraudulento, además de favores a los miembros del Partido Colorado. En nombre de un anticomunismo virulento, también erradicó a la oposición. Durante un corto periodo (1976-1981) el país conoció un crecimiento económico notable.

En 1989 su consuegro, el general Andrés Rodríguez, lo desbancó mediante un golpe palaciego. Stroessner se exilió en Brasil donde vive "el otoño del patriarca". Sólo Kim Il-Sung, el dictador norcoreano, vivió y gobernó más tiempo (1949-1994).

Bajo presión internacional, el nuevo presidente restauraría paulatinamente la democracia. La revisión de la Constitución, en 1992, enderezaría muchos entuertos alimentados históricamente. Esta revisión de la Ley Fundamental no le permitió participar en las elecciones presidenciales. Juan Carlos Wasmosy, candidato del Partido Colorado, resultó ser el triunfador, al ganar las primeras elecciones democráticas en 39 años. Por el hecho de haber ganado la candidatura gracias al general Lino Oviedo, el hombre fuerte del ejército, el nuevo presidente no tuvo las manos totalmente libres. Por lo demás, el general Oviedo tenía interés en ser él mismo el próximo candidato presidencial del Partido Colorado en mayo de 1998. El funcionamiento de la democracia se vio entorpecido por la posición de fuerza de los militares y las ambiciones políticas personales del mismo general. Así, por ejemplo, en 1995 las tensiones entre el Ejecutivo, el Parlamento y el ejército tuvieron como consecuencia que no se lograra aprobar por ley ninguna reforma. A lo anterior se añadió que la imagen del gobierno del presidente Wasmosy se manchó con acusaciones de corrupción y de quiebras de bancos.

En abril de 1996 el general Oviedo penso en jugar al aprendiz de dictador. Se rebeló debido a su despido por el presidente Wasmosy y amenazó con hacer desfilar los tanques por las calles. El fallido golpe le costó su cargo de jefe supremo y su futuro político pareció tremendamente comprometido. Después de la caída de Stroessner, este hombre pequeño con gorra grande había experimentado un ascenso tan fulminante que los humos se le habían subido a la cabeza. Se creyó investido por una misión divina, pero no se atrevió a cruzar su Rubicón. Culpa suya fue no haber entendido que los tiempos han cambiado.

El general, definitivamente, había subestimado a Washington, a la Organización de Estados Americanos pero, sobre todo, a los socios comerciales de su país en el Mercosur. Precisamente fueron los ministros de asuntos exteriores de Argentina y Brasil quienes, sin demora, volaron a Asunción para poner en claro que toda acción negativa contra la joven democracia implicaría la expulsión del bloque comercial. Paraguay había entrado en 1994 a este mercado común regional, que absorbió la tercera parte de su comercio. Esta intervención tiene trascendencia histórica. En efecto, estaba asentada en intereses económicos, cosa que jamás se había dado antes.

Con rigor se puede establecer que ese incidente significó la señal inconfundible según la cual la *belle époque* de la tentación dictatorial acabó en América Latina. Además, este caso pone en claro que la participación en bloques comerciales puede favorecer la democracia, experiencia que ya la Comunidad Europea había vivido con la entrada de España, Portugal y Grecia y que ahora pretende repetir negociando con diez países de la Europa Central y del Este que estuvieron bajo el yugo comunista hasta 1989.

Por su parte, auténtico gallo de pelea, Oviedo se mantuvo en la lucha política, ahora como simple ciudadano. Pero ya lo señalaba Facundo Cabral: "¿Qué es un general desnudo?" Incluso llegó a la cárcel después de una serie de acusaciones mutuas entre su gente y los simpatizantes de su antiguo protegido, de nombre Wasmosy. Para sorpresa de muchos, en septiembre de 1997 ganó la candidatura para el Partido Colorado. El gobierno se empeño por todos los medios en impedir que el populista y conservador dirigente fuera confirmado como candidato del Partido Colorado, lo que volvería necesarias nuevas elecciones internas. El mandatario, con el respaldo de los jefes de las fuerzas armadas, intentó encarcelar de nuevo al candidato Oviedo por graves ofensas al jefe de Estado, lo cual provocó un juego de dagas entre el Ejecutivo, el judicial y el carismático líder. Oviedo se escondió sin renunciar a sus ambiciones como candidato y, finalmente, a principios de diciembre de 1997 se entregó. Al terminar su sentencia de 30 días, un tribunal militar especial, creado por Wasmosy para juzgar al candidato presidencial por un presunto intento de golpe de Estado en 1996, prolongó la detención por tiempo indefinido. Cuando, el 30 de enero de 1998, un juez civil estaba por ordenar la liberación del general, aviones militares y tanques organizaron ejercicios alrededor del Palacio de Justicia. El 9 de marzo, el tribunal militar condenó al general retirado a 10 años de prisión, sentencia que fue refrendada un mes después por la Corte Suprema de Justicia.

Con Oviedo fuera de la lid electoral y el fracaso del presidente Wasmosy por postergar las elecciones, Raúl Cubas, compañero de fórmula del general golpista, ocupó la candidatura colorada en tanto que Luis Argaña —quien había perdido las primarias dentro del partido— se convirtió en el candidato a vicepresidente. Los comicios se desarrollaron en absoluto orden y calma y dieron una victoria aplastante al Partido Colorado, interrumpidamente en el poder desde 1947. Con la mayoría absoluta en el Congreso el nuevo presidente consigue también el control sobre el Consejo de la Magistratura que nombra a la Corte Suprema de Justicia, la cual a su vez nombra a cada juez. Una probable ley de "punto final" que favorecería al exgeneral Lino Oviedo y al exdictador Alfredo Stroessner ha desatado una sorda polémica entre la cúpula militar y el gobierno electo. Todo este episodio resulta nada glorioso para la joven democracia en este país.

4.9 Guatemala

El año 1954 implicó el retorno de los militares al poder en Guatemala. Fue el resultado de un golpe de Estado llevado a cabo con la ayuda de la Central de Inteligencia de Estados Unidos (CIA) y a instigación de un puñado de ricos terratenientes, junto con la United Fruit Company. Esa intervención puso fin a las reformas agrarias iniciadas con el presidente Jacobo Arbenz Guzmán, elegido democráticamente. También llevó a una guerra civil que se arrastraría durante cuarenta años, le costaría la vida a 150 mil personas y causaría el exilio hacia México y Belice para 50 mil. Otros 45 mil desaparecieron misteriosamente. Es difícil imaginar peor baño de sangre.

La transición hacia el gobierno civil se haría larga y complicada. En 1983 los mandos castrenses guatemaltecos aceptarían la idea de elecciones "controladas". Si se lee entre líneas, se comprende que la idea era restablecer el flujo de ayuda que el presidente Carter había cortado en 1977. También quisieron volver a entrar en gracia de las clases media y superior de la sociedad, de las que se habían distanciado. Las primeras elecciones en 31 años se llevaron a cabo en 1985; se desarrollaron de manera razonablemente honesta, excepto que los candidatos aceptados y los programas electorales tenían que obtener la bendición del ejército. El demócrata-cristiano Vinicio Cerezo resultó vencedor en esa contienda. Durante su mandato estuvo, por así decirlo, secuestrado por los militares; nunca tuvo oportunidad alguna de poder tomar la iniciativa en lo social o lo político. Su gobierno se caracterizó por una gran corrupción que desembocó en el hecho de que el Partido Demócrata Cristiano fuese eliminado del mapa político.

Después de este primer mandato formalmente civil se llevaron a cabo nuevas elecciones en 1989. Las condiciones respecto de los candidatos y los programas se ampliaron. Es cierto que durante la campaña electoral se criticó más abiertamente a los militares por su participación en el negocio del tráfico de drogas y en su práctica de conscripción (reclutamiento de soldados) forzosa. Esa vez el presidente Jorge Serrano ganó las elecciones; pero en mayo de 1993 fracasó su autogolpe "a la Fujimori". Se había permitido mandar para la casa de una vez al Parlamento, a la Corte Suprema, a la Corte Constitucional y al procurador general. Ahora vive un exilio opulento en Panamá e invirtió en un proyecto turístico los fondos que sustrajo del Tesoro Nacional. No prosperaron los pedidos de extradición de parte guatemalteca. Ramiro de León Carpio, entonces *ombudsman* para los derechos humanos, fue su sucesor. Por el hecho de que no tenía un partido que lo respaldara, su gobierno no correspondió a las expectativas democráticas. A pesar de la buena voluntad de ese funcionario público incorruptible, los cruentos escándalos contra los derechos humanos siguieron a la orden del día. Quedará para la historia como un sacerdote trágico en una parroquia equivocada.

Hubo que esperar noviembre de 1995 para celebrar en Guatemala una contienda presidencial auténticamente democrática. Nada menos que 19 candidatos pretendían sentarse en la silla del jefe de Estado. Las campañas se desarrollaron de manera abierta y libre, pero sin gran entusiasmo, a pesar de que la guerrilla ya no boicoteaba las elecciones e incluso invitó a la participación. Sólo un candidato a la vicepresidencia era maya; en efecto, la población indígena todavía no ha constituido su propio partido. En el Parlamento, de 80 miembros sólo seis son indios. Este *apartheid de facto* se ve favorecido con la división interna de los 22 grupos mayas. Con un estrecho margen, Álvaro Arzú ganó la batalla a Alfonso Portillo, testaferro del exdictador Ríos Montt (1982-1983).

La larga travesía hacia la democracia en Guatemala se concretó formalmente con la firma del acuerdo de paz definitivo del 29 de diciembre de 1996. Hasta entonces el ejército guatemalteco constaba de 55 mil hombres y podía contar con el apoyo de medio millón más en los "Comités Voluntarios de Defensa Civil" (CVDC).[13] En la práctica, el poder de los militares siguió siendo muy grande hasta la elección del presidente Arzú. Él tuvo la valentía, pero también el poder político como para despedir a la mitad de los generales tan pronto asumió el mando. Los sustituyó por figuras muy capaces y afines a la democracia, como el ministro de Defensa General Julio Balconi y el jefe del Estado Mayor, general Sergio Camargo. En julio de 1997 revocó el nombramiento de ambos. Esta decisión despejó el panorama: el presidente Arzú tiene la sartén por el mango. En efecto, aunque el ministro de Defensa sigue siendo un militar, a la fecha el *establishment* militar queda totalmente supeditado al poder civil, incluso en lo que se refiere a justicia penal.

4.10 El Salvador

En 1960, un grupo de oficiales salvadoreños había efectuado un golpe de Estado, pero inmediatamente llamaron a elecciones. Eso sí, se las arreglaron para que su candidato ganara siempre o fuese proclamado vencedor. Fue el caso, por ejemplo, en 1972, cuando el demócrata-cristiano José Napoleón Duarte resultó ser el verdadero ganador de las elecciones, pero fue despojado de su triunfo de manera fraudulenta en favor del coronel Arturo Armando Molina. Eso llevó a un intento de cuartelazo de disidentes, depuestos a su vez por la Guardia Nacional. Al fracasar la insurrección, el líder de la oposición, José Napoleón Duarte; se asiló en la Embajada de Venezuela. El ejército no dudó en invadir la sede diplomática para sacarlo por la fuerza. El vencedor defraudado de la contienda electoral resultó seriamente lesionado por los golpes recibidos durante su captura y se vio obligado a salir en exilio hacia Venezuela.

El golpe del 15 de octubre de 1979 marcaría no sólo el inicio de la pérdida de vigencia del poder militar en El Salvador, sino de todos los cambios que se operaron en éste. El general Carlos Humberto Romero, elegido presidente de manera igualmente fraudulenta, fue depuesto sin violencia por la "Juventud Militar". La "Junta Revolucionaria de Gobierno" nombró un gabinete integrado en su totalidad por profesionales graduados en la Universidad Católica (dirigida por jesuitas) e identificados con movimientos de izquierda. Dos meses más tarde, problemas internos y dificultades para ejecutar su proyecto político, les obliga a retirarse del gobierno. Salvador Samoya, ministro de Educación, en un acto público se integró a las Fuerzas Populares de Liberación y declaró que a partir de ese momento pasaría a la clandestinidad con el grupo armado.

La primera elección cuyo triunfador fue un civil tuvo lugar en 1984, en plena guerra. Resultó ser el mismo Duarte, hombre clave de la tercera vía, entre los excesos de extrema derecha y de izquierda. Como mandatario, contó con el apoyo norteamericano y de la democracia cristiana europea y venezolana. Desgraciadamente, tanto el ejército como el Parlamento, donde la extrema derecha inicialmente tuvo mayoría, le amarraron las alas. El ingeniero Duarte tampoco logró establecer un verdadero diálogo con el FMNL y las reuniones que se realizaron no dieron el resultado esperado; aunque hay que reconocer que por parte de Duarte y el gobierno existieron evidentes muestras de buena fe y disposición para facilitar el proceso de diálogo.

Alfredo Félix Cristiani Burkard, del Partido ARENA, resultó electo jefe de Estado en 1989. Era el candidato del mayor Roberto D'Aubuisson, quien ganó mala fama por ser el responsable de los escuadrones de la muerte y fue acusado por la opinión pública del vil asesinato, en 1980, de monseñor Óscar Arnulfo Romero, carismático arzobispo.[14] Si bien el presidente Cristiani (1990-1994) no pertenecía al ejército, jugó la carta de esa institución. No obstante, al segundo año de su gobierno, Cristiani comenzó la limitación de los privilegios que habían gozado los militares durante años y finalmente la salida de la fuerza armada del grupo del poder. El presidente, que en su discurso inaugural se había comprometido a lograr la paz y a establecer mecanismos para volver a la democracia, tiene el mérito de haber iniciado los contactos con el FMNL que posteriormente llevarían al gobierno y a la oposición armada a un diálogo formal.

Arrinconado políticamente por el FMNL y el ausentismo de sus propios miembros en las elecciones en 1997, ARENA volvería a proclamar a Cristiani, como su líder. Su cometido consiste en superar las discrepancias entre los terratenientes y los ricos comerciantes, en el seno de su partido.

Después de la firma de los acuerdos de paz en 1992 se limitó *de facto* el poder del ejército. La cantidad de uniformados se redujo de 63 mil a 31 mil y la Policía Nacional fue sustituida por un cuerpo totalmente nuevo, capacitado con ayuda internacional.

4.11 Bolivia

En ninguna parte como en Bolivia existe una separación mayor entre la población indígena (70%) y los "otros" (30%),[15] ni siquiera en Perú. Desde su independencia, el país sufrió 189 golpes de Estado. En 1964 los militares se alzaron de nuevo con el poder. En una fase inicial (1964-1969) su actuar consistió básicamente en una apertura hacia el capital foráneo, el freno al comunismo y la ruptura de la resistencia social de los mineros del estaño. Durante este periodo se eliminó el núcleo guerrillero de Ñancahuazú. Fue también cuando resultó muerto el Che Guevara, con ayuda de la CIA, por orden del general René Barrientos. Guevara había intentado vanamente exportar hacia América del Sur el modelo revolucionario cubano, con la idea de provocar en la región un efecto dominó a favor del comunismo. Cuando en julio de 1997 se encontraron los restos del Che en la pista de aterrizaje de Vallegrande, Bolivia obtuvo de pronto un concurrido lugar de peregrinaje revolucionario.

De 1969 a 1971 siguieron dos años de reformismo revolucionario de izquierda bajo el mando del general Torres, muerto después en Argentina, quien se había inspirado en el modelo peruano de neomilitarismo nacional y nacionalizó la compañía petrolera Bolivian Gulf Oil. Igual hizo con la mina de zinc Mathilde, que había sido privatizada anteriormente. En agosto de 1971 el Movimiento Nacional Revolucionario (MNR) y la Falange Socialista (FSB), los dos partidos dominantes, invitaron al general Hugo Banzer, entonces destacado en el exterior, a que regresara al país para que, junto con militares de derecha, pusiera fin al reformismo militar de izquierda. Ese gobierno resultó bastante exitoso.

En 1982 las botas cedieron el poder a un gobierno civil con la elección del presidente Hernán Siles Suazo, quien tuvo que dimitir antes del término de su mandato, después de problemas económicos muy serios con el Banco Mundial. Sus sucesores tendrían que seguir el trillo marcado por Washington y el embajador americano en La Paz se constituyó en el hombre más poderoso de Bolivia.

En 1997 un Banzer "democratizado", según su propio decir, participó y ganó las elecciones presidenciales de 1997, después de 18 años de lucha electoral y seis candidaturas. De las grandes dictaduras latinoamericanas de la década pasada, con nombres destacados como Juan María Bordaberry en Uruguay, Alfredo Stroessner en Paraguay, Rafael Videla en Argentina, Ernesto Geisel en Brasil y Augusto Pinochet en Chile, Hugo Banzer fue el único que logró ascender de nuevo al timón de la nave del Estado por la vía democrática.

4.12 Chile

La dictadura del general Pinochet y la eliminación sangrienta del presidente Allende (1970-1973) en Chile en 1973 fueron recibidas con repudio por la conciencia mundial. Desde el principio quedó claro que Estados Unidos y algunas multinacionales habían colaborado tras bambalinas en este golpe. Según fuentes oficiales, no menos de 1 934 opositores políticos fueron muertos y 1 080 desaparecieron para siempre. Unas 400 mil personas quedaron arrestadas y un millón, sobre todo de las capas medias e intelectuales, salió al exilio, en una auténtica diáspora. Los servicios secretos se dieron a la caza, incluso en el exterior, de los principales opositores para matarlos. Sin duda, la cantidad de víctimas hubiera sido mayor aun si los países europeos no hubiesen intervenido, de palabra y de hecho, para proteger a los chilenos amenazados y para poner en evidencia situaciones de terror del régimen militar.

La efervescencia internacional, con sana ira, hizo olvidar a muchos extranjeros algunos crímenes cometidos por el Movimiento de Izquierda Revolucionaria (MIR) antes y después del golpe del general Pinochet. Este movimiento había surgido a mediados de los años sesenta en la Facultad de Medicina de la Universidad de Concepción y quería implantar en Chile un régimen marxista basado en el modelo cubano. El presidente Allende hizo algo más que tolerarlo.[16] Si este propósito hubiese tenido éxito, por primera vez en la historia se habría establecido un régimen comunista por la vía democrática. Lo anterior apareció como un faltar a la palabra y una traición a los valores democráticos. ¿Los franceses y los españoles habrían aceptado que François Mitterand y Felipe González se hubiesen encaminado hacia la extrema izquierda como lo hizo Allende? ¿Estos mismos pueblos habrían tolerado que Fidel Castro, en plena guerra fría, hiciera una visita oficial nada menos de 25 días en su país como lo hiciera en Chile entre noviembre y diciembre de 1971? A pesar de múltiples llamados tanto en el Congreso como en la calle resulta, en efecto, que Allende no hizo nada —o en todo caso lo suficiente— con miras a detener la revolución envolvente y distanciarse de ella de manera indubitativa. Sin embargo, las confrontaciones sucesivas sobre un trasfondo de castrismo se habían evidenciado durante tres años.[17]

A pesar de todo, fue en Chile donde se efectuó el abandono de la dictadura de la manera más democrática. El régimen militar no fue eliminado por una revolución ni por una revuelta, sino mediante un referéndum y elecciones que él se había autoimpuesto por la Constitución de 1980. En esa nación, con una sólida y legal tradición democrática, el ejército siempre mantuvo con honor la moral prusiana. Le late un corazón nacionalista, pero no es un partido político y no desea perpetuarse en el poder. El mismo Pinochet se refería a una "democracia dirigida". A no dudarlo, Chile es el país por excelencia donde hubo menos casos de corrupción entre los militares.

En 1987 los partidos democráticos accedieron finalmente bajo ciertas condiciones a acudir a un plebiscito, previsto en la Constitución de 1980. Vieron en ello el único medio para recuperar rápidamente y por medios pacíficos la democracia. La consulta popular tuvo lugar en 1988; como resultado, Pinochet no recibió nuevo mandato. Catorce meses después, en diciembre de 1989, se celebraron elecciones abiertas y libres, ganadas por el demócrata-cristiano Patricio Aylwin, candidato único de un frente que incluía a toda la oposición. Quien había sido dictador y sus colaboradores recibieron garantías sólidas. Pinochet mismo seguiría como jefe supremo del ejército hasta el 11 de marzo de 1998. Después podría presentar una lista con cinco nombres de potenciales sucesores y sería senador de por vida. Aparte de eso, en 1990 Pinochet pudo designar nueve senadores, independientemente de las elecciones, por un periodo de ocho años.[18] De tal modo se evitó que los elegidos de derecha fueran arrinconados. La mitad de los ocho miembros del Consejo Nacional de Seguridad son militares y las fuerzas armadas reciben todavía el 10% de los ingresos de las ventas de cobre nacional. Ya en 1978 se proclamó una autoamnistía para los crímenes cometidos por el ejército. El caso del cruento asesinato de Orlando Letelier, exministro de Relaciones Exteriores, en Washington en 1976, quedó expresamente excluido de ese perdón.

Que el traspaso de poderes en Chile no se hiciera antes tiene que ver con el temor de los militares cuando constataron que en Argentina los altos mandos no sólo fueron llevados a los tribunales, sino condenados (veáse capítulo V). Es también indicio de que parte de la población chilena siguió defendiendo a Pinochet, aunque lo hiciera muchas veces sin fanatismo. Durante la consulta popular, el 40% de los electores se había pronunciado por mantenerlo en el poder. No es poco, después de 17 años de dictadura.

El gobierno de la alianza "Concertación de Partidos por la Democracia" todavía no se atreve a reducir abiertamente la injerencia castrense en las instituciones, pero vigila más de cerca los gastos militares. A fines de octubre de 1997, la elección por el presidente Frei del general Ricardo Izurieta, último entre los cinco propuestos por el mando militar, indujo a pensar que la salida del anciano Pinochet se llevaría a cabo sin trauma y tendría sobre todo un gran valor simbólico. Así fue, el nuevo comandante en jefe nunca estuvo vinculado con la eliminación sangrienta de opositores izquierdistas, por lo que pudiera retomar la línea "aséptica" que históricamente caracterizó a las fuerzas armadas chilenas. De él se espera una orientación profesional, no política, entre otras causas porque su designación implica la puesta en retiro de 11 generales del mando superior. Es posible que los partidarios del general en jefe más anciano y antiguo del mundo cesen de defender su herencia política y económica. La Constitución de 1980 seguirá vigente hasta que una mayoría democrática, quizá con el apoyo de una parte de la oposición, logre modificarla. Entre tanto, las instituciones puestas en pie por el régimen anterior —el Consejo Nacional de Seguridad y el Tribunal Constitucional— presentan menos problemas en la medida en que Augusto Pinochet ya no forma parte de ellos y que ciertos miembros conservadores son sustituidos por gente más democrática. El problema queda en el Senado: después de las elecciones de diciembre de 1997, el gobierno puede contar con 70 de los 120 escaños en la Cámara baja, pero en el Senado sólo cuenta con 20 de los 38 senadores elegidos; aparte hay nueve designados y el mandato vitalicio del general Pinochet.

El retiro de Pinochet del ejército, el 10 de marzo 1998, no se hizo sin varios intentos para impedir que asumiera su puesto en el Senado. Abrió la puerta a una variada ofensiva política y judicial. Once diputados presentaron una acusación constitucional contra el general, por haber causado, desde 1990, un "grave perjuicio" a la imagen internacional de Chile. Esta acusación constituyó el inicio de un juicio político que no prosperó por falta de unión dentro de la coalición gubernamental (11 diputados de la democracia cristiana y un radical votaron con la oposición). Pinochet se encuentra además confrontado con investigaciones judiciales en su contra en España, por la desaparición de varios españoles y, en Argentina, por el asesinato de su antecesor en la jefatura del ejército, el general Carlos Prats. Manuel Contreras, exjefe del Servicio Secreto "DINA", declaró oficialmente, el 24 de febrero de 1998, que el exgobernante le había dado personalmente la orden de asesinar a Orlando Letelier. El mismo presidente Frei, aún opuesto a un juicio político de Pinochet, tomó, sin éxito, la iniciativa de proponer la celebración de un referéndum para eliminar las últimas trabas antidemocráticas de la Constitución Chilena dictadas por el régimen militar (entre ellas los senadores designados, como el exdictador).

Todos estos contratiempos personales para el senador Pinochet no comprometen seriamente el escenario de transición pacífica hacia la democracia. Las próximas elecciones presidenciales tendrán lugar en el 2000, probablemente con un enfrentamiento del socialista Ricardo Lagos (ministro de Obras Públicas) y el demócrata-cristiano, Andrés Zaldívar (presidente del Senado).

4.13 Panamá

A fines de 1989, una demoledora invasión de Estados Unidos, bajo el código de *just cause*, puso fin a la dictadura del implacable general Manuel Antonio Noriega, acusado de narcotráfico y de lavado de dólares. Muchos panameños ven en esta conexión un pretexto de los estadounidenses para eliminar un peón que ya no les servía. Mientras tanto, el exhombre fuerte resultó condenado por ocho supuestos delitos. Está purgando 40 años en una celda tipo VIP en Miami, siendo a la fecha el único preso de guerra en un presidio estadounidense. Le dieron incluso permiso para lucir permanentemente su uniforme de general.

Con motivo de las elecciones posteriores a su aislamiento; protegido en una base estadounidense, fue nombrado presidente Guillermo Endara, candidato de una coalición de liberales y arnulfistas. Al igual que Costa Rica en 1949, Panamá abolió oficialmente el ejército en 1994, después de que la invasión yanqui lo había desmantelado virtualmente.

En 1994 el PRD pudo volver a conquistar el poder, a pesar de haber apoyado a Noriega. Eso fue posible sólo gracias a la división en el oficialismo demócrata-cristiano. El PRD había sido fundado por el general Omar Torrijos con miras a legitimar su golpe de Estado; gobernó de 1968 hasta 1978 como jefe de gobierno y, hasta su muerte en un accidente de helicóptero en 1981, como mentor de un gobierno civil con un presidente electo que le era leal. Había ejercido el mando en forma populista, progresista y nacionalista, según el modelo neomilitar peruano. El hecho de que fuera, sin duda, el único dictador latinoamericano cuyo retrato figura todavía en muchísimos lugares públicos y privados, prueba que contó con el aprecio y hasta el cariño de los panameños. Todavía se elogia su preclara visión y su perseverancia única. En 1977, después de negociaciones largas y difíciles y algunos sublevamientos, Torrijos logró formalizar acuerdos con el presidente Carter que permitirán que Panamá recupere el canal y la zona adyacente a fines de 1999.

A la fecha, según algunas encuestas, un 67% de la población opina que la salida de los yanquis implicará una grave sangría económica que conviene evitar. Otros sectores de la opinión pública ven con esperanza que las actividades que se están estableciendo en las áreas revertidas y los peajes por el uso del canal compensen el faltante por el retiro estadounidense. Por otro lado, surge la siguiente pregunta: ¿la policía panameña será capaz de frenar el tráfico de drogas y la penetración de la guerrilla colombiana en su frontera sur sin ayuda del Tío Sam? En la base Howard se está creando un Centro Multilateral Antinarcotráfico con participación de Estados Unidos y varios países latinoamericanos. La idea original de tal centro fue planteada por el mismo Noriega, dos meses antes de su caída en 1989, pero no le permitió recuperar su credibilidad en Washington. Que tal cosa es una "misión imposible" lo comprobaría también unos años después el presidente Samper de Colombia.

Entre tanto, Panamá continúa por la senda democrática. El presidente Pérez Balladares, siguiendo el ejemplo de Carlos Menem en Argentina, Alberto Fujimori en Perú y Fernando Cardoso en Brasil, acaricia el propósito de modificar la Constitución al terminar su mandato en 1999. A raíz de prejuicios históricos, erróneamente prevalece una actitud reticente respecto de la reelección inmediata de un mandatario. Después que la asamblea aceptó el principio de la reelección, la decisión definitiva depende del referendo a finales de agosto de 1998.

4.14 Surinam

La democracia en Surinam resulta muy frágil. Con una gran población originaria de India y de Indonesia, llegada en el siglo XIX como mano de obra, este país se independizó de Holanda en 1975. En febrero de 1980, la tropa se adueñó del poder bajo las órdenes del sargento Desi Bouterse. Éste nombró un presidente además de un premier y prohibió los viejos partidos políticos. Aún sin pruebas contundentes al respecto, se afirma que en diciembre de 1982, él mandó ejecutar extrajudicialmente a los 15 mayores opositores a su régimen (son los llamados "asesinatos de diciembre"). Sí hubo evidencia de la implicación del dictador en el tráfico de drogas. En el este y el sur del país se organizó una oposición armada, la cual, junto con el boicot internacional, condujo a que en 1987 Bouterse dimitiera voluntariamente. Se dictó una nueva Constitución, la cual fue aprobada por referendo. Este mismo año se celebraron elecciones.

Apenas dos años más tarde, en diciembre de 1990, el teniente Ivan Graanoogst daría el llamado "golpe telefónico". Otra vez se modificó la Constitución y se formalizó la paz con la guerrilla, constituida en partido político (ABOP). En 1991 se celebraron comicios libres. El presidente Ronald Venetiaan, dirigente del partido de los *creoles* negros, logró terminar su mandato a pesar de un durísimo programa de ajuste económico. La coalición Frente Nuevo de Venetiaan, a la cual pertenecían también el Partido Indio y el Partido de Java, obtuvo una mayoría ajustada. Sin embargo, ésta no resultó suficiente para que fuera elegido directamente como presidente. Un estira y afloja político provocó la desintegración del Frente Nuevo. En septiembre de 1996 la Asamblea Nacional Popular prefirió a Jules Wijdenbosch del Partido Nacional Democrático (NDP). De ser ciertos los rumores existentes, esta elección se vio condicionada por sociedades extranjeras de explotación maderera y de minas (a las cuales el presidente Venetiaan había negado concesiones) y por intereses de drogas. Con el ascenso al poder de Wijdenbosch, el dictador Bouterse volvió a figurar en el centro del poder. En efecto, como presidente del NDP y —si bien no ejerce función de gobierno alguna— es el hombre fuerte del nuevo equipo. No sería extraño que trate de restaurar su legitimidad y credibilidad para retornar más adelante al poder mediante las urnas.

En 1997 la policía detuvo a 17 personas a raíz de rumores que corrieron en Paramaribo en el sentido de que el aburrimiento que se había apoderado de las mal equipadas fuerzas armadas fuera la causa de un plan para derrocar al gobierno. ¿Será endémica la "soledad" a que García Márquez se refirió magistralmente? Lo cierto es que, frente a los hechos, quedó corto incluso el planteamiento real maravilloso del Premio Nobel de Literatura de 1967.

4.15 Haití

Después de la caída del dictador Duvalier (que gobernó en el periodo 1964-1986) esta parte de la isla caribeña de la Española, que comparte con República Dominicana, conoció durante ocho años todavía una transición sangrienta hacia la democracia. En febrero de 1991, un exteólogo de la liberación, el carismático pero conflictivo Bertrand Aristide, asumió el poder como primer presidente elegido democráticamente en toda la historia del país. Tras escasos siete meses y a petición de la élite, los militares lo expulsaron. Tres años después los marines norteamericanos lo llevaron de nuevo a su país de manera espectacular. La invasión transcurrió sin baño de sangre, una vez que los uniformados recibieron garantías suficientes de impunidad.

En febrero de 1996 el traspaso entre Aristide y su correligionario René Preval constituyó el primero de su tipo entre dos jefes de Estado elegidos libremente, desde que el país se independizó en 1804.

También en este caso se suprimió el ejército, fuente perenne de corruptela y violaciones a los derechos humanos. Ese cuerpo había sembrado un terror tremendo durante el régimen de transición del brigadier general Cedras, dejando a más de 3 mil habitantes asesinados. Sin embargo, no hay que excluir un nuevo traspaso armado. Corre el rumor de que el exsacerdote Aristide cuenta con un ejército privado de 1 200 antiguos soldados del depuesto régimen castrense y que otros políticos y empresarios tienen a sueldo bandas de matones por motivos de seguridad. En agosto de 1996 una demostración de fuerza se invocó para mantener en el país las fuerzas combativas y policiacas de las Naciones Unidas.

En la primavera de 1997 se desencadenó una lucha por el poder que puso a la democracia en serio peligro. Un ensayo electoral, con una participación de apenas el 5% de los votantes, fracasó en medio de irregularidades y fraudes. Este desenlace impidió la integración del Senado y los municipios. Durante más de seis meses de choques partidistas el país quedó sin primer ministro ni gobierno, después de que el premier Rony Smarth dimitió en protesta por el fraude. Once meses más tarde la crisis institucional todavía no había permitido nombrar un nuevo primer ministro.

Desde la salida de la última misión de paz de la ONU, en diciembre de 1997, los haitianos temen por su seguridad. No creen que 290 policías del programa MIPONUH logrará lo que la misión saliente de Naciones Unidas no pudo. Si la presencia foránea había logrado imponer un mínimo de orden y propició un cuerpo policial civilista para reemplazar la tropa, no procuró promover un consenso cívico amplio. La falta de concertación nacional estimula el resurgimiento del revanchismo y otros antagonismos endémicos de la historia de este país adolorido. Por lo visto, poco o nada ha cambiado desde la época en que se desarrolló la novela *El Reino de este Mundo*, de Alejo Carpentier. En un Haití inmanejable, la democracia mantiene una tremenda fragilidad.

* * *

En consideración de la tradición centenaria de intervenciones pretorianas, resulta difícil eliminarlas del esquema social de este continente. La pregunta es entonces si la retirada militar resultó realmente duradera y si la doctrina de la "seguridad nacional" cedió en beneficio de la ideología de la "seguridad democrática".

Desgraciadamente, siempre es posible la vuelta al despeñadero dictatorial. En 1961 quedaba un régimen dictatorial únicamente en Paraguay. En el transcurso de tres décadas, 14 democracias sucumbieron frente al estamento militar. Para 1991 todas las dictaduras en el continente habían sido de nuevo eliminadas. Se completó otro movimiento pendular. ¿Quién dice que éste se detuvo? Sobre todo en países como Guatemala, Honduras, Haití, Colombia, Ecuador, Venezuela y Surinam, nunca se sabe. Allí está el caso de México. Forzoso es constatar que la lenta liberación del poder omnímodo de un solo partido corre pareja con el papel creciente de las fuerzas armadas como garantes de la seguridad interna. El ejército se despliega abiertamente para controlar zonas de problemas en el sur, para luchar contra la criminalidad en las grandes ciudades y aminorar los delitos relacionados con drogas. Cabe preguntarse si la influencia creciente del ejército no puede transformarse en amenaza para las más recientes adquisiciones de la democracia.[19]

No se puede perder de vista que en muchos países de América Latina grupos sorprendentemente grandes muestran sus simpatías por regímenes autoritarios. El cuadro I.2 refleja los resultados de una encuesta reciente con este propósito, elaborada por la firma privada chilena Latinobarómetro, en diecisiete países. Sobre todo Paraguay (26%), Brasil (24%), Chile (23%), México (23%) y Guatemala (21%) confirman esta aseveración. Por supuesto, esta proporción puede bajar, pero lo contrario es también factible si los gobiernos elegidos democráticamente resultan corruptos e ineficaces y no logran dar seguridad física e individual a los ciudadanos.

Sin embargo, pareciera que las amenazas para la democracia latinoamericana más bien pueden provenir del poder inconmensurable de la corrupción (sobre todo si es financiada por el tráfico de drogas), de movimientos de guerrilla (que se las agencian para obtener inagotables fuentes de financiamiento internas) o dirigentes populistas que se las saben todas para explotar la ignorancia y los temores de la masa.

Como sea, se puede preguntar si el hecho de firmar acuerdos de cooperación política y económica entre la Unión Europea y los países del Mercosur también llevará consigo un fortalecimiento de las estructuras democráticas occidentales, tal como ocurrió décadas antes con la entrada de España, Portugal y Grecia en la Comunidad Económica Europea.

5. ¿Hacia el fin negociado de la resistencia armada?

La eliminación de la guerrilla de los años setenta y ochenta costó ríos de sangre y de lágrimas. Muchísimas preguntas quedan sin resolver. ¿Cuál es la razón por la que sólo regímenes dictatoriales, como en Argentina (los Montoneros y el ERP), Bolivia (ELN), Chile (FPMR, Mapu Lautaro y MIR) y Uruguay (Tupamaros) lograron eliminar de raíz los movimientos armados de resistencia? ¿Por qué no fue posible eso mismo en países democráticos como Colombia (FARC, EPL y ELN)? ¿Por qué en Perú hubo que esperar la llegada del presidente autoritario Alberto Fujimori, considerado por muchos como un títere de las fuerzas armadas, para eliminar casi totalmente a los movimientos Sendero Luminoso y Tupac Amaru? ¿No sería cierto, a pesar de todo, que faltó voluntad política a los regímenes democráticos y que finalmente tuvieron más miedo de un ejército fuerte que de una resistencia armada? ¿O debemos pensar que en los países democráticos los ejércitos dejaron que las guerras se prolongaran para no perder sus privilegios y sus presupuestos ampliados?

En el istmo centroamericano, "cintura del continente", según la expresión plástica del poeta Pablo Neruda, la resistencia civil no resultó realmente vencida. En Nicaragua (con los contras) y en El Salvador (con el FMLN) se llegó a un empate de fuerzas. En Guatemala el núcleo de la UNRG que sobrevivió siguió luchando desesperadamente, pero no constituyó ninguna amenaza para el gobierno. A raíz de la desmovilización posterior a los Acuerdos de Paz (diciembre de 1996), grande fue la sorpresa de muchos al comprobar que la URNG en realidad tenía menos de dos mil hombres bajo las armas. En estos tres países resultó ser la comunidad internacional aguijoneada por la Unión Europea la que forzó a las partes a entablar negociaciones. ¿Por qué esta acción internacional no resultó igualmente tangible respecto de Colombia y Perú? Actualmente quedan movimientos armados de resistencia en México, Colombia y Perú. En el primer país ya empezaron negociaciones entre el gobierno y uno de los tres movimientos de resistencia (EZLN, EPR y ERIP). En Colombia todavía no se llegó a eso, pero los movimientos de resistencia más importantes, el FARC y el ELN, estarían dispuestos y buscan una plataforma de negociación. El asunto resulta complejo. En 1994, la inestabilidad política, provocada por el pretendido financiamiento con "narcodólares" de la elección del presidente Samper frenó esta ansiada búsqueda. Como sea, en Colombia es ya un libreto típico que la guerrilla propone negociaciones cada vez que llega un nuevo presidente al poder, para retomar la lucha armada unos meses después. ¿Será igual con las negociaciones ya anunciadas por el ELN para después del cambio presidencial en agosto de 1998?

5.1 Perú

En Perú, el terrorismo político había desaparecido a mediados de los años sesenta. A principios de la década de los ochenta volvió a levantar cabeza con Sendero Luminoso y con Tupac Amaru (MRTA). El primero, un movimiento ideológico surgido a favor de los indios marginados en el altiplano, se acopla tanto a la tradición quechua endógena como a la perspectiva maoísta importada. Su estrategia consiste en la guerra popular a gran escala en el campo. Se enfrenta a la resistencia tanto del gobierno como de la población civil de las ciudades, sobre todo Lima. Le gusta aplicar las tácticas de *tabula rasa* experimentadas por Pol Pot y los *Khmers* rojos en Camboya. Según informes de Amnistía Internacional, tan sólo en 1993 cientos de civiles peruanos fueron asesinados a mansalva, después de su condena por "tribunales populares".

Mapa I.2 Repliegue de la guerrilla latinoamericana

Apenas llegó al poder, en 1990, el presidente Fujimori emprendió seriamente la lucha para erradicar estos movimientos de resistencia armada. Gracias al amplio apoyo de los militares y la confianza mutua, cosechó un éxito sorprendente. ¿Será que él aportó la voluntad política que faltó a sus predecesores? ¿Les tenía menos miedo a los uniformados? ¿O se inclinaba más del lado de ellos? Después del arresto, en 1992, y la condena a cadena perpetua de los principales dirigentes de Sendero Luminoso, pareció que este movimiento armado ya no representaba una amenaza real. Desde su celda, Abimael Guzmán, su fundador, llamó a deponer las armas y a seguir la lucha por la vía política.

Una ley de arrepentimiento de 1993 alentó a muchos combatientes a seguir ese camino. Este debilitamiento físico y moral no quita que Sendero Luminoso todavía lleva a cabo de vez en cuando acciones sangrientas, sobre todo en los valles de Huallaga y Apurímac.

La vigilancia se impone, ya que los gobiernos de Fernando Belaúnde (1980-85) y Alan García (1985-90) experimentaron con un tremendo sabor amargo la sorprendente capacidad de resurgir que tiene este funesto Sendero.

En cuanto al Movimiento Revolucionario Tupac Amaru (MRTA) se trata de una resistencia armada de tipo más clásico. Apareció en la escena política en 1984 con un ataque a metralleta contra el embajador estadounidense, y algo más tarde contra objetivos de la misma nacionalidad como Kentucky Fried Chicken, Citibank y Kodak. Los miembros de esta guerrilla urbana de corte marxista y guevarista, que habría reunido en los años ochenta a unos 3 mil combatientes armados, eran generalmente blancos y de clase media. Tupac Amaru II era el nombre de guerra de un indio rebelde descuartizado en Cuzco en 1781, por orden de los españoles. El MRTA tenía su base en áreas rurales alejadas, donde cobraba impuestos de guerra a los productores de coca y sus comerciantes, a cambio de protección. Según parece, el MRTA habría perdido más miembros en su lucha con Sendero Luminoso por el lucrativo negocio de la coca, que en acciones contra la policía peruana. Lo cierto es que entre los dos movimientos rebeldes existían grandes divergencias de opinión y abiertas zonas de enemistad. Sus respectivos dirigentes, Abimael Guzmán y Víctor Polay, eran enemigos jurados.

En diciembre de 1996 el MRTA acapararía la atención mundial cuando un grupo de 16 terroristas ocupó durante 126 días la Embajada de Japón manteniendo bajo secuestro a 72 diplomáticos, funcionarios y empresarios. Su objetivo consistió en obtener la libertad de más de 400 compañeros de armas que muchas veces permanecían encarcelados en circunstancias infrahumanas. Después de meses de negociaciones infructuosas, el presidente Fujimori dio la orden para la mencionada solución militar. Después de la liberación de los secuestrados en la Embajada de Japón, en abril de 1997, que implicó la muerte de todos los secuestradores del grupo Tupac Amaru, un rehén y tres soldados, la popularidad del "Chinito" alcanzó las nubes. Sin embargo, rápidamente declinó su estrella. Se le cobró muy duramente su dependencia respecto de las fuerzas armadas y su comportamiento autoritario y poco constitucional, para tratar de lograr un tercer mandato. También el proceder contra Baruch Ivcher, propietario del Canal Frecuencia Latina-Canal 2, que denunció asesinatos y torturas realizadas por agentes de los servicios secretos contra sus propios colegas y la grabación de conversaciones telefónicas, golpearía muy duramente la imagen del presidente. En el caso en cuestión, éste tuvo que ceder a la presión de los mandos castrenses y, en particular, frente al general Nicolás Hermoza y el asesor presidencial de seguridad, Vladimiro Montesinos. En diciembre de 1996 agentes de espionaje del ejército secuestraron al general Rodolfo Robles, quien había acusado al general Hermoza y al asesor presidencial de ser autores intelectuales de asesinatos.

El caso peruano ilustra perfectamente que los caudillos autoritarios constituyen hoy una amenaza más grande para la democracia latinoamericana que los militares regresados a sus cuarteles. En Perú no hay forma de negociar con los núcleos restantes de Sendero Luminoso y del MRTA. Éstos, por su parte, adoptan una postura bastante nihilista y no ofrecen alternativas sociales convincentes. Después del ataque a la embajada japonesa, el presidente consintió a lo sumo la liberación de un puñado de presos políticos. Pocos meses después accedió a suprimir los tribunales de encapuchados, establecidos en 1992 por razones de seguridad.

Desde 1980 esta "guerra sucia" costó la vida a 35 mil personas. En Perú las violaciones a los derechos humanos se cometen desde hace tiempo por ambos lados, a pesar de que se puede notar una ligera mejoría. La causa profunda estriba en que en este país faltó desde hace siglos un diálogo fundamental entre la élite (de las más conservadoras de toda América Latina) y sectores amplios de la comunidad. Resultan divergentes las opiniones acerca de si el presidente Fujimori está atacando de verdad este problema.

5.2 El Salvador

El acuerdo de paz más espectacular de la década resultó ser el de este pequeño país centroamericano. Se firmó en el Castillo de Chapultepec, en la capital de México, el 16 de enero de 1992 entre dos partes extenuadas por la contienda bélica. El ejército nacional y la guerrilla (FMNL) habían llegado a un empate después de 12 años de una guerra muy cruenta, que costó la vida a 75 mil personas, produjo 35 mil desaparecidos y forzó al exilio, generalmente hacia Estados Unidos, a más de un millón.[20] A esta hora el Pentágono acepta haber tenido a 500 militares norteamericanos en las acciones, de los cuales 21 murieron en combate. En 1996 hubo efervescencia en Washington cuando se reveló que los instructores norteamericanos habían enseñado técnicas de tortura a las tropas salvadoreñas, como fue el caso también en Honduras y Guatemala.[21] Por otra parte, el apoyo y la presencia de combatientes extranjeros en el FMLN se comprobó y hoy resulta hasta aceptado por el Frente.

El programa de paz se basó en los principios de los Acuerdos de Esquipulas II (1987) y se consiguió merced a la mediación de las Naciones Unidas. Fueron sus elementos principales: el traspaso de tierras agrícolas a favor de exmilitares y guerrilleros, la creación de una Policía Nacional y Civil (PNC), la desmovilización de la Policía Nacional (PN), el esclarecimiento de las infracciones a los derechos humanos y su castigo, la reforma al aparato judicial, el fortalecimiento del sistema electoral y la transformación del Frente Farabundo Martí[22] de Liberación Nacional (FMLN) en partido político.

Vistos *a posteriori*, es evidente que estos acuerdos pioneros perseguían sobre todo objetivos políticos y proporcionaban menos garantías en el campo social y económico. El foro de concertación, establecido de manera paritaria entre patronos y trabajadores y cuyo propósito era establecer un nuevo contrato socioeconómico, agonizó a los pocos meses. Los comandantes de las guerrillas guatemalteca y colombiana aseguran que en lo social y económico El Salvador poco cambió. Para ellos las negociaciones de paz en éste último país constituyen un modelo negativo. "Hablan de paz, pero no de justicia social". Los brillantes resultados electorales del FMLN en las elecciones nacionales de 1997, sobre todo en los gobiernos municipales, apoyan esta tesis. En circunstancias difíciles, el presidente Calderón Sol intenta soslayar esta crítica mediante acciones en el campo social, con preferencia en el área rural, para lo cual aumentó el poder de las autoridades locales.

5.3 Guatemala

Las tierras de Tecún Umán son el escenario de los más recientes acuerdos de paz. Allí, las negociaciones empezaron en 1993, casi inmediatamente después de la pacificación en El Salvador. La guerra había durado 36 largos años. Estalló el 13 de noviembre de 1960, cuando unos 120 oficiales del ejército se rebelaron contra el gobierno presidido por el general Miguel Ydígoras Fuentes. La gran diferencia con el país vecino consistió en que el ejército guatemalteco en realidad no fue vencido y que los cuatro movimientos de guerrilla, agrupados en el UNRG, fueron mucho más solidarios entre sí. Los comandantes de la guerrilla local querían a toda costa evitar lo que también ellos llaman "el error de El Salvador". Insistieron en grandes reformas sociales, económicas, electorales, tributarias y de tenencia de la tierra, y en una drástica reducción del ejército. Cuando Álvaro Arzú, que al principio era más bien conservador, llegó a ser presidente en enero de 1996, las conversaciones realmente tomaron cuerpo. El nuevo presidente supo granjearse la confianza de la guerrilla al declararles que podía entender por qué habían recurrido a las armas. Algo así nunca se había escuchado de un político de derecha.

La firma formal de los acuerdos definitivos de paz esperaría hasta el 29 de diciembre de 1996. Las Naciones Unidas intervinieron como organismo mediador. Antes se habían negociado seis acuerdos parciales de carácter sustantivo, entre otros en relación con los derechos humanos, el retorno de los exilados, los derechos de la mayoría indígena, el nombramiento de una comisión para establecer la verdad histórica, aspectos socioeconómicos y de reforma agraria y, por último, la sujeción de las fuerzas armadas al poder civil. Dos acuerdos tenían un carácter operacional, a saber la desmovilización y la incorporación en la sociedad civil de todos los guerrilleros y una tercera parte de los soldados, además de una reforma del sistema electoral y de la Constitución. Guatemala obtuvo un compromiso de mil 900 millones de dólares por parte de la comunidad internacional para llevar a cabo los acuerdos de paz. Esta última accedió a la petición, pero la vinculó a una serie de fuertes condiciones políticas y sociales. Entre éstas estaba el aumento de la presión tributaria y la exigencia de reducir la brecha socioeconómica mediante inversiones sociales, el fortalecimiento del Estado de derecho y, más específicamente, la modernización del aparato jurídico y el "goteo" del dividendo de paz hasta en los menos favorecidos, sobre todo en el sector rural y la emancipación política de la población indígena.

Cabe constatar, pese a un proceso de cumplimiento de los compromisos plasmados en el Acuerdo de Paz globalmente positivo (con excepción del tema fiscal), que el desafío principal queda en pie, al igual que en El Salvador: se trata de vender la paz a la población, que no firmó los acuerdos, los cuales estuvieron a cargo del gobierno y el UNRG. Lo cierto es que la población no ha visto todavía muchos cambios en su vida cotidiana y en su ámbito de seguridad física y económica. Es muy preocupante que en el crucial tema fiscal no se vislumbra todavía el compromiso necesario de los sectores económicamente más poderosos de dotar el Estado de los recursos necesarios para realizar toda la agenda de cambio y para asegurar sostenibilidad a los esfuerzos de desarrollo y democratización del país. El informe de MINUGUA para el periodo abril-diciembre de 1997 demuestra, sin ambages, que Guatemala sigue siendo el país que dedica la menor proporción de sus recursos al gasto público y al gasto social. El compromiso de llegar en el año 2000 a una presión tributaria del 12% del PNB no es respetado. La obligación del gobierno, de suprimir, en febrero de 1998, bajo presión de la calle, el decreto, imponiendo el IUSI (impuesto único de los bienes inmobiliarios) previsto en los acuerdos de paz, ilustra claramente que el problema fiscal es nada menos que una carencia estuctural. Siendo así, de nada extraña que Guatemala registre los peores indicadores sociales y los mayores déficits de infraestructura económica y social.

Sólo si se logra mantener el *momentum* alrededor del proceso de pacificación y si cristalizan sus objetivos se obtendrá el consenso necesario. Sin sostenibilidad fiscal de los esfuerzos de desarrollo y democratización, fracasaría esta oportunidad histórica para sustituir gradualmente una tradición de intolerancia política y cultural y de exclusión por una cultura de debate y concertación.

5.4 México

En México, el 1 de enero de 1994 tuvo una relevancia especial. El mismo día de la entrada de este país en el Tratado de Libre Comercio de América del Norte, indios enmascarados con pasamontañas negros tomaron las armas en Chiapas. En esa región pauperizada al sureste del país, un millón de los tres millones de habitantes son indígenas. Su problema consiste en la pobreza extrema, la falta de tierras y una ausencia total de representatividad política; en efecto, viven al margen de la estructura política y económica mexicana. Su líder, el impetuoso subcomandante Marcos, constituye una mezcla extraña de guerrillero y superestrella, más llevado a la guerra por los medios de comunicación que por las armas. Desciende de una familia de la burguesía blanca, como la mayoría de quienes, en el transcurso de los últimos siglos, han dirigido revueltas de la población indígena en Chiapas. Según las autoridades mexicanas puede que se trate de Rafael Guillén, antiguo estudiante de filosofía de la UNAM. Sea quien fuere, posee un talento notorio para forjar lazos de solidaridad sólidos con los grupos indígenas. En realidad se trata de una mezcla de Bartolomé de las Casas (el religioso español que en el siglo XVI se levantó a favor de los indios), Emiliano Zapata (un dirigente campesino de extracción indígena, que en 1910 intentó imponer una reforma agraria) y de Robin Hood, el medieval héroe inglés.[23]

El movimiento de lucha se autodenominó "Ejército Zapatista de Liberación Nacional". Sus miembros son tzotziles, choles, tzeltales, tojolabales y zoques. Reivindican sus derechos y los de toda la población indígena en México, unos 12 millones en total. Estos guerrilleros no están interesados en tomar el poder, sino la palabra. Lograron su propósito de una manera espectacular.

La repercusión de la rebelión zapatista del primero de enero de 1994 resultó enorme. Este golpe espectacular se considera ahora como uno de los principales hechos políticos que desencadenaron la fuga de los capitales golondrinos. Esta última provocó una tremenda crisis de liquidez, con repercusión en diversos países de América Latina, sobre todo en Argentina.

El gobierno arremetió en dos ocasiones contra los rebeldes con la fuerza del ejército. Otras tantas falló. El presidente Zedillo, presionado por la opinión pública mundial, decidió conceder amnistía y negociar, como quedó registrado más arriba. En contraste con la mayoría de los países en América Latina, en México el ejército lleva décadas claramente supeditado al poder civil, de modo que se plegó a esta postura.

Actuó como mediador monseñor Samuel Ruiz, casualmente el actual inquilino de la misma casa en que vivió su predecesor Bartolomé de las Casas. ¿Tenían razón los aztecas al concebir el tiempo como una realidad circular? El "prelado rojo" sólo se desplaza con guardaespaldas, cosa que no evitó que en 1997 fuera víctima de un asalto por una organización campesina de derecha. Muchos catequistas de su diócesis de San Cristóbal pertenecerían a las bases zapatistas más enérgicas. Mal visto tanto en el gobierno mexicano como en el Vaticano, el controvertido obispo local pretende no tener control sobre las actividades políticas de sus catequistas. ¿No era éste también el tipo de argumento escuchado en Guatemala, años antes, cuando los sacerdotes católicos no podían controlar al sindicato campesino CUC creado por ellos? Como sea, monseñor Samuel Ruiz resulta imprescindible para el proceso de paz en Chiapas.

En 1995 los guerrilleros zapatistas sometieron su tarea a consulta ante la población mexicana vía Internet. La mayoría del millón y medio de personas que contestaron apoyaban la idea de que los zapatistas depusieran las armas y se transformaran en una organización política de base. En una declaración desde la Selva Lacandona en Chiapas los guerrilleros confirmaron, el 6 de enero de 1996, que efectivamente seguirían ese camino. Desde entonces se crearon el "Frente Zapatista de Liberación Nacional" como brazo político del EZLN y más de 400 comités zapatistas civiles, desperdigados sobre todo el territorio mexicano. El movimiento de resistencia está vinculado con sus simpatizantes civiles vía Internet (http//spin.com.mx/hvelarde/mexico/ezln). Está pensando, asimismo, en la utilización de CD-ROM en su campaña de propaganda.

Merced a la comunicación en red, con más de 50 millones de usuarios en el mundo, los zapatistas construyeron una fundación para la solidaridad internacional. Este sistema sirve también como alarma expedita. Marcos lleva sus contactos globales tan lejos que, a fines de julio de 1996, organizó en un sector montañoso de difícil acceso una conferencia internacional, tipo Woodstock, acerca de alternativas al neoliberalismo. Participaron no menos de 2 mil izquierdistas invitados de 45 países. Entre ellos se encontraba la señora Danielle de Mitterrand, así como Eduardo Galeano, el escritor uruguayo.

En febrero de 1996 y mediante negociaciones nada fáciles, en San Andrés Larráinzar se logró una primera serie de acuerdos en relación con los derechos de la población indígena. A pesar de lo acordado, nunca fueron incorporados en la Ley Fundamental, ya que surgieron discrepancias respecto de las modificaciones a aportar. En agosto de 1996 los zapatistas decidieron romper las negociaciones y solicitaron a algunos diputados formular una propuesta de modificación de la Constitución. En diciembre del mismo año, el presidente Zedillo resolvió rechazar esa propuesta.

Como protesta, en septiembre de 1997 los guerrilleros organizaron una marcha pacífica hacia el Distrito Federal de México, con un estilo que no deja de recordar la marcha de Martin Luther King hacia Washington. En presencia de miles de simpatizantes, mil 111 delegados desarmados celebraron una reunión en el Zócalo. Su propósito era presionar al gobierno para que incorporara en la Ley Fundamental los citados acuerdos de San Andrés y lograr que el ejército se retirara de Chiapas. Durante la concentración en el Distrito Federal se leyó un mensaje del subcomandante Marcos, en el cual declaraba estar dispuesto a retomar las armas si era necesario. En marzo de 1998, tras año y medio de estancamiento en el diálogo de la paz, el gobierno presentó un proyecto de ley al Congreso. Retomó parte de los acuerdos de San Andrés, pero precisó ciertos puntos en materia de autonomía indígena y unidad nacional. La propuesta no fue aceptada por la resistencia.

Mientras tanto, había ocurrido un hecho muy importante que daría un nuevo ímpetu a la voluntad del gobierno de arreglar el conflicto de Chiapas. En efecto, desde la ruptura de las negociaciones, entre cinco y nueve grupos paramilitares,[24] aparentemente con apellidos y nombres indígenas y afines al Partido Revolucionario Institucional, habían lanzado una campaña de terror contra indefensos prozapatistas, haciendo correr sangre en forma estremecedora. Su actuación en la aldea de Acteal, en vísperas de la Nochebuena de 1997, dejó un balance siniestro de 46 muertos (entre ellos 15 niños y 21 mujeres, de las cuales cuatro estaban embarazadas), que ha provocado una rápida y rotunda reacción internacional. También llevaría a un aumento considerable de la presencia militar (hasta 72 mil personas) en Chiapas para restablecer la ley, y eliminar los 40 municipios autónomos establecidos al margen de la Constitución por las comunidades indígenas.

La dificultad de apaciguar Chiapas no debe extrañar. La verdad es que el problema no es solamente de orden constitucional. Implica un gran subdesarrollo político, económico y social, una presencia débil del gobierno federal que permitió esta situación, una oligarquía política y económica corrupta, conflictos de propiedad de la tierra y de los recursos naturales, la presencia de grupos armados, tradiciones de impunidad, criminalidad y violencia, antagonismos étnicos, y ahora religiosos entre católicos e indígenas convertidos al protestantismo, la explotación del conflicto por los partidos políticos con objetivos electorales y la injerencia de periodistas políticos defensores de derechos humanos extranjeros.

En realidad, los zapatistas nunca constituyeron una amenaza seria para la seguridad nacional. Una sola vez la emprendieron con las armas, el 1 de enero de 1994, cuando ocuparon las grandes ciudades en el norte del estado de Chiapas. Hubo 150 muertos. Desde entonces no se disparó ni un solo tiro, ni siquiera para repeler los ataques sangrientos de los grupos paramilitares. Se trata de una típica guerra de baja intensidad. Sin pretender aprobar el uso "limitado" de la fuerza ni las violaciones a la Constitución, con razón se puede hablar en Chiapas de una guerra justa, en sentido teológico, claro.

Los zapatistas ya tienen discípulos. En el ínterin surgió el peligro de que los indígenas en el estado suroccidental de Guerrero siguieran su ejemplo subversivo. En junio de 1996 se manifestó por primera vez en términos políticos el Ejército Popular Revolucionario (EPR). Aprovecharon el primer aniversario del asesinato, perpetrado en Aguas Blancas, contra 18 campesinos desarmados que pretendían ir a una reunión política del partido PRD. No se puede estimar todavía la fuerza y credibilidad de este grupo enmascarado. Habrían echado raíces en siete de los 21 estados mexicanos. Según ellos, representan los intereses de cientos de miles de nahuas, mixtecos, tlapanecos y amuzgos. Estos indígenas viven en el abandono extremo en uno de los estados más pobres de México. La población se siente explotada por los patrones locales del PRI en el poder.

Al igual que en Chiapas, el ejército mexicano aumentó considerablemente su presencia en el estado de Guerrero y no está dispuesto a ser tan flexible como lo fue respecto de los zapatistas.[25] En este caso no se trata de separación, sino de establecimiento de un marco pluralista dentro de las estructuras legales existentes. A fines de noviembre de 1996 un tercer movimiento de resistencia, el Ejército Revolucionario Insurgente y Popular (ERIP) proclamó su existencia. Sin embargo, hasta ahora esta guerrilla misteriosa no ha disparado un solo tiro.

5.5 Colombia

La guerrilla en Colombia remonta a finales de los años cuarenta y comienzos de los cincuenta. Es, sin duda, la más longeva del mundo.[26] En efecto, le gana por un par de años a la de Guatemala, nacida en 1960 a raíz de un frustrado *coup* de oficiales jóvenes contra la dictadura. Actualmente los alzados en armas en tierras colombianas cuentan con cuatro grupos. El más importante es el FARC (Fuerzas Armadas Revolucionarias de Colombia). Fue creado en 1959, año en que Fidel Castro tomó el poder, y es dirigido por Manuel Marulando desde la muerte de Jacobo Arenas en 1990. Para muchos colombianos son parte integral del panorama en el área rural. El ELN (Ejército de Liberación Nacional) se gestó en 1965. Este movimiento de oposición, el segundo más fuerte, es de orientación comunista y fue dirigido por el excura español Manuel Pérez hasta su muerte en 1998. El mítico sacerdote guerrillero Camilo Torres era miembro de este grupo cuando fue asesinado. Había estudiado sociología en la Universidad Católica de Lovaina, Bélgica. El ELN apunta con preferencia hacia las compañías petroleras extranjeras, a las que acusa de ser culpables de despojar la riqueza natural del país. Hasta ahora es responsable de más de 500 atentados contra la infraestructura petrolera generando enormes daños económicos y ecológicos. Sigue el EPL (Ejército Popular de Liberación), un grupo maoísta-leninista creado en 1966. Obtiene sus recursos por un impuesto del 7% sobre toda la cocaína que se produce en los territorios que controla. Al igual que las FARC y el ELN cobra un impuesto de guerra a todos los empresarios y a los negocios que tienen un ingreso anual de más de un millón de dólares. Por último, existe el pequeño grupo fundado por Jaime Bateman, un "ex" de las FARC y del M-19 (Movimiento 19 de abril) que murió en un accidente de aviación. Se trata de un grupúsculo localizado en el norte del Departamento del Cauca, dedicado al secuestro.

El M-19 había sido una guerrilla urbana no marxista que, ya en 1990, concluyó un acuerdo de paz separado con el gobierno. Sus miembros eran sobre todo intelectuales y gente de clase media. Adquirieron fama por la toma del Palacio de Justicia de Bogotá, en octubre de 1985. Se transformó en un partido político y participó en la constituyente y en las elecciones presidenciales de 1990. De sus ideas revolucionarias muy poco llevó a la práctica. En los comicios parlamentarios de 1992 sufrió una aplastante derrota. Muchos de sus dirigentes políticos fueron muertos. Su candidato presidencial y hombre fuerte fue desviado hacia Pasto, su ciudad natal, conocida por su concurso anual de cuentos pastusos, de la que fue electo alcalde. Gracias a la mediación de Pax Christi, también un grupo separatista del ELN, retornó a la vida civil.

Se estima que los movimientos colombianos de resistencia deben sumar unos 10 mil hombres, mujeres y niños armados, con actividad en unas 569 comunas y ciudades colombianas de un total de mil 59. Ellos aducen cifras más altas. El gobierno colombiano acusa a la guerrilla de estar vinculada al tráfico de drogas[27] y de efectuar chantajes financieros mediante secuestros. Según el Ministerio de Hacienda, el presupuesto anual de los cuatro movimientos guerrilleros ascendería a unos quinientos millones de dólares, es decir, una treceava parte de los propios ingresos del gobierno. Esto explica la prestancia y movilidad de estos grupos. También prueba que la supresión de la ayuda financiera externa de amigos comunistas no implica impedimento alguno para mantener en pie movimientos armados de resistencia. Con dinero se puede comprar armas en cualquier parte.

Sin duda, las FARC constituyen el grupo más fuerte y más creíble. Tienen como 60 frentes dispersos, en comparación con los 32 del ELN. En los territorios que ocupan son los que realmente llevan la batuta. Reclutan gente y hacen propaganda con afiches y discos compactos. Sin embargo, las FARC llegaron al convencimiento de lo utópico de un triunfo armado y aceptaron que también otros caminos pueden conducir a una reforma agraria y a más justicia social. Por su parte, el gobierno tuvo que aprender a sus expensas que una guerrilla nace fácilmente, pero que es, por así decirlo, imposible erradicarla por las armas. Los 130 mil miembros del ejército están diseminados a lo largo y ancho del país y no disponen de transporte aéreo suficiente como para intervenir a tiempo. En sus filas predominan reclutas adolescentes que no pueden enfrentar a rebeldes con años de práctica, mejor remuneración y equipo superior. Nada raro es entonces que las fuerzas armadas de vez en cuando sufren derrotas, tan contundentes como insultantes, a mano de la guerrilla. Lo cierto es que el ejército, a lo sumo, puede poner en jaque a la resistencia armada, pero no es capaz de una victoria decisiva.

En 1996-97, las FARC retuvieron secuestrados durante meses a 72 soldados. Mediante amenazas, secuestros y hasta 110 muertos, este movimiento, flanqueado por el ELN y grupos paramilitares, logró amedrentar a casi mil 500 candidatos políticos para que desistieran de participar en las elecciones locales del 27 de octubre de 1997. Aun así, se celebraron elecciones en casi todas partes. En las ciudades hubo incluso una concurrencia de proporciones extraordinarias. ¡Fue una demostración tajante de la superioridad de la democracia sobre el terror!

La liberación espectacular de los citados soldados tuvo lugar en junio de 1997, en presencia de observadores oficiales y extranjeros.

Alentó la voluntad negociadora de las autoridades colombianas y de la población e implicó una considerable pérdida de imagen para el ejército. Poco después, el presidente Samper se desprendió del comandante en jefe del ejército, el general H. Bedoya, un feroz adversario de cualquier negociación. El mandatario declaró además estar dispuesto a negociar y ha hecho generosos ofrecimientos a los alzados en armas, con el fin de lograr que el proceso despegue. Entre tanto, ya México, Costa Rica, Venezuela y España ofrecieron sus buenos servicios como facilitadores del proceso de paz. Considerando el problema de las drogas, sería conveniente también la participación de Estados Unidos.

En forma paralela a las elecciones de octubre de 1997, la sociedad civil organizó un "referendo por la paz". En un auténtico estilo de "basta ya", más de diez millones de personas manifestaron su anhelo por liberarse de este cerco. El papel activo de la sociedad civil, junto con la Comisión de Reconciliación Nacional y REDEPAZ, constituye en realidad un fenómeno nuevo en la búsqueda colombiana de la anhelada paz. Son signos reconfortantes. En El Salvador y en Guatemala no fue la sociedad civil el catalizador de la paz, sino el mismo gobierno. La tarea es ardua. Hasta cierto punto, debido a la postura negativa del ejército, sentar a todas las partes en la misma mesa de negociación se vuelve particularmente difícil. En efecto, en consideración de su sólida posición militar, las FARC y el ELN establecieron altas exigencias económicas y sociales, sobre todo en cuanto a reforma agraria y redistribución social. También propugnan una profunda revisión constitucional. Por último, aparte del gobierno, el ejército, la guerrilla y los paramilitares existe un quinto partido, el de los barones de la droga. Debido a su enorme poder, es imposible pensar en una paz duradera en Colombia si ellos no la aceptan también. Queda excluido, por supuesto, que se vayan a confrontar en la misma mesa, pero habrá que tomarlos en cuenta de algún modo.

Hasta la fecha, se observa un estira y afloja entre los dos contrincantes: la guerrilla y el gobierno ofrecen alternativamente entablar negociaciones, pero al mismo tiempo, a fin de dejar constancia de su poderío en el campo de batalla, se obstinan en defensas y ataques sangrientos, cosa que no permite que despeguen las conversaciones. Desde la perspectiva de las FARC y el ELN, el presidente Samper ha perdido toda legitimidad; él en cambio está convencido de que ellos en realidad no desean la paz, sino que pretenden solamente salvaguardar sus intereses en el negocio de las drogas.

No faltan los planes de paz en este secular Macondo. Después del propuesto por la Comisión por la Reconciliación Nacional, establecida con el impulso de la Iglesia, por García Peña y José Noé Ríos, por el candidato presidencial J.M. Santos, surgió en 1998 la propuesta un tanto lúdica del comandante general Manuel José Bonnett, el cual hizo un llamado a las mujeres de la guerrilla y de los paramilitares para declararse en huelga sexual[28] hasta que se alcance la paz duradera. Se volvió a recurrir a Felipe González como mediador (ya en 1983 el entonces mandatario Betancur lo había propuesto). La última iniciativa de paz fue un preacuerdo firmado en Madrid, en febrero de 1998, cinco días antes de la muerte de su comandante Manuel Pérez, entre el ELN y el gobierno. Este documento, poco apremiante, prevé la realización de una gran "Convención Nacional para la Paz", antesala de una otra "Asamblea Constituyente".[29] La aplicación del acuerdo de Madrid fue aplazada hasta después de la segunda vuelta de las elecciones presidenciales de junio de 1998. Sus posibilidades de éxito dependerán de la participación al proceso de las FARC.

Para la comunidad internacional, las negociaciones de paz no sólo se justifican desde lo estrictamente humanitario, sino que además permitirían abordar la lucha contra las drogas sobre una base más alentadora. Las FARC proclaman a los cuatro vientos que la producción de drogas en los territorios que ellas controlan se hace por falta de alternativa económica real para la población rural.

5.6 Nicaragua

Con miras a ofrecer un panorama completo, cabe mencionar aquí también algunos grupúsculos de resistencia armada en la región de Matagalpa, al norte de Nicaragua. Uno de ellos es el Frente Norte 3-80, constituido por unos 600 recontras disgustados, que después de finiquitar la contienda civil (1988), se negaron a deponer las armas. Su líder, el comandante "Charrito", cayó en mayo de 1996 víctima de una trampa del ejército. Los miembros del FN 3-80 se comportan más como delincuentes comunes que como opositores políticos convencidos. El gobierno conmina también a un grupo más reducido de exsandinistas, el Frente Unido "Andrés Castro", a que se desmovilice y se reincorpore a la sociedad civil, a cambio de las tierras y los créditos prometidos por el gobierno anterior. Existe una comisión de mediación para la paz, bajo la dirección del obispo local. El presidente Alemán habría logrado hacer deponer las armas a la mayoría de ambos grupos.

6. Cuba: auténtico Galápagos de la Guerra Fría

En realidad, desde su independencia en 1901, Cuba nunca conoció un régimen democrático. Cuando en 1989 el gobierno comunista de la isla perdió los subsidios soviéticos que lo mantenían a flote, surgió la ilusión de que el derrumbamiento económico forzaría rápidamente a Fidel Castro a desistir. Eso implicaba desconocer el apoyo amplio del que el carismático comandante sigue gozando entre la mayoría de sus súbditos y su odio inconmensurable contra el capitalismo, Estados Unidos y la injusta distribución de ingresos.

Siguieron algunos años de crecimiento negativo (-10.9% en 1991, -11.2% en 1992 y -14.7% en 1993). Cada gesto de Castro se analizaba con lupa para ver si implicaba alguna nueva resonancia democrática. Los optimistas vieron señales inconfundibles de un giro definitivo desde una economía estrictamente planificada hacia un capitalismo de Estado orientado hacia el mercado, con actividades privadas limitadas y aporte de inversionistas extranjeros. En Europa, se abrió más de una puerta a Fidel Castro.

El vuelco tendría corta duración. En cuanto las cifras económicas mejoraron un tanto (2.5 % en 1995, 7% en 1996 y 2.5% en 1997), el león volvió a enseñar sus dientes. Comenzó un periodo de nostalgia jurásica. En junio de 1996 se decretaron nuevas medidas fiscales con una clara restricción a las actividades independientes en el sector informal. El Quinto Congreso del Partido, celebrado en octubre de 1997, no haría sino reforzar la política respecto de las empresas privadas. No quedan dudas: son señales políticas de que la actividad privada sigue prohibida. En efecto, en La Habana se comprueba la disminución del número de independientes y gente de clase media sobre los cuales, sin embargo, la Unión Europea había especulado tanto con miras a la transición hacia la democracia. Muchos pequeños empresarios y gente independiente se ven forzados a obtener materiales, materias primas, gasolina y servicios como el transporte, mediante corrupción o robo, de las empresas estatales que cuentan con el monopolio.

El 24 de febrero de 1996, dos aviones cubanos tipo MIG derribaron dos avionetas norteamericanas no artilladas pertenecientes a la organización "Hermanos al rescate". Esto coincidió exactamente con el día en que quedó en reunirse, por primera vez en público, el "Concilio Cubano", consejo de coordinación de unos 40 movimientos internos de activistas, ahora desaparecido. Este organismo, dirigido por el moderado Indamiro Restamo, fue acusado de tener lazos con los "Hermanos al rescate". Esta reunión, que en Occidente se saludó de una manera un tanto apresurada como la primera golondrina de la primavera democrática, había sido prohibida tres días antes de que las avionetas fueran derribadas.

No cabe duda de que estas dos decisiones obedecieron a un riesgo calculado. Castro quería aparecer como víctima de Estados Unidos. Con esta imagen esperaba volver a asumir el poder absoluto y disminuir las posiciones de los reformistas. Durante el año electoral en Estados Unidos, el presidente Clinton, presionado por los electores cubanos de Florida y de Nueva Jersey, no tuvo más remedio que reforzar el embargo. Su instrumento resultó ser la aprobación de la ley Helms-Burton, establecida para amedrentar inversiones de terceros en Cuba. Dos son sus puntos decisivos. Prevé la cancelación de la visa de entrada a Estados Unidos para los representantes e integrantes de empresas extranjeras, y sus familiares, que adquieran bienes raíces que el gobierno cubano había confiscado a ciudadanos y empresas estadounidenses, después de la revolución de 1959. El aspecto más delicado de esta ley consiste, sin embargo, en la posibilidad de que ciudadanos estadounidenses de origen cubano, cuyas propiedades fueron nacionalizadas, puedan llevar a los propietarios o administradores actuales ante los tribunales federales.

En realidad, la sangría de recursos extranjeros, meollo de la ley, se ve contrarrestada fuertemente por los mil 100 millones de dólares anuales que los cubanos, sobre todo los establecidos en la Florida, mandan a su tierra de origen, muchas veces en contra de las exigencias impuestas por el Tesoro de Estados Unidos. Estas remesas, con frecuencia por motivos familiares, se han convertido en el principal pilar de apoyo para la descalabrada economía de la isla, superando los ingresos netos obtenidos en concepto de turismo o exportación de azúcar. Como sea, dados los efectos extraterritoriales de la polémica ley, totalmente inaceptables en términos del derecho internacional, fue unánime la condena por los países europeos, Canadá y América Latina. México y Canadá fueron los líderes de la campaña contra Washington. La Unión Europea adoptó medidas jurídicas paliativas y presentó formalmente una queja ante la Organización Mundial del Comercio, aunque después retiró esa demanda. Durante la reunión ministerial de la OEA en Panamá, en junio de 1996, el embajador estadounidense acusó a los diplomáticos de estos países de cobardía y de inmiscuirse en asuntos internos de Estados Unidos. De tal manera, el viejo zorro cubano había probado otra vez que todavía puede maniobrar. Gracias al rechazo internacional concertado respecto de las sanciones unilaterales incluidas en la ley Helms-Burton, tuvo otra vez oportunidad de proporcionarse un tema propagandístico muy útil, además de universal. Hacía tiempo que no se presentaba tal oportunidad.

El Quinto Congreso del Partido Comunista cerró la puerta a cualquier reforma. Aprobó un documento político que predica sin ambages la adhesión del país a un solo partido. El plan económico, por su lado, atribuyó el débil crecimiento económico de 1997 (2.5%) a factores como el clima y el embargo de Estados Unidos, señalando una serie de problemas internos como deficiencias administrativas y falta de atención a los costos o rentabilidad. Los camaradas mantienen el énfasis en el Estado como fuerza motora de la economía. Definitivamente, Cuba no se encuentra preparada para seguir la senda en que se encamina China, con más libertad legal para las pequeñas empresas y empleo independiente.

Quién sabe hasta cuándo Cuba seguirá siendo el viejo bastión comunista en América Latina y el comandante Castro se mantendrá como la personificación de la ideología marxista-leninista. Ningún gobernante en todo el continente logró mantenerse por más tiempo. Entre Dwight Eisenhower y Bill Clinton, un total de nueve presidentes norteamericanos habían jurado sucesivamente acabar con el régimen de este luchador inmortal. Todos fracasaron. Mientras Fidel detente el poder, no quedan perspectivas de mejoramiento democrático o de libertad de expresión. A pesar de resultados dignos de elogio en el campo de la educación y la salud pública, la mayoría de los otros derechos humanos son burlados sistemáticamente (capítulo IV). No existe libertad de prensa. El derecho penal no maneja el concepto de presos políticos. El poder judicial queda completamente supeditado a la razón de Estado.

La Iglesia católica constituye la única estructura sólidamente organizada fuera de los organismos creados por el Partido Comunista y el gobierno. Considerando que, en contraste con las Iglesias estadounidenses, no está manipulada por Washington, representa de hecho el segundo poder. Jugó muy hábilmente un papel entre el interior y la diáspora en Miami y pudo evitar ser utilizada por una de las partes para llevar agua a su molino político. A la larga, Fidel Castro pareciera ver el papel de la Iglesia como freno a la influencia de Estados Unidos. Falta saber cuáles serán los resultados definitivos de la visita pastoral del papa Juan Pablo II en enero de 1998 a Cuba, dada su fama de "quebrador de regímenes comunistas". Por el momento consiguió, a lo sumo, un poco más de apertura hacia la Iglesia, además de la liberación de unos ciento treinta prisioneros políticos, pero ningún cambio democrático. En respuesta al pedido del papa, Estados Unidos tomó tres medidas humanitarias sin lenificar su política de aislamiento al régimen castrista.

La oposición cubana sigue débil y dividida. Es el caso también del Grupo de Trabajo de la Disidencia Interna Roco-Roque, sucesor efectivo del Concilio Cubano que había despegado a finales del 95 y principios del 96 despertando ciertas ilusiones. Un inconveniente fatal de Roco-Roque es que fue creado por Estados Unidos. Precisamente por eso no logra mucha simpatía por parte de los países latinoamericanos y casi no cuenta con apoyo de los países europeos, salvo Holanda. El 16 de julio 1997 sus principales líderes (Vladimir Roco, Marta Beatriz Roque, Félix Bonné y René Gomez) fueron arrestados por su llamado a una discusión abierta de los documentos del quinto congreso del partido y a una abstención en las elecciones locales, por su búsqueda de una legitimación internacional y por sus contactos abiertos con la prensa extranjera. Todavía siguen encarcelados; ni el papa ni Jean Chrétien, el primer ministro de Canadá, lograron obtener su excarcelación. La resistencia actual, igual que la de antes, se lleva a cabo en primera instancia por gente de afuera, es decir, cubanos exilados o expulsados. Su dirigente más notorio era el ingeniero Jorge Mas Canosa, de la Fundación Nacional Cubana-Americana, que falleció en noviembre de 1997. Su sueño vital de retornar a su patria como presidente quedó en quimeras.

El comandante mismo no da mayor importancia a la oposición externa, excepto cuando ocurren atentados con explosivos contra objetivos turísticos. Más importancia le merece poner un bozal a la oposición interna y guardar el apoyo incondicional del ejército. Su aversión visceral al capitalismo y su distribución injusta de los ingresos lo llevó a torpedear cuanto proyecto exitoso hubiera de economía de mercado. Separó a las empresas privadas de su fuente de abastecimiento o les impuso cargas exorbitantes. Considera al crecimiento desigual del bienestar que la economía de mercado supone fatalmente, como una amenaza para su supervivencia política. El mercado libre exige la práctica política libre. Por el momento, el canoso héroe de Sierra Maestra no piensa retirarse, pero nombró a su hermano, siete años más joven y más radical, como su sucesor. ¿Cuándo surgirá un Lech Walesa cubano para movilizar a la masa de trabajadores en las plantaciones de azúcar? El proceso de transición hacia el pluralismo democrático y el respeto de los derechos humanos todavía no se vislumbra en Cuba.

7. LA GRAN DESILUSIÓN "SOCIAL" DE LA DEMOCRACIA "ELECTORAL"

Desgraciadamente, el renacer democrático y la retirada tanto de los dictadores como de las guerrillas, circunstancias que, por supuesto, nos deben alegrar, tampoco pueden engañarnos. En términos globales pueden apuntarse dos mandatos esenciales para la democracia. En primer lugar, la legitimación de los representantes del pueblo en los poderes Legislativo y Ejecutivo; en segundo término, la formulación, explicación y fiscalización de la actividad pública al servicio de la sociedad. En este segundo punto, nada brillante se presenta el panorama latinoamericano. Óscar Arias, Premio Nobel de la Paz 1987, lo expresó de manera tajante: "Nuestras democracias libran todos los días una pelea decisiva para mantenerse a flote anegadas por descontrolados niveles de violencia social, corrupción y falta de credibilidad que las ponen al borde de la ingobernabilidad". La verdad es que la democracia "electoral" ya ilusiona poco a la opinión pública y numerosas repúblicas del subcontinente son miradas con apatía, impotencia y pesimismo. Sin ambages, puede hablarse de la crisis de la democracia electoral.[30]

Una encuesta efectuada en 1996 en 17 países iberoamericanos (incluyendo España), por Latinobarómetro de Santiago de Chile y financiada en lo principal por la Unión Europea, no hace más que corroborar a todas luces cómo la inmensa mayoría de la población antepone la democracia al autoritarismo, pero al mismo tiempo se muestra inconforme con sus propios gobiernos democráticos. Esta percepción, por muy incompatible que parezca a primera vista, pone en evidencia que incluso en países donde una muestra significativa de gente escoge la democracia, existe un sector importante que optaría por un régimen autoritario bajo ciertas circunstancias. Este grupo más proclive al autoritarismo alcanza 26% de los encuestados en Paraguay, 24% en Brasil, 23% en Chile y México y 21% en Guatemala. Con la excepción únicamente de Honduras (42%), en todos los demás países, más de la mitad de la población prefiere la democracia.

En primer lugar, los electores empezaron a comprender que, si bien pueden escoger entre personas, no hay real elección entre modelos de sociedad. Desde la desaparición de la alternativa comunista, no hay ya verdaderas diferencias ideológicas. El credo generalizado se refiere a la economía de mercado con correctivos sociales, ecológicos y éticos. Los candidatos a la presidencia que durante la campaña prometen romper el armazón neoliberal o que proponen medidas drásticas para reducir la desigualdad social, una vez elegidos, pronto se ven encarrilados. No hay impunidad para quien trata de ignorar la disciplina del FMI, la lógica neoliberal y las realidades macroeconómicas. Testigos de aquello fueron los presidentes Menem, Fujimori, Cardoso y Bucaram, en Argentina, Perú, Brasil y Ecuador, respectivamente. ¿No es de extrañar que los electores hayan interpretado que se habían roto las promesas electorales?

Muchas personas están convencidas de que las elecciones sólo se ganan mediante financiamiento extralegal, mediante corrupción por los capos de la droga y mediante fraude en las urnas. Claro está que esta práctica ha disminuido.[31] En numerosas oportunidades se comprueba que la lucha electoral gira más en torno a caudillos que a programas. Los caudillos tienen que recurrir al clientelismo, práctica que se presta para la corrupción. En una democracia madura la tarea de los partidos consiste en transformar corrientes ideológicas, filosóficas, sociales y económicas en programas. En países con docenas de

Cuadro I.2: Descontento con la democracia
"La gente prefiere la democracia al autoritarismo..." *

Uruguay	80%	Nicaragua	59%
Costa Rica	80%	Paraguay	59%
Panamá	75%	El Salvador	56%
Argentina	71%	Chile	54%
Bolivia	64%	México	52%
Perú	63%	Guatemala	51%
Venezuela	62%	Brasil	50%
Colombia	60%	Honduras	42%

* *Porcentaje de encuestados que prefieren democracia.*

*... pero están insatisfechos con la democracia en sus propios países"**

Uruguay	52%	El Salvador	26%
Costa Rica	51%	Bolivia	25%
Argentina, Panamá	34%	Nicaragua	23%
Ecuador	34%	Paraguay	22%
Venezuela	30%	Colombia	16%
Perú	30%	Guatemala	16%
Chile	27%	México	11%

* Porcentaje de satisfechos con la democracia.
Fuente: Latinobarómetro, Santiago de Chile, 1997, citado en El Bid, *junio de 1997, p. 9.*

partidos, como en Guatemala (con 29) o Nicaragua (con 35), eso no es posible. No existen 20 maneras para dirigir eficientemente una nación. Una cura de adelgazamiento en la cantidad de partidos es algo deseable. Brasil, que cuenta con 18 partidos en el Congreso, intenta llevar eso a cabo mediante una reforma a la ley electoral. La proliferación excesiva conlleva debilitamiento del poder y de la gobernabilidad.[32] Lo expuesto resulta negativo para la eficacia de la acción estatal y la necesaria reforma del Estado. En gobiernos de coalición muchas veces manda el partido más pequeño. Los presidentes carecen entonces de plataforma política estable. ¿Cuántas veces no ocurrió, acaso, que las dictaduras de tipo militar y otras tomaban cartas en el asunto precisamente por lo anterior? Los partidos políticos de América Latina necesitan urgentemente refrescarse en sus fundamentos ideológicos y consolidarse.

Es indudable: la democracia recuperada no llenó las tremendas expectativas que existían. No fue capaz de proteger adecuadamente los derechos humanos, de superar la corrupción, de obligar a los políticos a dar más cuenta de sus actos, de construir mecanismos para favorecer la justa distribución de ingresos, de riqueza y de oportunidades. Sobre todo, esto último irrita a la opinión pública. Tal como quedará demostrado en el capítulo II, la desigualdad socioeconómica de este subcontinente adquiere proporciones más graves que en cualquier parte del mundo. El moderno crecimiento económico acrecienta cada vez más la disparidad, sin que los gobiernos puedan tomar medidas para cambiar el rumbo de esta tendencia dramática. Se imponen correctivos sociales valientes.

El pueblo observa que para muchos políticos las elecciones no son sino un trampolín para tomar el poder o quedarse con él, apoderarse del enorme botín público, fuente de inconmensurables privilegios o, en algunos casos, simplemente para mantener la inmunidad y no ir a la cárcel. Como lo esbozó el novelista brasileño Jorge Amado en su conocida obra *Gabriela: clavo y canela*, los reformadores son vistos muchas veces como bandidos que esperan su turno en la oposición. Muchos políticos consideran que la campaña electoral es un mal necesario, digamos un ritual obligado sin escapatoria. Conocida es la aseveración del peruano Hernando de Soto, según el cual "la democracia escoge cada tanto a su dictador".

El Parlamento ecuatoriano constituye una significativa excepción. Como quedó mencionado, aprovechando vacíos en la Constitución, en 1997 fue capaz no sólo de despedir al presidente por incapacidad mental, sino que, también con base en un referendo, sustituyó a todos los miembros de la Corte Superior de Justicia, bajo la acusación de partidismo político. Casi en todos los otros países falta poder a las instancias legislativas. Las posibles explicaciones de esa situación son el exceso de intervención del Poder Ejecutivo, la debilidad intrínseca y la falta de resolución o un Poder Judicial dominante.

Como decía Lenin, los "porfiados hechos" no mienten. Por doquier las decisiones políticas se elaboran y se ejecutan en otras instancias. Hace tiempo que el gobierno ya no presta importancia a lo que se dice en el recinto parlamentario. En regímenes presidenciales, un veto del jefe de Estado sólo puede ser desvirtuado mediante una mayoría calificada en el Parlamento. Si éste se opone se le amarra mediante "medidas provisorias" o decretos presidenciales que eliminan cualquier injerencia democrática. No es raro que partes difíciles de ciertas reformas se impongan mediante decreto presidencial. Brasil ofrece un vasto panorama de tales medidas. Los mismos diputados confunden oposición constructiva con destrucción partidaria, a no ser que estén adormecidos por privilegios legales o autoconcedidos. Se encamina la democracia hacia una vía lateral. En Costa Rica se comprueba una falta de equilibrio entre el Ejecutivo, el Legislativo y el poder judicial. Hay un manifiesto predominio de este último sobre los dos primeros. La opinión pública se regocija por ello, pero otra cosa es la percepción de los políticos. Incluso si la Asamblea

Legislativa toma iniciativas, su ejecución se ve dificultada por la Sala IV (Sala Constitucional) o por el contralor (supervisor de presupuestos y de gastos), que hacen política por cuenta propia.

La debilidad de las instituciones, como se comprueba en la mayoría de los países de América Latina, tampoco permite llevar a cabo la política diseñada. Lo cierto es que la democracia queda en el papel si sus decisiones no pueden ser llevadas a cabo. Un enorme despilfarro de recursos humanos financiados con aportes locales y extranjeros constituye la práctica de los presidentes entrantes de cambiar, casi por completo, toda la administración en lugar de limitarse a unos puestos de confianza particular. Cuando el presidente Alemán llegó al poder en Nicaragua, en 1997, reemplazó a la mayoría de los empleados del Estado incluso en niveles inferiores. Pero Managua no es ninguna excepción. Por doquier en este subcontinente se prefieren funcionarios "a la carrera", a los "de carrera". ¿Quién puede dudar que estas prácticas de "limpieza partidista" afectan al profesionalismo de la administración y demuestran un clientelismo que refuerza aún más el poder dominante del jefe del Estado?

Cada vez se reafirma que el "sistema presidencial", como se practica en América Latina, no es necesariamente el más democrático, el más eficaz, ni el más favorable para la estabilidad política. Los miembros del ejecutivo son generalmente técnicos y vírgenes electorales sin experiencia en mercadeo político. Ilustres pero desconocidos del pueblo y de la sociedad civil no se empeñan en vender y explicar el rumbo político de sus gobiernos, dejando esta tarea vital del quehacer democrático al presidente y los vicepresidente elegidos. Contrariamente, en el "sistema parlamentario" los ministros suelen ser políticos de carrera que viven en contacto permanente con su base electoral. El gobierno y sus ministros son directamente responsables ante el Parlamento a quien deben rendir cuentas diariamente. Al perder la confianza de los representantes del pueblo pueden ser despedidos y reemplazados. Eso limita el inevitable desgaste político del propio presidente. En el sistema presidencial, toda la responsabilidad política recae en el jefe de Estado. Él mismo sufre directamente la pérdida de confianza y, desde luego, de gobernabilidad sin tener modo de trasladarla a su gobierno y practicar el "borrón y cuenta nueva". Abundan los casos de presidentes que por aplicar rígidos programas de restructuración económica y social perdieron muy rápidamente el apoyo popular y no pudieron recuperar la confianza, responsabilizando o sacrificando a un primer ministro y otro miembro de gobierno. Así le pasó, de manera muy dramática, en 1989, al presidente Raúl Alfonsín en Argentina y al presidente Andrés Pérez de Venezuela. Mientras el primero tuvo que interrumpir su mandato legal por motivos de ingobernabilidad, su colega venezolano, desde los primeros días de su segundo mandato, sufrió un enorme desgaste político que debilitó seriamente su gestión y condujo finalmente a su destitución y a una grave desestabilización de su país. A todos estos argumentos en favor del sistema parlementario se añade que el papel fiscal de sus asambleas nacionales es generalmente más eficaz, limitando así la tentación a la corrupción. No cabe duda que, por evidentes motivos creados, la resistencia contra la introducción de esta forma más madura de democracia es todavía tenaz entre los adeptos de un Poder Ejecutivo fuerte. En los debates sobre gobernabilidad el sistema parlamentario es un tema que apenas se tocó.[33] Hasta la fecha sólo Daniel Ortega ha tomado cartas en favor.

Negativo también para la eficiencia y el proceso democrático es la tradición en muchos países de America Latina de no permitir la reelección —inmediata o en general (como es el caso de Colombia, Costa Rica y México)— del presidente de la república. Esta prohibición constitucional está sentada en abusos históricos, el más sonado es la apropiación del poder de la familia Somoza en Nicaragua. Sin embargo, no cabe duda que la mayoría de los países del mundo, y sobre todo los pequeños, engendra tan sólo unos pocos políticos sobresalientes por siglo. No dejar decidir al pueblo, en unas elecciones transparentes y sin fraude, mantener al timón del Estado a sus líderes competentes no es democrático y no sirve a los intereses del país. Ya Perú, Argentina, Brasil y de pronto Panamá cambiaron su Constitución al respecto.

Para el promedio de los latinoamericanos, el sueño colectivo de la democracia tendría que representar la esperanza, no sólo por las elecciones ni sólo por los elegidos, sino también por medio de los sindicatos, las agrupaciones campesinas, las federaciones estudiantiles y toda clase de otras organizaciones civiles. Se esperaba más participación ciudadana real, sobre todo más allá del "circo para la canalla", como expresaba una respetable catedrática. La gente se ilusionaba sobre todo con más desarrollo de metodología de participación civil y cultura política para propiciarla, contaba con que los partidos y los políticos desempeñaron un papel de intermediarios entre las personas y el Estado, como corresponde en una democracia representativa; que los candidatos no sólo utilizaran las violaciones a los derechos humanos como palanca en contra de la dictadura, sino, una vez en el poder, detuvieran tales violaciones y las castigaran, en vez de encubrirlas del modo acostumbrado; que el aparato judicial fuese más eficiente e independiente y no sujeto al gobierno en turno; que el presidente electo contribuyera de hecho al bienestar general; que construyera escuelas y hospitales y solucionara el problema apremiante de viviendas; que disminuyera estructuralmente la pobreza, en vez de dejar las obras sociales como "terapia ocupacional" para su esposa; que creara fuentes de trabajo. Por desgracia, la experiencia enseña que de las promesas electorales, muchas veces poco se cumple. En síntesis, la democracia "electoral" ha perdido credibilidad como motor pacífico para cambios sociales y políticos. Lo expuesto puede resultar un panorama tétrico, pero coincide con la percepción íntima de la mayoría de la población.

Diversos factores ponen en evidencia, de manera patente, la falta de credibilidad de la democracia "electoral". Es sintomático ver el número reducido de gente con derecho a voto que se toma la molestia de inscribirse voluntariamente y vota después.[34] Esta apatía general se observa incluso en países donde la democracia electoral se instaló no hace mucho o donde la participación en las elecciones tiene carácter obligatorio.[35] En las elecciones presidenciales de 1995 en Guatemala sólo 60% se inscribió a pesar del llamado insistente de la oposición y del hecho de que la guerrilla había incluso decretado un cese al fuego durante la semana de las elecciones. El hecho de que mucha gente no pudo votar porque le faltaron papeles de identidad o porque eran escasas las oficinas de registro, no se divulgó suficientemente en los medios. Sólo 44.6% de 3.7 millones de guatemaltecos inscritos participó efectivamente en la primera vuelta, y en la segunda apenas 35%. Excepto en la capital, ofrecer transporte gratis el día de la contienda electoral no aumentó la cantidad de votantes.[36] En definitiva, a raíz del alto abstencionismo, Álvaro Arzú, el nuevo presidente, fue elegido por apenas 520 mil habitantes sobre un total de 6.2 millones de electores potenciales. Lo mismo pasó en Haití. Con motivo de las elecciones presidenciales del 19 de diciembre de 1995, apenas 22% se presentó a las urnas, a pesar de que cinco años antes casi todo el mundo había votado. También en otras partes se observa el mismo patrón de rechazo a las campañas electorales, que transcurren frecuentemente en medio de gran indiferencia y con un entusiasmo reducido.

Otro indicio de la degeneración del proceso electoral y de los partidos políticos son las demoledoras encuestas de opinión, recurso utilizado en muchos países.[37] ¿Quién pone en duda que el surgimiento de partidos con marcado sello antipartidista y antipolítico, la importancia creciente de los medios de comunicación social y la disminución notoria de partidos de gobierno presentan claros indicios de que van todos en un mismo sentido?

Puede que el rechazo de la democracia electoral tenga una causalidad múltiple, pero lo más importante es su falta de redistribución equitativa de ingresos y de oportunidades. Sólo habrá posibilidad de restablecer la confianza en los políticos y en los partidos durante un proceso electoral, cuando el gobierno elegido llegue efectivamente a hacer algo para romper con la miseria escalofriante y con la injusticia. Esto se puede lograr mediante un aumento en el monto y la eficacia de los gastos sociales para educación, salud pública, alimentación e infraestructura, o mediante una reforma agraria adecuada. Eso es posible dando oportunidades iguales para todos y reduciendo privilegios establecidos. Pero para eso hace falta un modelo de sociedad con auténtica dimensión social.

Posponer urgentes medidas sociales sólo puede aumentar la conciencia de que las elecciones en realidad legitiman situaciones antidemocráticas y socialmente injustas. Tal conclusión preocupa. En efecto, en este subcontinente es un signo de cultura política y de tradición que, cuando los gobiernos no le prestan suficiente atención al enorme ejército de gente pauperizada y desesperada, movimientos armados de resistencia de diverso signo ideológico, empuñan las armas para reivindicar con fuerza sus planteamientos sociales.[38]

8. Hacia una democracia "social"

La democracia electoral no fue capaz de frenar o remediar la concentración de ingresos en América Latina. Esto vuelve cada vez más apremiante la tarea de redistribución de los ingresos. Si los gobiernos no emprenden seriamente esta tarea, se corre el riesgo de un estallido social. En muchos países ya se llegó a eso.

La tremenda escasez de recursos presupuestarios (debida a la tozuda negativa de pagar impuestos, además de un costoso servicio de la deuda pública) paraliza a los gobiernos, sobre todo si éstos tienen vocación social. Eso resulta nefasto para la democracia. Por tal causa, es conveniente no sólo preocuparse por el mantenimiento de la democracia "electoral" sino, además, vigilar que ésta se transforme en una democracia "social".

Para la sobrevivencia de la joven democracia en tierras de Bolívar, una reforma fiscal profunda, capaz de recaudar mayores ingresos y lograr así el aumento de los gastos sociales dentro del presupuesto, resulta de vital importancia. El cuadro I.1 señala cómo desde 1985 se obtuvo al respecto en diversos países bastante mejoría, gracias a la reducción de los gastos castrenses. Complace corroborar que en 1995 los gastos militares como porcentaje del PNB (1.7%) son inferiores al promedio de los países occidentales (2.7%), excepto en lo que se refiere a Chile (3.8%), Ecuador (3.4%) y Cuba (2.8%). En cambio el monto de gastos militares como porcentaje de los gastos combinados para educación y salud pública sobrepasa los resultados obtenidos en los países occidentales (33%) en 1992. Entre los países que obtuvieron mejores resultados se encuentran Costa Rica (5%), México (5%) República Dominicana (22%), Brasil (23%) y Guatemala (31 %). Precisamente a causa de la desigualdad socioeconómica mayor, América Latina tiene que hacer esfuerzos aún más grandes de redistribución de los ingresos.

Un cementerio social nunca resultó ser un terreno propicio para la democracia. Si en varios países al sur del río Bravo las elecciones libres y abiertas no llevan a una mayor democracia "social", todo el proceso mítico alrededor de las urnas se considerará, cada vez más, como un parche cosmético que permita legitimar una estructura social injusta. Así se explica por qué el presidente Ramiro de León Carpio, de Guatemala, no dudó, en octubre de 1995, en hacer un llamado a la comunidad internacional para que aumentara la presión sobre su gobierno con miras a acrecentar su "propio aporte".

La democracia tiene un objetivo dinámico, ya que en última instancia se trata de cambiar situaciones inaceptables o inaguantables. Mientras la democracia "electoral" no logre reducir las desigualdades crecientes, la pobreza y la delincuencia, con toda legitimidad cabe cuestionar su utilidad. Sin el sustento social de las políticas públicas impera la ingobernabilidad. Definitivamente, la democracia es una empresa incompleta en América Latina.

Notas

[1] La democracia constituye un conjunto de valores, patrones de conducta, de prácticas y de instituciones. Implica la aceptación de una serie de criterios propios que la distinguen del autoritarismo y el totalitarismo. Se puede afirmar que un sistema político es democrático cuando se aplican los siguientes principios: elegibilidad general, pluralismo ideológico y de partidos, alternabilidad en el poder y respeto a la oposición, el principio de constitucionalidad y respeto por las leyes, la participación, el respeto a los derechos humanos, la separación de poderes del Estado, el control interno e interinstitucional entre éstos y, por último, la tolerancia. El epíteto «electoral» se aplica sólo a una parte del concepto de democracia.

[2] Enrique Krauze, *Mexico: Biography of Power*, Harper Collins, Nueva York, 1997.

[3] Fue precisamente Muñoz Ledo quien en 1988 trató de interpelar al entonces presidente Miguel de la Madrid. El escándalo fue mayúsculo. El diputado tuvo que abandonar el recinto, no sin antes llevarse un golpe de un legislador priista.

[4] Otra hipótesis para el asesinato de Colosio es que el crimen fue sufragado por capos del narcotráfico convencidos de que el abanderado del PRI no hubiera aceptado dinero sucio en su campaña ni se prestaría a componendas con los cárteles de la droga.

[5] La democracia "directa", en oposición a la "representativa", se ejerce vía referendo o plebiscitos. Existe también la modalidad del derecho a la iniciativa del pueblo en el momento en que se forjan las leyes y al dar cuenta de ellas. Una forma más moderna de democracia directa que en América Latina, excepto en el caso de los zapatistas en México, que todavía no se lleva a la práctica, es la democracia «electrónica». Ésta permite contactos directos aunque virtuales entre los ciudadanos y sus autoridades.

[6] El sistema de encomienda implicó que la Corona española encargaba a un "encomendero" la administración de un pueblo indígena. Esto último implicaba el derecho a cobrar impuestos *in natura* y autorizaba inicialmente también a obligar a determinadas prestaciones laborales.

[7] Enrique Krauze, *Siglo de caudillos*, Tusquets, México, 1993.

[8] Alain Rouquié, *L'état militaire en Amérique Latine*, Editions du Seuil, París, 1982.

[9] En el libro *Beyond Praetorianism: the Latin American military in transition*, escrito por Richard L. Millst y Michael Gold Bliss (editado por North-South Center Press, University of Miami, 1996), se pregunta si la lealtad del ejército mexicano se encuentra en la Constitución o en el gobierno del PRI.

[10] El líder de estos intentos de golpe era el coronel Hugo Chávez. Indultado después de cumplir dos años en la cárcel, este populista, gracias a un mercadeo inteligente, resulta ser ahora el favorito de los sondeos en la contienda presidencial de diciembre de 1998.

[11] Es interesante comprobar que un pequeño batallón de 28 miembros de la guerrilla guatemalteca ORPA, bajo la dirección del exjesuita Enrique Coral, participó en junio de 1979 en las últimas acciones militares en Nicaragua, antes de entrar en acción, en noviembre del mismo año, en el campo de guerra de su país.

[12] Durante las elecciones presidenciales de 1996, la reducción de símbolos sandinistas aumentó. La guayabera floreada se cambió por una blanca; la bandera rojinegra del sandinismo se sustituyó por la blanca y celeste de Nicaragua, y el himno sandinista (el cual canta que el yanqui es enemigo de la humanidad) se cambió por la versión española del «Himno a la alegría» de Schiller y Beethoven. Esta metamorfosis no sería suficiente como para dar a la mayoría de los electores suficiente credibilidad en la democracia de los sandinistas. Con motivo de las nuevas elecciones en noviembre de 1996, Ortega perdió, otra vez, frente al candidato liberal Arnoldo Alemán. Más adelante llamó en varias oportunidades a la resistencia armada para

salvaguardar las reformas sandinistas, sobre todo en lo que se refiere a reforma agraria, la expropiación de bienes de la familia Somoza y el financiamiento de la educación superior. Penalmente acusado de acoso sexual por su hijastra, en 1998, su supervivencia política parece seriamente comprometida.

[13] En 1986, cuando Cerezo fue electo presidente, el nombre de "Patrullas de Autodefensa Civil" (PAC) cambió por este nuevo nombre.

[14] En honor de la verdad hay que añadir que no existen pruebas, ya que ni la CIA las presentó ni se acusó formalmente a D'Aubuisson.

[15] Aparte de la diferenciación de tipo socioeconómico, existe también una diversidad cultural y étnica inherente a una sociedad con 40% de población mestiza, 32% quechua, 25% aymará y 3% de raza blanca.

[16] Durante las elecciones municipales en Chile, en febrero de 1973, la Unidad Popular (socialistas, radicales y comunistas) obtuvo 44.3% de los votos (contra 36% en las elecciones nacionales de 1990, cuando la derecha obtuvo 35% y los demócrata-cristianos 29%). Con este resultado surgió en la oposición el sentimiento de que ya no podría disponer de mayoría calificada para anular un veto presidencial. Por otro lado, entre el MIR, grupo pro oficial armado que propugnaba lisa y llanamente un régimen comunista, había surgido un triunfalismo que provocó el pánico en otros sectores, en parte por las sanciones económicas que Estados Unidos había impuesto, entre tanto, el presidente Allende se vio obligado a gobernar más a la izquierda. Esta radicalización provocó la sensación de que había adoptado las tesis miristas. Sin embargo, gente entendida, consultada al respecto, lo niega tajantemente y opina que el MIR no desempeñó un papel preponderante. La postura ambigua del presidente llevó al golpe militar de septiembre de 1973, con el beneplácito de muchos demócrata-cristianos ilusionados con que se volviera a nombrar como jefe de Estado al expresidente Eduardo Frei. En repetidas afirmaciones el presidente Pinochet sostuvo que hasta el primer presidente democrático, Patricio Aylwin (1990-94) «escribió varias cartas justificando el golpe» y que «indirectamente pidió una intervención». Agregó que, una vez perpetrado el golpe, Aylwin «lo justificó en un documento». El líder de la Democracia Cristiana siempre rechazó enfáticamente estas afirmaciones del exdictador. Consta que otros miembros de la misma agrupación política se opusieron a la ruptura institucional, pero la mayoría llegó a considerarla inevitable en razón de los errores del presidente Allende, quien no llamó a la resistencia armada contra el ejército, a sabiendas de la fuerza demoledora de éste. La prueba es que los golpistas aniquilaron casi totalmente al MIR en menos de 48 horas. Los miembros de este grupo ideológico tuvieron que esconderse y se limitaron a algunas acciones terroristas con técnica de guerrilla. Considerando que los sindicatos y los estudiantes estaban divididos y que tenían en su contra tanto al Poder Judicial como al Parlamento y el ejército, cabe la pregunta acerca de por qué el presidente Allende no se distanció de una manera indubitativa y oficial de las tesis del MIR y sus aliados comunistas. ¿Podría afirmarse que en la práctica él era, de hecho, como una especie de secuestrado de ellos?

[17] Totalmente divergentes resultan las lecturas respecto del temor al castrismo. Muy pocos creyeron que éste fuera una alternativa posible en Chile y encuentran la causa del fracaso de Allende en la creciente ineficacia de su gobierno, en la grave crisis económica y en la espiral de caos que azotaba el país.

[18] El Senado chileno está constituido por 38 senadores elegidos, más otros nueve designados "a dedo" por las fuerzas armadas (4), la Corte Suprema (3) y el presidente (2). Pinochet, el décimo, es senador vitalicio desde que pasó al retiro el 11 de marzo de 1998. Para la gobernante "Concentración de Partidos por la Democracia", el Senado ha sido el impedimento para impulsar leyes que aseguren la plena democracia del país después de 19 años de dictadura. Uno de los

proyectos bloqueados por los cerrojos pinochtistas fue precisamente el de la eliminación de los senadores designados y otro para modificar el sistema binominal de elecciones. Este recurso electoral le ha permitido a la coalición derechista «Unión por Chile» mantener cierto equilibrio de fuerzas en la Cámara de Diputados, pese a su menor votación.

[19] Werner Marti, "Growing militarization in Mexico", *Swiss Review of World Affairs*, agosto, 1997, pp. 25-26.

[20] La migración efectivamente se incrementó mucho durante el conflicto, pero un número bastante respetable comenzó a salir del país antes de la guerra, al encontrarse en una situación económica insoportable.

[21] Esta instrucción tuvo lugar en la "Escuela de las Américas", establecida en 1946 en Fuerte Amador en Panamá. Fue trasladada a Fuerte Benning (en Georgia) en 1984. Se estima que más de 60 mil militares de todos los países de América Latina recibieron adiestramiento en ese centro. Entre ellos se encuentran el mayor Roberto D'Aubuisson de El Salvador, Manuel Antonio Noriega, exdictador de Panamá, y el general Hugo Banzer, de Bolivia. Diversos movimientos de derechos humanos solicitaron al presidente Clinton clausurar esa institución.

[22] Farabundo Martí había sido un dirigente nacional comunista que en los años treinta organizó una rebelión de los campesinos contra la dictadura, la cual costó 30 mil vidas. En toda la historia del continente se trata de la única insurrección de masa dirigida por un partido comunista, ya que la revolución victoriosa en Cuba, en 1959, y la de Nicaragua, en 1979, se hicieron sin los comunistas.

[23] Para un análisis crítico referirse a: Maité Rico y Bertrand de la Grange, *Marcos, la genial impostura*, Nuevo Siglo/Aguilar, México, 1998. Los autores, ambos periodistas, pretenden que Marcos se apropió del conflicto indígena y lo utiliza como trampolín para participar en política. Aseguran que los indígenas llevan luchando por sus causas mucho antes de la llegada de Marcos y que, en contraste con sus proclamas tan humanistas, en la práctica ha impuesto una estructura verticalizada en los mandos, que se ha traducido en grandes niveles de represión interna y en la expulsión de miles de familias.

[24] Los grupos más conocidos son los Chinchulines, Paz y Justicia, el Movimiento Revolucionario Indígena Anti-Zapatista y la Máscara Roja.

[25] Siete meses antes de la rebelión de Año Nuevo de 1994, los zapatistas tuvieron en Chiapas una escaramuza con una patrulla del ejército. A fin de no entorpecer las difíciles negociaciones para la aceptación en el NAFTA y no ponerlas en peligro por rumores respecto de infracciones a los derechos humanos de los indígenas, el entonces presidente Carlos Salinas de Gortari decidió no intervenir. Sin embargo, este primer choque llevó a una modernización de las fuerzas armadas.

[26] Ya a finales de los años cuarenta y a comienzos de los cincuenta hubo una guerrilla liberal en Colombia. Fue objeto de amnistía durante el gobierno del general Rojas Pinilla y terminó con el frente nacional entre liberales y conservadores.

[27] Mayor Luis Alberto Viullamarín Pulido, *El cártel de las FARC*, Bogotá, junio, 1996.

[28] Trasluce por supuesto el antecedente del comediógrafo ateniense Aristófanes que en su "Lisístrata" ridiculizó a los demócratas del Peloponeso que querían prolongar la guerra contra Esparta. En su obra describe cómo las mujeres molestan a sus compañeros e incluso empiezan una huelga sexual con tal de que éstos hagan las paces.

[29] La última tuvo lugar en 1991 en el marco de las negociaciones de paz con el M-19.

[30] Véase: Alain Touraine, *Qu'est-ce que la démocratie?*, París, 1992; Philipp Braut, *El jardín de las delicias democráticas*, Fondo de Cultura Económica, México, 1993, p. 37; Scott Mainwaring y Timothy Scully, *Building democratic institutions: parties and party systems in Latin America*, Stanford University Press, 1995.

DIFÍCIL TRANSICIÓN HACIA LA DEMOCRACIA SOCIAL

[31] Durante la campaña electoral en Nicaragua, en octubre de 1996, el candidato Alemán acusó a los sandinistas de fraude, mediante el proceso de registro de electores. Cuando Ortega perdió finalmente, a su vez lanzó al vencedor el mote de fraude, pero su petición fue denegada por el Tribunal Supremo Electoral.

[32] Diego Achard y Manuel Flores, *Gobernabilidad: un reportaje de América Latina. Política y derecho*, PNUD, 1997. Véase también PNUD, *Gobernabilidad y desarrollo democrático en América Latina y el Caribe*, Nueva York, 1997 y PNUD, *El desafío democrático. Reflexiones de las sociedades centroamericanas ante el resultado del Latinobarómetro 1996*, 1997.

[33] Chile tuvo una experiencia nada positiva de sistema parlamentario entre 1920-1924 y el tema fue objeto de un debate público en Brasil, recién al inicio de los años noventa.

[34] Sólo en Cuba 97% de la población vota.

[35] En la mayoría de los países de América Latina, el voto obligatorio se encuentra establecido constitucionalmente. Sin embargo, de haber sanciones, éstas se aplican sólo excepcionalmente. En cambio en Ecuador, quien no acude a votar corre el riesgo de perder derechos civiles, como tener una tarjeta de identidad, cobrar cheques y obtener un empleo remunerado.

[36] En América Latina, tradicionalmente, el partido que más transporte ofrecía a los electores llevaba una indiscutible ventaja.

[37] Según estudios recientes en América Latina hay una creciente desconfianza respecto de los partidos políticos y las diversas instituciones del régimen democrático. En efecto ocho de cada 10 argentinos, peruanos y colombianos desconfían de sus partidos políticos, cifra que baja a sólo siete en México. Del mismo modo se observan porcentajes superiores al 50% de desconfianza frente al Congreso o Parlamento nacional (80% en Colombia y 51% en Perú), y el aparato judicial (México 76%, Argentina 75%, Colombia 69% y 68% en Perú). Fuente: Rimer y otros, *Actitud towards parties in Latin America*, The National Democratic Institute for International Affairs, 1995, p.5. La imagen positiva de los partidos queda en pie mientras dure la transición hacia la democracia. Tan pronto se llegue a ella, los temas políticos pierden terreno y los partidos empiezan a perder su popularidad. Según otra encuesta de opinión, 84% de los panameños confía poco o nada en los partidos políticos. En Guatemala éstos fueron catalogados como últimos en la lista de instituciones en lo que se refiere a simpatía de la población. En Bolivia sólo 5% de los encuestados opina que los partidos políticos defienden los intereses de los ciudadanos. Fuente: Instituto Nacional Demócrata para Asuntos Internacionales, *Los Partidos Políticos en las Américas*, agosto, 1995, p. 15-19.

[38] Jorge Castañeda, *La izquierda desarmada*, México, 1994.

Capítulo II
Lucha frontal contra la pobreza y la desigualdad social

En América Latina, cada año millón y medio de personas mueren simplemente por ser pobres.

La pobreza y la desigualdad no constituyen ninguna novedad en América Latina. Son una flagrante infracción a los derechos humanos fundamentales; desestabilizan la democracia y debilitan el crecimiento económico.[1] En realidad nunca fue de otro modo. La comunidad internacional lo sabe y no pareciera tomar cartas en el asunto. ¿Estará de verdad consciente de que el porcentaje de indigentes apenas baja y que la brecha entre ricos y pobres aumenta cada día? Esta ignorancia se disculpa parcialmente por los impresionantes avances tecnológicos de países como Brasil, Argentina y México. La imagen de estos logros aminora un tanto la cruda realidad social de este continente, lleno de indigencia, pobreza extrema y masas marginadas.

Los síntomas son universales: desnutrición, hambre, falta de servicios elementales como agua potable y recolección de basura, alta exposición a enfermedades e infecciones, además de acceso limitado al sistema educativo. Ni el mismo concepto de pobreza es monolítico. Un poco para salir del paso, se puede definir como la imposibilidad para una persona o una familia de solventar sus necesidades más elementales y llevar una vida digna en una sociedad determinada. Nos referimos entonces a la calidad nutritiva de la alimentación, al real acceso a productos y servicios básicos, como vestimenta, alojamiento, servicio médico, educación y transporte. Por "pobreza absoluta" se entiende el porcentaje total de personas de un país que encajan dentro de la citada definición. El Banco Mundial maneja los términos de "línea de pobreza" y "línea de extrema pobreza". Son pobres aquellos a quienes no alcanzan los ingresos para adquirir la canasta básica de bienes y servicios. La gente en extrema pobreza o indigentes, prácticamente, desfallecen en vida. No tienen recursos suficientes para adquirir siquiera la canasta básica alimenticia, lo imprescindible para no morir de hambre.

Definida en estos términos, la pobreza resulta un concepto relativo en el espacio, además de evolutivo en el tiempo. El mismo vocablo, utilizado en naciones industriales, nada tiene que ver con su connotación en países en vías de desarrollo. En Estados Unidos se traza la línea de pobreza a partir de ingresos de menos de 15 170 dólares por hogar. La Unión Europea define como "pobres" a quienes perciben por debajo de la mitad del promedio (15 500 ecus). El informe publicado en 1990 por el Banco Mundial respecto de la pobreza[2] considera como tales a los que ganan menos de 370 dólares por año y en "extrema pobreza" a quienes no alcanzan los 200 dólares. En su "Informe sobre el desarrollo mundial" de 1997, introduce un nuevo medidor de pobreza: el porcentaje de la población que ha de conformarse con menos de un dólar norteamericano al día, entendido éste en paridad del poder adquisitivo. México maneja un límite superior de 940 dólares por cabeza para "relativamente pobres" y 200 dólares para gente "en pobreza extrema". De manera que no existen criterios uniformes.

El nivel del PNB *per capita* no indica nada. Igualmente importante o más, resulta su distribución. La pobreza no ubica solamente el bajo nivel de ingresos, sino también el grado de desigualdad en una sociedad, que también resulta relativa, porque puede aumentar mientras suben los ingresos, incluso de los más pobres. Chile constituye un ejemplo chocante en este sentido. Se es más pobre "en comparación con". Desde tiempos atrás, el sur del río Bravo arrastra un mayor grado de desigualdad en los ingresos que otras regiones del mundo; volveré sobre este asunto más adelante. El tema también tiene que ver con la distribución de oportunidades. La política al respecto se refiere a esfuerzos que los gobiernos emprenden para proporcionar oportunidades iguales para todos.

Desde que el PNUD introdujo su primer índice de desarrollo humano, en 1990, el fenómeno pobreza ya no se define más en términos de ingresos *per capita*. Ahora se mide en términos cualitativos, como el poder adquisitivo medido en relación con los ingresos *per capita*, la esperanza de vida, el grado de alfabetización y los años de escolaridad.[3] Esta aproximación cualitativa tiende a matizar las cosas. "Pobreza de ingresos" y "pobreza humana" son dos análisis de una misma realidad desde perspectivas diferentes. Llama la atención que las diferencias en desarrollo humano son menos grandes que las existentes en ingresos. Por lo pronto el índice de desarrollo humano de las naciones desarrolladas resulta sólo 1.6 veces más alto que el de los países en vías de desarrollo. Para el PNB *per capita,* los países industriales ganan cinco veces más. Hace poco se introdujeron también otros indicadores cualitativos, como la mortalidad infantil, la desnutrición y otros utilizados, evidentemente en la medida en que existan estadísticas confiables al respecto.

1. El peligroso aumento del empobrecimiento

Según recientes informes de la Comisión Económica para América Latina (CEPAL)[4] y del Banco Interamericano de Desarrollo (BID), en este subcontinente la cantidad absoluta de pobres, que había bajado entre 1970 y 1982 de 118 a 82 millones, volvió a subir a 210 millones en 1994, la cifra más alta en la historia. También su cantidad relativa se caracterizó por un movimiento con la misma curva porcentual: 40 en 1970, 35 en 1980, 37 en 1986, 41 en 1990 y 39 en 1994 (gráfico II.1).

Cuadro II.1 Hogares pobres en América Latina, en la década de los noventa (porcentajes)

Situación actual	País	Pobreza en 1970	Pobreza en 1990
Nivel bajo			
(menos de 15%)	Argentina	mayor	menor
	Uruguay	menor	menor
Nivel medio			
(15 a 30%)	Chile	menor	menor
	Costa Rica	igual	menor
	Panamá	menor	menor
Nivel alto			
(31 a 50%)	Brasil	igual	igual
	Colombia	igual	igual
	Ecuador	mayor	igual
	El Salvador	mayor	igual
	México	mayor	menor

	Perú	igual	menor
	Rep. Dominicana	mayor	igual
	Venezuela	mayor	mayor
Nivel muy alto			
(más de 50%)	Bolivia	mayor	menor
	Haití	mayor	mayor
	Honduras	mayor	mayor
	Nicaragua	mayor	mayor
	Surinam	mayor	igual
	Guatemala	mayor	menor

Fuente: CEPAL, *Panorama social de América Latina 1996, 1997.*

Gráfico II-1
Porcentaje de hogares bajo la línea de pobreza en países de América Latina

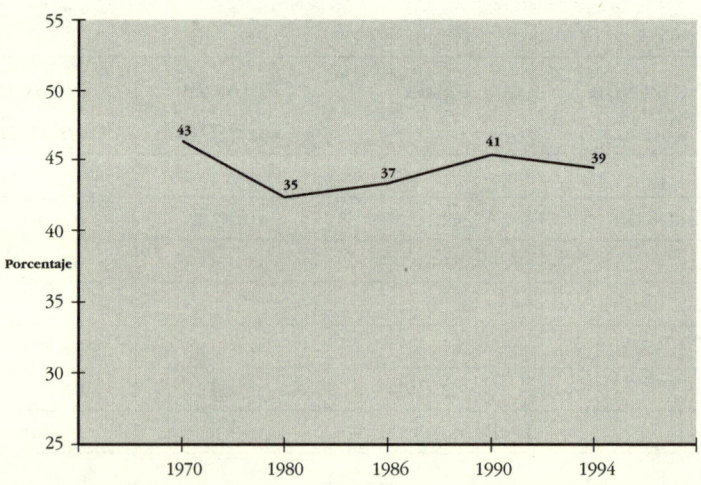

Fuente: CEPAL, *La brecha de la equidad, abril de 1997, pp. 25-26.*

Según el material contenido en el "Panorama social de América Latina", edición de 1996, de la CEPAL, existen marcadas diferencias de pobreza de un país a otro (cuadro II-1). Sólo Argentina y Uruguay registran ahora menos de 15% de hogares debajo de la línea de pobreza; Chile, Costa Rica y Panamá se sitúan en una faja media de 15 a 30% al respecto. Otros ocho países: Brasil, Colombia, Ecuador, México, Paraguay, Perú, República Dominicana y Venezuela, se sitúan en un rango alto de pobreza (30 a 50%). Un grupo de seis naciones: Bolivia, Guatemala, Honduras, Nicaragua, Haití y Surinam muestra un nivel muy elevado de pobreza, con no menos del 50% de hogares debajo de la línea de pobreza. Sólo Chile, Uruguay y Panamá reflejan ahora un porcentaje menor en ese sentido, que en 1970. Brasil, Colombia, Costa Rica y Perú pudieron estabilizarse, mientras la situación se degradó en los otros países. La situación se presentó especialmente dramática en Venezuela, con una evolución hacia el 42% en 1994, respecto del 20% en 1970. Desde 1990 la situación mejoró en todos los países o quedó igual, excepto en Haití, Honduras, Nicaragua y Venezuela.

Los cinco grupos más afectados son la población rural, las mujeres, los niños, los refugiados y los desplazados, además de la población indígena de Bolivia, Ecuador, Guatemala, México, Honduras y Perú. En contraste con lo que hubo quince años antes, la cantidad de pobres en las ciudades ahora es más grande que en el área rural. Se trata de una consecuencia lógica del hecho de que los habitantes de las urbes ahora constituyen 71% de la población total, frente a 57% en 1970. Para mayor facilidad, se puede resumir que la pobreza es predominantemente urbana en Brasil, Chile, Panamá y Venezuela y más bien de corte rural en Colombia, Costa Rica, Guatemala, Honduras y México.

La pobreza no golpea a todos los países por igual. En 1989 más del 44% de los pobres vivía en Brasil, a pesar de que esta república representaba sólo una tercera parte de la población del subcontinente. México y Perú contabilizan respectivamente 11% y 9%; seis naciones más pequeñas implicaban 19% de pobres, Bolivia, El Salvador, Guatemala, Haití, Honduras y Nicaragua. Se supone que estos porcentajes siguen siendo válidos.

La mayoría de los extranjeros ignora que en América Latina la pobreza constituye el mayor causante de muerte, y exige cada año un millón y medio de víctimas. Eso no es todo. Hasta cierto punto esta misma calamidad explica el brusco incremento de la violencia callejera y de la delincuencia (capítulo III). También incide de manera nefasta el medio ambiente (capítulo IX).

El problema se agudiza cada vez más y, con mayor vehemencia, en las ciudades frente al área rural. Las ciudades latinoamericanas suelen estar rodeadas de un espeluznante círculo de miseria que se extiende como mancha de aceite: son las callampas chilenas, los tugurios centroamericanos, las favelas brasileñas y las villas miseria argentinas: riqueza semántica para una misma pobreza real. La huida del campo hacia la ciudad se debe a la mecanización en el sector agrario, ingresos inferiores, desastres naturales, insuficientes derechos de propiedad y violencia política y social. Sin duda, la electricidad y la luz en las ciudades ejercieron también un fuerte magnetismo. Sin embargo, se trata de un espejismo de vida mejor. Los sociólogos señalan al televisor como un factor decisivo. A falta de energía eléctrica, la pequeña pantalla no se proyecta en los campos. Las megalópolis crecieron como hongos, sobre todo desde los años setenta. Allí la situación se volvió dramática a más no poder. El gran Sao Paulo albergaba 3.8 millones de habitantes en 1960; ahora suman 16.5 millones. En ese mismo periodo Río de Janeiro pasó de 3.4 a 10.3 millones, y la ciudad de México de 6.5 a 16.5 millones de almas. Desde 1970, aproximadamente 30 millones de brasileños (más de la población de Canadá) abandonaron los campos. A la fecha, el fenómeno se reproduce en las ciudades de segundo orden, como Medellín en Colombia y Tijuana en México. Ambas tuvieron un aumento de población de más de 9% por año.

Los políticos se preguntan cómo albergar a los recién llegados y conseguirles trabajo, qué hacer para proporcionarles atención médica y educación a los niños, cómo mantener la seguridad en sus comunidades. Éstas se convierten de manera espontánea en nidos de violencia y de delincuencia. Muchos políticos y trabajadores sociales emprenden la lucha y no faltan los esfuerzos concretos. Sin embargo, la tarea es inmensa. Ahí está el caso del proyecto Cingapura del enérgico exalcalde Paulo Salim Maluf, de Sao Paulo. La pretensión para 1997 consistía en dar techo a 95 mil familias que sumaban 500 mil personas entre 243 favelas. Desgraciadamente, este empeño ambicioso no representa sino una gota en el océano de una urbe en la cual por lo menos dos millones de indigentes vive en alojamientos infrahumanos. Igual pasa en Caracas, donde el programa Catuche, de autoconstrucción, llega apenas a 75 500 familias. Sin embargo, no faltan los éxitos. Uno de ellos lo constituye la ciudad de Curitiba en Brasil. A causa de su buen arranque, en 1995 se programó una reunión regional con miras a elaborar soluciones en preparación de la conferencia "Hábitat II", organizada por las Naciones Unidas en Estambul, en junio de 1996.

¿Quién negará que visitar estos cinturones de miseria es una experiencia sobrecogedora e imborrable? Allí falta toda infraestructura, incluso la más elemental, además de los servicios sociales básicos. Constituyen núcleos de desocupados y subempleados. Legiones de personas, con un rosario de trabajos momentáneos y llenos de desgracias, invaden las calles y las plazas públicas para ofrecer cuanta baratija hubiera, hasta objetos robados y drogas. En la carrera por subsistir, no falta quien utiliza también a los hijos y a las hijas, incluso en la prostitución infantil.

Los habitantes de estos sectores miserables viven en circunstancias tremendamente precarias, sin agua potable y sin eliminación de desechos. Están expuestos a toda clase de enfermedades infecciosas. El cólera, la malaria, el dengue y la leptospirosis, enfermedades decimonónicas, de nuevo levantaron cabeza en 1995 en América Central y otra vez golpean de preferencia a los pobres. ¿No es cierto que el virus Hanta, que en 1997 sembró el pánico en Chile, también se desarrolló en los mismos sectores? En caso de desastres naturales son también los mismos desvalidos quienes más muertos ponen en la balanza. Las 74 víctimas que perecieron y los miles de desamparados, a causa de las torrenciales lluvias de febrero de 1996 en Río de Janeiro, vivían todas en las favelas de Vidigal y La Rocincha. Esas comunidades miserables se aferran a las fuertes pendientes volcánicas que dominan los sectores residenciales de Leblon y Sao Conrado, cueste lo que cueste. En señal de duelo, la Escuela de Samba de Jacarepagua desfiló el primer día de carnaval sin instrumentos musicales, sin canto ni carros alegóricos. Quince de sus miembros habían perecido durante las inundaciones. El monótono sonar de un solo tambor expresaba el profundo pesar reinante.

Por desgracia, Río no constituye excepción alguna. También en las colinas alrededor de La Paz, de Caracas y de Medellín y en los grandes precipicios de Quito y ciudad de Guatemala ocurren deslizamientos de tierra, a raíz de lluvias torrenciales. Sus secuelas en los precarios asentamientos humanos resultan desastrosas. Pero los terrenos planos tampoco escapan al daño provocado por las aguas, como en la vecindad de Buenos Aires, Resistencia, Santa Fe, Recife y Guayaquil, construidos sobre tierras que se inundan con las fuertes lluvias, la crecida del nivel de los ríos, las mareas, o una interferencia mutua de todos estos males apocalípticos. No es raro que el fenómeno climatológico de El Niño en 1998, tanto en sus aspectos de sequía como de inundaciones destructivas, afectara sobremanera a los pobres. Los ricos se pueden permitir el lujo de quedar a distancia de ríos y volcanes amenazantes, además de construir con hormigón armado.

La pobreza causa grandes problemas políticos junto con peligrosas tensiones sociales, a punto de explotar. La violencia social se presenta con frecuencia en Brasil, lo mismo que en Bolivia, Venezuela, El Salvador, Nicaragua, Honduras y Panamá. Su radio de interferencia se expande hacia Colombia, Perú y Argentina. Causa preocupación que la clase media pareciera vencida. Tiempo atrás, sin embargo, constituía el motor para el progreso, por medio de pequeñas empresas, para una educación decente, además de servicios en salud. Hoy, su nivel de vida disminuye en forma drástica. Contemplar todo eso simplemente, desde la barrera, puede llevar a confrontaciones fatales. El continente está sentado sobre un volcán social cuyas erupciones son difíciles de prever.

2. Pobreza e injusticia social, una pareja indisoluble

La pobreza siempre se encuentra asociada con un alto grado de desigual en la distribución de tierras, ingresos, consumo y oportunidades. Las raíces de esta brecha se remontan a la época colonial. Contrasta fuertemente la diferencia entre colonos en la América del Norte y los conquistadores españoles que sólo veían el lucro rápido. Los primeros establecieron una comunidad con oportunidades para todos; en el segundo caso, una élite se adueñó de las tierras. William Penn, el fundador de Pennsilvania, sembró sus parcelas y las regó con tolerancia religiosa, libertad de conciencia y educación general. "Perspectivas iguales para todos", es el nombre del abono. En cambio, los conquistadores españoles, Hernán Cortés, Pedro de Alvarado y los tres hermanos Pizarro, "convirtieron" con la espada y el fuego, divulgaron oscurantismo religioso y científico, además de obligar a la población indígena inerme a tareas productivas en beneficio de ellos. Nada quedó del verdadero mensaje del Evangelio tampoco de la tolerancia política y religiosa de John Locke ni de la herencia científica progresista de la Royal Society. La Inquisición se mantuvo a sangre y a fuego durante tres siglos y medio, de 1478 a 1834, con huellas sociales perdurables.

Aparte, la gran concentración de propiedades y de ingresos en este subcontinente remonta al modelo de crecimiento basado en la exportación de materias primas minerales y agrícolas. Este crecimiento económico también se heredó de la época colonial y se dio enormemente durante el presente siglo. Sin embargo, el aumento considerable de la exportación primaria no conllevó la introducción de instituciones y de prácticas que fomentaran tareas redistributivas de ingresos y de capital humano. Argentina constituyó la excepción que confirma la regla.

América Latina entró al siglo XX con una clase reducida de ricos listos para imitar el estilo occidental de vida, en contraste con una masa de pobres que apenas subsistían. La clase media constituía una capa delgada en extremo. Este patrón no cambiaría un ápice con la industrialización mediante la sustitución de importaciones, fomentada sistemáticamente por las instancias gubernamentales a partir de los años treinta. Todo ocurrió en un contexto de subdesarrollo social, además del fuerte crecimiento urbano. Ya entonces la tecnología de los sectores nuevos generaba pocos empleos. Los frutos de esta industrialización tardía y del crecimiento económico que generó se repartieron de una manera tremendamente desigual.

Como se ha reseñado, en la Gran Patria de Bolívar la brecha entre los ingresos adquiere hoy proporciones más graves que en cualquier parte del mundo (cuadro II.1). En Brasil, el 20% de los más ricos en el periodo 1989-1994 ganaba 34 veces más que el 20% de los más pobres; en Guatemala 31.5 veces y en Panamá 30 veces. En la práctica, significa que el 20% de los más pobres se las tiene que arreglar con tan sólo el 2.9% del PNB. Incluso en África del Sur, en los funestos tiempos del *apartheid*, las contradicciones no resultaron tan fuertes (21.0 veces).

Que la desigual distribución de ingresos constituye un problema sociopolítico independiente del grado de desarrollo de un país, lo demuestran Bolivia (8 veces), Tailandia (8.8 veces), la India (5.5 veces) e Indonesia (4.5 veces). La baja desigualdad de Bolivia ha de ser puesta en relación con que en este país en 1952, como en México en 1919, ocurrió la revolución social más grande de América Latina en todo el siglo XX. Entre los países occidentales, Estados Unidos lleva la delantera en este indicador comparativo, con 11 veces más en 1992 (7.5 veces en 1969), seguidos por Australia, Nueva Zelanda y Suiza. En las sociedades occidentales con el mayor índice igualitario al respecto, destacan Japón y Alemania con un coeficiente entre 4 y 5.5; Gran Bretaña, Canadá, Francia y Bélgica se sitúan en medio de éstos, con un coeficiente que va del 6 al 8. Platón enseñaba a su discípulo Aristóteles que, independientemente de la organización que fuera, nadie tendría que ganar más que cinco veces el sueldo del trabajador más bajo.

Cuadro II.2 Desigualdad de ingresos (1989-1994)

	Ingresos 20% más ricos Ingresos 20% más pobres
Brasil	34.0
Guatemala	31.5
Panamá	30.0
Chile	15.3
Venezuela	14.5
Honduras	14.3
Colombia	14.0
República Dominicana	14.0
Nicaragua	13.7
Perú	12.5
Argentina	10.2
Bolivia	8.0
África del Sur	21.0
Tailandia	8.8
India	5.4
Indonesia	4.5
Estados Unidos - 1992	11.0
Reino Unido - 1992	7.0
Bélgica - 1992	6.1
Alemania - 1992	5.5
Japón - 1992	4.1

Fuente: Banco Mundial, World Development Report 1996, *Cuadro 5, p. 196; Banco Mundial, Indicadores sociales de desarrollo 1996;* The Economist, *noviembre, 1996, p. 20.*

Gráfico II-2
*Evolución de la desigualdad de ingresos en América Latina
(1970-1995) 20% más ricos / 20% más pobres*

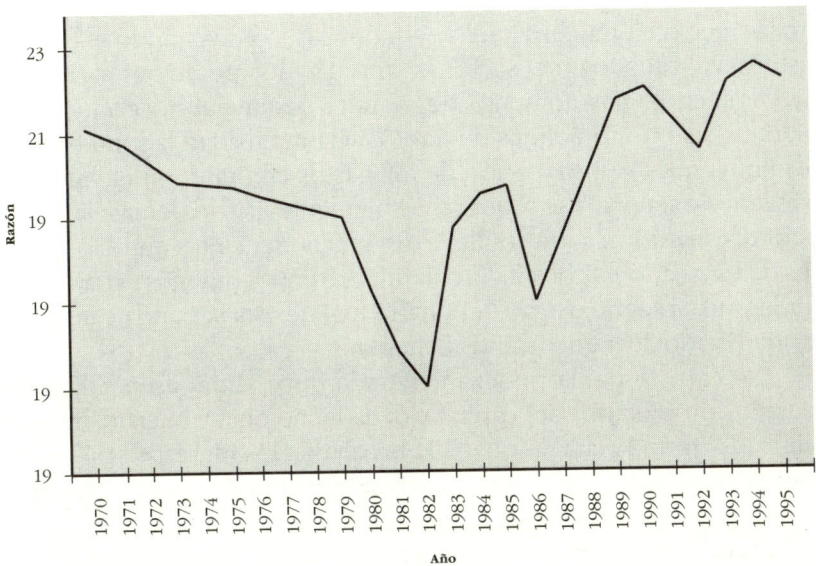

Fuente: *"Economic reform and social progress"*, en The Economist, septiembre 20-26, 1992.

A pesar del crecimiento económico considerable en la mayoría de los países latinoamericanos, la brecha entre los ingresos aumenta. Como para la pobreza, la distancia entre los ingresos mostraba una tendencia a la baja durante el periodo 1970-82 y un alza entre 1982-95. En 1995, 20% promedio de los más ricos ganaba 22 veces más que el 20% de los más pobres; en 1982 la proporción era de 15 veces y en 1970 de 21 (gráfico II-2). Sólo una pequeña parte de la población aprovecha el reciente crecimiento, mientras la masa marcha hacia atrás. ¿Cómo explicar eso? Lo anterior se debe a la flagrante falla del mercado laboral como mecanismo primario de distribución de los ingresos. En toda economía, la distribución primaria de ingresos hacia los pobres se efectúa tradicionalmente por el factor empleo. La gente trabaja y recibe una remuneración. El crecimiento económico conlleva nuevos puestos de trabajo y aumenta los salarios. Por desgracia, es forzoso comprobar que este mecanismo ya no funciona de manera adecuada en las naciones occidentales ni en los países en vías de desarrollo. Por ejemplo, en 1995 Chile tuvo un crecimiento de su PNB del orden del 8.5 (7.2% en 1996), pero al mismo tiempo se estancó el empleo, y el aumento de la masa salarial se limitó 2.1%. También para América Latina la computadora y el robot tuvieron el similar efecto en muchas tareas económicas, como cuando el tractor sustituyó al caballo en el sector agrario. La incorporación masiva de nuevas tecnologías aumentó de manera sustancial la producción, mientras las oportunidades de trabajo y la intensidad laboral fueron disminuyendo. La proporción de los gastos laborales en el valor de los bienes y servicios se redujo sensiblemente. Por lo demás, la revolución de la información conlleva distancias crecientes entre los salarios de trabajadores con alta escolaridad, frente a quienes no pasaron por las aulas; según UNCTAD,[5] el salario real de esta segunda categoría habría bajado 30% en los años ochenta.

No cabe duda, la riqueza generada fluye ahora esencialmente hacia los propietarios del capital y de la tecnología y hacia el trabajo calificado, todo lo cual aumenta la brecha de los ingresos. Así lo demuestran las cifras. En 1995, el ingreso del 10% de los más ricos de Chile era 32.9 veces mayor que el del 10% de los más pobres. En 1990, la cifra era de 28.4 veces. A pesar de un crecimiento económico tan tremendo como sostenido, además de transferencias sociales excepcionalmente amplias (63.3% del presupuesto o el 13% del PIB en 1994-1995), esa nación cuenta todavía con 25% de pobres. Tomando en consideración que en una sociedad determinada la pobreza es esencialmente un problema "relativo", poco importa socialmente que esta desigualdad creciente se sitúe en un promedio real de ingresos más alto que antes.

Existe, sin embargo, un segundo factor menos conocido, favorecedor de la acumulación de ingresos. Se trata del espeluznante crecimiento de la deuda interna. Podría ser que su crecimiento exponencial se constituyera en el causante principal de la disparidad de entradas. Muchos gobiernos recurren al déficit presupuestario en lugar de mejorar la recaudación de impuestos y la eficacia de los gastos. Les resulta más fácil financiar estas cifras en rojo no sólo con medios externos, sino también con recursos internos. Estos últimos son aportados por el mercado local de capitales, lo cual inmediatamente hace subir las tasas de interés, contrayendo la inversión privada. Intereses reales del 10 hasta el 15% no son ninguna excepción en América Latina. Solamente los ricos invierten en emisiones públicas.

En Costa Rica por ejemplo, en 1995, 38% de los recursos presupuestarios fue absorbido sólo por el servicio de la deuda interna. Este proceder resulta egoísta y conlleva una flagrante infracción en contra de la más elemental solidaridad intergeneracional. Al aumentar los ingresos de los pudientes, se recargan los problemas sobre las generaciones venideras. A corto plazo, esta práctica conduce a una tremenda limitación en la capacidad de maniobra para los gastos sociales y la redistribución de ingresos. Las únicas soluciones para frenar definitivamente la deuda interna son el alza de la recaudación fiscal, la restructuración, la baja de los intereses de los bonos del Tesoro en manos privadas y la equiparación de los egresos a los ingresos. Por lo general, la privatización sólo implica un respiro temporal.

El tercer factor explicativo de la creciente brecha entre los ingresos es la estructura tributaria injusta e ineficiente que caracteriza a este subcontinente. Sin ingresos tributarios adecuados, la redistribución no es más que una ilusión (volveremos con más detalle sobre este punto). Me permito señalar aquí, sin más, que según el Central Statistical Office británico, 20% de los ingleses más ricos de 1992 ganaba neto 25 veces más que el 20% de los más pobres. Sólo cuando se tomaron en consideración los impuestos y las transferencias, el multiplicador bajó hasta siete.[6]

3. Perfil de un siglo de pobreza y desigualdad

3.1 Ocho décadas de reducción progresiva de la pobreza, pero no de la desigualdad

Si en la década "perdida" de los años ochenta la pobreza aumentó de manera dramática, no siempre fue así. Durante las ocho primeras décadas de este siglo, América Latina conoció un crecimiento más rápido que cualquier otra región del mundo (cuadro II.3). En ese periodo, el PNB subió 3.8%, en promedio por año, en comparación con 3.2% en Asia y 2.9% para los países occidentales. El alto crecimiento se mantuvo también después de la Segunda Guerra Mundial, merced a una gran demanda planetaria de materias primas y una industrialización local vigorosa. Incluso después de la crisis petrolera de 1973, cuando el motor de la economía mundial empezó a toser, los rendimientos latinoamericanos mantuvieron un marcado ascenso. Éste se logró gracias a una fuerte entrada de capital foráneo e intereses reales bajos. En la medida en que el aumento demográfico se mantuvo inferior al crecimiento económico, los ingresos *per capita* subieron un tanto.

Pero esos ingresos, en sí, nada señalan respecto del bienestar si quedan mal repartidos. La industrialización, acelerada después del citado conflicto bélico, lamentablemente no tuvo efecto curativo en relación con el problema secular de su desigual distribución. Es cierto que la industrialización "tardía" supuso un crecimiento económico rápido, proveniente sobre todo de obreros especializados y técnicas de producción con uso intensivo de capital. Pero ahí justamente empezó a apretar el zapato. En efecto, los países en cuestión disponían de un exceso de fuerza laboral no calificada, expulsada de la agricultura a causa de la mecanización. El proceso industrializador llevó a nuevas concentraciones de ingresos. Son testigos Argentina, Brasil, Colombia y México, pero también otras naciones de la región.

A pesar de que empeoró la desigualdad de ingresos, el nivel de la pobreza disminuyó en el periodo comprendido entre 1945 y 1980. El desempleo bajó, sobre todo al inicio de los años cincuenta. La demanda de nuevos puestos crecía más que la oferta respectiva. Eso proporcionó mejores ingresos a la mayoría de la población, incluyendo a quienes vivían en pobreza. Por otro lado, la actividad económica ensanchada aumentó también los ingresos tributarios. De tal manera, los gobiernos disponían de más medios para elevar sus gastos en el campo de salud, educación y servicios básicos, como agua potable y recolección de residuos. Estupenda resultó la repercusión en la esperanza de vida, consumo calórico, mortandad infantil y educación. Incluso superó los logros de los países occidentales durante su fase equivalente de desarrollo.[7]

Cuadro II.3 Crecimiento real del PNB *global y* per capita *en América Latina*

	1901-1980	1950-1981	1981-1990	1990-1996
Crecimiento del PNB	3.8%	5.3%	-0.8%	3.0%
Crecimiento de ingresos *per capita*	1.6%	2.6%	-3.2%	1.3%

Fuente: Banco Mundial, Informe sobre el Desarrollo Mundial *y* World Economic Outlook, *de diversos años.*

3.2 La década de los ochenta: nuevo aumento de la pobreza y de la desigualdad

Como se mostró en los gráficos II.1 y II.2, la década de los ochenta fue nefasta para el nivel de bienestar en América Latina. Las causas son múltiples: sacudidas económicas fuertes en el nivel externo e interno, como la subida de los intereses que frenó bruscamente la demanda mundial, la baja de las inversiones extranjeras, la fuga de capitales, aparte de diversas medidas de ahorro que los gobiernos tuvieron que aplicar después de la tremenda crisis de la deuda de 1982. Sin embargo, la razón más profunda de la paralización económica fue el agotamiento del modelo de crecimiento económico, orientado hacia el interior. En los setenta, apenas si pudo sobrevivir este esquema, merced a la entrada masiva de petrodólares baratos. Pero a partir de 1979 la tasa de interés subiría hasta 19 por ciento.[8]

Los programas de ajuste estructural tuvieron consecuencias graves para los pobres, por sus efectos en el mercado laboral y su incidencia en los gastos sociales. La reducción en la demanda provocó desempleo e ingresos reales más bajos. Sobre todo las oportunidades de trabajo para obreros no calificados se redujeron mucho y para nadie es un secreto que precisamente en este sector se encuentra la mayoría de los pobres. Su bienestar disminuyó. Sus posibilidades se limitaron notoriamente, a pesar del aumento de horas trabajadas.

Igualmente nefasta resultó la reducción de las inversiones sociales públicas. Terminó la época de los despilfarros en educación, salud pública y bienestar social. Sobre todo la supresión de subsidios para la canasta básica alimentaria y los servicios esenciales, como el transporte público, impactaron de manera durísima. En muchos países los ingresos reales volvieron a niveles de los años sesenta. Sólo en Colombia y Chile no se presentó este fenómeno. En los años ochenta Bolivia, Haití, El Salvador, Guyana, Perú y Surinam tuvieron una caída acumulada de su PNB real de más 20%. El caso de Nicaragua fue impactante, porque los sandinistas fueron los primeros en experimentar un programa de reforma estructural del FMI.

Un fenómeno cruel que apareció en los años ochenta fue el surgimiento de una clase de "nuevos pobres". La expresión se refiere a gente de clase media, marginada a causa de las reformas estructurales impuestas y por el modelo de crecimiento de alta tecnología. La modernización de corte darwiniano no favorece la sobrevivencia del más fuerte, sino la del más rico. Ejemplos patentes en este sentido son Argentina y Brasil. Se trata de algo peligroso para la democracia. El singular régimen de adelgazamiento a que la clase media se ve sometida, aparte de aumentar la estratificación socioeconómica, incide también indirectamente en el potencial de estructuras autoritarias de poder. Los nuevos pobres son, por lo general, empleados y obreros despedidos de servicios públicos o de empresas estatales privatizadas. Al respecto, tan sólo en México se contabiliza a más de 100 mil personas. Quienes pudieron mantener el trabajo vieron sus ingresos reducidos en más de la mitad desde el inicio de la década de los ochenta. A esta nueva clase pertenecen también los militares desmovilizados y los exguerrilleros. En Nicaragua ese fenómeno cubre por lo menos 90 mil personas; lo mismo sucede en El Salvador. Para ellos, desde luego, el dividendo de la paz fue negativo.

La recesión económica de los años ochenta y la llegada de los nuevos pobres frenó la reducción relativa de la cantidad de personas bajo la línea de pobreza. Como se ha señalado, este porcentaje, del orden de 35% de la población en 1982, subió a 40% en 1990. Sobre todo en Argentina, Brasil, Guatemala y Venezuela el aumento resultó brutal.

3.3 La década de los noventa: el binomio empeoramiento cuantitativo *versus* mejoramiento cualitativo

El segundo milenio se está muriendo lleno de contradicciones. Mientras crece el número de pobres y la brecha de ingresos y oportunidades no hace sino ensancharse, se comprueba un extraordinario mejoramiento cualitativo del bienestar a largo plazo (cuadro II.4). La desnutrición infantil sigue en aumento pero, por otro lado, la mortandad infantil mejoró espectacularmente. De 95 de cada mil nacimientos vivos en 1965, bajó a 53 en 1988 y a 38 en 1995. Se mantiene una gran diferencia en comparación con los países industriales (7 en 1994), pero se puede superar. Ejemplos en ese sentido son Costa Rica (13), Chile (12) y Cuba (11). En cambio para Haití (72), Bolivia (69), Perú (47) y Nicaragua (46), falta mucho trecho por recorrer con miras a bajar las cifras dramáticas de mortandad infantil.

El "Informe sobre el desarrollo humano 1997", del PNUD, confirma que en los años ochenta y noventa América Latina también siguió el camino ascendente respecto de la esperanza de vida y alfabetismo. Sin embargo, disminuyó el ritmo. En 1994 Chile ocupaba el puesto 30, Costa Rica 33, Argentina 36 y Uruguay 37 en la clasificación global, cifras que se acercan al nivel de Portugal (31). Bolivia (113), Guatemala (117), Honduras (116), El Salvador (112) y Nicaragua (127) obtuvieron el nivel de los mejores países del África subsahariana. En el vagón de cola del continente va Haití (156), con un rango todavía peor que Zaire (142), Zambia (143), Bangladesh (144), Tanzania (149) o Madagascar (152). Si bien Cuba sigue siendo el país menos democrático de toda América, tiene los mejores rendimientos en cuanto a alfabetización (95.4%, algo debajo de Uruguay y Argentina), esperanza de vida (76.6 años) y la mortalidad infantil (11 por mil).

Cuadro II.4 Indicadores sociales en América Latina en los años noventa

	Pobreza 1994 (%)	Desempleo urbano abierto en 1995 (%)	Alfabetización en 1995 (%)	Esperanza de vida en 1995 (años)	Mortalidad infantil 1995 (por mil)	Indicador de desarrollo humano 1997
Argentina	15	17.3	96.0	72.4	22	36
Belice	-	-	70.0	74	31	63
Bolivia	-	3.6	82.5	60.1	69	113
Brasil	41	4.6	82.7	66.4	44	68
Chile	24	7.4	95.0	75.1	12	30
Colombia	47	8.8	91.1	70.1	26	51
Costa Rica	21	5.7	94.7	76.6	13	33
Cuba	-	-	95.4	76.6	11	86
Ecuador	-	7.7	89.6	69.3	36	72
El Salvador	-	7.0	70.9	69.3	36	112
Guatemala	-	3.7	55.7	65.6	44	117
Haití	75	-	44.1	54.4	72	156
Honduras	73	5.6	72.0	68.4	45	116
México	36	6.2	89.2	72.0	33	50

Nicaragua	-	18.2	65.3	67.3	46	127
Panamá	30	16.6	90.5	73.2	23	45
Paraguay	22	5.3	91.9	68.8	41	94
Perú	32	8.4	88.3	67.4	47	89
Rep. Dominicana	-	15.8	81.5	70.0	37	87
Surinam	-	-	92.7	70.7	26	66
Uruguay	15	10.3	97.1	72.6	18	37
Venezuela	42	10.9	91.0	72.1	23	47
Promedio	39	10.9	86.1	68.6	38	-

Fuentes: PNUD, Informe sobre el desarrollo humano 1997, *Cuadro 1; Banco Mundial,* Informe de desarrollo humano *1997, Washington 1997, Cuadro 6; Banco Mundial,* Desarrollo de indicadores sociales, *1996;* CEPAL, La brecha de la equidad, *marzo, 1997 y* Estudio económico de América Latina y el Caribe *1996-1997, 1997.*

4. GRUPOS SENSIBLES A LA POBREZA

Cinco son los grupos de población con especial sensibilidad respecto de la pobreza: los sectores rurales, las mujeres, los niños, la población indígena y los refugiados y desplazados.

4.1 Los sectores rurales

Los habitantes de sectores rurales resultan particularmente sensibles a los vientos socioeconómicos. La probabilidad de que alguien de este segmento caiga debajo de la línea de pobreza es mucho más alta que para la gente de la urbe, incluso tomando en cuenta que los gastos de vida son menores en el campo. Según el "Panorama social de América Latina, 1996", de la CEPAL, el porcentaje de hogares rurales bajo la fatídica línea es alto en Panamá (41%), México (47%), Venezuela (47.7%), Brasil (51%), Colombia (57%), Bolivia (59%) y Perú (64%). Es muy alto en Guatemala (72%), Honduras (76%) y Haití (80%). En Honduras, 55% de los hogares se considera indigente y 45% en Guatemala. Los porcentajes de indigentes rurales en Nicaragua y Haití deben ser aún superiores.

Con 446 millones de habitantes, América Latina tiene en realidad una densidad de población muy baja (22.4 habitantes por kilómetro cuadrado). Las excepciones las constituyen El Salvador (258/

km²), Haití (243) y República Dominicana (154). La siguiente comparación ayudará, quizás, a valorar esa baja densidad poblacional. La India, muy densamente poblada (273/km²), contabiliza igual cantidad de almas que toda la población del África subsahariana y América Latina, reunida en el territorio de Argentina. El problema demográfico de esta parte del orbe no es entonces la densidad, sino la concentración urbana, mayor que en cualquier parte del mundo.

El área rural está abandonada. Hoy en día alberga, cuando mucho, 29% de la población. Este promedio, como siempre, esconde diferencias notorias de país en país. En Venezuela sólo 5.7% de la población vive en el campo, en Argentina 12.9%, en Chile 13.1 y en Uruguay 14%. En Guatemala ese porcentaje se eleva a 59.4% y en Haití sube incluso a 70%.[9] De manera que la pobreza rural de Venezuela, Uruguay, Argentina y Chile resulta menos ominosa. También cabe considerar la distribución interna, la cual implica que la pobreza se concentra más en las regiones alejadas e inaccesibles. El nordeste brasileño ofrece un panorama mucho más dramático que las zonas alrededor de Sao Paulo. En el campo los indicadores de calidad con respecto a alfabetización, esperanza de vida, nutrición y vivienda son notoriamente más bajos que en las ciudades. Su infraestructura sanitaria y educativa resulta totalmente inadecuada y los servicios sociales tienen una calidad deprimente. Eso se debe, sobre todo, a sucesivas administraciones que siguen favoreciendo a las ciudades. En Guatemala, la mayor tajada del presupuesto para salud pública se destina a la capital. Lima concentra dos terceras partes de los médicos con que cuenta el país. Además, los pobres del área rural prácticamente tienen el acceso vedado a capital, tecnología u otros medios de producción.

Cabe añadir que la pobreza se relaciona esencialmente con la concentración de las tierras. En Brasil sólo la mitad de las tierras productivas está registrada en el catastro; 75 latifundios tienen más de 100 mil hectáreas, en manos del 2% de los propietarios. En la parte que no pertenece a la Amazonia, 81% de la tierra de ese país pertenece a 4.5% de latifundistas. La reforma agraria ya estaba en la agenda de la izquierda brasileña desde mediados del siglo XIX. Incluso se incorporó en una ley de 1850 que nunca se aplicó. Fue la base de prácticamente todos los movimientos revolucionarios y de guerrilla en el continente entero. La rebeldía en Chiapas (México) constituye la última muestra de esta preocupación. También en Honduras, que no tuvo resistencia armada, existe un tremendo problema entre los apetitos insaciables de los latifundistas y la población indígena que lucha por un pedazo de tierra.

Cuadro II.5 *Distribución geográfica de la población latinoamericana (porcentaje)*

	1970	1993
Población rural	43	29
Población urbana	57	71
-Aglomeraciones con un millón de habitantes mínimo	26	31
-Otras ciudades	27	40

Fuente: *Banco Mundial,* Informe de desarrollo humano, *1995, cuadro 31.*

Son frecuentes las invasiones a tierras agrícolas. Armados con horquetas y palas y motivados por organizaciones de trabajadores del campo, los precaristas defienden su parcelita contra los propietarios y la policía. La frecuencia de los choques da testimonio de lo conflictivo de los intereses. En el estado brasileño de Rondinia, en 1995, hubo once muertos y cientos de heridos. El presidente Cardoso, en el poder, ese mismo año, prometió distribuir once millones de hectáreas para 280 000 familias durante los cuatro años de su mandato. Pero los campesinos ya se cansaron de una reforma agraria siempre prometida y jamás realizada. El Movimiento de los Sin Tierra (MST), que en 1997 agrupó más de 100 mil campesinos, ha organizado tomas de tierras ociosas en 20 de los 26 estados del país, muchas veces en flagrante violación de las leyes y de los legítimos derechos de los propietarios. Cuenta con 244 campamentos. Claro que los "*fazendeiros*" o latifundistas no aprecian tal acción, sobre todo porque el MST logra con frecuencia que la autoridad legalice tales apropiaciones o "tomas" (según el decir en muchas regiones). Debe añadirse que la citada organización se transformó en símbolo de la lucha contra la desigualdad social y goza de una gran popularidad. Su marcha sobre Brasilia, en abril de 1997, se constituyó en la más grande demostración de protesta que conoció el gobierno del presidente Cardoso. Cuando, en marzo 1998, el MST ocupó 15 oficinas del Ministerio de Hacienda y del Instituto de Reforma Agraria con el fin de procurar créditos y el aumento de recursos para los colonos asentados por el programa de reforma agraria, el presidente rompió con los "sin tierra" y prohibió negociar con ellos.

Una razón especial de pauperización comprobada en ciertos países, en el campo, es la presencia de guerrilla y la cantidad de secuestros que allí ocurren a causa de un sistema público inadecuado respecto a la seguridad. En tal sentido, debe tenerse en cuenta el caso de Colombia. Durante los últimos 50 años, la guerra de guerrillas obligó a cantidad de habitantes ricos y pobres a dejar tierras fértiles, con clara incidencia en la huida hacia las ciudades y frenando la modernización en el campo. Es evidente también que allí donde ocurren secuestros y extorsiones ya nadie quiere invertir. Hasta que poco a poco grupos ilegales, de izquierda como de derecha, aprovechan las tierra dejadas al garete para cultivar coca y amapola.

4.2 Las mujeres

"La pobreza tiene cara de mujer".[10] Los datos comprueban que 70% de los pobres son mujeres; éstas constituyen día tras día una nueva subclase social. Los varones tienen una probabilidad sobre seis de pertenecer al 20% más pobre del país, proporción que se eleva a uno por tres en el caso del sexo femenino. La pobreza está también estrechamente vinculada a la familia; una gran proporción de los hogares pobres es uniparental, y de éstos más del 90% está encabezado por mujeres. La pobreza afecta más gravemente a las mujeres; ellas llevan indudablemente todas las de perder en la distribución de la alimentación, la salud, la educación y la participación en la fuerza laboral y el acceso al crédito. La creciente feminización de la pobreza golpea sobremanera en las zonas rurales, porque allí el machismo hunde sus raíces más hondamente todavía.

Sólo una tercera parte de las mujeres trabaja en el sector formal. Muchas sirven en servicios domésticos, casi como esclavas, o en maquilas industriales, con paga mediocre y explotación garantizada, precisamente porque desembocan en el sector informal y tienen que aceptar trabajos mal remunerados. Los sueldos para el "segundo sexo" —la expresión de Simone de Beauvoir no puede ser más acertada— están por debajo de las remuneraciones de los varones. Desgraciadamente, una gran cantidad de ellas termina en la prostitución, incluso desde niñas. Según la socióloga Clara Báez, más de 100 mil mujeres dominicanas ejercen esta profesión secular, la mitad en el exterior.

Sobre una población total de ocho millones, la cifra no puede ser más dramática. Añade la misma investigadora que buena parte de las transferencias de divisas que logran equilibrar la balanza de pagos de esa república proceden de servicios sexuales que muchas dominicanas prestan fuera del país.

Pese a su gran potencial para romper los patrones de reproducción de pobreza, las mujeres tienen menos acceso al crédito, dado que a menudo no pueden ofrecer garantía alguna, como por ejemplo la tierra. Los bancos tienden a subestimar su productividad, así como también su capacidad para reembolsar los préstamos. En América Latina las mujeres se benefician solamente de siete a 11% de las carteras crediticias.

Y sin embargo, hay mejoría. Las diferencias entre los salarios disminuye en términos genéricos y cada vez más personas del "sexo débil" entran al mercado laboral. En Brasil, México y Venezuela el porcentaje mujeres-hombres en el campo laboral desde 1960 se duplicó. También en lo que se refiere a esperanza de vida (71 años en 1992, contra 62 en 1970) y grado de alfabetización (84.1% en 1992 contra 67.8% en 1970) están mejor en América Latina que en cualquier parte del Tercer Mundo. Ya que las progenitoras son las víctimas más numerosas de las brutales condiciones de vida, ¿no sería con ellas que habría que empezar la lucha frontal contra la pobreza?[11]

4.3 Los niños

Dado que los hogares pobres suelen tener más hijos que los ricos, grande es el riesgo de que los infantes, a la larga, corran la misma suerte que sus padres. Cabe añadir que 40% de los niños latinoamericanos es traído al mundo por madres solteras, las cuales también asumen la mayor parte de su educación. Su futuro se ve amenazado por desnutrición, atención sanitaria deficiente y una enseñanza dudosa. La suerte de las niñas es más frágil todavía. En Costa Rica, 12% de las "mamás" tiene menos de catorce años.

Según ciertas estimaciones, año tras año cincuenta millones de niños abandonan el hogar a muy temprana edad. Con razón puede calificarse a este grupo como pequeños refugiados económicos de los barrios pobres. Son los "gamines" que se las tienen que jugar para sobrevivir en la calle. Ahí están, a la intemperie, expuestos además al hambre, al crimen, al robo de órganos y al abuso sexual. Los pedófilos locales y extranjeros los buscan en la suposición errónea que de esta manera correrán menos riesgo de infectarse con el VIH. La prostitución infantil destaca entre las causas del crecimiento acelerado de menores seropositivos.

Al verse los niños de la calle obligados a mendigar, robar o vender drogas, simplemente para sobrevivir, se vuelven presa fácil de los escuadrones de la muerte. Empresarios locales los contratan para "barrer" la criminalidad en las calles. Por lo general, se trata de policías o militares con licencia. En los últimos 15 años este tipo de mafiosos habrían eliminado en Brasil a unos 15 mil niños.

Según UNICEF, en 1996 en América Latina trabajaban aproximadamente 15 millones de niños a tiempo completo, muchos por una migaja. Los países donde, según la OIT el trabajo infantil está peor son Haití, donde 25.3% de los jóvenes entre 10 y 14 años trabaja, seguido de Guatemala (16.2%), Brasil (16.1%), República Dominicana (16.1%) y Bolivia (14.4%).

Las condiciones de trabajo son muchas veces insalubres, además de peligrosas. Muchos empiezan a trabajar a los cinco o seis años. Algunos se ven obligados a hacerlo en minas de carbón, en la fabricación de pólvora y juegos pirotécnicos, recolección de basura y en la construcción. Los que se emplean en la zafra y otras actividades agrícolas, incluyendo recolección y procesamiento de coca, están expuestos a pesticidas tóxicos.

La explotación infantil resulta barata, pero los estudios médicos son tajantes. Estos niños crecen menos rápido y son más flacos que sus compañeros que tienen la suerte de no trabajar. Con frecuencia son víctimas de enfermedades serias y mutilaciones, incluso hasta padecimientos cancerosos que se descubren sólo años después. Los sometidos a trabajos en casas con frecuencia sufren castigos físicos y viven bajo el terror. Las agresiones sexuales abundan, al igual que las penas severas impuestas con cualquier pretexto. Lo que falta con frecuencia es la comida y, peor aún, el alimento espiritual: 40% de los niños trabajadores abandona los estudios comprometiendo su futuro. El ausentismo escolar es una de las causas principales de los resultados inadecuados del sistema educacional latinoamericano.

A causa de los conflictos locales armados, miles de niños son huérfanos o están lisiados por la gran cantidad de minas antipersonales que todavía se encuentran por doquier. Tan sólo en El Salvador unos 80 mil de ellos quedaron marcados con secuelas de guerra. ¿Qué pensar del hecho de que alrededor de 2 500 menores de 18 años forman parte de los grupos guerrilleros colombianos?

4.4 La población indígena

Sobre todo la población autóctona se ve muy castigada por la pobreza.[12] Constituye aproximadamente 8% de la población de América Latina, es decir unos 37 millones de personas, distribuidas en unas 589 tribus.[13] En Guatemala, Bolivia, Ecuador y Perú constituyen más del 40% de la población. Sin embargo, el concepto "indígena" resulta muy elástico.[14] Más de 70% de los habitantes de Bolivia se considera indígena. El grupo indígena más numeroso, unos 12 millones, lo encontramos en México. En Brasil, Uruguay y Costa Rica, los "nativos" representan menos del 1 por ciento.

Ochenta por ciento de los nativos guatemaltecos vive en el campo, de los cuales 90% está debajo de la línea de pobreza, frente a un 65.8% para la población no indígena. El 77.4% de los autóctonos tiene que conformarse con ingresos por debajo de la "línea de indigencia".[15] Quiere decir que ganan apenas para no morir de hambre. Para la población no indígena ese porcentaje alcanza 45.2%. De tal manera, el nexo entre pobreza y etnicidad resulta innegable,[16] lo cual es válido también para otras minorías étnicas, como los negros y los mulatos en Brasil.

Los indios lenca (unas 170 mil personas) y otros siete grupos de población indígena en Honduras sufren una desnutrición severa. Ahí la producción agrícola se hace totalmente insuficiente y la infraestructura sanitaria es muy deficitaria. Al parecer, con frecuencia, decenas de miembros de las tribus mueren por hambre. Las poblaciones indígenas se agruparon en una confederación (CONPAH) para exigir tierras agrícolas en beneficio de sus comunidades. Un indio de Bolivia vive en promedio 10 años menos que el nivel nacional y también tiene dos veces más probabilidad de morir siendo niño.

Entre los autóctonos, el grado de alfabetización suele ser dramáticamente bajo: aproximadamente 20% en determinadas zonas de Guatemala. Menos de la mitad de los indígenas guatemaltecos habla español en casa; 40 de cada cien no hablan español y 25% (sobre todo mujeres) ni lo entienden.[17] La mayoría de nativos se comunican mediante una de las dos docenas de lenguas precolombinas, además de gran cantidad de dialectos. Por lo general las escuelas, incluyendo el nivel de primaria, enseñan únicamente en español. Según los acuerdos de paz concluidos en diciembre de 1996, se introduce progresivamente la educación bilingüe a favor de la población indígena. Por otra parte, por lo general los indígenas tardan bastante más en terminar la escuela básica que los otros. Sólo una minoría alcanza a obtener la secundaria. En Guatemala la educación tiene un sello urbano. Para los indígenas del campo resulta muy difícil movilizarse hacia los centros educativos y las ciudades. Incluso si lo logran, se les hace difícil, porque las escuelas no consideran los tiempos de cosecha.

Según estudios recientes, la participación de la población autóctona en el mercado laboral resulta superior y el desempleo inferior que para la población de otro tipo; sin embargo, sus sueldos son más bajos. Esto les obliga a trabajar mayor cantidad de horas, con frecuencia combinando diversos empleos. En términos relativos, puede afirmarse también que los indígenas ejercen más actividad económica independiente, al margen de los circuitos monetarios. Poco tienen que ver con actividades importantes. En Guatemala los indígenas son dominados totalmente por los ladinos y blancos, que constituyen una raza mezclada. Lo cierto es que la incorporación de esta cuantiosa población en la economía monetaria aumentaría considerablemente la demanda efectiva y llevaría a un mayor crecimiento.[18]

4.5 Comunidades desarraigadas y refugiados políticos

Constituyen una categoría asociada por definición con la pobreza, porque tuvieron que dejarlo todo para salvar sus vidas. La cifra de refugiados y desplazados políticos en América Latina resulta inferior a la que se observa en Asia y África. En realidad, se limita al millón de salvadoreños y otros tantos cubanos que huyeron a Estados Unidos; unos 500 mil guatemaltecos llegados a México, Belice y Estados Unidos; los 300 mil nicaragüenses que buscaron refugio en Costa Rica, Honduras y Estados Unidos y los 250 mil habitantes de Haití que, por lo general, trataron de establecerse bajo la protección de las barras y las estrellas. Desde que callaron las armas, muchos guatemaltecos regresaron a su tierra; que eso no transcurre sin peligro, lo ilustra la masacre del 5 de octubre de 1995 cuando el ejército mató a 12 personas. En 1996 México concedió algunos derechos políticos a los refugiados "chapines" deseosos de establecerse en forma definitiva en ese país. La mayoría de los refugiados nicaragüenses lo es por motivo económico; sólo retornarán a su país cuando la situación económica sea mejor. Los salvadoreños, los cubanos y los haitianos que emigraron a Estados Unidos pueden considerarse afortunados. Se incorporaron a su nueva patria y están dispuestos a todo, con tal de quedarse. Su retorno eventual a sus países de origen supondría explosiones sociales y sus propios gobiernos lo temen más de lo que lo desean. Para El Salvador, las transferencias de ingresos (unos 1.2 mil millones de dólares al año), enviados regularmente por su población emigrada, constituyen una de las principales fuentes de divisas. Aparte de esos inmigrantes legales que obtuvieron residencia estadounidense existe una masa de indocumentados a quienes toca luchar de manera continua para no ser expulsados ni explotados.[19]

También dentro de las fronteras de un país puede que viva gente arrancada de sus pueblos y de sus comunidades de base, a raíz de la represión interna o de la lucha contra la droga. Es el caso, entre otros, de Colombia, Perú y Guatemala. Se cuentan por cientos de miles, generalmente sin papeles ni trabajo, los que huyeron buscando familiares o conocidos y subsisten en condiciones precarias. Dejaron su pequeño patrimonio en su tierra natal, su ranchito, ollas de barro y el comal de tortillas solamente para encontrar mayor sufrimiento. A diario sufren un calvario por falta de vivienda, alimentación, marginación e inenarrables penas. Los refugiados en su propio país no tienen estatuto legal o reconocimiento internacional. De los 600 mil peruanos que huyeron de Sendero Luminoso, la mitad terminó en Ayacucho, un departamento que antes contaba sólo 200 mil almas. Otro tanto vive en los cinturones de miseria alrededor de Lima; allí moran en la indigencia más grande. El gobierno se empeña en que regresen a sus hogares. Un propósito político oculto es que se transformen en puentes para el proceso de pacificación en zonas donde la guerrilla antes llevaba la batuta.

5. ¿Es fatal la pobreza?

Resultaría derrotista contestar esta pregunta de manera negativa. En efecto, América Latina tiene un alto grado de alfabetización (86%) y puede contar con instituciones relativamente adecuadas. Dispone, además, en amplia medida de terrenos fértiles y valiosas materias primas. Países como Japón y Corea del Sur demostraron que es posible erradicar la pobreza, incluso en un lapso muy corto. También la iniciativa PRONASOL de México y su equivalente brasileño, CEARA, prueban que acciones sencillas pero eficientes en costo hacen milagros.

La lucha para la erradicación permanente de la pobreza requiere una estrategia realista y económicamente justificada, en lo posible apoyada sobre tres pilares. El primero consiste en estimular a gran escala una política de crecimiento económico intensivo en mano de obra. Conviene tomar medidas fiscales para apoyar actividades agrícolas y otras con utilización amplia de mano de obra. Se trata de aumentar las oportunidades económicas de los pobres utilizando su principal factor de producción, es decir, el trabajo. Pero la dependencia exclusiva de éste, para erradicar la pobreza, también tiene sus límites. Éstos pueden ser mitigados dando a los pobres mejor acceso a tierras, facilidades crediticias, tecnología apropiada, infraestructura y medios de producción en general. Cabe incorporar a los pobres en un proceso de crecimiento económico capaz de aumentar su nivel de ingresos. El desarrollo requiere fundamentalmente desenvolvimiento propio.

El segundo pilar consiste en invertir más en capital humano e instituciones de ayuda social, sobre todo a favor de los menos favorecidos. El problema más grande respecto de la pobreza en América Latina no se encuentra en el desempleo abierto (en promedio 7%, es decir relativamente bajo), sino la tremenda falta de trabajos bien remunerados. Son vitales la enseñanza primaria y secundaria, la atención en salud, la nutrición y la planificación familiar. Gary Becker, Premio Nobel de Economía de 1992, analizó las tendencias de ingresos en cien países desde 1960. Llegó a la constatación irrefutable de un nexo estrecho entre formación humana y crecimiento económico. Los estudios respecto de los factores de inversión no dejan duda: los ingresos bajos no tienen sino un efecto marginal para atraer inversiones extranjeras. Incluso para los procesos de producción más sencillos se requiere formación tecnológica. Su falla constituye un obstáculo serio en la carrera por obtener capital foráneo y mercados.

El tercer pilar se refiere a redes de seguridad focalizadas. Más crecimiento y más formación no benefician a todos. Los enfermos, los ancianos y quienes viven en zonas retiradas llevan las de perder. También para los que sufren de choques macroeconómicos o desastres naturales se requiere una receptividad con cohesión social y solidaridad mutua.

La lucha por la erradicación permanente de la pobreza constituye un desafío enorme. Para este "continente del futuro", en términos de Hegel, constituye el mayor reto en la víspera del tercer milenio. Conlleva importantes ventajas macroeconómicas. Mercados pobres son mercados pequeños, cosa cierta también para los productores locales. Henry Ford ya sabía que la gente sin poder adquisitivo gasta menos en productos agrícolas, menos en productos duraderos y otro tanto en servicios. Brasil cuenta con una población de 156 millones de habitantes y, en términos de PNB, es la novena economía del mundo. Ahora bien, a la luz de su desigualdad chocante, además del 41% de pobres que tiene, constituye tan sólo un mercado relativamente pequeño. En efecto, ese gigante ocupa sólo el puesto 28 en lo que respecta a importaciones. Con 16 veces más almas, apenas si exporta mayor cantidad que Portugal, donde el ingreso *per capita* es tres veces mayor. El hecho de que grandes países estén en general relativamente menos involucrados en el comercio internacional no desvirtúa este argumento.

5.1 El crecimiento económico no es una panacea

Debido a que el crecimiento económico aumenta los ingresos y genera medios de pago, resulta importante para la lucha frontal contra la pobreza. Enrique Iglesias, presidente del Banco Interamericano de Desarrollo, postula que América Latina ha de crecer 6 a 7% al año de manera sostenida, para solventar sus problemas sociales y sobre todo el desempleo. Sin embargo, comparaciones internacionales ponen en evidencia que el crecimiento económico no resulta suficiente y tampoco constituye una condición previa insoslayable. Garrett Hardin, un ecólogo y filósofo, lo presentó así: "un hombre de Estado que intente maximizar el PNB es tan inteligente como un compositor que trata de maximizar la cantidad de notas en una sinfonía". En efecto no hay que confundir prosperidad macroeconómica y bienestar de la gente. Aun sin un fuerte crecimiento de este signo se pueden mejorar los aspectos cualitativos de la vida mediante gastos orientados hacia servicios en salud, educación, vivienda y equiparación de oportunidades. Se trata nada menos que de corregir el sistema de mercado mediante imprescindibles medidas sociales de redistribución.

El ejemplo de Costa Rica es elocuente al respecto. Según el Informe de Desarrollo Humano de 1997, en 1995 tenía un ingreso *per capita* de 2 400, dólares y Brasil uno de 2 970. Sin embargo, "la Suiza centroamericana" figura como el número 33 en el orden del desarrollo humano, mientras Brasil ocupa la casilla número 68. Esta secuencia se explica por el hecho de que los ingresos tienen una distribución mucho más equitativa en la Costa Rica igualitaria. Allí la esperanza de vida se eleva en promedio a 76.6 años frente a 66.4 en Brasil, y el grado de alfabetización a 94.7% frente a 82.7%. La escolaridad combinada alcanza, sin embargo, solamente 68% en Costa Rica contra 72% en Brasil.[20]

Lo anterior demuestra fehacientemente que es posible mejorar el bienestar de la gente mediante políticas sociales y de redistribución. Sin pecar de ingenuidad, se puede establecer la factibilidad de financiar tales medidas incluso con recursos internos. En muchos países latinoamericanos es posible aumentar las bajas tasas impositivas y mejorar la deficiente recaudación tributaria. A pesar de la reducción notoria del gasto militar[21] (cuadro I.1), logrado en la mayoría de ellos entre 1985 y 1995 (de 3.1 a 1.6 % del PIB), naciones como Bolivia, El Salvador, Honduras, Guatemala, República Dominicana y Perú todavía tienen un gasto social inferior al 7% del PIB o del 35% del gasto público total. Aparte de una mayor recaudación tributaria, también se puede mejorar el patrón de gasto mediante una lucha frontal contra la corrupción, además de utilizar técnicas presupuestarias más eficientes y transparentes.

Uno de los lugares más apropiados para iniciar esta lucha cualitativa contra la pobreza es la escuela, sobre todo en el caso de las niñas. Un proverbio africano reza: "Educar a un niño es enseñar a una persona; educar a una niña implica hacerlo para una familia entera". En verdad, donde las mujercitas van a la escuela los resultados en cuanto a salud infantil y esperanza de vida resultan notorios. Costa Rica, Cuba, Chile, Uruguay y Argentina, cinco repúblicas de la región con una esperanza de vida entre 72 y 76 años, cuentan con un nivel de alfabetización entre 94 y 97%. Una madre letrada capta mejor a qué se refiere la higiene. Es posible inculcarle mejores conocimientos para ser una educadora para la salud o una partera en el campo.

Atacar la escasez de oportunidades constituye un complemento esencial en la lucha contra la penuria de ingresos. Esto representa al mismo tiempo una meta y un medio en sí, con el propósito de obtener mayor equidad respecto de los ingresos. Con la batalla contra la falta de oportunidades se propugna eliminar las causas de la marginación permanente y de la exclusión, con miras a dar a todos acceso a las ventajas del desarrollo. De tal manera se defiende un derecho fundamental del ser humano. Equiparando las oportunidades se establecen los fundamentos para una sociedad más justa.

Un factor correctivo menos utilizado para la desigualdad de ingresos es la reforma agraria. Sin embargo, ocupa un papel fundamental en cualquier negociación de paz con movimientos armados de oposición. Las FARC, en Colombia, hacen de ella una condición *sine qua non* para la paz. En realidad, esta problemática nunca fue más urgente que ahora. Hace 40 años, cuando la guerrilla guatemalteca se internó en las montañas, el país tenía unos tres millones de habitantes. Ahora son más de diez millones. ¿Cómo procurar ingresos a muchísimos pobres sin aumentar considerablemente la cantidad de pedazos de tierra disponibles para ellos?

El hecho de que la distribución de parcelas tiene un efecto multiplicador sobre los ingresos fue ocultado durante años por los latifundistas como argumento ideológico. Se interpretó como una violación al derecho constitucional a la propiedad privada. Ahora ya es posible conversar al respecto, por lo menos si existe una indemnización adecuada. En una América Latina poco poblada, como se vio, existe abundancia de extensiones agrícolas fértiles, salvo en algunas regiones. Según el Banco Mundial, los hechos demostraron que pequeñas explotaciones de este tipo, de corte familiar, alcanzan una mayor eficiencia y producen más puestos de trabajo que empresas a gran escala con mano de obra alquilada.

La experiencia de El Salvador, después del armisticio, muestra la conveniencia de ayudar a los nuevos propietarios con capital de trabajo para que puedan comprar herramientas y fertilizantes. También hay que brindarles medios de transporte y una organización para llevar sus productos al mercado. Además, cabe proporcionarles la tierra por un precio razonable y con condiciones crediticias favorables; de lo contrario el peso de sus deudas no les deja margen de ganancia. Cuando el gobierno adquiere tierra en forma masiva para otorgarla a pobres campesinos, el sistema de oferta y demanda hace subir su valor. Sin precios más altos el latifundista no tiene interés en vender. Por lo menos ésta fue la experiencia que tuvo INCORA en Colombia. Cuando el gobierno guatemalteco tenga que comprar 900 mil hectáreas para su redistribución, en cumplimiento de los acuerdos de paz, no habrá forma de escapar a esta ley del mercado. De tal manera, resulta perentorio encontrar otro medio para acrecentar el interés en vender, y de este modo disminuir el precio de mercado. Un recurso podría consistir en introducir o aumentar el impuesto territorial. Los latifundistas que no hagan uso productivo de sus propiedades preferirán entonces venderlas para escapar a esta carga fiscal.

Evidentemente una oferta mayor bajaría los precios. Para introducir esta fórmula primero habrá que establecer un catastro nacional de propietarios: una labor de benedictinos. Demasiadas veces se ha perdido de vista que 60% de las pequeñas explotaciones agrícolas es cultivada por el "sexo débil". ¿No son ellas las que, literalmente con el sudor de su frente, aportan la mayor parte del alimento para sus familias? Conviene tomar medidas para permitirles transformarse en propietarias de la parcela que trabajan. Ese título de propiedad se constituye después en garantía bancaria para obtener los créditos requeridos, con miras a aumentar el rendimiento. También en lo que se refiere a formación profesional, hay que dar más oportunidad a las mujeres.

Nadie pone en duda que la calidad de los dirigentes políticos locales y de los funcionarios puede resultar determinante en la lucha por la erradicación de la pobreza. Ellos determinan si la ausencia en las clases debe ser castigada, si los hospitales tienen que mantenerse limpios, si hay que eliminar la basura. En el estado brasileño de Ceará, a principios de los años sesenta, el gobernador desempeñó un papel decisivo al proporcionar guarderías adecuadas y facilidades para las escuelas primarias a sus 6.5 millones de gobernados. Con razón, las instituciones financieras internacionales establecieron que la colaboración de los funcionarios locales llega a ser vital para el posterior éxito de muchos proyectos de infraestructura social.

5.2 La educación-palanca para más equidad y competitividad

Constituye una obviedad decir que la educación es un mecanismo crucial para acelerar el crecimiento económico y reducir la pobreza y la inequidad socio-económica. Siendo así, el bajo nivel de la educación en América Latina causa asombro y se traduce, entre otros, en una productividad media rondando sólo 35% de la de los países industrializados.[22] La fuerza laboral latinoamericana ha recibido, en promedio, cinco años de escolarización, lo que es inferior a la situación de los NIC's. Todo eso explica la escasa difusión de pericia tecnológica y empresarial y por ende la baja competitividad. Es pertinente destacar que se estima que las actuales diferencias en los niveles educativos serían causantes del 25% del reparto desigual de ingresos.

La baja calidad de los sistemas educativos se encuentra en todos los niveles. Un sinnúmero de universidades, pese a recibir una parte desproporcionada de los recursos presupuestales, son poco más que institutos de secundaria donde la cantidad de matriculados ahoga la calidad de enseñanza. En otras, sólo estudiantes adinerados pueden considerar la posibilidad de una carrera universitaria, lo cual no deja de tener consecuencias poco equitativas.

Datos de la UNESCO demuestran que el promedio del gasto educativo en América Latina es comparable a los estándares internacionales. El presupuesto para la educación se sitúa alrededor del 4.6% del PIB, frente a un 4.1% para los países en vías de desarrollo y 5.3% en los países industrializados. Desde luego, las causas primordiales de la baja calidad de la educación no se encuentran tanto en la falta de recursos financieros como en su mala asignación, la inadecuada prioridad política acordada al problema por los gobiernos, la rígida y centralizada burocracia y la ausencia de normas y evaluaciones que permitan medir el rendimiento de los sistemas educativos y la eficiencia de los costos.

Durante mucho tiempo, los gobiernos invirtieron todo su capital político en ambiciosas reformas económicas estructurales ignorando totalmente toda reforma de sus ineficientes sistemas educativos. Felizmente, los gobiernos de Brasil, Chile, Colombia, El Salvador y Perú recién se embarcaron en programas de genuina reforma educativa, pese a resistencias serias de los sindicatos, de los educadores, los administradores y los estudiantes universitarios. Por lo general, estos programas insisten en la descentralización con miras a aumentar el control de los gastos y a adaptar la educación a las necesidades locales, la introducción de "tests" y evaluaciones y una mejor formación de los educadores. Costa Rica, que nutre la ambición de convertirse en un país de alta tecnología en el sector de información, desplegó grandes esfuerzos para imponer, desde el nivel primario y secundario, la enseñanza de un idioma extranjero y el uso de computadoras. Elevar la calidad de la educación es una tarea a largo plazo, pero logros tangibles ya se registran.

Para nada extraña que la mejora de la educación ha vuelto a ser un tema prioritario en la nueva agenda latinoamericana de cooperación y diálogo político. Durante la Segunda Cumbre de las Américas en Santiago de Chile, en abril de 1998, los gobiernos se comprometieron a procurar alcanzar para el año 2010 una tasa de conclusión de la escuela primaria del 100% y una tasa de inscripción en la escuela secundaria del 75% como mínimo e impedir el ausentismo escolar no justificado. El BID otorgará 8.2 mil millones de dólares para la realización de estos objetivos.

5.3 El sector informal: ¿causa o consecuencia de la pobreza?

En la medida en que el factor trabajo constituye el mecanismo primario y más importante de distribución de los ingresos hacia los pobres, el desempleo y el bajo nivel de los salarios en América Latina son causas importantes de pobreza. El desempleo no abierto y el subempleo provocan el mismo efecto porque llevan a sueldos e ingresos por debajo del promedio.

El sector informal de los vendedores ambulantes, de los trabajadores en el mercado negro y de los empresarios que no pagan impuestos directos ni seguridad social se consideran muchas veces fuente de creación de empleo y remedio eficaz en la lucha contra la pobreza. Eso es así, pero hasta cierto punto. En México por ejemplo, según algunas estimaciones, 25% de la población activa estaría vinculado con este sector, el cual generaría 40% del PNB. Según un estudio emprendido por el Congreso, durante los tres últimos años entraron al sector informal tres veces más personas que al sector formal. De mantenerse esta tendencia, para el año 2000 este sector sería el doble del sector formal. Situaciones parecidas se encuentran en prácticamente todos los países, pero sobre todo en Brasil, las repúblicas andinas y América Central. Estas actividades se despliegan generalmente en sectores como la construcción, la pequeña industria artesanal, el transporte y el comercio de contrabando. Para las poblaciones migrantes procedentes del área rural, las ventas callejeras suelen ser la puerta de ingreso al mercado de trabajo urbano. La mayoría de estos vendedores llega a la ciudad con la ilusión de montar un pequeño negocio. En determinadas épocas del año (Navidad, Año Nuevo, Día de la Madre) su número tiende a aumentar.

A no dudarlo, el sector informal es consecuencia de la pobreza. La recesión económica de los años ochenta y los programas de ajuste estructural que siguieron, además del crecimiento demográfico, provocaron su auge vertiginoso. Para mucha gente, excluida de los circuitos laborales normales, resultó ser la única manera de obtener el sustento. No quedaba otra salida para los pobres trabajadores sin formación y sin capital que poblaron los cinturones de miseria alrededor de las ciudades y que, por si fuera poco, no cuentan con permiso legal para empezar una actividad económica o construir una vivienda. También en Europa se observa el mismo fenómeno, y no sólo entre inmigrantes ilegales. Por lo general, en América Latina son enormes los obstáculos administrativos para empezar una actividad económica. En Perú se requieren casi 300 días y treinta salarios mínimos para montar una pequeña empresa. Para construir una vivienda hay que contar con unos sesenta sueldos mínimos y un tiempo de espera de seis años. ¿Quién decía por ahí que los latinoamericanos tienen mentalidad de juristas? Sobre todo en los cuadros administrativos bajos florece el afán de poder, poniendo obstáculos hasta en asuntos triviales. Pero eso todavía bordea la inocencia. Más grave se torna cuando las complicaciones administrativas son utilizadas para obtener propinas y la todopoderosa coima (mordida). Al que no paga sólo queda tener mucha paciencia.

Sin embargo los inconvenientes del sector informal son grandísimos. Cabe mencionar, en primer lugar, la falta de calidad y de garantía respecto de los bienes y servicios producidos. Ser admitido en el "gremio" implica pagar un precio al dirigente de los vendedores ambulantes más viejos. Tal sistema conlleva prácticas mafiosas y fomenta la violencia. Aparte de lo anterior, los empresarios no aportan ingresos tributarios para el gobierno, ni fondos para la seguridad social, ya que funciona deficientemente por estas latitudes, lo cual se vuelve decisivo para la problemática de la pobreza. Brasil tiene una legislación social bastante progresista, transplantada de Europa, sin embargo, por falta de medios se aplica sólo parcialmente; resulta especialmente así en el sur y en el centro del país, donde se concentran la industria, los servicios y el turismo. En el norte y noreste del país, no se aplica del todo. Al elevar los impuestos directos y las contribuciones a la seguridad social, se empuja a más y más empresarios hacia la diáspora informal. De este modo se vuelven ineficientes numerosas modificaciones estructurales que el gobierno pretende implantar para erradicar la pobreza.

Por lo demás, se sabe que muchas empresas informales se sirven alegremente y en forma gratuita de agua y electricidad. Alterar los medidores oficiales se ha transformado en una actividad floreciente que ciertos técnicos ambulantes ofrecen a domicilio. En caso de ser electrocutados, el asunto se considera como un accidente de trabajo. Se calcula que en Perú la mitad del servicio de agua y de electricidad son robadas. Como consecuencia, las tarifas para el sector formal se vuelven impagables. En Colombia la situación está igual.

6. Elevar los egresos sociales insuficientes y equiparar las oportunidades

La creciente brecha socioeconómica sólo podrá ser eliminada instaurando una política generadora de empleo, pero sobre todo reforzando la tarea redistributiva de ingresos que incumbe a los gobiernos. Equiparar las oportunidades para todos no deja de ser una de sus funciones esenciales; sin embargo, salvo pocas excepciones, no es éste el camino seguido. A principio de los años ochenta, el servicio de la deuda ocupaba una enorme porción de los recursos presupuestarios. Son muchos los países latinoamericanos que, en esos años, dedicaron al pago de la deuda externa una parte mayor de su PIB que los pagos de reconstrucción que Alemania se vio obligada a cancelar al terminar la Primera Guerra Mundial.[23] Después de la deuda externa, siguieron los programas de ajuste estructural del Fondo Monetario Internacional. También éstos podaron mucho los gastos sociales; había que restablecer el equilibrio presupuestario a toda costa. A partir de 1990 se llegó incluso a reducir aún más los ingresos presupuestarios por la eliminación de los aranceles de importación y de exportación. En el marco de la liberalización del comercio exterior y de la economía regional integrada, esta cura de adelgazamiento tarifario se transformó poco menos que en ley. Antes, los derechos aduanales en cuestión constituían más del 45% de los ingresos tributarios de muchos países. No hay integración regional ni globalización sin un precio social, por lo menos a corto plazo. Claro es que para la redistribución socioeconómica de América Latina, la situación no es precisamente color de rosa.

Es terrible comprobar hasta qué punto la corrupción condiciona los gastos sociales, quiere decir lucrar mediante el robo. Por supuesto, eso no implica ningún monopolio del subcontinente; ya no necesita demostración decir que también los países industriales se confrontan con este problema.[24] La gran diferencia consiste sin embargo en la impunidad; en Latinoamérica sigue a la orden del día. Los grupos económicos de presión invocan la corrupción y la malversación como excusas para oponerse a cualquier subida de los impuestos. En este campo, el Banco Interamericano de Desarrollo se esfuerza por una política de egresos más transparente y la descentralización de los gastos hacia autoridades locales. Este enfoque fomenta la participación democrática y vuelve los gobiernos más responsables con sus electores. Estudios en Argentina, Chile, Colombia y Perú corroboran que la descentralización fiscal aumenta la eficacia de los gastos públicos.[25]

La crisis de la cooperación internacional para el desarrollo es reciente, particularmente en tierras latinoamericanas. Durante la Cumbre Mundial sobre Desarrollo Social, de Copenhague en 1995,[26] se adoptó la regla del 20/20. Los países en vías de desarrollo se comprometieron a invertir una quinta parte de sus presupuestos en gastos sociales básicos, mientras las naciones donantes dedicarían 20% de su ayuda a esa forma directa de lucha contra la pobreza. Son pocos los que llevan a la práctica esta regla. Faltan recursos para programas sociales, obras de infraestructura, reestructuración y revalorización de las administraciones centrales y locales. La falta de recursos públicos afecta sobre todo el campo del desarrollo del "capital humano". Según un estudio del Banco Mundial, la inversión en capital humano sigue siendo, sin lugar a discusión, el factor principal del desarrollo económico de los siete países con alto desempeño en el este asiático.[27] América Latina no escapa a esta regla. Enrique Iglesias, presidente del BID, llegó a comprobar que los países regionales con mejor situación social casualmente coinciden también con los que tienen los más altos niveles de educación.[28]

7. AMÉRICA LATINA, ¿UN GRAN PARAÍSO FISCAL?

La falta general de recursos presupuestarios constituye la razón principal del gasto social inadecuado en América Latina, con conocida incidencia en la dualidad socioeconómica. Frenar la presión tributaria tiene algo de tradición en este continente. ¿No es cierto que la independencia, a la zaga de las guerras napoleónicas, resultó esencialmente una acción de la élite nacional de criollos que buscaban la autonomía para maniobrar ellos mismos la presión impositiva? Sus descendientes todavía ostentan el mando. En muchos países sólo se logra consenso en un punto: la contención de la presión impositiva, muy en particular el impuesto directo. Los ricos se enorgullecen de no pagar impuestos. Se trata de un fenómeno cultural. No se han sensibilizado todavía por el hecho de que amasar fortunas también supone asumir responsabilidades respecto de la comunidad. ¿Quién pondrá en duda que, en última instancia, la defraudación fiscal constituye una infracción a los derechos humanos, sociales y económicos fundamentales?

El cuadro II.6 demuestra que la presión tributaria, expresada como porcentaje del PNB, resulta extremadamente baja en América Latina. Fluctúa entre 27.6 % en Uruguay y 5.3% en Haití. No por casualidad, los países donde menos impuestos se pagan son aquéllos que, tradicionalmente, se vieron confrontados con una fuerte guerrilla o una intensa lucha social. En los países industriales, la presión tributaria oscila entre 30 y 52 por ciento.

El mismo cuadro visualiza también otro punto: que los impuestos directos sobre la renta y el capital en naciones como Guatemala, Bolivia, Costa Rica y Nicaragua son muy bajos, desde perspectivas occidentales. Asimismo es evidente que se puede considerar a esta región como un gran paraíso fiscal, por lo menos en lo que se refiere a impuestos directos. Tal situación resulta nefasta en términos sociales, porque precisamente aquéllos aseguran una mayor redistribución de los ingresos. Según el ministro de Hacienda de El Salvador, cabría suprimir todos los impuestos directos. Es una tesis sorprendente para un país donde no se paga el 47% de los impuestos indirectos y donde el impuesto a la renta es un medio para integrar el sector informal en la economía formal. Allí en 1997, una acción dinámica contra la evasión del impuesto sobre el valor agregado (IVA) permitió duplicar la recaudación de 6. 8 a 12.6 millones de dólares. También en el FMI se defienden tales tipo de tesis "ideológicas" nada sociales.

En muchos países latinoamericanos la situación respecto del pago de impuestos directos apenas si se presenta mejor que en Cuba. Como corresponde a una economía dirigida, desde la revolución de 1969, en ese país no existía impuesto a los ingresos. Fidel Castro determinó que quienes dispongan de mayores ingresos en los sectores de turismo y en el sector privado emergente tienen que contribuir al financiamiento de programas sociales. Para él la desigualdad de ingresos resulta poco menos que diabólica. El muy conservador quinto congreso partidista de octubre de 1997 no hizo sino confirmar esta posición. Queda totalmente excluido encauzarse hacia el modelo de capitalismo unipartidista que se adoptó en China. Desde 1996 en Cuba los ingresos en dólares se cargan con impuestos en una escala ascendente del 1 al 50%; los ingresos en pesos por parte de 200 mil trabajadores que tengan una licencia para laborar en forma autónoma se gravan con una tasa única y uniforme.

Mejorar el cobro de impuestos no supone necesariamente aumentar la carga impositiva. Por regla general, en América Latina los impuestos nominales resultan bastante altos. El problema consiste simplemente en que no se cobran y que se otorga gran cantidad de exoneraciones, sobre todo en lo que se refiere a impuestos sobre la renta. Cuando existen impuestos al capital sobre bienes inmuebles, resultan difíciles de cobrar por la ausencia de un catastro adecuado. En el istmo centroamericano, la autoridad concede que entre un 20% (en Nicaragua) y un 43% (en Honduras) no paga los impuestos indirectos.[29] Se evaden los derechos de importación mediante subfacturación. En todas partes se declara por ley que el fraude fiscal es un delito, castigado con penas de cárcel hasta de cinco años; sin embargo, esas leyes no se aplican. Nadie va a la cárcel por eso. También en este aspecto prevalece la impunidad. El fraude fiscal no se desestimula mediante castigo como ocurre con cualquier otro delito.

Cuadro II.6. Impuestos recaudados o ingresos tributarios en 1995

	Porcentaje del PNB	**Parte de impuestos directos en porcentaje**
Argentina (1993)	17.7	ND
Belice	23.7	34.2
Bolivia	11.8	6
Brasil	18.6	16.5
Chile	17.8	19.3
Colombia	14	ND
Costa Rica	16	9.7
Cuba	ND	ND
Ecuador	13.9	ND
El Salvador	11	18.3
Guatemala	8.5	12.4
Haití (1993)	5.3	ND
Honduras	15	35.2
México	14.8	ND
Nicaragua	20.2	11.3
Panamá*	11.9	16.9
Paraguay	9.1	10.3
Perú	14.4	ND

Rep. Dominicana	14.9	23.8
Suriname	16.1	78.1
Uruguay	27.6	6.9
Venezuela	14.8	51.8

Fuentes: Banco Interamericano de Desarrollo. Progreso económico y social en América Latina, p. *258 y 262; Banco Mundial,* Informe de desarrollo mundial, *Cuadro 14.* CEFSA, Centroamérica, Situación de la economía en 1996, *San José de Costa Rica, abril, 1997, cuadro CA-19.*
* Respecto de Panamá este porcentaje parecería bajo, sin embargo, el gobierno dispone ahí de ingresos no fiscales bastante altos, entre otros, su parte en las ganancias del canal.

8. ALEGATO A FAVOR DE UN MAYOR "APORTE PROPIO"

Para los gobiernos occidentales y las organizaciones no gubernamentales, la lucha por eliminar de manera duradera la pobreza constituye uno de los objetivos principales de su cooperación con los países en vías de desarrollo. En la base se encuentra una serie de motivos, entre los cuales interfieren razones de tipo político, estratégico, comercial y humanitario. Lamentablemente, se llegó a la triste conclusión de que los resultados obtenidos son difíciles de evaluar y, de cualquier modo, son poco alentadores. No debe extrañar que eso haya llevado a una cierta fatiga de los donantes.

La cooperación externa sigue siendo imprescindible para la lucha contra la pobreza, entre otros motivos porque puede hacer surgir actividades esenciales para las cuales las autoridades todavía no están dispuestas a comprometer recursos. Sin embargo, sobre todo a nivel oficial, cabe revisar con urgencia total el concepto de cooperación para América Latina. Hace rato se acabaron los tiempos de la política de Santa Claus. La comunidad internacional de donantes debe dejar estipulado con toda nitidez que se requieren más esfuerzos propios de los gobiernos locales. ¿Qué pensar, por ejemplo, de las amenazas veladas según las cuales no se organizarán elecciones si los países amigos no proporcionan financiamiento?

Las autoridades locales deben estar prevenidas de que ya no basta con extender la mano. Sobre todo para los numerosos marginados en los mismos países donantes, se volvió totalmente inaceptable que los ricos en América Latina se enorgullezcan de no pagar impuestos directos y, al mismo tiempo, insistan en obtener mayor cooperación internacional. Los países industriales deberían colaborar solamente con aquellos gobiernos que, con tesón y constancia, traten de conseguir una mayor y justa redistribución de ingresos y riqueza, además de la equiparación de oportunidades. La ayuda internacional jamás puede ser sustitutiva sino complementaria. Debe limitarse a los gobiernos que, por su cuenta, asumen una estrategia concienzuda de lucha contra la pobreza para la cual ellos mismos generen el esfuerzo principal.

El mayor "aporte propio" puede conseguirse mediante una ampliación de los impuestos recaudados. Hacerlo mediante préstamos significa desviar la carga hacia las generaciones venideras. Si se trata de préstamos internos, suben las tasas de interés, lo que a su vez frena la inversión privada y el crecimiento. La comunidad donante debe llevar una campaña para alcanzar un mayor esfuerzo propio, con el mismo ahínco con el cual, en este momento, ya exige respeto por los derechos humanos. Ambos objetivos son complementarios. ¿No es cierto que las víctimas de infracciones a los mencionados derechos muchas veces son personas que luchan por una mayor justicia social?

En adelante, toda cooperación debería verse supeditada a un mayor "aporte propio". ¿Por qué la Unión Europea, que proporciona más del sesenta por ciento de toda la ayuda bilateral y multilateral a América Latina, no se transforma en vanguardia al respecto? Tiene autoridad moral para hacerlo. Llevar una vida humana digna es un derecho humano fundamental. Todos los hombres y mujeres tienen responsabilidad solidaria para lograr su respeto. Si bien siempre es peligroso generalizar, para propósitos prácticos y de planificación puede resultar útil postular que la carga impositiva debe ser como mínimo 15% del PNB, con una tercera parte de lo recaudado por la vía de impuestos directos sobre las rentas y el capital. Fijar metas más altas no es recomendable mientras el gasto de los recursos no sea más eficiente y mientras la corrupción gubernamental no se vea neutralizada de una manera más determinante.

Debe quedar claro, además, que sin un mayor "aporte propio" de los países beneficiarios de ayuda, incluso la cooperación por parte de organizaciones no gubernamentales, por muy meritoria que sea, sirve finalmente para acallar la conciencia social de los privilegiados locales, los cuales muchas veces prefieren poner sus capitales a buen recaudo... en bancos extranjeros.

Notas

[1] Bernardo Kliksberg et al., *Pobreza, un tema impostergable, nuevas respuestas a nivel mundial.* CLAD, FCE, PNUD, 1993. Véase también: Nora Lustig (ed.), *Coping with austerity: Poverty and inequality in Latin America*, Brookings Institution, 1995.

[2] Banco Mundial, *Poverty and income distribution in Latin America: the story of the 1980's.* Washington, abril 29, 1993.

[3] PNUD, *Informe de desarrollo humano 1997*, Oxford University Press, 1997.

[4] CEPAL, *La brecha de la equidad*, Santiago, 1997.

[5] UNCTAD, *Informe sobre el comercio y desarrollo 1997*, Ginebra, 1997.

[6] Véase: "Inequality for richer for poorer", *The Economist*, noviembre 5, 1994, p. 20.

[7] Banco Mundial, *Informe sobre el desarrollo mundial 1990, La pobreza.* Washington, junio, 1990, p. 8.

[8] IRELA, *Pobreza en América Latina: causas y costos.* Dossier, núm. 46, Madrid, septiembre, 1993.

[9] Banco Interamericano de desarrollo, *Progreso económico y social en América Latina*, Informe de 1994, Washington, octubre, 1994.

[10] PNUD, *Informe de desarrollo humano 1995*, Oxford University Press, 1995, p. 4.

[11] Jane S. Jaquette, "Women in poverty: a new global underclass", *Foreign Policy*, otoño, 1997, p. 138-150.

[12] Banco Mundial, *Indigenous people and poverty in Latin America*, Washington, 1994.

[13] Harbert, Nancy, Ian McCluskey y Courtney Tower, "Struggling to be themselves", *Time*, noviembre 9, 1992, p. 52-54.

[14] En las estadísticas de América Latina, raras veces se indican las características etnoidiomáticas de la población. Por tanto, determinar cuántos indígenas hay no resulta evidente y puede llevar a datos contradictorios. En Estados Unidos y Canadá, para determinar la cantidad de indígenas se toman en cuenta múltiples criterios: idioma, identificación propia, percepción personal, ubicación geográfica o concentración, ancestros y, si es el caso, la vestimenta (como ocurrió con el censo en Guatemala en 1993).

[15] Banco Mundial, *Guatemala, An assessment of poverty*, Washington, abril 17, 1995.

[16] Banco Mundial, *Indigenous people and poverty in Latin America*, Washington, 1994, P. XIX.

[17] *Idem*, p. XX.

[18] Banco Mundial, *Guatemala, An assessment of poverty.* Washington, abril 17, 1995, p. V.

[19] El tema de los inmigrantes es uno de los principales escollos en las relaciones entre Estados Unidos y su traspatio centroamericano. En 1998 la política norteamericana de expulsión causó serias tensiones con Honduras.

[20] PNUD, *Informe sobre el desarrollo humano 1997*, Oxford University Press, 1997, Cuadro 1 (p. 164-165).

[21] French-Davis et al., *The Latin American economies 1950-1990*, CHLA, 6, 1994, p. 246.

[22] IRELA, *La Unión Europea y el Grupo de Río, La agenda birregional*, Madrid, 1998, p. 46-55.

[23] French-Davis et al., *The Latin American economies 1950-1990*, CHLA, 6, 1994, p. 246.

[24] En 1991 el fraude fiscal implicó 138 mil millones de francos franceses, es decir tanto como el déficit presupuestario. La delincuencia económica y financiera subió hasta 6 mil millones de francos franceses, lo que implica dos veces la pérdida que proviene de la criminalidad «tradicional» como robos y asaltos. *Le Monde*, enero 14-15, 1996, pp. 1 y 8.

[25] *Fiscal Decentralization in Latin America*, Editor Ricardo López Murphy, BID, The John Hopkins University Press, Washington, 1995.

[26] Las siete últimas conferencias mundiales organizadas por las Naciones Unidas se refieren al niño (Nueva York, 1990), el medio ambiente (Río de Janeiro, 1992), los derechos humanos (Viena, 1993), la población (El Cairo, 1994), las mujeres (Pekín, 1995), el desarrollo social (Copenhague, 1995) y Hábitat II (Estambul, 1996).
[27] Banco Mundial, *The East Asian miracle*, Oxford University Press, 1993.
[28] Véase: "L'Amérique Latine doit plus investir et lutter contre l'inégalité", *Le Monde*, junio 14, 1996.
[29] Aunque parezca extraño, el fraude fiscal en torno al impuesto interno de ventas puede ser considerado como una barrera comercial no tarifaria. En efecto, los importadores tienen que pagar este impuesto en la frontera, junto con los derechos de importación, mientras que en la compra local el impuesto de venta se evita fácilmente mediante fraude (véase capítulo VI).

Capítulo III
La vorágine de la violencia privada y de la delincuencia organizada

> *Vestidos de blanco y en plena lluvia, a fines de noviembre de 1995, unos 70 mil habitantes de Río de Janeiro desfilaron por las calles de su ciudad para rezar y protestar contra la violencia y la inseguridad. Uno de los organizadores tuvo que esconderse después de recibir amenazas de muerte. Exactamente dos años más tarde y bajo el lema "basta ya", se organizaron marchas similares en varias ciudades mexicanas.*

La "Gran Patria" de Bolívar está angustiada. No se trata de un enemigo ajeno, sino de un mal en su propia sangre. Llámese "deshumanización por afán material". Entre los síntomas de esta gangrena que carcome hasta la última fibra del cuerpo social se encuentran una violencia insoslayable, la delincuencia, la falta de tolerancia, el egoísmo, la falta de solidaridad, además de la negación de todo derecho al prójimo. Suena dramático, pero no es para menos. Lo más preocupante es que la degradación moral ha llegado a tal extremo destructor que ha permeado toda la estructura de resistencia social. La masa abatida ya no sabe de dónde agarrar fuerzas para un despertar ético.

¿Cómo podría ser de otro modo? Entre las primeras preocupaciones de la gente, en cualquier encuesta de opinión, siempre se encuentran la violencia común y la delincuencia organizada. Todos opinan al respecto. En la consulta que se celebró, en enero de 1996 en El Salvador, 62% de los encuestados señaló que la delincuencia constituye su mayor preocupación. En esta misma medición, la pobreza sólo venía en segundo lugar, con 23%. Ninguna nación centroamericana escapa a esta tenaz sensación subjetiva de inseguridad.

Dramático resulta comprobar con qué velocidad la violencia común ocupó el lugar que las dictaduras, las guerrillas y las guerras civiles habían ocupado poco antes. Para la sociedad latinoamericana el desafío de mayor urgencia es entonces la difícil tarea de completar la paz política recién adquirida, con una paz social.

Para alguien que estuvo ausente de este subcontinente en los últimos años, pareciera tratarse de otro mundo. Incluso la pacífica Costa Rica, que suprimió el ejército en 1949, vive en una sicosis colectiva, a pesar de que allí se presentan mucho menos asesinatos y secuestros que en cualquier otro país de América Latina. Ya no representa el oasis tranquilo en una región, donde hasta hace poco, las guerras civiles y la violencia política imperaban por doquier. Las primeras páginas de los periódicos citan homicidios, robos (sobre todo de automóviles y de ganado[1]), extorsiones, violaciones, violencia familiar, o delitos relacionados con drogas. Los expedientes delictivos se amontonan. Las cárceles no se dan abasto. El trayecto entre el aeropuerto Juan Santamaría y el centro de la ciudad no puede ser más elocuente. Hasta las casas pobres parecen jaulas. En la plaza al lado de la iglesia principal de la ciudad de Cartago, en época navideña el Niño Jesús se encuentra tras una reja, por las dudas. Es sintomático que los habitantes de barrios más humildes sean más fácilmente víctimas de delitos menores que los residentes de sectores elegantes. Muchos cesantes encuentran ocupación bien pagada al ofrecer servicios privados de vigilancia. En esta república centroamericana, hay tres veces más agentes privados de seguridad que policías. El clamor por más guardianes del vecindario se hace cada vez más fuerte, a pesar de no implicar necesariamente la solución a todos los males. Extraño concubinato aquél, donde las agencias de publicidad hacen buenos negocios con los vendedores de servicios y equipos de seguridad. Los ricos se rodean de muros y son como extraños en su propia ciudad. Los "ticos", tan orgullosos por lo demás, aseguran que el fenómeno surgió a principios de los años noventa y que la culpa es de los nicaragüenses ilegales en el país, unos 350 mil en total, según cifras conservadoras. Igual pasa en Europa. Cuando hay violencia el dedo acusador apunta a los inmigrantes.

Si la situación de la violencia no se remedia con celeridad, la recién adquirida democracia latinoamericana corre peligro. Muchas veces el clamor por más seguridad se confunde con el grito por más autoritarismo y estados de excepción. No falta de pronto la ocasión en que, frente a la magnitud de la inseguridad interna, se recurra al ejército. Lo anterior, aparte de resultar desagradable y crear oportunidades para nuevas violaciones de derechos humanos, desde luego, no hace sino acentuar la sensación subjetiva de inseguridad. Peor aún es que genera un clima desfavorable a la subordinación de las fuerzas de seguridad a las autoridades civiles. Demás está señalar la repercusión de todo aquello en la actividad económica, el clima de inversiones y el turismo. Según un estudio del Banco Interamericano de Desarrollo, actualmente la violencia constituye el principal obstáculo para el desarrollo económico de la región. Para que una sociedad funcione bien, la tranquilidad resulta vital, aparte de que ésta constituye un factor cualitativo importante.

1. Formas de delincuencia

Si se entiende por delincuencia todo tipo de conducta que transgrede las normas de una sociedad, grandes sectores de América Latina se encuentran confrontados con un "estado de sitio" no declarado. Es una situación de hecho. Los ciudadanos se esconden detrás de rejas en sus propias viviendas, mientras los delincuentes andan sueltos. No resulta fácil visualizar el fenómeno, a pesar de tratarse de una plaga social incontenible. Es una situación intensa, con cantidad de causas diversificadas. Entre éstas, la mayoría se reduce a factores de tipo cultural y económico. Para mayor facilidad quizá conviene dividir el concepto de delincuencia en dos partes. Por un lado están la violencia común o convencional, como los secuestros, extorsiones, robos, asesinatos y la violencia intrafamiliar. Por otro, existen también formas no convencionales de criminalidad que, en realidad, son facetas de la delincuencia organizada. Tomemos por caso el tráfico de drogas, el trasiego de armas y el comercio con seres humanos, aparte del fraude económico y financiero.

1.1 Delincuencia convencional

Puede que la delincuencia convencional tenga un blanco económico; a lo mejor constituye un factor inherente a determinada cultura o civilización, como la violencia familiar, la prostitución infantil y el uso de drogas; pero también ocurre que sea un mecanismo de regulación de conflictos entre personas o grupos.

En lo que se refiere a delincuencia convencional, según ciertas fuentes, El Salvador y África del Sur tienen el dudoso privilegio de presentar el peor índice de violencia del mundo (cuadro III.1). Por cada 100 mil habitantes, anualmente 140 mueren asesinados (1.6 en Tokio, 2 en Toronto y 2,5 en Londres). Les sigue Río de Janeiro con 71.2 homicidios y Washington con 65. Medellín tiene incluso 211 casos. De poder confiar en tal coeficiente, se suman 7 760 asesinatos al año en El Salvador, lo que el gobierno niega rotundamente. Esto representa un promedio anual mayor que durante los doce años de la guerra civil (1980-1992), cuando el promedio se elevaba a 6 250. Este incremento vertiginoso de la violencia no tiene una sola causa. Se debe en gran medida a la cantidad de armas livianas que entraron en circulación después de la contienda civil. Si es cierto que la eliminación rápida de muchísimas minas antipersonales resulta un mérito innegable del proceso de paz en El Salvador, por desgracia, cabe constatar que los acuerdos de Chapultepec (1992) no prestaron atención suficiente al desarme de la población civil. Tampoco bastó con dar tierras agrícolas a 48 mil exmilitares y guerrilleros para que todos ellos abandonaran sus prácticas violentas.

Colombia es el segundo país latinoamericano con más violencia. Al año 89.5 habitantes por cada 100 mil son asesinados, únicamente a raíz de delincuencia privada y organizada, además de consecuencias del narcotráfico, la lucha contra la guerrilla y la intervención de efectivos paramilitares. En 1996, más de 28 mil personas fueron muertas en este país y 27 mil heridas, siempre en hechos sangrientos intencionales. El recurso de la violencia es el medio más frecuentemente utilizado para resolver todo tipo de problemas. En octubre de 1989, un cooperante holandés fue a visitar a un vecino en la región bananera de Uraba, cuando un asesino a sueldo apareció de repente, sacó su pistola, disparó contra el vecino, guardó su arma y se fue con toda tranquilidad despidiéndose formalmente del europeo aterrado; no se preocupó por posibles testigos: conseguir tal tipo de matón puede costar la suma risible de 20 dólares.

La ciudad de México vive en estos momentos el periodo más cruento de su historia. ¡Cada día son denunciados unos 800 delitos! A lo largo del día la pequeña pantalla visualiza cuerpos ensangrentados de personas muertas a balazos o con arma blanca por los ladrones. Lo que resulta angustioso no es tanto el nivel absoluto del crimen, como su aumento dramático y la aparente impotencia de la policía para remediarlo. Muchos crímenes ni siquiera son denunciados por temor a la policía. El anterior procurador general, Antonio Lozano, aceptó a regañadientes que la mitad de los policías es corrupto. Hasta el presidente Zedillo, en su discurso anual en 1996 sobre el estado de la nación, mencionó la criminalidad en la policía, de manera que ésta perdió toda confianza del ciudadano y se le considera culpable de gran cantidad de homicidios. No prosperó una campaña de reestructuración, para poner fin a tal calamidad. El 27 de noviembre de 1995, seis bandidos armados entraron al Parlamento nacional y se llevaron 250 mil dólares destinados a salarios. Incluso el nuncio apostólico, monseñor Jerónimo Prigione fue víctima de robo: los amigos de lo ajeno sacaron su automóvil del garaje. Tomar de noche un taxi en México es sumamente peligroso. La Embajada de Estados Unidos advierte a empresarios y turistas contra los "taxistas piratas". Su método consiste en esperar a sus potenciales víctimas y arrancar con rumbo desconocido. Unos hombres siguen al taxi en otro vehículo y en un lugar solitario secuestran al pasajero y lo obligan a entregarles el dinero en efectivo, joyas, pasaportes y prendas de vestir. Varias personas fueron llevadas bajo amenaza de pistola de un cajero automático a otro, hasta que no hubiera más fondos. El crecimiento vertiginoso de la violencia en el país azteca se relaciona con la crisis económica que allí se generó a raíz de la devaluación del peso en diciembre de 1994. De la noche a la mañana un millón de personas quedaron cesantes. La impresionante recuperación económica en 1996 y 1997 no alcanzó a disminuir la delincuencia, que se había vuelto un problema estructural de la sociedad mexicana.

Cuadro III.1 : Cantidad de asesinados por año por 100 mil habitantes (fin de la década de los ochenta y principios de los noventa)

El Salvador (1995)	140
África del Sur	140
Colombia	89.5
Brasil	19.7
México	17.8
Venezuela	15.2
Perú	11.5
Panamá	10.9
Ecuador	10.3
Estados Unidos	10.1
Argentina	4.8
Uruguay	4.4
Costa Rica	4.1
Paraguay	4.0
Chile	3.0
Unión Europea	1.2

Fuente: Banco Mundial, citado en Latin American Weekly, *WR-97-10, marzo 4, 1997, p. 109. Respecto de El Salvador véase* The Miami Herald: *"Murder rate staggering in El Salvador", agosto 4, 1997 y Universidad de Centro América (UCA) de El Salvador.*

En Honduras, para nadie es un secreto que en el río revuelto de excontras y policías secretos, todos desocupados, son ellos los responsables principales de los asaltos y de los secuestros. Nicaragua recorre el mismo sendero. Como un caso de triste reingeniería, los escuadrones de la muerte se transformaron en bandas de delincuentes. En Managua el "Mercado Oriental" constituye un refugio de malhechores. Algunos llegan a afirmar que, en promedio, se comete un crimen por hora. En Guatemala existen al parecer unas 600 bandas de crimen organizado, con unos 20 mil integrantes. Los asesinatos, secuestros, asaltos bancarios y amenazas de muerte en contra de diputados y jueces son pan de cada día. La oposición pidió que se decrete el estado de excepción para frenar la delincuencia. Respecto de los hechos violentos en Río de Janeiro y Sao Paulo, historias escalofriantes dan la vuelta al mundo.

Brasil tiene un coeficiente de asesinatos de 19.7 por 100 mil, seguido por Venezuela (15.2), Perú (11.5), Panamá (10.9) y Ecuador (10.3). Estas últimas cifras, un tanto más moderadas que en El Salvador y Colombia, son muy altas, sin embargo, en comparación con Europa (2) e incluso Estados Unidos (10.1). Hay países con resultados mucho más satisfactorios, como Argentina, Uruguay, Costa Rica y Chile que se mantienen por debajo de cuatro.

Con la excusa del terrorismo político, se encuentran guerrilleros que siguen ejerciendo la violencia. Tienen razón los psicólogos: lo que más cuesta cambiar son las mentalidades, sobre todo tratándose de violencia. Con todo, los acuerdos de paz y el retorno a la democracia habían implicado que se eliminara toda legitimación de la violencia armada. Fue el caso, entre otros, al inicio de la administración Aylwin (1990-1994) en Chile. Un grupillo de extrema izquierda atacó bancos, asesinó un dirigente opositor de derecha y secuestró al propietario del diario más importante de la derecha. El núcleo de esta pandilla consistía en gente que antes había luchado contra la dictadura. Bajo la presidencia de Frei prácticamente desapareció este tipo de terrorismo. En Colombia, muchos miembros de la ahora disuelta guerrilla M-19 siguen regularmente con sus secuestros. También pasa al revés: hay delincuentes autoproclamados guerrilleros. Junto con el rescate plantean exigencias políticas simplemente, cosa de incrementar la angustia en la familia de los secuestrados.

La ciudad de México y Río de Janeiro conquistaron el título nada honroso de la mayor cantidad de crímenes cometidos por la propia policía, aseveración que las autoridades refutan rotundamente. En realidad se trata de una especie de corrupción organizada. En México, los policías jóvenes tienen que pagar a sus superiores un premio o el derecho a la protección. En la práctica exigen mordidas al público en relación con toda clase de transgresiones reales o inventadas. Mientras se tenga a la policía con sueldos de hambre (170 dólares por mes), difícil será remediar este sistema. Despedir a los policías corruptos no es una solución en sí, pues equivale a soltar criminales a la calle. Varias fuentes corroboran que los encargados del orden en Río ostentarían el coeficiente de violencia más alto del mundo. Aquél simplemente se hubiera duplicado por el hecho de que el gobernador Marcello Alencar introdujo en 1996 un premio por bravura. La población perdió toda confianza en estos cuerpos policiales. En Tepito, un sector peligroso en México, conocido como centro para bienes robados, los habitantes no dudan en bombardear a la policía con piedras y botellas cuando ésta efectúa una redada con el propósito de evitar que se lleve las cosas.

El perfil del delincuente latinoamericano cambió; se hace más profesional y más joven. Eso no deja de preocupar. Cada vez más, menores de edad cometen asaltos y robos en las ciudades, haciendo sus fechorías con una inusitada agresividad. Resultan muy móviles y actúan en "equipos" de dos a tres, entre otros para robar carros. El fenómeno de las bandas juveniles se constató primero en Brasil, al final de la década de los ochenta. Hoy están en todas partes, sobre todo en América Central y México. Según el jefe de la Policía Nacional de Panamá, detrás del 55% de los hechos delictivos se encuentran adolescentes. Ahí la criminalidad juvenil desbordó de tal manera que se instauró un toque de queda para menores de edad. Respecto de Ciudad de Guatemala y Buenos Aires, podría ser que 90% de los casos de delincuencia corra por cuenta de menores.

Cada país tiene un nombre para este tipo de criminales jóvenes. En Nicaragua son los "tamales" o "tamarindos"; en Costa Rica se les dice "chapulines"; en Guatemala, Honduras y El Salvador son "maras". Tienen su líder, su lugarteniente y sus asistentes metidos en tráfico de drogas, robo de vehículos y extorsión. Dividen las ciudades en territorios no pocas veces con disputas en cuanto a su delimitación. En El Salvador existen no menos de treinta pandillas. Entre estos, los "Salvatrucha" y los "Mara 18" son los más fuertes. Cada grupo construye sus muletillas, su singular comunicación gestual, tatuajes particulares, recursos vestimentarios específicos, en fin su propia identidad. La policía no sabe cómo actuar con ellos y no logra infiltrarlos. Por ejemplo el grupo "Mao-Mao" es secreto; se trata de asesinos a sueldo, de los que algunos apenas si tienen diez años.

En este último país ha habido casos de niños de escasos nueve años, con pistolas y adolescentes de unos 16 a 17 años que se la juegan con armas más pesadas, incluso granadas de fragmentación. Por lo general estos jóvenes delincuentes resultan sumamente peligrosos. Ante la menor resistencia, simplemente optan por sacrificar a su presa. En Brasil se han visto casos de niños que aterrorizan a sus víctimas con jeringas humedecidas en sangre que puede estar contaminada. Al parecer este método de amenaza se habría importado de España. También los refinamientos criminales se globalizan.

Se calcula que 98% de los "maras" de El Salvador proviene de familias deshechas; 97% consume drogas y un 20% lo constituyen mujeres. Según los criminólogos, no es la pobreza el motivo principal de su proceder; algunos provienen de la clase media, donde la violencia doméstica ha sido cosa de todos los días.

Para la policía y los jueces, la delincuencia juvenil constituye un desafío particular. En efecto, las leyes prevén una protección especial al menor. Siempre en El Salvador, hay que llevar a los menores ante un juez dentro del lapso de seis horas después de su arresto o soltarlos, medida que, evidentemente durante el fin de semana, resulta un tanto difícil de aplicar. En Costa Rica, sólo a partir de 1996 se suprimió la legislación según la cual a todo hecho delictivo cometido por menores se pasaba borrón y cuenta nueva, una vez que llegaran a la edad de 18 años. Tal medida tenía su fundamento en una visión romántica de la juventud. Había que dar a los jóvenes la oportunidad de empezar la edad adulta sin mancha. De manera que con frecuencia delincuentes más viejos ocupaban jóvenes para asumir ciertas tareas sucias. Poco a poco se va eliminando el trato privilegiado del que disponía la juventud, excepto en lo que se refiere a duración del castigo. A los menores de edad se suele dar una pena máxima de diez años y a los comprendidos entre 15 y 18 un total de quince. En Panamá, la gente quisiera que cuando se refiere a asesinato premeditado se trate a los delincuentes juveniles como adultos.

Ahora bien, castigar con mayor rigor a los malhechores jóvenes provoca nuevos problemas. Es así como faltan lugares de detención propios para ellos. A principios de 1996, en Honduras había por lo menos 229 menores presos junto con adultos. En 1995, la Corte Suprema decidió que los jueces podían mandar encarcelar a jóvenes en recintos de mayores, siempre y cuando se les diera celdas separadas. En la práctica no se respetó esta condición, de manera que los adolescentes corren el riesgo de ser violados o asesinados por los adultos, de no ser condescendientes. Por regla general y en todas partes, las cárceles constituyen verdaderas academias del crimen.

En el capítulo IV observaremos cómo los niños no sólo son actores importantes en la violencia, sino también víctimas. En Brasil, sobre todo en las ciudades grandes, año tras año se registran cientos de matanzas de niños. Triste reencarnación de Herodes. Si bien el gobierno brasileño no deja de poner su mejor empeño en terminar con estas situaciones, la balanza entre esfuerzos y resultados sigue desigual. Cada día crece la incidencia de robo de niños o incluso la sustracción de órganos. El tráfico de infantes y de menores es frecuente. En 1995, en las provincias septentrionales de Argentina se señalaron repetidos casos de venta de niños a parejas ricas, de nacionales o de extranjeros. El mismo escenario se repite en Paraguay: ocurre con frecuencia que madres pobres o parejas vendan sus hijos a forasteros, mediante un intermediario. En septiembre de 1997 se desmanteló en Sao Paulo una red de prostitución infantil en la cual habrían estado comprometidos empresarios, políticos, miembros del poder judicial y hasta cuadros policiacos. Algunos clientes habrían pagado entre 185 y mil 980 dólares por muchachas vírgenes.

Por suerte la violencia intrafamiliar sale cada día más a la luz pública lo cual no quiere decir que esté en aumento. Según expertos, sólo el 10 % de las situaciones existentes se denuncia y la mayoría son incestos. La violencia intrafamiliar es un típico fenómeno cultural que se presenta tanto en poblaciones blancas, mestizas, indígenas como africanas. Los expertos en criminología la definen como todo tipo de violencia en el que uno de los miembros de una familia ve afectada su vida, cuerpo, bienestar psíquico o libertad por parte de otro miembro de la misma familia.[2] Este tipo de agresión afecta con preferencia a los niños, ancianos y mujeres. Uno de los últimos tabúes sociales es la violencia en contra de los ancianos. Éstos pueden sufrir desde abandono, agresión verbal y explotación material e incluso brutal agresión corporal. Las víctimas de este terror físico y psíquico quedan calladas por la vergüenza, además de no tener la alternativa de dejar a su familia. Las investigaciones en diversos países muestran, sin embargo, que con más incidencia las mujeres son víctimas de violencia familiar.[3] Los expertos opinan que el problema afecta entre 25 y 50% de las mujeres latinoamericanas. Para sensibilizar a la opinión pública, el Banco Interamericano de Desarrollo ha respaldado la realización de un video sobre violencia doméstica. Por lo general los países de la región no disponen de legislación que considere la violencia familiar como delito. Sólo en casos extremos está sujeta a castigo, como cuando se trata de agresión mortal o heridas graves.

En Honduras, a diario tres integrantes del "sexo débil" mueren a causa de violencia sexual o familiar. Sesenta por ciento de las violaciones ocurre en el seno del "dulce" hogar; 96% de este tipo de crímenes queda impune. En una sociedad machista, como es la latinoamericana, el varón manda y tiene el "derecho" de reafirmar su poder ante seres indefensos. En Perú, una ley todavía vigente, basada en un presunto derecho consuetudinario indígena de conquistar a una "hembra" mediante violación sexual, absuelve a los culpables, si logran casarse con su víctima (los autores del síndrome de Estocolmo no han inventado nada). La violencia intrafamiliar se refuerza con el abuso del alcohol. Las sectas protestantes originadas en Estados Unidos y que conocen un auge incontenible al sur del río Bravo especulan enormemente con lo anterior. En efecto, empiezan su labor de conversión con las mujeres. A través de ellas, recalcan la necesidad de luchar contra el alcoholismo, una plaga social que afecta a muchos hogares pobres. De este modo la esposa o compañera se siente particularmente comprometida a instar a su "hombre" a la conversión con lo cual, de paso, deja la bebida.

La violencia intrafamiliar induce a muchos niños, carentes de calor del "nido", a abandonarlo. Los que no lo logran se ven obligados desde jóvenes a colaborar en los ingresos de la casa, lo cual puede que incluya robo o prostitución. Según la UNICEF, 47% de los niños prostituidos en los países centroamericanos es víctima de abuso en su propio hogar. Alrededor de la mitad se inicia en la prostitución entre los nueve y 13 años y entre 50 y 80% de ellos es adicto a las drogas. ¿Quién se atreve a afirmar que no es una infracción flagrante a los derechos del niño el que miles de ellos no tengan la posibilidad siquiera de crecer en un entorno protegido?

Una categoría aparte constituye la violencia dentro de los presidios, además de asesinatos, suicidios, secuestros, violencia sexual y consumo de drogas. Por una inimaginable sobrepoblación, las cárceles son escenario continuo de violentas revueltas e intentonas de escape colectivo. Sobre todo a fines de los ochenta, el coeficiente delictivo en las cárceles era particularmente alto.

La empresa de seguridad Kroll Associates de Nueva York estigmatiza a América Latina como el lugar más peligroso del mundo en lo que se refiere a secuestros. Ahí la situación es peor que en el Medio Oriente o en Asia. Al parecer, en 1995 no menos de 6 580 secuestros ocurrieron entre México y la Tierra del Fuego. Los autores son muchas veces traficantes de droga, agentes policiales corruptos y grupos de guerrilleros. Más que nada, los hombres de negocios son los que corren peligro. No deja de ser significativo que la mayoría de los secuestrados sea propietario de pequeñas empresas y fincas en el área rural. Siguen después los empresarios locales conocidos y representantes regionales de multinacionales. Por lo general, los extranjeros suelen salvarse más de ser secuestrados, por estar mejor protegidos. Hubo también algunos casos en que se secuestró a turistas o a hijos de familias adineradas.

En materia de plagios, Colombia lleva un triste primer lugar (mil 500 para 1995) seguida de México, 550; Brasil, 480; y Guatemala, 460. Más de la mitad de los secuestros perpetrados en Colombia fue realizada por guerrilleros de izquierda, los FARC, el ELN y por miembros del antiguo movimiento M-19 que, en el entretanto, se transformó en partido político. Son cada día más los raptos dentro de las familias. En su último libro, *Noticia de un secuestro*, Gabriel García Márquez describe cómo Pablo Escobar había hecho del plagio una de sus armas principales.

En Colombia, según un estudio reciente efectuado a título oficial, cada año se paga en promedio 530 millones de dólares (0.9% del PNB) en rescate. Si el secuestro fuera una actividad legal ocuparía el décimo lugar entre las cien empresas más importantes en Colombia. La Fundación Getulio Vargas, de Sao Paulo, llega a la misma cifra para Brasil; lo reunido por los secuestros implicaría 500 millones de dólares por año. Negocio lucrativo como pocos.

Que el plagio se ha transformado en una simple actividad económica se deduce también del hecho de que el dinero exigido se vuelve cada vez más pequeño y a veces los secuestradores se conforman con tan sólo una parte reducida de lo pretendido originalmente. Fue el caso también en agosto de 1996, con motivo del secuestro de los esposos Zijlstra, holandeses en Costa Rica. Después de 26 días, los secuestradores nicaragüenses se conformaron con apenas el 9% de lo pedido al principio (1.5 millones de dólares americanos). En México el rescate promedio es del orden de 17 500 dólares. En Guatemala se instaló el número 110 como teléfono especial para dar la voz de alarma frente a este tipo de flagelo. En esta nación se inventó el secuestro relámpago. La víctima desaparece en la mañana y por la suma de mil dólares se le suelta en la noche. En un caso en El Salvador, unos plagiarios se conformaron con un pago escalonado del rescate: "servicio" a crédito.

La existencia de defensa personal no siempre protege contra esta lucrativa actividad profesional. El 26 de agosto de 1996, la señora Olga Novellas, de Guatemala, fue secuestrada a pesar de estar rodeada por catorce guardaespaldas. Los malhechores simplemente simularon un control policial. La recompensa exigida fue de doce millones de dólares. A la postre resultó que los secuestradores pertenecían al grupo guerrillero ORPA, lo cual llevó a la suspensión de las negociaciones de paz durante dos semanas y a la expulsión de la mesa de su comandante Gaspar Ilom.

Muchos empresarios extranjeros que laboran en América Latina tienen un seguro contra secuestro, que no sólo cubre el rescate sino también los gastos de la empresa que lleva las negociaciones, así como una suma correspondiente al ingreso de la persona secuestrada mientras esté en cautiverio.

1.2 Delincuencia no convencional

Los delitos no convencionales se refieren a tráfico de drogas, tráfico con seres humanos, comercio ilícito de armas y delincuencia económica y financiera. Su motivación consiste en la ganancia y no se debe a una cultura determinada. El tráfico de drogas es una forma de delincuencia, al mismo tiempo que es causante de ella. El fenómeno mismo de los narcóticos constituye el tema del capítulo VIII. En cambio, en el presente se discute el tema de los estupefacientes como una de las causas de la violencia. El comercio con seres humanos se refiere a contextos de prostitución, de adopción, como al traslado de inmigrantes ilegales. Durante la reunión de Tuxtla-Gutiérrez II (febrero de 1996), México y las siete repúblicas del istmo centroamericano resolvieron considerar delito trasladar inmigrantes ilegales mediante pago. Los inmigrantes en cuestión son, por lo general, sudamericanos y asiáticos con pretensión de pasar a Estados Unidos vía México y Guatemala. Este último país se ha transformado en punto de encuentro para este tipo de movilización. Los encargados son llamados "coyotes". Se trata de bandas organizadas, con auténticos servicios de contratación, vehículos, escondites, facilidades para la elaboración de pasaportes falsos. Sólo les falta el aviso por la televisión. Recurren por igual a trillos por la vía terrestre, como a rutas marítimas y aéreas. Para lograr su cometido interponen a la colaboración comprada, tanto de policías como de servicios de inmigración en los países en tránsito; también en Estados Unidos cuentan con contactos útiles. Cobran tarifas hasta de 2 400 dólares por persona. Existen estimaciones según las cuales al año se trasladan 300 mil centroamericanos además de 100 mil personas de fuera de la región.

El hecho de que terminaran las contiendas civiles en América Central y que se redujeran al máximo las actividades guerrilleras no implicó, ni mucho menos, que terminara el trasiego de armas en todo el subcontinente. Grandes cantidades de armas pequeñas y livianas se venden por doquier y a veces como auténticas gangas. Se ha comprobado a menudo que, por el lado marítimo de Nicaragua, Honduras y Guatemala, se filtran constantemente armas. En marzo de 1996 el entonces viceministro de Seguridad Pública de Costa Rica, Óscar Albán Chipsen, admitió públicamente que la mayor parte del tráfico de armas en el istmo y más al sur transcurre vía su país. Los clientes para estas armas ilegales son grupos paramilitares, movimientos de guerrilla, cárteles de droga y bandas de delincuencia organizada. En 1995 salió a la luz una exportación de armas entre Argentina y Perú, mientras este último estaba en guerra con Ecuador. La transacción forzó la dimisión del ministro argentino de Defensa.

Bajo el rubro de violencia no convencional, en el filo entre la violencia política y la privada, conviene prestarle mucha atención a la actuación feroz, ya evocada, de grupos paramilitares como los que pertenecen a "Convivir" en Colombia y "Paz y Justicia" en México. Se los encuentra sobre todo en países donde la guerrilla y los usurpadores de tierras son activos, y cuando añejos conflictos por el control económico y político sacuden a las comunidades. Por lo general estas bandas son pagadas por los terratenientes a no ser que se autofinancien con actividades de drogas y de secuestros; muchas veces son afines a los mandos castrenses que los arman y los protegen.

Pareciera que Niccolo Machiavelli, político y filósofo florentino, hubiese resucitado. En su renombrado ensayo, *El príncipe*, sentenció que: "si el [...] participante que estimamos conveniente es corrupto, conviene seguirle la corriente y agradarle; en este caso la honestidad y la virtud resultan funestas." En tierras latinoamericanas esta manera de pensar cuenta con gran cantidad de adictos. La delincuencia económica y financiera ha adquirido proporciones nunca vistas. El cuadro III.2 es elocuente. Se recurre con una pasmosa facilidad al soborno para obtener licitaciones públicas o para obtener favores políticos. Son muchos los países en los que la corrupción "económica" y "política" llegó a poner en peligro las instituciones democráticas o las paralizó. Es impresionante la cantidad de acusaciones por corrupción o abuso de recursos públicos, tomando en cuenta tan sólo ya los casos de jefes de Estado.

Cuadro III.2. Ordenamiento según grado de corrupción en América Latina, a partir de su percepción por parte de los empresarios

10 puntos: país limpio; 0 puntos: país altamente corrupto	
Paraguay	1.68 puntos
Panamá	1.7
Honduras	1.98
Bolivia	2.05
Colombia	2.23
México y Venezuela	2.77
El Salvador y Argentina	2.81
Perú	2.9
Ecuador	3.41
Cuba	3.45
Brasil	3.56
Guatemala	3.87
Uruguay	4.41
Nicaragua	4.19
Costa Rica	6.45

Fuente: VIII Conferencia Internacional anti Corrupción, Lima, septiembre, 1997; datos proporcionados por el profesor Johann Graf, Universidad de Göttingen, Alemania.

En 1992 el presidente de Brasil, Fernando Collor de Mello, fue destituido. Sin embargo, había ganado la contienda, en 1990, en gran parte debido a las medidas anunciadas en contra de la corrupción. A la fecha vive en exilio en Miami, aunque en el entretanto haya sido absuelto por el Tribunal Supremo de su país y no ha abandonado su sueño de retorno político. En septiembre de 1996, su esposa fue acusada de los mismos delitos. Corre el riesgo de que le den veinte años de cárcel. Unos meses antes, Paulo César Farías, un comerciante de vehículos de segunda, fue muerto en circunstancias misteriosas. Había sido el hombre del tráfico de influencias que llevó finalmente a la caída de Fernando Collor. El que haya sido eliminado por motivos pasionales es un cuento que muy pocos se tragan.

En 1993 le tocó el turno al presidente Carlos Andrés Pérez (1990-1993) de Venezuela. Este mismo año su precursor, Jaime Lusinchi (1984-1989), tuvo que huir a Costa Rica, acusado de corrupción, igual que su esposa Blanca Ibáñez que ya se encontraba ahí, después de haber sido condenada por lo mismo a un año de cárcel. El incorruptible mandatario Caldera, que en 1996 presidió en Caracas una conferencia interamericana encargada precisamente de elaborar una convención contra la corrupción, fue acusado por el dueño de un banco nacionalizado de haber cambiado la junta directiva a cambio de favores en el Parlamento.

En noviembre de 1995 el vicepresidente de Ecuador, Alberto Dahik, solicitó asilo en Costa Rica. Incluso contra el presidente Sixto Durán-Ballén (1992-1996) pesaron acusaciones de malversación de fondos públicos. El expresidente Carlos Salinas de México se refugió en el exterior cuando, después de su mandato (1988-1994), resultó blanco de toda clase de suposiciones. Raúl, su hermano mayor, fue encarcelado y expulsado del oficialista PRI. La acusación se refería a corrupción, tráfico de armas y de drogas, además del asesinato en 1994 del segundo político más importante, José Francisco Ruiz Massieu y del candidato presidencial Luis Donaldo Colosio. Sin embargo, hasta la fecha no se han podido aportar pruebas contundentes (capítulo I). El 11 de febrero de 1996, el presidente Zedillo confesó a unos empresarios británicos que la corrupción constituía su mayor preocupación. Perú intenta obtener de Colombia la extradición del expresidente Alan García, acusado de corrupción durante su mandato (1986-1990). Contra Rafael Callejas, su colega hondureño (1990-1994), pesa la acusación oficial de manejo financiero fraudulento. En febrero de 1996, un periódico uruguayo reveló un expediente de corrupción en relación con Juan Carlos Wasmosy, el mandatario en ejercicio de Paraguay; al parecer se habría enriquecido con contratos oficiales. Un año después, el mandatario ecuatoriano Abdalá Bucaram, destituido por el Parlamento, huyó hacia Panamá bajo graves acusaciones de corrupción, y unos meses más tarde el presidente de la Corte Suprema acusó al nuevo jefe de Estado, Alarcón, por manejo irregular de fondos públicos. La lista no termina, a pesar de que haya que tomar en cuenta que se trata, muchas veces, de acusaciones con cálculo político.

En el rubro de delincuencia financiera, la evasión fiscal adquiere proporciones alarmantes. Según el Fondo Monetario Internacional este tipo de fraude, que constituye una variante de la corrupción financiera, se sitúa entre 40 y 50% en Brasil y Argentina, entre 45 y 50% en Paraguay y Bolivia, 25 en Uruguay y 17 en Chile. Más arriba se indicó que en América Central se sitúa entre 39 y 20 por ciento.

2. LA VIOLENCIA COMÚN, ¿UN FENÓMENO DEBIDO A LA POBREZA O UNA INICIATIVA ECONÓMICA PRIVADA?

Numerosísimas son las razones de la violencia social y de la delincuencia. En la lista que precede se encuentran la pobreza, el subdesarrollo económico, las drogas, factores culturales, una falta total de tolerancia o respeto por "el otro", un piso extremadamente bajo de violencia y la banalización de ésta por los medios de comunicación. Apuntemos también la instrucción deficiente de los funcionarios policiacos y judiciales, la impunidad o falta de castigo, el desdibujamiento de las normas, la degradación general de valores sociales, el deterioro social, la desintegración de la unidad familiar, el abandono de los niños,[4] el crecimiento vertiginoso de las ciudades sin que estuviesen preparadas para ello, la norma social y tradicional basada en la ganancia rápida y el hecho de que se encuentren tantas armas en circulación. En la frontera entre Honduras y Nicaragua se puede comprar sin más una AK-47 por 30 dólares. Cualquier cantidad de armas, incluso de guerra de grueso calibre, se encuentra en manos privadas. Los propietarios están orgullosos de ellas y las muestran para que no quepa duda respecto de su sistema de defensa personal. Cuando en septiembre de 1996, el mandatario de Honduras, a la sazón expresidente de la Corte Interamericana de Derechos Humanos, no pudo contener su alegría porque su país le había infringido una derrota a México en el futbol, agarró con euforia su fusil Kalachnikoff en la finca de su hija y de pura emoción, disparó un par de tiros al aire. Al día siguiente contó jocosamente que fueron encontradas dos vacas muertas en el prado.

La pobreza creciente aumenta la violencia social, no cabe sombra de duda. Los expulsados del sistema no toleran que en una economía mejorada globalmente no haya habido mejora individual, sino concentración de ingresos y de riqueza. A lo anterior se suma que los medios de comunicación han sensibilizado a los patrones de consumo de los poderosos. Observan que sí se puede de otro modo, pero también que, más que nunca, la vida social está dominada por la "supervivencia del más fuerte" (léase: del más rico). De manera que muchos pobres recurren a medios desesperados en busca de ingresos, ahí donde se encuentran. "¿Señor, de qué otro modo logramos alimentar a nuestros niños?" En este contexto se recurre a la violencia física como medio de presión y de defensa.

Sin embargo, craso error sería señalar a la pobreza como causante fundamental de la violencia. La gente que padece hambre y roba, lo hace de manera casual. Por lo general no son violentos y se defienden, si acaso, con un cuchillo o una arma liviana. Esta "pequeña criminalidad", el robo, el hurto en vehículos y en casas, se adscribe generalmente a gente sin otras oportunidades. Éstos malhechores son identificados casi en todas partes como "rateros"; no tienen nada que ver con los criminales profesionales, que recurren a la violencia porque es una actividad lucrativa que queda prácticamente impune.

Aunque parezca extraño entonces, en América Latina la violencia común constituye en primera instancia una actividad económica. Se trata sin más de una aplicación del primer criterio económico, es decir la maximización de las ganancias con un mínimo de gastos. Lo mismo ocurre con el tráfico de drogas, de armas y seres humanos. Delincuentes profesionales organizan este tipo de violencia de manera técnica, altamente sofisticada. La única manera de bajar el margen de ganancia para estos casos de transgresión de normas consiste en aumentar la probabilidad de que sean aprehendidos y de que cumplan con el castigo. Esta violencia profesional tiene mucho que ver con el subdesarrollo económico, que reduce las oportunidades para las ganancias rápidas; también se relaciona con la creciente tecnologización de la economía, donde sólo quedan oportunidades a los de alta graduación.

El problema de las drogas incide de una manera notoria en la causalidad de la violencia. ¿Cabe alguna duda acerca del hecho de que el tráfico de estupefacientes altera la conciencia moral de la gente en los entornos donde se consume, hasta el punto que se hayan aniquilado los valores esenciales de honestidad y de respeto por la vida? La violencia en torno a las drogas se manifiesta bajo modalidades diversas. Se ha comprobado que el uso de narcóticos aumenta la agresividad y que muchos delitos se cometen precisamente por obtener los recursos para comprarlos. Los comerciantes de estupefacientes recurren a la violencia en contra de la policía y del ejército. Para lo anterior disponen de armas y de medios de comunicación que ya la misma autoridad quisiera tener. En México, en 1993, el cardenal Juan Jesús Posadas Ocampo fue acribillado en pleno aeropuerto de Guadalajara por el cártel de Tijuana, al parecer para incitar a la Iglesia a la no intervención. En 1996, siete jueces federales fueron asesinados por la narcomafia. En la Colombia de 1991, varios aviones fueron dinamitados, con miras a impedir que el gobierno colaborara con la administración antidrogas de Estados Unidos (DEA), con el fin de evitar que los traficantes fueran extraditados a tribunales norteamericanos. Por último, los barones de la droga recurren a la fuerza para protegerse de la concurrencia de otras mafias del mismo signo. Una ilustración patética de lo anterior fue la lucha entre el cártel de Medellín y el de Cali, tendiente a controlar el mercado en territorios del Tío Sam. En Río de Janeiro existen barrios enteros en manos de estos señores, en lucha entre sí y contra el ejército.

Por desgracia, no basta eliminar a los citados jefes, para detener la espiral de violencia. Lo mismo pasa con el traspaso de miembros de la exguerrilla, de antiguos militares y policías, a la sociedad civil. También en este caso, vale el dicho según el cual "perro que come huevos, ni quemándole el hocico". Otra vez, las pruebas están a la vista en Medellín y en Cali, cuando se desarticularon sus funestos cárteles, respectivamente en 1993 y 1995, el bandidaje no hizo sino aumentar. Simplemente la violencia se desplazó hacia otros objetivos, como medio para obtener el sustento vital.

Tan sólo ya la pregunta acerca de la incidencia de lo cultural en relación con la causa de la violencia resulta muy sensible. El hecho mismo de hacer la pregunta pareciera poner en duda que en la convivencia latinoamericana prevalezcan valores morales y antropológicos renuentes a las fuerzas inhumanas del mal. Sería subestimar la necesidad colectiva de arquetipos referenciales para "lo bueno", como monseñor Romero, el asesinado arzobispo salvadoreño, en el nivel continental, y la madre Teresa, a escala universal. Sería desconocer la supervivencia de una añoranza de un paraíso perdido, lleno de amor y de confraternidad o despertar un atávico sentimiento de culpa que vive en el subconsciente colectivo de la mayoría, a causa de su incapacidad individual y estatal de erradicar la violencia.

Sin embargo, tampoco se puede obviar que en América Latina la violencia y la delincuencia se desempeñaron como fenómeno de civilización, aunque sea por motivos económicos; muy enraizadas están en la tradición como en la mentalidad. Las culturas autóctonas eran sanguinarias, por lo general. Los sacrificios humanos de los aztecas se consideraban un recurso privilegiado para obtener los favores de los dioses. Se enterraba a los gobernantes fallecidos junto con su personal de servicio, sacrificado para tal efecto. A pesar de que, después de la conquista ibérica la espeluznante reducción demográfica en este subcontinente se debió principalmente a epidemias traídas desde Europa y a condiciones laborales mortíferas para la condición física de los indígenas, también las guerras continuas exigieron miles de vidas entre la población indígena.[5] A lo largo de todo el periodo colonial se siguió gobernando de manera cruenta. Durante la Inquisición, que permaneció hasta el siglo XVIII, se torturaba y ejecutaba "en nombre de Dios". La Independencia, en los pasos de la Revolución Francesa, en nada disminuyó la utilización pública de la violencia: basta leer *El siglo de las luces*, de Alejo Carpentier. Cantidad de dictaduras y de guerras fratricidas, además de las violaciones a los derechos humanos perpetradas o permitidas por los gobiernos, dan muestra de que el respeto por la integridad física o la vida no se valoraba. Desde tiempos inmemoriales se considera que torturar para obtener confesiones de sospechosos resulta "normal" para aclarar delitos. Todas estas prácticas de la oficialidad permearon la actuación en lo privado. No es exagerado caracterizarlos como factores culturales. La multitud de amnistías y condonaciones que las dictaduras militares se autorecetaron o exigieron de los gobiernos civiles (véase capítulo V) para nada promovieron el respeto por el Estado de derecho.

En este contexto cabe mencionar, por último, el efecto tremendamente negativo de la exhibición y justificación en el nivel subliminal de lo violento en la televisión y otros medios. En este caso la violencia se banaliza de una manera increíble, cuando no se ensalza como algo carismático y entretenido. Lo anterior de ninguna manera favorece el establecimiento de soluciones pacíficas a los conflictos. Al respecto, Brandon Certerwell, profesor de la Escuela de Salud Pública de Washington, afirma que desde la introducción de la televisión en los años ochenta la cantidad de crímenes se duplicó en su país. Es así como los infantes, ya a los catorce meses, incorporan en su subconsciente lo que perciben en la pantalla chica. Niños muy jóvenes no aprenden, sino que imitan. Hasta la edad de cuatro años no suelen establecer la diferencia entre realidad y ficción. Muchos de los crímenes cometidos por los adultos tendrían su origen en imágenes televisivas que en su infancia marcaron su cerebro. Esto incita a pensar. En América Latina la violencia se sirve a diario vía la televisión, no sólo como distracción, sino como el ingrediente básico de los noticieros. En septiembre de 1996, el fusilamiento de dos asesinos que habían violado a una muchachita de cuatro años en Guatemala fue mostrado en el canal Telenoticias, con lujo de detalles, por 36 veces. En Brasil, jóvenes delincuentes confesaron a los criminólogos que el hecho de violar a mujeres mayores y de cometer asaltos audaces forma parte de la *kick-culture* (con todas las connotaciones del caso) divulgada por la televisión. Por algo este portento tecnológico se ha llamado *"idiot box"*.

Existen dos caminos para arreglar conflictos interhumanos: la vía institucional y la individual. Sin lugar a dudas, Europa no es menos sangrienta que el Nuevo Mundo. La Segunda Guerra Mundial y el reciente conflicto en Bosnia y en Croacia demuestran aquello a la sazón. Sin embargo, en el Viejo Continente los conflictos individuales se suelen arreglar mediante instituciones judiciales. Asumir la justicia por sus propias manos constituye más bien una excepción. El derecho penal es un instrumento para dirimir un conflicto, sin injerencia directa de los interesados; por lo cual desde el Estado, como ente superior, se puede imponer una solución. En esto estriba la gran diferencia con América Latina. En muchas de sus naciones, la justicia civil se aplica insuficientemente porque las instituciones encargadas son totalmente subdesarrolladas e ineficientes, cuando no son partidistas y corruptas. La justicia resulta además tremendamente lenta.

En más de una oportunidad, la policía y los funcionarios judiciales carecen de formación adecuada y no disponen de equipo necesario para reprimir la violencia o castigarla. Por lo demás, por la baja densidad poblacional y la alta concentración urbana, no es raro que territorios inmensos queden sin la menor presencia policiaca o judicial. Falta mantenimiento del orden. En este caso los habitantes se encuentran armados y arreglan sus conflictos entre sí, sin intervención de un juez. En Guatemala empezó una ola de autoadministración de justicia. Al igual que ocurrió hace mucho tiempo en África del Sur, se saca de las cárceles a sospechosos de asesinato, con o sin complicidad de la policía; se les lincha y quema vivos. Tan sólo en los diez primeros meses de 1997, hubo 49 víctimas de esta índole. Después resultó que algunos eran inocentes. Ya el mal se extendió a otros países. Cuando en Tatahuicapán, un pueblo perdido en el estado mexicano de Veracruz, Roberto Soler violó y asesinó a una vecina, unos trescientos enardecidos pobladores lo sacaron de la cárcel. Mediante un video que se emitió por las principales cadenas televisivas, el mundo contemplaría el decadente espectáculo de un hombre apaleado, colgado y transformado en tea, al estilo de Nerón. Desgraciadamente esta ceremonia asquerosa se repite en muchos lugares. La protesta escasea. En septiembre de 1996, la Agent Press informó que indígenas ecuatorianos en las alturas andinas quemaron vivo a un individuo, bajo acusación de haber robado cinco reses. La misma policía confiesa lo difícil de detener esta autoadministración de la "justicia". Se trata de una ilustración típica de la negación del "contrato social" al que se refería Juan Jacobo Rousseau en su clásico *Du Contrat Social ou Principes du Droit Politique* (1762).[6] Cuando el Estado no cumple con sus obligaciones sociales respecto del individuo, se corre el peligro real de que éste asuma en sus propias manos su autodefensa.

La cuestión es ¿cómo se llegó a estas antorchas humanas? Definitivamente, la impunidad y la ausencia de un Estado de derecho constituyen el mayor factor estimulante, tanto para el hecho delictivo en sí, como para la administración de la justicia por su cuenta. En Colombia, sólo el 2% de los asesinatos llega ante el juez; en Costa Rica apenas 21%. La probabilidad de ser aprehendido o castigado es mínima, lo cual reduce también el "costo" de un crimen a su mínima expresión. El coeficiente delictivo de las grandes ciudades en Estados Unidos se sitúa igual de alto que en América Latina. Sin embargo, la diferencia estriba en la impunidad.

¿Cuáles son las causas de la impunidad generalizada? Cantidad de factores inciden en ello. No hay suficiente cantidad de policías ni de administradores de la justicia, y los pocos que hay no tienen suficiente formación. Como mencionamos, quedan zonas inmensas donde éstos ni siquiera aparecen. La ausencia de métodos científicos y de equipo, a la hora de la instrucción de los crímenes, resulta pavorosa. A falta de pruebas contundentes, cantidad de malhechores son puestos en libertad prematuramente. No escapa a muchos la impresión de que la justicia penal es influida con frecuencia por los principios de los derechos humanos. El problema nace cuando prevalecen los derechos del delincuente sobre los de su víctima. Se considera que varios jueces no actúan de manera objetiva porque pertenecen a grupos locales de poder, por lo que miden con una doble vara. A veces resultan simplemente corruptos y politizados. En Venezuela la corrupción del sistema judicial se hizo simplemente legendaria. El acusado escoge no sólo a su abogado, sino también a su juez, por lo cual no abunda el trabajo para los magistrados honestos.[7] Rubén Creixem, ministro de justicia en 1995, señalaba de manera totalmente seria que "la suma que robas ha de ser cuantiosa, porque tiene que alcanzar para pagar la fianza, además del juez corrupto". No es de extrañar entonces que en 1992 el Banco Mundial, a instancia del gobierno local, lanzara un programa piloto de reforma judicial. Puede parecer una paradoja, pero una de las causas principales de la impunidad se encuentra en el sistema jurídico. Colombia dispone, desde 1991, de una Constitución, un derecho penal y de procedimientos hipermodernos al respecto. Para lo anterior el país contó con inspiración de diversos modelos occidentales, sin que se midiera suficientemente el contexto específico y las dificultades propias. De manera que el país no dispone de las estructuras, ni de la capacidad, ni de la experiencia, como para aplicar las reglas severas que se autoimpuso. Hubo cantidad de casos en que las autoridades, en el marco de "estados de excepción", se vieron obligadas a decretar medidas especiales con el fin de impedir que miles de presos quedaran libres, por la sencilla razón de que, según los expedientes en cuestión, habían vencido los plazos de procedimiento.

En varios países, los jueces viven bajo constante amenaza. Para evitar lo anterior, en Colombia y en Perú muchos delitos fueron juzgados por magistrados que el acusado no podía identificar. Recién en 1997 este último país dejó esta práctica. Son jueces sin rostro, de los que hasta la voz ha sido deformada por medios electrónicos.

Hay pruebas en el sentido de que numerosos delitos sobre personas son venganzas por disputas, cuya solución judicial resultó inaceptable. Excepto para el caso de conflictos laborales, falta totalmente la instrucción en técnicas de reconciliación, entre otros porque conviene a los abogados.

Las penitenciarías se encuentran sobrepobladas. Lo anterior incide de manera nefasta en la salud, la nutrición y la seguridad. Desde luego esto imposibilita toda rehabilitación. La "cárcel modelo" de Ciudad de Panamá que, en el entretanto ya fue derribada a raíz de flagrantes violaciones de los derechos humanos, había sido construida para 250 ocupantes, en 1996, llegó a tener 1 773 reclusos. Más de

80% de este montón estaba en prisión preventiva, la cual, en varios casos, duró más que el castigo que finalmente se les asignaría. Algunos acusados duran año y medio en la cárcel antes de ver a un juez. Esto no puede sino fomentar la criminalidad. La cárcel modelo no era una excepción (capítulo IV). Como queda reseñado, en las prisiones latinoamericanas con demasiada frecuencia ocurren revueltas, asesinatos, suicidios y secuestros. Son poquísimas las instituciones penitenciarias donde los presos tienen oportunidad de laborar o de estudiar, sin embargo, eso ayudaría a remediar la "pequeña criminalidad". Quien tiene un trabajo se cuidará de volver a ser arrestado.

La desarticulación social, además de la desintegración del núcleo familiar, debilitaron el respeto a los códigos de convivencia. La concentración de la población en las ciudades, muchas veces en circunstancias infrahumanas, destrozó los lazos familiares y aldeanos, al mismo tiempo que el control social, tanto formal como informal. En los hogares, los vecindarios y los pueblos tradicionales, las relaciones sociales se establecen muchísimo con las mismas personas, por largo tiempo y orientadas en diversos aspectos. Son dominantes las formas de relación múltiple. Lo anterior permite el control sobre el patrón individual de conducta, además de fomentar ciertas normas de convivencia. Ya esto se acabó. No hay más brújula social. La huida hacia la urbe provocó un debilitamiento de los contactos interpersonales. Si bien se conoce a más gente, se trata por lo general de relaciones unívocas, pasajeras y orientadas hacia un espectro reducido de éstas. Esta red unilateral genera anonimato y aminora la vigencia de reglas sociales. La nueva estructura de comunicación que se está imponiendo no favorece valores sociales como la solidaridad, el respeto por la vida y la propiedad de los demás, la honestidad, la tolerancia, el pacifismo y la consideración por la autoridad pública. En cambio, da vía libre al odio, la indiferencia, la crueldad, el alcoholismo, las drogas, la prostitución, etcétera.

3. Consecuencias de la delincuencia

El precio humano, social, económico y político del hecho delictivo resulta enorme. En caso de agresiones físicas a las personas, para los sobrevivientes evidentemente quedan heridas, interferencias mentales y, en el caso de violencia doméstica, hasta pérdida de autoestima. Una consecuencia importante para la sociedad consiste en el aumento de la impresión subjetiva de inseguridad, temor de ser otra víctima y preocupación ante la incapacidad de las autoridades de remediar la situación. Las víctimas son siempre personas, con sus sentimientos, sus sueños y añoranzas, gente que cumple una tarea específica en la familia y en la sociedad, y que, de repente, se ve arrancada de su entorno por un tiempo o de manera definitiva.

Pero también la sociedad carga con costos: la amenaza que la violencia implica para cantidad de valores considerados fundamentales en un orden social determinado, como el derecho a la integridad física, la convivencia social, la solidaridad. La criminalidad no es sino un reflejo de otras fisuras en el tejido social. Pone al desnudo cuáles grupos son más frágiles o tienen menos posibilidad de resistencia. Los que no tienen oportunidades, las mujeres y los niños, soportan una proporción desmesurada como víctimas sociales.

La factura económica de la violencia en determinada sociedad es tremendamente alta y diversa: la destrucción material que genera, los gastos por cuidado médico de los sobrevivientes, el rescate, las inversiones productivas desviadas, fuentes de trabajo que quedaron sin concretar por causa del clima de inversiones desmejorado, el efecto negativo de todo aquello sobre el turismo, con su incidencia en el nivel de ocupación de los hoteles y su repercusión en la infraestructura turística drásticamente reducida, la imagen negativa en el exterior, etcétera. El turismo y las inversiones hechas por pequeños y grandes empresarios se muestran hipersensibles a la delincuencia. Medir el costo preciso de la violencia en términos económicos y sociales no resulta nada fácil. Se afirma que la violencia habría reducido 32% el ingreso *per capita* en América Latina. ¿Pero existe alguna medición cuantitativa respecto de la pérdida de un ser querido o una hija que fue violada? ¿Cuál es el costo de una inversión extranjera que no se concreta?

Quedan otras cargas económicas por considerar, en relación con medidas preventivas de tipo privado, como la instalación de rejas y equipo electrónico de vigilancia, o la contratación de servicios de seguridad. ¿Cuánto cuesta la inversión de una empresa cuando ésta se desvía del aparato productivo hacia equipos de seguridad? Por el hecho de que los poco afortunados resultan también muy frágiles, tienen que condicionar sus ingresos, de por sí ya escasos, en consideración con la protección. Con frecuencia se constata que la intensidad de la violencia se incrementa a medida que se perfeccionan las mismas técnicas de seguridad.

La represión pública y las medidas preventivas repercuten considerablemente en los recursos presupuestarios de los gobiernos. No hay más remedio que invertir para mejorar el mantenimiento del orden, construir cárceles, hacerlas funcionar y contribuir a que el aparato judicial funcione adecuadamente. No es posible elaborar una estrategia tendiente a remediar la degradación social sin tomar en consideración tremendos gastos.

La corrupción de funcionarios públicos, por empresarios, por traficantes de drogas y por el crimen organizado tiene un precio muy alto. Transparency International,[8] una organización no gubernamental con sede en Berlín, establece que la "corrupción económica" absorbe anualmente, bajo la forma de soborno, 5% de toda inversión directa extranjera e importación de bienes en los países en desarrollo. Lo anterior representa sólo el costo directo. Por lo general las implicaciones indirectas y sociales son mucho más altas que los dineros entregados bajo la mesa. En efecto, la corrupción implica una errónea toma de decisiones en lo que se refiere a la elección del proveedor, el precio pagado, los bienes de inversión, la tecnología o los sitios de inversión. En último caso, el consumidor es la víctima. Como siempre él paga los platos rotos; de este modo se ve forzado a contribuir con un aparato estatal parasitario, que frena el desarrollo económico y social y aumenta la brecha social. En definitiva, existe un nexo profundo entre una administración transparente y buenas prestaciones económicas. Por lo anterior, no es exagerado calificar la corrupción como "insulto a los más pobres" tal como lo hace James Wolfensohn, presidente del Banco Mundial.

Ahora bien, aún más caros resultan los efectos de la "corrupción política". Ésta subyuga toda legitimidad de las instituciones públicas, por lo que implica un ataque frontal a la democracia. La corrupción se considera una de las amenazas más serias para la democracia latinoamericana. Aparte de todo lo anterior, desestabiliza las instituciones públicas además de corroer el orden ético y la justicia. Indirectamente contribuye a subir aún más la sensación subjetiva de impunidad y, por lo tanto, el delito en sí. Todo lo cual se evidenció nuevamente en el caso Samper en Colombia. Este político liberal fue acusado en agosto de 1994 de haber ganado la segunda vuelta de las elecciones presidenciales gracias a dineros del narco. Todo desembocó en una crisis larga y tremendamente complicada, en la cual la economía se desplomó, y tanto los barones de la droga como la guerrilla hicieron su agosto (capítulo VIII).

4. Lucha contra la violencia

El clamor de la gente angustiada se vuelve cada vez más fuerte. "Queremos más policías, más militares en la calle (Honduras, Venezuela, Colombia, Guatemala), un código penal más estricto (Panamá y El Salvador), aplicación de la pena de muerte (Guatemala y El Salvador) y una confrontación más dura con el crimen organizado." En la lucha contra la violencia conviene establecer una diferencia entre acciones represivas, que apuntan al fenómeno como tal, y medidas orientadas más bien hacia una perspectiva causal, de tipo preventivo y constructivo.

4.1 Lucha contra el fenómeno en sí

El fenómeno de la violencia y de la delincuencia ha de ser atacado en primera instancia mediante la garantía de que la transgresión de la norma sea sancionada de una manera más creíble y por tanto más desalentadora. Lo último resulta de particular relevancia, ya que el estado actual, de increíble impunidad, para nada frena la violencia. La posibilidad de cometer una fechoría y de ser castigado se ha de volver más eficiente, tanto para delitos contra los bienes como contra las personas.

En lo referente al mantenimiento del orden público, en la mayoría de los países, la cantidad de oficiales de policía parece ser suficiente, pero no se despliega de manera eficaz y visible. Hay exceso de policía tras un escritorio haciendo trabajo administrativo. En Bogotá, en 1988 se estableció una red de policías vecinales, equipados con alta tecnología, y por tanto tremendamente móviles. No cabe duda, la población sintió más cerca a la policía y con ello aumentó la impresión subjetiva de seguridad.

Con frecuencia la formación policiaca resulta insuficiente, así como sus recursos. En varias naciones, con cada traspaso de mando presidencial cambia prácticamente todo el cuadro superior de la policía. Muchos de ellos aterrizan después en compañías privadas de seguridad, pero algunos también terminan en el crimen organizado, desdichadamente.

Hay países con servicios policiales sumamente eficientes. El modelo a citar es el chileno a partir de la presente década, por lo cual cantidad de gobiernos recurren a expertos de esta nacionalidad para reorganizar su seguridad pública. Igual se contratan expertos colombianos, norteamericanos, israelíes, británicos y españoles. En el caso de El Salvador, también Holanda y los países escandinavos proporcionaron asistencia para formar la nueva policía nacional (PNC), una vez que los acuerdos de Chapultepec de 1992 echaron por la borda la estructura anterior. En Guatemala, desde los acuerdos de paz, la nueva Policía Nacional es entrenada por la Guardia Civil española, tarea que ocupará por lo menos tres años. Estimulante resulta comprobar que la criminalidad baja sensiblemente en regiones donde son destacados los nuevos elementos. Varios países europeos colaboraron con Haití para el establecimiento de un nuevo cuerpo policial, cuando el presidente Aristide regresó en 1994. Esta tarea la volvieron a asumir 290 policías de Naciones Unidas (MINPONUH). Sin embargo, muchos países donantes se encuentran recelosos de otorgar cooperación pública para el adiestramiento y el equipamiento de la policía. Persiste al respecto la mala imagen que ésta despertó en relación con violación de derechos humanos. La pregunta por formular es si este punto de vista caducó o no. ¿No va siendo hora de contribuir en serio a la superación social y económica de estos países? El desarrollo presupone la seguridad. Por lo demás, excepto en Cuba, ya la policía no forma parte del ejército y se encuentra supeditada a un mando civil.

No deja de ser importante ofrecer a los responsables del orden suficiente estímulo para el correcto desempeño de sus funciones. No podría ser que las promociones y las nuevas tareas dependan de la cantidad de arrestos, sino de la capacidad de los responsables para salvaguardar "su zona" respecto del crimen. El hecho de que cantidad de policías se encuentren, ellos mismos, con las manos en la masa, desde luego tiene que ver con su mísero estipendio. Los ejemplos citados en relación con el Distrito Federal de México y Río de Janeiro lo demuestran de una manera patente.

En los barrios menos favorecidos y pauperizados, que constituyen el clásico escenario para la mayoría de los hechos cruentos, falta redoblar la atención. Ojalá la policía se vuelva más visible ahí, más cerca del ciudadano. Puede resultar útil incorporar trabajadores sociales. De esta manera aumenta el contacto directo con los malhechores potenciales y sus víctimas.

Cada vez ocurre con mayor frecuencia que, cuando ya la policía no da más abasto, se recurre al ejército para imponer el orden. Es el caso de Brasil, Colombia, El Salvador, Guatemala, Honduras, República Dominicana y Venezuela. Este tipo de medida cuenta con el aplauso de los que temen perder algo o simplemente tienen miedo. Sin embargo, las organizaciones de derechos humanos consideran que se trata de una etapa de militarización del Estado de derecho. Si bien es cierto que la presencia de militares armados resulta imponente, también aumenta la sensación subjetiva de inseguridad.

En Colombia se recurre a guardias civiles de "Convivir" para mantener el orden. En Guatemala, aparte de los "comisionados militares", durante años intervinieron los "Comités Voluntarios de Autodefensa Civil", de corte paramilitar, llamados anteriormente "Patrullas de Acción Civil". Ya en 1995 se suprimieron los comisionados y, en el marco de los Acuerdos de Paz de diciembre de 1996, se empezó a desarticular las PAC. Estos grupos luchaban supuestamente contra la guerrilla y a favor de la tranquilidad, mediante la autodefensa. Sin embargo, la protesta contra este tipo de control social represivo se hizo cada vez más fuerte. La práctica enseña que recurrir a guardianes vecinales no resulta para nada aconsejable. Con demasiada facilidad éstos se prestan a arbitrariedades y violaciones de los derechos humanos. En nombre de la seguridad de los ciudadanos con frecuencia se busca arreglar conflictos personales. A lo anterior se añade que los guardias civiles contribuyen con la cantidad de armas en circulación.

4.2 Prevención del delito

Como su nombre lo indica, la prevención apunta más bien a intervenir con miras a evitar la delincuencia. Se pueden tomar medidas a corto plazo, como el desarme de la población, mejoras en la jurisprudencia, aumento y aplicación efectiva de sanciones. También existen medidas a largo alcance, como acciones de desarrollo comunitario e intervenciones pedagógicas. Al respecto, América Latina se encuentra todavía en pañales.

Asunto crucial para la lucha causal en términos inmediatos es el desarme de los militares despedidos, los policías, los guerrilleros, los paramilitares, los cuerpos civiles de defensa, etcétera. En Nicaragua, El Salvador y Guatemala se prestó insuficiente atención a este aspecto de pacificación. Lo prueba la cantidad de armas sofisticadas y de grueso calibre que con demasiada frecuencia se ocupa en la delincuencia diaria. Se calcula que en América Central, a pesar de no existir una producción propia, circulan un millón de armas pequeñas en manos civiles. Tan sólo en El Salvador, después de la guerra civil de doce años, quedaron "por allí" unas 400 mil armas, sobre todo fusiles AK-47, ametralladoras, pistolas y granadas. ¿Sería excesivo atribuir a lo anterior una incidencia causal, teniendo en cuenta que, según las autoridades locales, a diario se cometen más de 500 hechos de violencia?

Es factible desarmar a la población. Lo prueban los casos de Estados Unidos y de Honduras. Se invita a los ciudadanos a entregar voluntariamente sus armas ilegales. En el estado de Sao Paulo emprendieron esta acción de manera original. Cuando en 1996 había pasado un fin de semana particularmente sangriento, el secretario para la seguridad pública lanzó una campaña de entrega de armas en canje por canastas de víveres. En el entretanto, en el nivel federal se aprobó una ley que prevé castigos de dos a seis años para personas que posean armas de fuego no registradas. Según un estudio de Naciones Unidas, Brasil es el país con la mayor incidencia de muertos por uso de armas ilegales, a saber 43 mil por año.

En septiembre de 1996, en El Salvador, se ensayó igualmente un método voluntario de recolección. Los clubes rotarios y la Iglesia católica, con la ayuda del gobierno, asumieron la tarea en setiembre de 1996. Canjearon armamento por cupones alimenticios, válidos en los grandes supermercados. No se hacían preguntas. Por granadas de fragmentación se pagó 10 dólares; por armas livianas, 172 y por equipo de grueso calibre (como fusiles AK-47, M-16, AR-15), 233 dólares, precios que sobrepasan diez veces la oferta en el mercado hondureño. Hasta la fecha esta singular colecta costó 900 mil dólares, de los cuales la cuarta parte fue aportada por Canadá y Luxemburgo. Permitió sacar de circulación 6 323 armas livianas y gran cantidad de municiones. Es una tarea inconmensurable, supeditada además a la ayuda internacional, aparte de que tales acciones sólo tienen éxito si resulta suficiente la sensación subjetiva de seguridad. Una amplia campaña educativa contribuye, desde luego.

Con miras a evitar que las cárceles sean verdaderas escuelas de delincuencia, cabe una cirugía mayor en el sistema. Lo primero es reducir de manera drástica la sobrepoblación en estos centros, lo cual requiere la construcción de establecimientos nuevos, así como la disminución de la detención preventiva, una justicia "pronta y cumplida" más allá de las palabras, que evite toda detención inútil. Resultan altamente insatisfactorias las soluciones utilizadas para lograr esta meta. En 1977 el gobierno de Honduras se vio obligado a soltar 2 mil presos, sin ningún castigo, solamente como válvula de escape para evitar un motín. Poco tiempo después el mismo escenario se presentó en Venezuela. Cuando las celdas ya no daban abasto, las autoridades se vieron obligadas a suspender temporalmente la detención de delincuentes en los calabozos de las comisarías de policía y liberar aquéllos que no consideraban de alta prioridad. La mayoría de los detenidos pasa más de seis días en las comisarías antes de ser transferidos a los penales a causa de la lentitud y la falta de espacio penitenciario. El mismo año, un total de 1 042 reclusos detenidos en penales de Ciudad de Panamá, no llevados a juicio, pero que ya habían cumplido la pena mínima que sería impuesta por el delito, salieron libres. Con miras a acelerar los procesos, los salvadoreños privados de libertad introdujeron la lotería de la muerte.

Muchas veces, el presidio está considerado como una panacea. El encarcelamiento debería más bien limitarse a personas que representan un peligro para la sociedad. La prisión preventiva debería ser proporcional a la posible pena y, en ningún caso, superar un año. Cada extensión debería efectuarse bajo condiciones muy serias y por orden específica de un juez. Conviene despenalizar casos menores y pensar también en sanciones alternativas, fuera de los recintos carcelarios, como servicio social en las comunidades, arresto domiciliario o la fórmula "casa por cárcel", prohibición de salir de cierta área; en este último aspecto el famoso brazalete electrónico ha probado ser muy eficaz porque permite comprobar dónde está el individuo. Sólo de esta manera se podrán garantizar condiciones humanas y habrá margen para poner en marcha programas adecuados de rehabilitación.

La alfabetización y el aprendizaje de destrezas técnicas durante el tiempo de detención no sólo contribuyen al desarrollo económico, sino también a la reducción de la violencia en sí. ¿No es cierto que quien tenga cómo ganarse el pan por su propio esfuerzo estará menos tentado a buscar salidas extremas? Sin embargo, conviene mantener una perspectiva realista. Mientras perdure una tremenda desproporción entre, por un lado, la ganancia por un delito cometido y, por otro, la que pueda obtener una actividad económica lícita, sobre todo cuando el castigo resulta tan bajo y tan poco probable, la rehabilitación de los delincuentes no será duradera. Ésta y su consecuente reinserción en la comunidad sólo tendrán éxito si se logra un sentimiento de responsabilidad.

Para luchar contra la corrupción, conviene establecer contralorías eficientes, además de procedimientos transparentes para licitaciones.

En la mayoría de los países la función del "contralor" no está del todo inmune a alguna contaminación política. Ocurre no pocas veces que coincidan los mandatos de éste y del presidente que lo nombra, con o sin proposición del Parlamento. El "contralor" a lo sumo puede destapar delitos financieros, pero no está en capacidad de imponer sanciones. No suele tener competencia en lo penal, como en Francia, pero sí puede remitir los delitos a las instancias jurídicas competentes. En las actuales circunstancias es poco frecuente que la corrupción termine en un castigo, ya que el fiscal ha de aportar la prueba del enriquecimiento ilícito. Lo anterior no siempre se hace fácil, si además se toma en consideración que la cooperación internacional respecto de lavado de capitales ilegales deja mucho que desear. En Argentina y en Panamá se invirtió la regla: toca al sospechoso justificar la procedencia de su enriquecimiento "anormal".

La existencia de un sector público amplio favorece la corrupción. De manera que la privatización de empresas estatales puede ser un medio para disminuirla. También la práctica de los contratos concesionarios, como los BOT (Building, Operating, Transfer) y el LOT (Leasing, Operating, Transfer) disminuye la posibilidad de sobornos, a condición de que las licitaciones se hagan de manera transparente y de que el financiamiento aportado no salga de lavado de narcodólares u otros pagos provenientes de la delincuencia.

En muchos casos se comprueba que la veleidad tiene tentáculos hasta intercontinentales. La misma globalización del tráfico financiero facilita maneras de esconder el dinero. Luchar contra este flagelo presupone colaboración internacional. Durante la cumbre panamericana de Miami, en 1994, Estados Unidos de Norteamérica logró el principio de la cooperación internacional en la lucha contra la corrupción. Dos años más tarde 21 de los 34 países de la Organización de Estados Americanos firmaron un acuerdo en Caracas para combatir los sobornos de manera mancomunada. Fácil resultó recomendar una legislación anticorrupción a países que no disponían todavía de este recurso. Más difícil fue coincidir respecto de la cooperación transfronteriza. Piedras en el camino son la renuncia al secreto bancario a solicitud de un gobierno foráneo, la supresión del asilo político y la entrega de detenidos en suelo propio. La deportación sigue sujeta a la legislación de cada país, o a la existencia de acuerdos bilaterales. Costa Rica firmó el acuerdo, pero dejó en claro que no pretende renunciar a su generosa política de asilo a favor de perseguidos políticos. El caso Serrano, el antiguo mandatario de Guatemala, refugiado en Panamá, incita a pensar en este sentido.

No hay corrupción sin corruptor. Por ser más bien limitada la oferta local de bienes de capital en países en vías de desarrollo, con frecuencia el corruptor es una empresa extranjera. La creciente liberación comercial, así como la misma globalización, no hacen sino fortalecer esta tendencia. De manera que la lucha contra este mal· endémico implica necesariamente que se pueda contar con la colaboración del sector empresarial en los países industriales. Si bien prácticamente en todos los países occidentales la corrupción es un delito punible, no se aplica por fuerza al soborno de funcionarios en otro país. Por lo general, las comisiones pagadas en el exterior pueden incluso deducirse fiscalmente. En Alemania, el término *Schmiergeld* aparece como tal en los formularios de declaración de impuestos. Por lo visto, sobre esta base las empresas alemanas pagarían anualmente 5.6 mil millones de dólares impunemente en sobornos a funcionarios de terceros países. También en otros países tal práctica puede deducirse en términos fiscales. En el marco de la OCDE se busca eliminar la deducción fiscal por soborno. Sin embargo, este punto resulta muy difícil.

Se requiere una nueva legislación. En 1997, Estados Unidos dio un paso en este sentido, con el Foreign Corrupt Practices Act, una legislación destinada a combatir el pago de sobornos para obtener pedidos. Fue una consecuencia del nefasto escándalo Lockheed.[9] En mayo de 1994, y bajo presión de Washington,[10] los países de la OCDE acordaron criterios en lo que se refiere a recomendación penal para corrupción transfronteriza. Después de tres años de negociaciones muy difíciles los 29 estados miembros lograron un acuerdo según el cual la corrupción de funcionarios, de parlamentarios y empresas estatales o paraestatales será un delito a partir de 1999. Corromper a gente en el sector privado sigue siendo lícito y deducible en muchos países. El propósito es construir un sistema de vigilancia cruzada con vistas a condicionar también la financiación secreta de partidos políticos desde el exterior. Este último punto tampoco estaba previsto. Argentina, Brasil y Chile, que no son miembros de la OCDE, firmaron este acuerdo. Los que suscriben tienen tiempo hasta fines de 1998 para adaptar su propia legislación. Los países de la OCDE recurrieron a lo anterior no sólo porque el soborno constituye una práctica deleznable desde un punto de vista moral, sino porque entorpece el funcionamiento del mercado libre.

La Cámara Internacional de Comercio estableció, ya en 1978, un "código" en relación con soborno y chantaje y lo está afinando. Diversas multinacionales como Shell (Holanda-Reino Unido), Boeing (Estados Unidos), Bosch GMBH (Alemania), General Electric (Estados Unidos), Petrofina NV (Bélgica) y Pirelli SpA (Italia) tienen sus propios códigos de conducta que prohíben tajantemente todo soborno. El problema con todas estas disposiciones está en la dificultad de aportar pruebas. El Banco Mundial y el Fondo Monetario Internacional por su parte decidieron no otorgar créditos a países que no estén dispuestos a luchar contra este flagelo. Por lo pronto, tal condicionamiento resulta totalmente nuevo. En julio de 1997, Argentina sería el primer país al cual el FMI comunicaría oficialmente que sus exigencias tradicionales se verían apoyadas con factores de *good governance*, como lucha contra la corrupción. Para que haya condiciones esenciales a favor de la lucha contra este cáncer se requieren democracias fuertes, actividades económicas florecientes y una prensa libre.

El flagelo espantoso de los secuestros proviene de la ganancia fácil, por lo que sólo eliminando la causa se podrá remediar efectivamente la consecuencia. En Estados Unidos se aplica decididamente la tesis de no ceder ni un ápice a los secuestradores, con resultados impresionantes. En Italia la ley prohíbe tajantemente a los familiares pagar sumas exigidas, por lo que se congelan de inmediato los recursos financieros de los parientes.

Frente al problema del comercio humano se constata que éste se debe directamente a las reglas demasiado rígidas en cuanto a adopción aplicadas por ciertos gobiernos porque no son capaces de dar seguimiento a la adopción una vez que el adoptado ha dejado el país. Cantidad de abogados corruptos se enriquecen a costa del tráfico ilegal de niños. Desde luego, se requiere supervisión meticulosa, pero en ciertos casos la flexibilidad razonada puede evitar prácticas ilegales, por lo demás en beneficio del niño.

Urge también pensar en un "orden penal internacional". Conviene establecer acuerdos con países donde el sistema judicial funciona adecuadamente, con miras a reconocer mutuamente los juicios y las penas emitidas por sus respectivos tribunales. También cabe revisar la doctrina de extradición de nacionales en este contexto. Lo anterior quizá condiciona la soberanía nacional, pero constituye un freno serio para el crimen. Por lo demás, conviene apoyar la idea de que un tribunal de Naciones Unidas se pronuncie sobre el carácter político de un crimen. La estadía en Costa Rica de la exprimera dama venezolana Blanca Ibáñez, en Panamá, del expresidente guatemalteco Jorge Serrano y en Colombia del exmandatario peruano Alan García constituye ejemplos de personalidades presuntamente corruptas que se esconden detrás de subterfugios políticos discutibles para quedar fuera del alcance de sus jueces.

La labor constructiva y educativa son tareas a largo plazo. En los países occidentales probaron su eficacia respecto de la prevención de la criminalidad.[11] En América Latina apenas si se puede pensar en labor de desarrollo comunitario al respecto, por falta de recursos financieros. Se trata de una prestación de servicios sociales con miras a construir la convivencia y estimular la participación ciudadana. Se moviliza a los habitantes para lograr conjuntamente los cambios estructurales requeridos para una mayor seguridad.

El punto de partida para tal labor de desarrollo comunitario (que también podríamos llamar labor de seguridad) ya está en las enseñanzas de Juan Jacobo Rousseau. El hombre nacería "bueno" pero las instituciones lo vuelven "malo". Desde esta perspectiva, bastaría mejorar la convivencia social para enderezar al hombre y hacerlo caminar en la senda del bien común. Si el individuo aprende destrezas sociales requeridas, menos tentado estará del lado de la práctica criminal. Otra contribución al desarrollo comunitario consistiría en ver cómo establecer e introducir un patrón alternativo de valores socioculturales mediante proyectos concretos y prácticos en barrios marginales. También cierto tipo de intervenciones pedagógicas, como la instrucción y la capacitación, contribuyen a lograr una mejor convivencia. Éstas resultan de particular interés en contra de la violencia doméstica y el consumo de drogas y a favor de la solidaridad.

Como sea, ya en América Latina la delincuencia representa esencialmente un fenómeno con base cultural y de civilización y constituye una tara de dificilísima erradicación. En consideración de lo anterior, en San José de Costa Rica, las Naciones Unidas establecieron un "Instituto Latinoamericano de Naciones Unidas para la Prevención del Delito y Tratamiento del Delincuente" (ILANUD). Para América Central este último elaboró un enfoque múltiple en el cual diversos aspectos se abordan de manera simultánea y en cohesión interna hacia una única estrategia de solución.[12]

NOTAS

[1] En el este de El Salvador, el robo de ganado se transformó en una verdadera plaga. En Guatemala y Ecuador llegó a ser la causa principal de los linchamientos.

[2] Carmen Carro, *Sexualidad, niñez y adolescencia trabajadora de y en la calle*, ILANUD, Costa Rica, 1994.

[3] CEPAL, *La violencia doméstica en contra de la mujer en América Latina y el Caribe: textos para discusión*, Serie «Mujer y desarrollo», núm. 10, Santiago de Chile, junio, 1992.

[4] Hillary Rodham Clinton, *It takes a village and other stories the children teach us*, Simon & Schuster, Nueva York, 1996.

[5] Puede afirmarse que la reducción poblacional del continente americano en los siglos XVI y XVII constituyó la más grande tragedia demográfica en la historia. A principios del siglo XVI vivían en América unos ochenta millones de seres humanos frente a unos sesenta millones en Europa. La población indígena representaba 20% de la mundial. En el lapso de un siglo desapareció el 90% de los indígenas a causa de epidemias, de violencia bélica y de hambre provocada por migraciones forzadas, además de alteraciones en las actividades económicas tradicionales. Véase: Frederick Stirton Weaver, *Inside the volcano. The history and political economy of Central America*. Westview Press, 1994, p. 12.

[6] En esta exposición, Rousseau describe su ideal republicano. Mediante un acuerdo libre entre los miembros de una sociedad, el individuo renuncia a sus derechos naturales a favor del Estado que reconcilia la igualdad y la libertad. Sobre la base de este contrato social el Estado tiene la obligación de asegurar toda una serie de derechos del individuo. Este concepto se encuentra también en las teorías de Hobbes y de Locke.

[7] Véase "Venezuela, Augean Law", *The Economist*, septiembre 14, 1996.

[8] "Transparency International" se fundó en 1973. Se trata de una organización no gubernamental que busca luchar contra la corrupción entre niveles oficiales en países del Tercer Mundo y sectores industriales en países industrializados. TI elabora año tras año un índice de la corrupción en el cual se clasifica a los países en función del grado de sensibilidad para soborno.

[9] La empresa aeronáutica norteamericana Lockheed pagó entre 1970 y 1975 60 millones de dólares en sobornos (más del 6% del volumen total de la empresa) a funcionarios en unos treinta países. La mayoría de los dineros fue para Japón.

[10] Estados Unidos promueve una declaración en Naciones Unidas para luchar contra la corrupción en el comercio mundial. Ellos defienden este mismo tema en la Organización Mundial del Comercio (OMC) en Ginebra.

[11] Véase "Prevenir es mejor que curar", *Cahier Samenwerkingsopbouw*, núm. 3 Bruselas, diciembre, 1995.

[12] ILANUD, *Justicia en marcha. Plan de acción en prevención del delito y justicia penal en Centroamérica 1995-1998*, 1994. Este instituto tiene como mandato difundir los instrumentos de las Naciones Unidas en el área de la prevención de delitos y de la justicia penal tales como reglas mínimas para el tratamiento de reclusos y reglas de base para la prevención de la delincuencia juvenil. Provee asistencia técnica, entre otros, para la modernización del sistema judicial y el respeto de los derechos humanos.

Capítulo IV
Respeto por los derechos humanos

Los derechos humanos constituyen un patrimonio de la humanidad.
Federico Mayor, director general de la UNESCO.

Se comprueban indiscutibles mejoras respecto de los derechos políticos en América Latina, en la última década del siglo XX. Sin embargo, en algunas repúblicas se siguen escondiendo situaciones que hacen correr sangre y lágrimas, hasta envenenar todo el tejido social. Torturas, desapariciones, ejecuciones sin ningún proceso, enormes brechas socioeconómicas y discriminación de la población indígena muestran todavía un universo atormentado. Ya no provocan reacciones vehementes en la conciencia colectiva, ni dan pie a una indignación saludable que podría llevar a un despertar ético. Tal vez sea por fatalismo. O quizá falta confianza en que sería posible de otra forma y que, definitivamente, otro debería ser el comportamiento colectivo. Ahora bien, en la medida en que las violaciones a los citados derechos se encuentren incrustadas hasta en la médula de la convivencia de esos países, ¿no tiene la comunidad internacional la obligación de apoyar la débil aspiración local por un mundo más correcto?

En lo referente al respeto por el derecho a la vida y la integridad física al sur del río Bravo, muy diversas son las imágenes que vienen a la mente. Sin duda, hubo grandes progresos en los últimos años, pero las estadísticas no lo corroboran de una manera tan inmediata. Sobre todo en Chile, Argentina, Uruguay y Venezuela las cosas mejoraron de manera sustancial. En realidad, se podría visualizar la mejora como una mancha de aceite, en un movimiento de sur a norte. En otras latitudes, como en Colombia y Perú, por desgracia eso no sucede. Según la misión de observadores de Naciones Unidas (MINUGUA), en Guatemala la situación al respecto es simplemente preocupante, a pesar de los enormes esfuerzos de la administración Arzú.

En ese panorama, algunas lucecitas brillan tenuemente. Tres merecen ser destacadas aquí. El cambio más sustancial consiste en que, a excepción de la lucha contra la guerrilla, la droga y la amenaza de la delincuencia común, la autoridad ya se encuentra mucho menos implicada como autora de las violaciones masivas y sistemáticas. Los abusos constatados raras veces son, actualmente, el resultado de una intencionada política gubernamental, sino una tara lamentable que se expande sobre la realidad. La mejora se debe, por supuesto, tanto a la liquidación de los regímenes dictatoriales (con excepción de Cuba), como a la pacificación en Nicaragua, El Salvador, Surinam y Guatemala. Cabe constatar sin embargo, que la policía ha reemplazado a los militares como principales violadores públicos de derechos humanos. Todo ello no quita que la responsabilidad de los gobiernos siga siendo grande. Seguirá así, mientras las instancias oficiales no emprendan todo cuanto esté a su alcance para impedir y castigar las violaciones observadas.

En segundo término: ahora los ciudadanos conocen mejor sus derechos, además de que disponen de recursos jurídicos para defenderse. El establecimiento de "procuradurías de los derechos humanos",[1] al lado de otros grupos de control, contribuyó fuertemente a esta situación. Se dio un lugar prominente al aspecto formativo. El gran batallador por esta noble causa es el Instituto Interamericano de Derechos Humanos (IIDH), con sede en Costa Rica. Desde su establecimiento, en 1980, llevó a cabo una cantidad impresionante de actividades de promoción, capacitación, educación y asesoría. Los militares, los políticos y el personal penitenciario son algunos de sus grupos-meta en este proceso de formación. Que la defensa de los derechos humanos no se hace sin peligro lo demuestran los asesinatos de José María Valle, Eduardo Mendoza y María Arango Founegra en Colombia, en abril de 1998, y unas semanas después del obispo Juan Gerardi en Guatemala.

Una tercera esperanza se encuentra en la colaboración más activa de los gobiernos respecto de la defensa de los citados derechos. Ahora ellos permiten a la sociedad internacional efectuar labor de verificación mediante observadores de la Comisión de Naciones Unidas para los Derechos Humanos, de Amnistía Internacional, Americas Watch y otras organizaciones no gubernamentales. Existe consenso en el sentido de que la presencia física de garantes especiales de Naciones Unidas en Guatemala (MINUGUA) y El Salvador (ONUSAL) ha tenido un efecto netamente preventivo.[2] Se acabó el tiempo en que la infracción a los derechos más elementales de hombres y mujeres se consideraba un asunto interno. Ya no se puede soslayar el derecho humanitario a la intervención. Eso no resultó ningún regalo del cielo para la comunidad internacional. En contraste con la Colombia de 1989, donde el canciller Julio Londoño se mostró irritado por unas cuantas preguntas del embajador holandés respecto de violaciones a los derechos humanos, en 1994 el presidente Samper no dudó en invitar a Amnistía Internacional a establecer en su país una oficina permanente de vigilancia. También las Naciones Unidas tuvieron oportunidad de abrir una oficina paralela dos años más tarde. Cabe destacar el papel vital de la prensa, tanto nacional como internacional; al tomar conocimiento público las violaciones, los gobiernos se sintieron vigilados, por lo que se pudo evitar lamentables repeticiones.

Por desgracia, esas sensibles mejoras no quitan que la búsqueda del respeto por la dignidad humana y el derecho del prójimo requieren todavía ingentes esfuerzos en estas vastas tierras. Pero ya lo dijo el poeta: "se hace camino al andar".

1. Normas no faltan...

El documento de base en el cual se estipulan los derechos humanos es la Declaración Universal de los Derechos Humanos, proclamada por las Naciones Unidas el 10 de diciembre de 1948. Esta declaración abrió una brecha para un arsenal de codificaciones al respecto. Su precursor lejano era la Declaración de los Derechos del Hombre y del Ciudadano (1789), herencia de la Revolución Francesa e inspirada en *El Contrato Social,* de Juan Jacobo Rousseau.

La Declaración Universal se refiere a 29 postulados fundamentales, lógicamente, con el derecho a la vida, del cual derivan todos los otros, en primerísimo lugar. Desde ese principio básico siguen las relaciones entre los ciudadanos y la autoridad, como entre las personas. Sin embargo, corresponde a cada gobierno velar por el respeto a estos principios, lo que precisamente constituye el talón de Aquiles de muchos países.

Todos los países, de México a Argentina, firmaron la Declaración Universal de los Derechos Humanos, incluso Cuba. El problema es que no es vinculante. En cambio sí lo son el Pacto para los Derechos Civiles y Políticos y el Pacto para los Derechos Económicos, Sociales y Culturales, suscritos respectivamente en 1966 y 1977.

A partir de la Declaración Universal se deriva toda una serie de convenciones. La Declaración de Viena (1993) constituye en realidad una actualización de la primera, que confirma formalmente los principios mencionados y proclama su carácter mundial. Cuba y China no están de acuerdo con este punto de vista. Para ellos, el concepto de "lo universal" se encuentra connotado ideológicamente, desde una perspectiva occidental. Como sea, la Declaración de Viena otorgó a la comunidad internacional un derecho legal de observación respecto de la aplicación de los citados derechos.

Existe también la Convención Americana sobre los Derechos Humanos. Adoptada en el seno de la Organización de los Estados Americanos (OEA), fue firmada en San José de Costa Rica, en 1969, y entró en vigor en 1978.[3] Cuba no la ratificó.[4] Estados Unidos firmó, pero falta la ratificación. En contraste con la Declaración Universal, la Convención Americana prevé un procedimiento e instancias para recibir y tratar denuncias. En virtud de su artículo 45, la comisión puede recibir quejas de Estados que firmaron una declaración a tal efecto y emitir recomendaciones sobre ellas a los gobiernos. En total solamente diez Estados han firmado hasta ahora. En América del Sur faltan Brasil y Paraguay, y en el istmo centroamericano sólo Costa Rica firmó. La Corte Interamericana de Derechos Humanos, con sede en San José, elabora jurisprudencia. Tanto los Estados como la comisión pueden interponer quejas ante ella; sin embargo, el veredicto sólo resulta vinculante para los miembros que, en consideración del artículo 62, depositaron la declaración respectiva: hasta la fecha son 17; entre los países ausentes se encuentran Brasil, México, Haití y República Dominicana. México anunció en 1998 que pronto aceptará la "jurisdicción obligatoria" de la Corte, pero solamente para casos de derechos humanos que se presentarán en el futuro.

El concepto mismo de derechos humanos es evolutivo. De su postulación en el campo civil y político, se amplió primero hacia lo económico, lo social y lo cultural. Más tarde vino la conveniencia de formular el derecho a un ambiente sano y a un desarrollo duradero para las generaciones actuales e incluso las venideras. Resulta esencial para los derechos humanos que estén refrendados por acuerdos internacionales. De este modo adquieren carácter obligatorio para un gobierno nacional que no los puede suprimir porque no es su generador. Para los derechos humanos que no pudieron ser reconocidos en el nivel internacional no hay forma de exigir su respeto, lo cual vuelve más imperioso el establecimiento de un código internacional.

La problemática de los derechos humanos se parece a un caleidoscopio, con enormes diferencias de país a país. No es posible esbozar una perspectiva global sin visualizar recientes infracciones virulentas, extraídas del conjunto. Así se procederá a continuación respecto de las categorías constitutivas más importantes, en cuanto a derechos civiles, políticos, económicos, sociales y culturales. A partir de esa aproximación, inevitablemente fragmentaria, se elaborarán progresivamente conclusiones analíticas, para desembocar finalmente en una serie de propuestas de acción, planteadas en la comunidad internacional.

2. Derechos civiles y políticos[5]

En el campo de los derechos fundamentales a la vida y la integridad física, el panorama latinoamericano deja mucho que desear. En cuanto a los derechos políticos, con excepción de Cuba, la situación es bastante satisfactoria.

2.1 Derecho a la vida

Entre las violaciones a los derechos humanos, las más frecuentes son las que atentan contra la vida misma. Según MINUGUA, encargada entre otros organismos de la verificación del respeto a los derechos humanos en Guatemala, entre 35 y 40% de las denuncias se relacionaría con asesinatos y ejecuciones extrajudiciales. Por desgracia, se llega también a la misma conclusión en la mayoría de los otros países.

Por suerte, y es de esperar que para siempre, pasaron los tiempos en que las ejecuciones y las desapariciones se basaban en una inspiración política y eran llevadas a cabo con voluntad expresa[6] por la misma autoridad. Las excepciones a esta regla general se relacionan sobre todo con la lucha contra la guerrilla, contra el tráfico de drogas o contra la delincuencia común. En Río de Janeiro los muertos a manos de la policía se duplicaron, desde que en 1996 se instituyó una gratificación especial "por bravura" para los encargados del orden que se enfrentan con delincuentes. Allí la policía sería responsable del 10% de los homicidios en el estado, lo que la convierte en la más violenta del mundo. En Chicago y Los Ángeles, ciudades conocidas por la violencia policial, el índice es inferior al 5%. En otros casos en que el ejército y la policía están comprometidos con muertes, no siempre queda claro si eso ocurrió en la lucha contra el crimen o por iniciativa propia.

En todas partes fue eliminada la pena de muerte, excepto en Chile, Cuba y Guatemala. En 1996, el Parlamento salvadoreño examinó una propuesta del partido gobernante ARENA, para establecer la pena suprema con el fin de contrarrestar de algún modo la enorme violencia con la que se encuentra confrontada la nación; sin embargo, el alcance de la propuesta estaba limitado a delitos relacionados con secuestro, violación y traición militar. El proyecto de ley no fue aprobado.

Sobra decir que guerrillas activas como en Colombia, Perú y México contribuyen a que se infrinjan los derechos humanos por parte de todos. Tan sólo en el primer país, en 1995 se habrían ejecutado a por lo menos mil personas, sin el menor proceso; desaparecieron sin rastro alguno 150 presos. Los grupos paramilitares son de una brutalidad espantosa. Esas fuerzas autónomas no sólo atacan a la guerrilla, sino también a muchos ciudadanos inocentes. Obran y actúan sobre un territorio bien definido. Para nombrar algunos, solamente en Colombia, Fidel Castaño domina en Uraba, mientras Víctor Carranza es un líder indiscutible en el territorio Meta. Ellos se creen dueños de la vida y la muerte con base en una férrea actividad. En la tierra de García Márquez existen unos 250 grupos de esta índole repartidos en 25 frentes. Por algo será que el autor de *Cien años de soledad* abandonó su patria. Esos grupos responden a un proyecto de claro tinte político militar, es decir combatir a la guerrilla, defender la propiedad privada, controlar el poder político local, además de salvaguardar contra cualquier influencia de izquierda. El ejército tolera la existencia de esos grupos paramilitares. Muchas veces las cosas van más allá. Incluso la cooperación formal vía ayuda logística y adiestramiento es un hecho. En Guatemala entre 200 y 300 mil agentes de los Comités Voluntarios de Defensa Civil (CVDC) siguen en pie, supuestamente encargados de la protección civil (véase capítulos I y III). En realidad, son responsables de numerosos delitos que permanecen impunes. En el marco del Acuerdo de Paz Firme y Duradera, del 29 de diciembre de 1996, quedó establecido que esos voluntarios sean desarmados progresivamente. En el Perú, el general Robles indicó que existirían escuadrones de la muerte dentro de las fuerzas armadas.

La opinión pública reacciona en forma vehemente cuando la oficialidad atenta contra el derecho a la vida. Exige sanciones. Eso sucedió en marzo de 1994, con un joven soldado argentino de nombre Omar Carrasco. Fue muerto a iniciativa de un subteniente, un sargento y otros soldados. Poco después de un mes encontraron su cadáver. Todo apuntaba hacia un encubrimiento por la autoridad militar. Tremenda fue la desaprobación, razón por la cual el presidente Menem aprovechó la coyuntura para suprimir el servicio militar obligatorio. Según el jefe de Policía de la provincia de Buenos Aires, en el periodo 1991-95, unos 3 mil policías, de los 47 mil que componen ese cuerpo, habrían sido despedidos por razones disciplinarias. Se llevó a 400 de ellos ante los tribunales en relación con infracciones judiciales. Otro caso que provocó reacciones políticas muy agudas fue la matanza de Aguas Blancas (en el estado de Guerrero, México), en junio de 1994. La policía dio muerte a 17 campesinos indefensos cuando se dirigían en camión a una manifestación. Trataron en vano de echarle la culpa a las víctimas haciendo un montaje de éstas con armas en la mano. Sin embargo, unas imágenes de video desenmascararon el jueguito. El incidente llevó a que el gobernador local solicitara licencia.

Hay que prestar atención especial a las matanzas de los niños de la calle en las grandes urbes. En Brasil, ese fenómeno se transformó en la angustia más significativa en cuanto al respeto por los derechos humanos. En el periodo 1988-94 hubo 188 víctimas, nada menos, sin tomar en cuenta cantidad de asesinatos encubiertos. En 1995, sólo en el estado de Pernambuco, 179 niños fueron eliminados, así como dos activistas del "Movimiento nacional por los niños de la calle". Como se reseñó en el capítulo anterior, los criminólogos ven el origen profundo de esos asesinatos en la enorme huida hacia las ciudades, en la pauperización de los emigrados y sus hijos, en las reacciones de gente de clase media muchas veces víctima de delitos cometidos por niños de la calle y en el equipamiento inadecuado de quienes están a cargo del orden. Ocurre con frecuencia que algunos policías estén comprometidos con la exterminación de niños, el robo de órganos, la prostitución infantil y las adopciones ilegales. Este fenómeno social tan dramático no se presenta sólo en Brasil; pocos países latinoamericanos escapan a este flagelo. Conviene apoyar los esfuerzos que la mayoría de los gobiernos emprenden para poner fin a esas situaciones inhumanas.

2.2 Derecho a la integridad y la seguridad de las personas

Las infracciones aquí reseñadas se refieren a hechos de violencia física, torturas y otras crueldades, castigo y trato inhumano además de degradante, a cargo de policías y militares. Las víctimas son personas con compromiso político o que pertenecen a determinados grupos sociales o étnicos. Casi en todos los países se sigue utilizando todavía algún grado de tortura, para exigir confesiones. Se trata de una práctica hondamente arraigada. A esa categoría pertenece también la violencia ejercida por los carceleros.

Las amenazas a la integridad constituyen una lacra que sobrevive tercamente, incluso donde menos violaciones a los derechos humanos se lamentan. Los magistrados guatemaltecos todavía reciben con frecuencia amenazas de muerte; varios fueron efectivamente asesinados. A raíz de esa violencia, sobre todo si tiene carácter político, la población afectada busca nuevos horizontes. En Colombia, en los últimos diez años, unos 600 mil desplazados surgieron de este modo. El mismo escenario se presenta en Perú: un millón de personas se vieron obligadas a abandonar zonas donde Sendero Luminoso entró en actividad.

2.3 Derecho a la libertad de la persona

Las violaciones al derecho a la libertad se cometen mediante secuestros, arrestos arbitrarios, encarcelamientos y expulsiones. Si bien en todos los países el derecho penal establece diversas limitaciones al respecto, la aplicación de esas reglas no es demasiado rigurosa, sobre todo en alejados cuarteles de policía. En Perú, la cantidad de arrestos arbitrarios resulta particularmente alta en el marco de la lucha contra el terrorismo.

Según el informe de Amnistía Internacional para 1996, por lo menos seis países en la región encarcelan a críticos de conciencia. La Comisión Cubana por los Derechos Humanos y la Reconciliación Nacional afirma que en ese país entre 2 mil y 5 mil personas fueron arrestadas por razones políticas y sociopolíticas. A la fecha unas 350 siguen encarceladas. La mayoría de las condenas se relaciona con "propaganda hostil". Son una muestra patente de que ahí la libertad de opinión no existe. Los tribunales cubanos recurren a otra terminología para imponer graves sanciones, como "la peligrosidad social" o la "piratería". Este último concepto se refiere a intentos frustrados de dejar el país por parte de numerosas personas deseosas de escapar, por los medios que sean.

En los presidios latinoamericanos las violaciones a los derechos humanos son simplemente indescriptibles. El "Retén de Catia" en Venezuela, de triste fama mundial por el trato inhumano a sus 2 mil huéspedes, no constituyó una excepción. Si las condiciones eran duras en extremo, la sobrepoblación volvió la situación simplemente inhumana. Los presos, unos juzgados y muchos más en espera, vivían en celdas colectivas, sin distinción de acuerdo con la gravedad de sus delitos. Sobrevivían gracias al alimento que les llevaban familiares o conocidos. Dinamitar el funesto recinto en 1997 no constituyó ninguna solución en sí. En realidad, fuera de cambios cosméticos, la problemática sólo se traspasó hacia otros presidios, como el ya famoso "La Planta". Allí también para los vigilantes, generalmente mal pagados y peor instruidos, los derechos humanos son algo que sólo existe en los libros. Eso incide de manera nefasta en la salud, la nutrición y la seguridad de los presos.

A causa de la lentitud de la justicia, en muchas naciones la detención preventiva puede durar hasta dos años, lo cual repercute, por supuesto, en la sobrepoblación de los recintos penitenciarios. En Venezuela, quien no saca oportunamente un buen billete para pagar a los carceleros, corre el riesgo de perder el autobús que lo llevará a los tribunales.[7] Entonces, no le quedará más remedio que esperar tranquilamente de seis a nueve meses, hasta la próxima convocatoria. De manera que a muchos toca quedar a la sombra por más tiempo que el correspondiente a la pena que finalmente se les impondría. En la cárcel de Tacumbu, Paraguay, en 1995, sólo 99 de los 1 366 presos fueron juzgados. La gran mayoría permanece ahí sin audiencia ni proceso. Incluso alguien purgó 14 años por una condena de diez. En Honduras, en cierto momento hubo hasta 90% de detenidos sin juicio, además de un hacinamiento carcelero de 147%. En Panamá, en la ya mencionada "Cárcel modelo", derribada en 1997 a raíz de las flagrantes violaciones a los derechos humanos, se llegó a la esperpéntica constatación que para 56 detenidos ni siquiera existiera un expediente. De los 1 773 presos que albergaba en julio de 1996 sólo 304 habían sido juzgados. Era el funesto "cementerio de los vivos" que el no menos funesto general Noriega utilizaba para enclaustrar a sus oponentes políticos, revueltos con seropositivos. Muchos se suicidaron. También en las instalaciones siquiátricas se viven a veces situaciones indescriptibles.

En realidad, la creciente cantidad de secuestros constituye su "empleo" para bandas organizadas que encuentran en ello una actividad económica bastante lucrativa. La tentación surge al comprobarse la inimaginable impunidad que existe en muchos países. En algunos casos, los propios policías y los militares están metidos en el mismo saco, eso sí, por iniciativa particular. Son menos los casos de secuestros teleguiados por las autoridades. También la guerrilla gusta de ese juego. Para más de un movimiento de éstos, los secuestros constituyen una alternativa para financiar sus actividades, ahora que la caída del Muro de Berlín les cortó el clásico suministro de recursos. Es el caso, por lo pronto, de Colombia, como lo era hasta hace poco en Guatemala. En 1995, los plagios aumentaron bastante en este último país, razón por la cual el Parlamento aprobó una ley que contemplaba la pena capital para los secuestradores y sus autores intelectuales. Durante la campaña electoral de 1996, monseñor Penados del Barrio, arzobispo de Guatemala, no dudó en declarar ante los medios que los dirigentes políticos eran cómplices de determinados secuestros con el propósito de financiar sus gastos de contienda. Así se habla. De todas formas, se reprocha a las autoridades que prácticamente en ninguna república latinoamericana la justicia es capaz de condenar estos delitos, de tal manera que se pueda resarcir a las víctimas y castigar a los culpables.

2.4 Derecho a un proceso justo y público

El derecho a un proceso justo y público, en teoría, está previsto en todas las constituciones latinoamericanas. No obstante, en la práctica, surgen problemas serios, tanto de instrucción como de jurisprudencia. Los fiscales están sobrecargados, al no disponer de los recursos técnicos para acelerar la investigación. También los jueces enfrentan un exceso de trabajo. En algunas naciones, su nombramiento depende del gobierno, hecho que a todas luces favorece interferencias políticas. En 1995, en Argentina, se produjo un escándalo porque uno de los jueces nombrados no tenía título y ni siquiera era capaz de dictar un juicio. Sin embargo, existe la tendencia a dejar los nombramientos en manos del Consejo de Magistrados. Desde luego, eso suele favorecer una mayor objetividad.

La politización de los magistrados constituye la raíz de la injusticia jurídica en la cual se encuentran muchos países latinoamericanos. Los transgresores de la ley que pertenecen a círculos gubernamentales, al *establishment* político o militar o a determinados circuitos empresariales, no son perseguidos ni sufren prisión, ni se les condena. La mayoría de los detenidos es gente pobre que no dispone de los recursos necesarios para obtener una oportuna asistencia jurídica. Cuando algún miembro de la élite es detenido por estar comprometido en el mundillo de las drogas, recibe (eso sí, a sus propias expensas) trato VIP en celdas amplias con televisión, baño, teléfono y fax, servicio privado de restaurante y visita nocturna de la esposa.

Hay que apuntar alguna mejoría en los procedimientos jurídicos, pero la lentitud sigue predominando. En casi todos los países, la competencia de los tribunales militares queda reducida si se trata de asuntos con civiles. La jurisprudencia se ve muchas veces enturbiada por ataques a los jueces, a los procuradores, a la defensa pública, a los testigos e incluso a la familia de las víctimas. Fue el caso, por lo pronto, en el procedimiento por el asesinato en 1994 del candidato a la presidencia de Guatemala, Carpio. No sólo Abraham Méndez, el procurador a cargo, sino también los testigos y la familia sufrieron vejámenes permanentes, además de amenazas.

En consideración a la tradición colonial española, el procedimiento penal transcurre por lo general por la vía escrita; eso vuelve más lento el proceder, además de menos transparente. Se transforma en un asunto de abogados y jueces, con el acusado como espectador. Existe, sin embargo, la posibilidad de los procesos orales, con la ventaja de ser más abiertos y rápidos.

Refrendada en 1993 en el marco de la lucha contra la subversión armada, la Constitución de Perú infringe en flagrante determinadas disposiciones incluidas en acuerdos internacionales. Para actos de terrorismo se puede imponer la pena capital; según la ley fundamental anterior, esa medida quedaba reservada para casos de traición en una guerra con el exterior. En este momento, terrorismo se equipara con alta traición. En consideración de unas leyes especiales, los derechos a la defensa quedan restringidos y los tribunales militares son competentes en delitos de terrorismo cometidos por civiles. La instrucción policial se vuelve determinante en el procedimiento penal de actos de terrorismo. Entre 1992 y 1997, jueces sin rostro dictaminaron hasta 15 condenas al día. Es cierto que, en forma clásica, la justicia se representa vendada, pero los magistrados sin cara tampoco tienen ojos para escudriñar la verdad. Rápidamente se constató que, de ese modo, se cometían numerosos errores judiciales. Se estima que hasta mil personas fueron condenadas por terrorismo y traición sin suficiente claridad respecto de su culpabilidad. Muchos de esos presos sufren los horrores de la espantosa mazmorra de Lurigancho.

En agosto de 1996, y con dos años de atraso, se promulgó una ley mediante la cual se estableció una comisión para revisar esas condenas, compuesta por el defensor del pueblo, el ministro de Justicia y el sacerdote belga Hubert Lanssiers, como representante del presidente Fujimori. El mandato de la comisión vence el 28 de febrero de 1998. Hasta ahora sólo se liberaron 300 personas. Medio millar de casos se encuentran sin examinar; se necesitaría una extensión de mandato de por lo menos seis meses. Sin embargo, esta comisión no puede borrar de un plumazo la condena ni prevé efectos resarcitorios. Su competencia se limita a sugerir al presidente un indulto "razonado" para los casos en los que manifiestamente se visualiza un error judicial. Lo que no deja de ser chocante es que esa ley no elimina las causas de esos errores. Puede afirmarse incluso que la legislación antiterrorista queda prácticamente incólume y bajo dominio de las fuerzas armadas. En efecto, sus tribunales mantienen la potestad de juzgar a los civiles en los casos más serios. Los juicios no son públicos y no están garantizados los derechos de la defensa.

2.5 Derecho a la libre expresión y libertad de prensa[8]

La censura es una amenaza a los derechos humanos; eso ya se sabía en la Antigüedad clásica. Demóstenes argumentaba que no hay mayor calamidad para un pueblo que perder su libre expresión. Sin embargo, los atenienses, amantes de la libertad, obligaron a Sócrates a beber la cicuta por sus juicios "subversivos". Por lo menos así lo señalan Platón y Jenofonte. En América Latina todas las constituciones proclaman la libertad de opinión. Cuba sigue siendo la excepción que confirma la regla. En ese país existe todavía un bloqueo constitucional (artículo 53) en contra de la prensa privada. Empero, a fines de 1995 se emprendieron intentos en La Habana para fundar una prensa pública e independiente. El establecimiento de la Oficina de Periodistas Independientes de Cuba hizo surgir por un momento la ilusión en tal sentido, en el marco de las reformas económicas. Pero esa llamita rápidamente se apagó. El periodista y poeta Yndamino Restano recibió como premio por su informe sobre la seguridad en una central nuclear el quedar recluido en una cárcel; antes ya había perdido su empleo en la radio nacional por sus críticas en contra del omnipotente Fidel. En 1992, se le impuso una condena de diez años de privación de libertad por crear el grupo político no violento "Movimiento Armonía" (MAR). Este grupo, de filiación democrática izquierdista, propugnó una transición hacia la democracia y una transformación, sin poner en peligro las conquistas sociales y económicas de la Revolución Cubana. Restano quedaría libre en mayo de 1995, merced a una campaña internacional emprendida por el "Comité por la defensa de los periodistas" establecido en Nueva York, además de una visita de trabajo a la isla de un equipo de "France Liberté", presidida por la señora Danielle Mitterand. Inicialmente el disidente rechazó un exilio voluntario, pero a mediados de 1996 solicitó asilo en Miami. También Roberto Solano y Roxana Valdivia, otros dos destacados periodistas, acogieron la "invitación" pública de las autoridades para abandonar el país. La salida de esas tres personas ahogó por el momento la aspiración silenciosa por una prensa libre en Cuba.

En el resto del subcontinente prácticamente prevalece la libertad de prensa. Su piedra angular consiste en la protección de la que gozan las fuentes de información. Algunos países protegen hasta constitucionalmente ese secreto periodístico. La crítica de la oposición al gobierno se suele publicar sin recortes. Concluir, a partir de lo dicho, que la situación de los medios resulta ideal y que no existen ni intimidaciones ni violencias sería craso error. En 1995, una radioemisora local de Paraguay emprendió una investigación respecto del origen de la fortuna del exmandatario Rodríguez. Los periodistas que se dieron a la tarea de auscultar acerca de la corrupción y el contrabando durante el largo mandato de Stroessner (1954-1989) recibieron amenazas de muerte. Según la fundación internacional "Foro de la Libertad", en Perú, se organizan campañas de desprestigio en contra de periodistas que denuncian prácticas corruptas en el gobierno. En 1997, el israelí Baruch Ivcher se vio despojado de la nacionalidad peruana y, por tanto, del derecho recién adquirido de ser propietario de "Frecuencia Latina", debido a que este canal televisivo se había permitido el lujo de criticar al gobierno. En 1994, el general Pinochet entabló un juicio civil contra algunos periodistas por informaciones consideradas lesivas para la institución militar. Habitualmente, la queja desembocó en una absolutoria o un arreglo extrajudicial. En realidad se trató de intentos de intimidación o de silencio impuesto a los periodistas no favorables al jefe castrense. Cuando, en 1995, el periódico *La Estrella de Panamá* empezó a criticar la conducción del presidente Pérez Balladares, éste no dudó en quitarles todo anuncio oficial. Dos años más tarde, Gustavo Garita, un periodista peruano que había buscado refugio en Panamá, no pudo mantener por más tiempo su puesto de director asociado en el matutino a causa de sus denuncias contra las corruptelas del gobierno. En México, la mayoría de los observadores concuerda con que las autoridades estimulan la autocensura en los medios restringiéndoles sus enormes gastos en anuncios, pero sobre todo mediante el control del otorgamiento de licencias de operación. Eso explica por qué la información crítica prácticamente se limita a la prensa escrita. En muchos otros países se constata un mismo estilo discriminatorio en la concesión de fondos para información oficial y en la entrega de información.

Según la Sociedad Interamericana de Prensa (SIP), reunida en marzo de 1996 en su congreso anual en San José de Costa Rica, la nueva censura no es ejercida sólo por los gobiernos, sino también por grupos delictivos mediante asesinatos, secuestros y amenazas a los periodistas y también por la destrucción de instalaciones de prensa. El "Foro de la Libertad", celebrado en Buenos Aires en 1996, confirmó esta interpretación. Eso se vio corroborado, en esa misma reunión, por la denuncia según la cual en los últimos diez años en América Latina fueron muertos más periodistas que en cualquier parte del mundo. En el periodo 1990-1997 habrían sido 160 y no todos murieron por sus informaciones sobre guerras y revueltas. Sólo un escaso 5% de esos asesinatos fue esclarecido.

Para los periodistas, los países latinoamericanos más peligrosos son Colombia, México, Guatemala, Perú y Brasil; y las causas principales son el terrorismo, la corrupción política y la mafia del narcotráfico. En Colombia, en la década iniciada en 1986, 43 hombres de prensa habrían sido eliminados después de publicar comentarios sobre actividades relacionadas con la droga o la guerrilla; uno de ellos era Carlos Lajud. La misma suerte corrió Guillermo Cano, director de *El Espectador*, vilmente asesinado de un certero pistoletazo en 1986. Poco más tarde ocurrió un atentado con dinamita en contra de los edificios de ese rotativo. Ser periodista en este Macondo real se considera como una de las cinco profesiones más peligrosas. Pero la tierra de los Buendía no es la única en que eso sucede. En México, los reporteros Víctor Manuel Oropeza, Héctor Félix Miranda y 17 otros fueron asesinados; Cuauhtémoc Ornelas Campos no es sino uno de los 10 hombres de prensa que desaparecieron sin dejar rastro alguno. No es raro que quienes informan respecto a la delincuencia reciban una paliza de la misma policía cuya actuación es el objeto de sus denuncias. En Guatemala, el Colegio de Periodistas tuvo que lamentar también la muerte de dos profesionales: Jorge Carpio Nicolle e Irma Flaquer Azurdia. Estos casos demuestran que en realidad el gobierno en estos países no está en capacidad de hacer respetar la libertad de prensa.

Con razón se considera a los medios el "Cuarto Poder". La opinión pública los aprecia por la valentía con que sacan a la luz pública determinados entuertos; eso no quita que también ocurran abusos con la libertad de expresión. Por tal causa, varios gobiernos consideran la posibilidad de presentar propuestas de ley que incluyan castigos por comentarios subjetivos que impliquen ataques personales, ofensas, calumnias y daño. En Argentina, a finales de 1994, el oficialismo intentó vanamente duplicar las penas por delitos de calumnia y daño cometidos por los medios, además de obligarlos a adquirir costosos seguros en contra de esos posibles castigos. En Uruguay, la ley del 24 de octubre de 1989 prevé cárcel de tres meses a dos años por información errónea y dañina para el país. Fue con fundamento en esa ley que, después de sucesos muy serios de agosto de 1994, a propósito de la extradición de tres militantes vascos de ETA, dos radioemisoras fueron cerradas por el gobierno. Con motivo de la Cumbre Iberoamericana de Venezuela, en 1997, el gobierno puso a la prensa internacional en aprietos al tratar de insertar en el comunicado final una referencia a la necesidad de "información veraz".

2.6 Derecho a la vida privada y libertad de correspondencia

Son escasos los problemas de infracción a la vida privada y a la correspondencia. Sin embargo, en agosto de 1995 el ministro de Defensa de Guatemala no tuvo más remedio que confesar que el ejército escuchaba llamadas telefónicas y que tenía archivos personales en relación con ciertas personas. En Costa Rica, en 1996, surgió a la luz un caso de escuchas telefónicas, lo cual provocó un melodrama político que no aclaró nada sobre el asunto en cuestión.

2.7 Libertad de reunión y asociación

En todas partes la Constitución salvaguarda la libertad de reunión y de asociación; eso se aplica también a la libertad de manifestación. Felizmente se vuelven excepcionales los baños de sangre por palizas durante las manifestaciones y los culpables de esos delitos ya no logran evadir su debido castigo. En la Guatemala de la guerra civil, determinadas personas fueron incorporadas en contra de su voluntad en las Patrullas de Acción Civil (PAC) del comandante general Felipe Alva Carrillo. El procurador de los Derechos Humanos de Chimaltenango descubrió un caso de individuos obligados a montar guardias durante 14 años, además de juntar madera y dinero para el comisario militar. En países donde persiste una guerrilla activa no es raro que se obligue a los campesinos a incorporarse.

Si bien el derecho a la libre reunión y asociación existe formalmente en todas partes, debe señalarse que muchos gobiernos no están en capacidad para garantizar este derecho. En Guatemala, El Salvador y Honduras, miembros de partidos de izquierda, de sindicatos y de movimientos en pro de derechos humanos se ven amenazados, agredidos e incluso asesinados sin que la policía los pueda proteger y sin que los culpables sean juzgados o condenados.

2.8 Libertad de culto

La democratización al sur del río Bravo conllevó también un progreso para la libertad de culto. Durante las dictaduras militares en Chile y Brasil, la visibilidad de la Iglesia católica se elevó artificialmente y todos los demás cultos tenían que conformarse. Bajo el régimen sandinista en Nicaragua (1979-1990), la Iglesia tradicional más bien estuvo en desventaja respecto de una iglesia popular establecida sobre el molde de la teología de la liberación.[9] También en Guatemala se comprobó persecución en contra de determinados movimientos eclesiásticos como la "Familia de Dios", que en los años sesenta llegaría a crear el sindicato campesino CUC, para luchar contra las situaciones inhumanas de los pobres. Cuando ese sindicato se volcó a colaborar con la guerrilla, hubo que lamentar la muerte violenta de diversos sacerdotes guatemaltecos, filipinos, belgas, españoles y también un italiano. Uno de ellos fue Fernando Hoyos, alias Carlos, jesuita co-fundador del CUC y muerto en combate en 1982 en las filas del Ejército Guatemalteco de los Pobres. En la penumbra queda el caso del jesuita Carlos Pérez Alonso, secuestrado por presuntos paramilitares en 1981, después de oficiar misa en el Hospital Militar, donde desempeñaba su labor. El 16 de noviembre de 1989, en el marco de la más grande ofensiva guerrillera sobre San Salvador, fueron asesinados el rector de la UCA, el jesuita español Ignacio Ellacuría, cinco de sus compañeros y dos empleadas. El ELN colombiano, dirigido hasta su muerte en 1998, por el excura español Manuel Pérez, y que cuenta en sus filas con antiguos religiosos que se alzaron en armas a partir de la década de los sesenta, no dudó en secuestrar por un tiempo al conservador obispo de Tibú, José de Jesús Quintero. En México todavía se encuentran en dificultades los sacerdotes que pretenden defender los derechos de los zapatistas. Es el caso, especialmente del "obispo rojo", monseñor Samuel Ruiz, cuya vida corre peligro. Por suerte, con excepción de esos lugares, en todas partes ya se superaron estos tiempos crueles. Argentina y Costa Rica tienen un sistema por el cual el catolicismo es la religión del Estado. La nueva Constitución argentina de 1994 ya no exige que el presidente sea católico.

En Cuba, la revolución comunista limitó durante las primeras décadas de manera drástica la práctica del culto. Varios sacerdotes extranjeros fueron expulsados y los nacionales, junto con sus feligreses, sufrieron toda clase de vejámenes. Sin embargo, no hubo violaciones comparables con las que presentó la Revolución Francesa o la mexicana o durante la instauración de la República Española y la consecuente guerra civil. Tampoco cabe comparar la situación con la represión que se presentó contra la Iglesia ortodoxa rusa y las iglesias del bloque que constituyó la revolución bolchevique. Hasta 1992, los creyentes cubanos no tuvieron permiso para entrar al partido comunista y se quejaban de no tener acceso a la universidad y a algunos cargos. Hubo presión sobre los padres para impedir que los jóvenes fueran a misa o al catecismo. La Navidad era considerada como una tradición europea que perturbaba la zafra y, por lo tanto, ya no era día festivo. Sin embargo, la Iglesia cubana siempre mantuvo la libertad de nombrar a sus obispos, cosa que no se podía en otros países comunistas.

La reforma a la Ley Fundamental, en 1992, introdujo un artículo en el que se garantiza la libertad de culto, pero no otorgaba todavía acceso a los medios de comunicación ni permitía asegurar a los jóvenes una educación católica. Desde esa reforma constitucional, se deja tranquilas a las diversas iglesias por lo general en el campo moral. En determinadas regiones y segmentos de la población se comprueba un resurgimiento de la práctica religiosa católica. Ciertamente, la vivencia religiosa no concuerda totalmente con los dogmas del Vaticano. El complejo sincretismo de las religiones afrocubanas y las imaginativas ceremonias de santería se pueden observar por doquier. Se fundamentan en un sustrato particularmente fuerte que también subsiste en Haití (vudú) y en Brasil (macumba y candomblé). La visita del papa a Cuba, en enero de 1998, despertó mucha esperanza e introdujo cierta libertad. Por primera vez desde la Revolución y a pedido del pontífice, se pudo celebrar la Navidad. El cardenal Jaime Ortega obtuvo permiso para recurrir a los medios de comunicación y se autorizó la importación de dos millones de catecismos y una determinada cantidad de Biblias desde México. Fidel Castro participó en una misa en la Plaza de la Revolución y mantuvo diversas conversaciones privadas con el papa. Pero quienes habían esperado la conversión del comandante en jefe al angelismo y a la democracia se quedaron con sus ilusiones. Para el viejo zorro, esa eufórica visita fue solamente una ocasión más, utilizando al portavoz supremo de la Iglesia, para instigar al mundo contra el embargo de Washington, la deuda externa, el hambre y la pobreza. En cambio, tuvo que escuchar del Santo Padre serias críticas por la falta de derechos humanos y libertad en Cuba.

En la realidad latinoamericana, queda abierta la posibilidad para que toda tendencia religiosa se practique libremente, siempre que no entre en contradicción con la moral pública y respete cierta cantidad de decibeles. Prueba de ello es el surgimiento incontenible de las sectas en América Central, Brasil, Chile, Perú y Colombia. A raíz de ello la Iglesia católica, que desde la conquista española y portuguesa disponía de hecho de un monopolio, se tuvo que atrincherar en una posición defensiva.[10] Se constata un ímpetu incontenible del lado de las iglesias pentecostales de carácter estrictamente conservador. Según ciertas estimaciones, ese protestantismo evangélico ya habría atraído entre 35 y 40% de la población guatemalteca, entre 15 y 20% en El Salvador, 20% en Nicaragua y Chile, 17 a 20% en Brasil y 5% en Perú. En América Latina entre 1985 y 1990, la cantidad total de protestantes se habría incrementado de 25 hasta 50 millones de fieles. Monseñor Javier Meléndez García, especialista al respecto y arzobispo de Guadalajara, México, confirma esos datos con preocupación. Según sus estimaciones, antes de fin de siglo podría doblarse la cantidad de católicos que dejan la iglesia.

En Guatemala ya los miembros de unas 500 sectas tendrían un peso proporcional equivalente al de los católicos practicantes. Muchas veces la conversión se hizo a capa y espada. En los años ochenta, cuando el dictador Ríos Montt (1982-1983) mandó bombardear 450 pueblos, era suficiente mostrarse favorable a su iglesia del "Verbo divino" para alejar la tormenta. Su hermano es obispo católico. En América Central, y más particularmente en el caso de Guatemala y El Salvador, las sectas estadounidenses se prepararon para combatir a los sectores populares dentro de la Iglesia católica, los cuales habían coqueteado demasiado con la izquierda o adoptaban un tono un tanto subversivo. Eso se refería más claramente a la teología de la liberación, que mezcló astutamente principios católicos con postulados marxistas, para obtener el coctel de un credo socialmente comprometido. Por predicar generalmente la resignación a la desigualdad socioeconómica, las sectas recibieron el apoyo de los grupos reaccionarios de la sociedad local, lo que facilitó su implantación tremendamente rápida. Ya, en 1968, un informe de Nelson Rockefeller al presidente Nixon llamó la atención sobre la débil confiabilidad de los católicos como aliados de Estados Unidos y defendió la idea de promover las iglesias evangélicas.

Otras sectas más bien apuntaron hacia la jerarquía clerical conservadora, que no permitía que viejas interpretaciones de la *Biblia* fueran puestas en duda. Esas tendencias, al postular la igualdad de género, la conveniencia de la educación sexual y la paternidad responsable, entraron a socavar sigilosamente las estructuras de poder establecidas sobre la base religiosa tradicional.

En diversos lugares existen también comunidades judías e islámicas importantes. Son varios los países en que éstas ocupan círculos de poder en el mundo empresarial, como también en las estructuras políticas. El presidente Carlos Menem, de Argentina, es de origen musulmán. En Honduras la comunidad líbano-palestina conforma un grupo de presión importante y de él que forma parte el presidente Flores. La presencia fuerte de políticos judíos en el gobierno de Costa Rica y El Salvador explica por qué ambos países mantienen su embajada en Jerusalén.

Sin negar tendencias antisemitas en América Latina, conviene no exagerarlas. Sólo en el caso argentino, donde viven unos 300 mil judíos, la intolerancia desborda a veces hacia la acción. En 1992, se perpetró un atentado contra la embajada israelí en la capital, con un saldo de 30 muertos y más de cien heridos graves. Dos años más tarde seguiría un atentado dinamitero contra el centro de la Asociación Mutual Israelita Argentina (AMIA), en Buenos Aires. Esa vez hubo que lamentar 60 vidas y unos 300 heridos. Estos golpes quedaron sin esclarecimiento durante mucho tiempo, a pesar de sospechas sobre grupos islámicos, tipo Hezbollah, apoyados por Irán y su embajada en Buenos Aires. Al inicio, la culpa recayó en grupos de extrema derecha que alimentan todavía tradiciones autoritarias, nacionalistas y llenas de xenofobia,[11] heredadas de tiempos coloniales. En efecto, en agosto de 1996 la justicia bonaerense acusó formalmente a tres cuadros superiores de la policía y a un exoficial por cooperación con los terroristas que habían perpetrados los hechos de 1994. Un mes antes, el ministro de Justicia, se había visto conminado a dimitir, acusado de haber sido cómplice, en 1963, en un atentado contra una sinagoga en la capital. Al cabo de un año, investigaciones parlamentarias confirmaron que la "conexión local" más bien se encuentra del lado de la policía provincial de Buenos Aires, la que habría actuado por motivos meramente financieros o de descontento. También las profanaciones de tumbas en el cementerio de La Tablada se achacan a expolicías. Finalmente en 1998 se arrestaron ocho residentes iraníes y se expulsaron siete funcionarios de la embajada de este país.

2.9 Derechos políticos

El capítulo I trató extensamente la democracia "electoral" tal como se vive, excepto en Cuba. Con un péndulo marcado en la Ley Fundamental de los respectivos países, se organizan regularmente elecciones presidenciales, parlamentarias, provinciales y municipales. John Locke, Tomás Hobbes y Juan Jacobo Rousseau pueden estar contentos; el pueblo elige a sus representantes que emiten leyes; la minoría se pliega ante las decisiones de la mayoría. En principio, cada uno puede elegir o ser elegido. Lo cual no quiere decir que las personas entre las cuales se puede escoger representen de hecho a la sociedad civil en su globalidad. En Argentina, en 1993, un decreto estableció que 30% de los candidatos fuera mujer. También la nueva Constitución de ese país prevé acciones positivas a favor del "sexo débil" en la reglamentación interna de los partidos políticos. Que en las elecciones parlamentarias de 1997 dos mujeres, Graciela Fernández Meijide y "Chiche" Duhalde, resultasen las cabezas de los dos principales campos antagónicos es una consecuencia lógica de lo anterior. Jamás antes se había visto cómo, de manera efectiva y potencial, fueron surgiendo candidatas válidas a la presidencia: Nora Melgar en Honduras, Mirella Moscoso y Mayín Correa en Panamá, la exreina de belleza Irene Sáez en Venezuela, Noemí Sanín en Colombia, la indígena Remedios Loza en Bolivia y la ya citada Graciela Fernández en Argentina.

En efecto, la democracia en el hemisferio quedaría incompleta si no cuenta con la entrada definitiva de la Eva latinoamericana en el escenario político. Hasta ahora sólo tres mujeres habían llevado los

destinos de sus países, a saber: Violeta Chamorro en Nicaragua, Estela Martínez de Perón en Argentina (al suceder como vicepresidente elegida a su esposo Juan Perón, a la muerte de éste) y Lidia Gueiler en Bolivia, a quien los militares cedieron temporalmente el poder.
	Después de cinco siglos de existencia al margen de la sociedad, los pueblos indígenas entran cada vez más en el escenario político. En muchas repúblicas es requisito registrarse antes de poder votar. En Guatemala, un país con 10.5 millones de habitantes, sólo 3.5 están inscritos, a pesar de que por lo menos la mitad de la población tiene más de 18 años. La mayoría de los que quedan por fuera pertenece a la cultura maya. Para ellos las urnas son "asunto de blancos y ladinos", un mundo aparte. Sin embargo, felizmente se nota un cambio gradual de actitud. En El Salvador la oposición pretende cambiar la ley electoral, porque los partidos de derecha dominarían el proceso de inscripción. En una primera fase se trataría de limpiar las listas de votantes, eliminando a los fallecidos y acogiendo a quienes adquirieron ya la edad pertinente para votar. Se pretende también que los electores emitan su voto donde tienen su domicilio. En Nicaragua el candidato presidencial Alemán se quejó de que la confección de las listas de quienes tengan derecho esté en manos de los sandinistas. En el norte del país, el Frente 3-80 dificultó sobremanera la confección de las listas electorales. En junio de 1996 esos excontras frustrados se permitieron el lujo de secuestrar a unos 50 funcionarios electorales. Durante las elecciones mismas permanecieron más bien quietos. El mayor ataque contra elecciones democráticas fue perpetrado por la guerrilla en 1997, en Colombia durante los comicios locales y legislativos. Como quedó reseñado en el capítulo I, si bien pudo disuadir a 1 500 candidatos, no logró evitar que la gente acudiera a las urnas de una manera que marcaría un hito. Igual pasó durante la contienda presidencial de 1998. Las FARC y el ELN llamaron a la abstención electoral y amenazaron con la realización de "paros armados". Pese a perpetrar algunos actos de intimidación y de sabotaje no fueron capaces prohibir una participación masiva en los comicios.
	El derecho electoral muchas veces se limita, en la práctica, por falta de medios de transporte. Difícil hacerse una idea de la distancia que deben recorrer los indios y campesinos en Guatemala para llegar a los lugares de escrutinio. Sólo el voto domiciliario podría cambiar esa situación (Honduras la practicó en las elecciones de noviembre de 1997). En enero de 1996, el presidente Arzú ganó la segunda vuelta en gran medida porque Óscar Berger, su copartidario

y alcalde de Ciudad de Guatemala puso gratuitamente 3 mil autobuses a disposición para los electores en la capital. Su contrincante Portillo ganó la batalla en el campo, pero no tenía la menor oportunidad en la capital, de la cual Arzú había sido, hasta 1992, un alcalde tremendamente popular.

3. Derechos económicos, sociales y culturales

Los derechos económicos, sociales y culturales pertenecen a lo que algunos círculos identifican como los derechos de la segunda generación en razón de su posterior reconocimiento luego de la Segunda Guerra Mundial. Están intrínsecamente relacionados con los derechos civiles y políticos. No están mencionados explícitamente en la Declaración Universal ni en la Convención Americana de los Derechos Humanos. Tampoco todos los países del subcontinente latinoamericano han suscrito o ratificado el Pacto de los Derechos Económicos, Sociales y Culturales de 1966, razón por la cual esos derechos no reciben trato igual en todas partes. Los *ombudsmen* o procuradores por lo general se limitan a observar y defender el respeto por los derechos políticos y civiles.

Prácticamente no ha evolucionado la situación de ciertos derechos económicos y sociales en esta región. Es el caso, por ejemplo, del derecho a condiciones laborales dignas y adecuadas, el derecho a la salud y el derecho a una vivienda digna, lo cual suele tener una relación causal directa con las crecientes desigualdades sociales y económicas, tal como quedaron descritas en el capítulo II. Los programas de ajuste estructural y la deuda pública refuerzan todavía este negro panorama, en el cual cantidad de gobiernos está con las manos atadas respecto de la tarea perentoria de la redistribución social de los ingresos.

3.1 Derecho a condiciones laborales dignas y adecuadas

En muchas naciones latinoamericanas existe un código laboral que incluye los derechos y las obligaciones, tanto de los empleadores como de los empleados. Se establecieron inspecciones laborales y, por lo general, existe un sueldo mínimo, pero éste suele ser extremadamente bajo. En la Honduras de 1996 estaba en 51 dólares al mes y en Nicaragua en 33 dólares. Para las mujeres la remuneración es aún más baja. En las maquiladoras de Honduras y El Salvador prevalecen muchas tensiones sociales. Sobre todo las empresas sudcoreanas[12] y de Taiwan son el blanco de muchas acusaciones por prácticas inaceptables en materia de seguridad, salud y garantías sociales. En México, donde existen 2 699 maquiladoras que proporcionan trabajo a unas 900 mil personas, los sindicatos se quejan de que para nada se respeta los derechos laborales normales, tales como incentivos, participación de ganancias, días libres, seguridad laboral y servicio médico. Las mujeres sufren también, con frecuencia, de acoso sexual por parte de sus jefes.

¿Cómo están los derechos laborales de la mujer? Gracias a la combatividad de numerosas organizaciones femeninas se notan progresos políticos respecto del reconocimiento y de la equiparación jurídica de la mujer; pero eso mucho tiene de ficción jurídica adormecedora. La realidad diaria resulta un tanto menos color de rosa. Ya que las actividades económicas de la mujer son muchas veces invisibles, su tarea se infravalora. Se desempeñan esencialmente en el sector informal, donde el salario está por debajo de la norma, y las garantías sociales son algo que ni se nombra. En el caso de encontrar ellas un empleo en el sector formal, se trata con frecuencia de tareas de baja remuneración en la educación y la salubridad, dos sectores en los cuales la tijera del ahorro en los exiguos presupuestos se pone en evidencia sobremanera. Eso no sólo conlleva resultados negativos para la mujer en sí, sino también para todo su hogar. En América Latina es un hecho social típico que muchas mujeres inviertan integralmente sus ingresos en el hogar, mientras sus "hombres" se permiten ocupar gran parte de ellos en gastos personales, como el alcohol, la prostitución y el mantenimiento de mujeres y niños ilegítimos.

Brasil está todavía confrontado con el secular problema de la esclavitud disfrazada, la cual golpearía entre 10 mil y 25 mil personas. Grandes empresas agrícolas prometen a veces sueldos altos, además de buenas condiciones laborales a gente de tierras remotas; una vez contratadas, esas personas se ven obligadas a trabajar gratis para pagar la deuda por su traslado, alojamiento y alimentación. La tentativa de escape se contrarresta con castigo físico y amenazas de muerte. Un proyecto de ley prevé castigos graves si las víctimas son niños, mujeres embarazadas, indígenas o personas con algún grado de limitación física y mental. Este subcontinente vive el yugo del trabajo ilegal. Es el caso, sobre todo, de Argentina, donde inmigrantes ilegales de Paraguay, Bolivia y Perú trabajan de sol a sol en el mercado negro por un sueldo de miseria. Ya que el trabajador ilegal por definición no dispone de permiso de residencia, ni de autorización de trabajo, el patrono no se preocupa de ninguna manera por las cargas sociales. Este fenómeno existe también en Costa Rica y en Guatemala (respecto de la mano de obra nicaragüense) y en México (con los guatemaltecos). En tal caso no hay ningún respeto por los salarios mínimos ni por las ventajas sociales y no es raro ver que también se usa y abusa de la mano de obra juvenil.

3.2 Derechos sindicales[13]

En principio, las organizaciones sindicales, obreras y campesinas están llamadas a desempeñar un papel decisivo en la defensa de los derechos económicos y sociales. Por ello alegra constatar que prácticamente en todas partes existe un fuero sindical, excepto para los militares; incluso en Cuba, durante algún tiempo, por supuesto vanamente, se intentó establecer un Consejo Unitario de Trabajadores Cubanos. La implantación amplia de sindicatos libres en América Latina se debe en buena medida al apoyo (ahora cada vez más reducido) de organizaciones similares europeas y a la intervención del comité por la libertad sindical de la Organización Internacional del Trabajo (OIT). Este comité logró que se eliminaran los obstáculos para crear sindicatos y que disminuyeran los despidos antisindicales.

Con excepción de la Confederación de Trabajadores de México (CTM), encabezada durante décadas por el patriarca sindical, Fidel Velázquez, en la práctica las agrupaciones sindicales latinoamericanas suelen tener poco poder de convocatoria.[14] A ello contribuye, muchas veces, el hecho de que se ven enfrentadas por divisiones internas. Los gobiernos y las empresas logran desarticular el poder sindical mediante desregulación y flexibilización del mercado laboral y por la promoción del llamado solidarismo, en realidad un sistema de corte paternalista que reúne directamente a patronos y empleados, sin permitir interferencia sindical. Puede ser comparado con el "corporativismo" del fascismo italiano. Ese sistema que empezó a florecer a principios de los años cincuenta en Costa Rica y en Honduras anula simple y llanamente el derecho a huelga, y en cambio prevé facilidades de crédito para los trabajadores y los empleados mediante un fondo de ahorro al que contribuyen tanto éstos como los patronos. La OIT y los sindicatos locales luchan contra ese sistema. En 1997 surgió mucha crítica en diversos países europeos contra la importación de banano desde Costa Rica, entre otras causas, por el solidarismo que, en ese sector, como en muchas grandes empresas, allí se aplica.

Los sindicatos proclaman su derecho a la huelga pero, en la práctica, eso no ocurre casi nunca. En Argentina, donde entre 30 y 40% de los trabajadores pertenece a alguno de ellos, en septiembre de 1995 hubo por primera vez en años una huelga general. La relación privilegiada entre la CGT y el gobierno de Menem se había escurrido progresivamente a medida que aumentó el nivel de desempleo (18% en mayo de 1996). En agosto y septiembre de 1996 se repitió el llamado a la huelga. Los resultados fueron pocos. En la mayoría de los países la Ley Fundamental impide las represalias contra los huelguistas por parte de los patronos. En la práctica, sin embargo, aquéllos suelen perder su empleo. En América Central, sobre todo, hasta hace poco la prensa abundaba en relatos de dirigentes gremiales amenazados, maltratados o incluso secuestrados por escuadrones de la muerte. Los gobiernos no tienen ninguna capacidad para protegerlos. No es raro comprobar que las manifestaciones son reprimidas por un aparato de orden extremadamente brutal. Tal es el caso entre otros de Panamá, Nicaragua, El Salvador, Bolivia e incluso Costa Rica.

Dos casos flagrantes de limitación de los derechos sindicales merecen mayor atención. En 1995 el presidente de Guatemala no vaciló en ocupar militarmente la empresa eléctrica de Guatemala S.A. con miras a romper la acción de los dirigentes sindicales. Pero la más tajante limitación al derecho sindical ocurrió en Bolivia, bajo el mandato presidencial de Sánchez de Lozada (1993-97). Ese empresario intentó romper la fuerza sindical, por lo que su política provocó repetidas confrontaciones sangrientas entre la policía, los pequeños productores de coca, los trabajadores fabriles y, sobre todo, unos 70 mil educadores. En abril de 1995, el presidente decidió pasar a la acción. No dudó en suprimir las garantías constitucionales y dio instrucciones a la policía para actuar con mano dura contra los manifestantes en La Paz. Más de 400 personas, entre otros periodistas que cubrían el evento, fueron arrestadas, alojadas temporalmente en campos de detención situados en lugares remotos. La opinión pública y el Congreso apoyaron de manera mancomunada la actuación enérgica de su presidente. En menos de una semana se aprobó el estado de sitio en el Parlamento. Esto implicó la supresión del derecho a reunión y del *habeas corpus*. Los derechos constitucionales se restablecieron el 17 de octubre de 1995. El presidente aplicó el estado de sitio para imponer una reforma educativa e incrementar la lucha contra los productores de coca. La otrora influyente Central Obrera Boliviana (COB), cuyas huelgas ponían en jaque la estabilidad de los gobiernos de los años sesenta a los ochenta, hoy tiene sus bases diezmadas y varios de sus dirigentes han sido acusados de corrupción.

3.3 Derecho a la salud

Si bien el derecho a la salud se incluye en la Constitución de muchas naciones, en la práctica la atención sanitaria no está al alcance de todos. El porcentaje de beneficiarios fluctúa entre un 30 y un 66% de la población. Los pobladores del área rural y los indígenas suelen ser los menos favorecidos. Precisamente en esos dos grupos la mortalidad de recién nacidos es más alta y se observan muchas enfermedades infecciosas y nutricionales. En 1994, por mil niños nacidos murieron: 1 en Cuba, 12 en Chile y 13 en Costa Rica, pero 48 en Perú, 51 en Nicaragua, 58 en Brasil, 71 en Bolivia y 86 en Haití. Los otros países presentan niveles entre 20 y 45 (véase cuadro II.3). Por cien mil partos mueren 36 madres en Costa Rica, Uruguay, Chile y Cuba, pero 200 en Brasil, Colombia y Guatemala y 600 en Bolivia y Haití. En Chile la atención básica es dispensada por el Estado en hospitales públicos. Los tiempos de espera son larguísimos. Para mayor protección contra la enfermedad y la invalidez existe la posibilidad del seguro privado, por lo menos para quienes disponen de medios. Sólo una tercera parte de los empleados se puede permitir un tipo de seguro tan caro.

En muchos países, el servicio ofrecido en el nivel de salud primaria se deterioró en los últimos años. Ese fenómeno se relaciona con los recursos cada vez más escasos frente a una población en aumento. Nicaragua ofrece una ilustración tremenda al respecto. El crecimiento anual de la población es del orden de 3.8 %. Por lo demás, las autoridades se retiraron de zonas donde no existe suficiente seguridad. La reducción del personal en puestos de salud conllevó que viejas enfermedades epidémicas reaparecieran.

Un problema relacionado con la salud se desprende de los suicidios en las comunidades de los indígenas guaraní-kaiowa, en el estado brasileño de Mato Grosso. Tan sólo en 1995 se registraron más de 50 casos en una población de 285 mil almas. Sobre todo, los jóvenes entre 16 y 20 años toman tan fatal determinación. Este fenómeno se adscribe a la ruptura de su modo de vida por causa de las enfermedades, la contaminación y las invasiones a su espacio vital. Un 35% de los indígenas en cuestión sufre de hambre. También en Nicaragua se constata un vertiginoso incremento de niños y adolescentes que se quitan la vida.

3.4 Derecho a la educación y la cultura

El total de inscripciones en la enseñanza primaria y secundaria y en el nivel universitario refleja de una manera adecuada el acceso a la educación. Según el Informe de Desarrollo Humano 1997 del PNUD, Perú obtuvo en 1994 un 81%, Argentina 77%, Uruguay 75%, Chile, Ecuador y Brasil 72%, Panamá 70%, Colombia y Venezuela 69%. A la cola se encuentran Guatemala (46%) y Haití (29%).

Con respecto a alfabetización, los niveles latinoamericanos son bastante buenos. En 1994, nueve países obtuvieron un grado de alfabetización de más del 90%: Uruguay, Argentina, Costa Rica, Cuba, Chile, Paraguay, Venezuela, Colombia y Panamá. Guatemala obtuvo sólo 57% y Haití 44.1% (véase cuadro II.3). Apenas 23% de la población indígena guatemalteca sabe leer y escribir. El gobierno del presidente Arzú quiere cambiar ese rumbo fatal. El acuerdo de paz relacionado con los derechos de la población indígena, ya en ejecución, prevé, junto con el español, el derecho a la enseñanza en su propio idioma.

3.5 Derecho a la vivienda

Durante la conferencia Hábitat II, celebrada en Estambul en junio de 1996, se logró consenso en el sentido de que toda persona tiene derecho a una vivienda digna y adecuada a su condición humana. Se establecen algunas limitaciones al respecto, en cuanto a su aplicabilidad inmediata y la responsabilidad para su puesta en práctica. Este derecho no es totalmente nuevo; hace rato existe en la mayoría de los países occidentales. Su aceptación general debería abrir perspectivas sumamente positivas. Sin embargo, entre el ensueño del derecho y lo palpable, en estas regiones de realismo mágico suele existir una brecha infranqueable. Muchos países luchan contra un déficit espantoso en el rubro de vivienda. Casi siempre prevalece una indiferencia absoluta respecto de la manera en que condiciones simplemente infrahumanas se tapan detrás de grandes cartelones publicitarios. Los gobiernos no faltan en su empeño, pero en general los recursos presupuestarios son altamente insuficientes. En América Central se calcula que 35% de los hogares no cuenta con una vivienda digna de este nombre. Tan sólo en Costa Rica faltan 250 mil "soluciones de vivienda".

3.6 El problema decisivo de las tierras agrícolas

En América Latina las invasiones de tierras por campesinos que no tienen donde cultivar suceden cada día. Muchas veces se trata de acciones de comunidades autóctonas, despojadas de sus tierras mediante toda clase de maniobras jurídicas, en beneficio de ladinos. En diversos países existen grupos que fomentan ese tipo de ocupaciones. En Chile, entre los mapuches (aproximadamente 600 mil personas al sur de Concepción), una minoría radical exige la restitución de todas las extensiones que se perdieron en la gran revuelta de 1881. En aquella época la población indígena poseía todavía alrededor de 10 millones de hectáreas, que a la fecha se redujo a unas 300 mil. El quinto centenario del descubrimiento de Colón —maliciosamente llamado "encubrimiento" por más de uno— provocó que, en 1992, se organizaran frecuentes "tomas" violentas.

En Brasil, la Constitución de 1988 prevé la delimitación de las tierras que tradicionalmente pertenecieron a los nativos. Se trata de 900 mil kilómetros cuadrados, es decir el 10% del territorio nacional, a favor de 200 grupos indígenas, sobre todo en la región amazónica. En esos vastos dominios los indígenas tienen un uso exclusivo de la riqueza subterránea, de los ríos y de los lagos. Normalmente el amojonamiento debería haber concluido en 1994, cinco años después de la entrada en vigor de la Ley Fundamental. Tanto la ausencia de ese sentimiento, como la delimitación misma, provocaron incidentes virulentos entre los nativos y los propietarios o usuarios de esas extensiones. En total se crearían 553 reservas. A fines de 1997 sólo se había otorgado 34% de las tierras. Sobre todo en zonas donde foráneos han ocupado tierras indígenas y en regiones estratégicas no se ha iniciado todavía la separación territorial.

El 4 de febrero de 1991, un decreto del presidente Collor dio inicio formal, por fin, al amojonamiento en cuestión. La oposición tomó ese acto gubernamental como un regalo populista del presidente, en vísperas de la Cumbre Medioambiental de Río de Janeiro en 1992. En enero de 1996, la agitación recrudeció cuando su sucesor

Cardoso decretó que los gobiernos locales, los terratenientes y las empresas privadas están en capacidad de apelar en contra de la delimitación. Poco a poco en Brasil fue ganando partidarios la tesis según la cual el otorgamiento del 11% de tierras a una población local que constituye menos del 1% de la totalidad, en realidad no calza con el interés común en una nación confrontada con un crecimiento demográfico del 1.9%, (es decir, tres millones de personas por año). Algunos apoyan la idea de una compensación razonable para los propietarios originales. Por su parte, la población autóctona estableció el organismo CAPOIBE para defender sus intereses, incluso en el campo internacional. Con base en el decreto del presidente, mientras tanto, unos 50 mil kilómetros cuadrados de territorio indígena fueron ocupados por latifundistas, buscadores de oro y grandes empresas madereras.

En Guatemala la propiedad agrícola constituyó uno de los principales puntos neurálgicos a dilucidar entre la guerrilla y el gobierno. No menos de 56 mil familias quieren obtener tierras a cultivar; sin embargo un año después de los acuerdos de paz, sólo 3 mil de ellas fueron atendidas, lo cual se debe en no poca medida a la falta de un catastro. También en México, sobre todo en los estados de Chiapas, Oaxaca y Guerrero, los indígenas enfrentan permanentemente conflictos por la posesión de tierras. A pesar de gran número de ofrecimientos federales, por lo general salen perdiendo en ese tipo de disputas.

También los pequeños campesinos quieren obtener parcelas, para lo cual apelan a promesas en el marco de una reforma agraria (es el caso de Brasil) o un proceso de pacificación (como en El Salvador). En Brasil, la organización radical Movimiento de los Sin Tierra (MST) se muestra particularmente activa (véase capítulo II). Organizó ocupaciones en la región de Pontal da Paranapena al oeste de Sao Paulo y en Río Grande do Sul. La espada de Damócles pende sobre cuatro de sus dirigentes, con una orden de arresto por supuestos delitos perpetrados en el marco de las ocupaciones. El gobierno no se conforma, sin embargo, con una mera intervención represiva; en varios casos, siempre que se trataba de tierras públicas, legalizó las apropiaciones y, con el apoyo del Banco Mundial, en 1997 lanzó el Proyecto "Documento de la Tierra", con el objetivo de posibilitar la adquisición en el mercado de tierras para la reforma agraria de la manera más ágil, descentralizada e integrada. Se trata de un proyecto piloto que inicialmente se está implantando en cinco estados.

En algunos casos, se recurre a la invasión como medio para obtener el pago de salarios mínimos y de prestaciones sociales. Cualquiera que sea el motivo, toda ocupación de tierra implica la peligrosa perpetración de actos de violencia. *El International Herald Tribune* del 21 de septiembre de 1995 describe de manera testimonial la expulsión de los ocupantes de la Fazenda Santa Elena por parte de la policía brasileña. Durante esta acción fueron muertos diez invasores y dos agentes; nueve precaristas desaparecieron y cayeron cientos de heridos. En Paraguay los propietarios establecieron "grupos de vigilancia" para mantener a raya a los campesinos sin tierra. En Colombia grupos paramilitares se encargan de esa tarea. En Guatemala todavía se comprueban expulsiones violentas, a pesar de que los acuerdos de paz prevén mecanismos especiales para dirimir conflictos relacionados con tierras.

4. Los derechos de los niños

El respeto por los derechos materiales de los niños crece, en la práctica, de modo proporcional con el desarrollo económico de un país. De manera que, por lo general, cuanto más pobre es una sociedad, menos se respetan los derechos de los niños. A las familias necesitadas, lógicamente, cuesta más proporcionar a sus hijos la alimentación, la instrucción y la intimidad familiar a la que tienen derecho los menores. Por tal causa se les incorpora desde muy temprana edad al trabajo para contribuir en los gastos. En otros casos los niños huyen del hogar. En los capítulos II y III se señalaron ya los peligros y abusos que esta situación representa para su desarrollo físico y espiritual, en la medida en que ambos aspectos se dañan de manera irreversible.

En 1991, las Naciones Unidas proclamaron una Convención Internacional de Derechos de los Niños, a la cual se adhirieron todos los países latinoamericanos. En 1990 se reunió en Nueva York una Cumbre sobre Derechos del Niño. También en otros foros existen disposiciones legales a favor de la niñez. La Convención 138 de la Organización Internacional del Trabajo, que desde su fundación en 1919 establece normas laborales internacionales, estipula que la edad mínima para que un niño trabaje es de 15 años, pero deja un margen a los países en vías de desarrollo. Acepta trabajo liviano, para chicos de 13 a 15 años, siempre y cuando no se condicionen sus estudios. Desgraciadamente esta convención es una de las menos aplicadas en el mundo.

Es típico que las naciones ricas sólo empezaran a preocuparse por los derechos de los niños en los países en vías de desarrollo, cuando sus propios intereses se vieron amenazados. La campana de alarma sonó cuando se contrató a adolescentes en sectores competitivos con los países industriales o cuando niños empezaron a trabajar para empresas occidentales que se mudaron para allá. Antes nadie había protestado contra sueldos de miseria o circunstancias laborales inaceptables en las plantaciones o en las minas. De tal manera, los niños son utilizados como materia de negociación en la política comercial, lo cual no vuelve menos real el problema del trabajo infantil.[15] La verdadera dimensión de este drama humano ya se presentó en el siglo XVIII en Inglaterra: qué hacer con los hijos de los pobres.[16]

En el contexto latinoamericano, aparte de la pobreza, el abuso de la labor infantil y juvenil, la prostitución de menores y la agresión física que padecen, se comprueban violaciones de otros derechos de los niños que reciben menos atención. Uno de ellos es el doloroso problema de los embarazos en adolescentes. En la altamente alfabetizada Costa Rica, 12% de nacidos tiene madres menores de 14 años, razón por la cual éstas pasaron literalmente de las muñecas a los pañales; en numerosos casos se debe a incesto.[17] También en otras partes de la región el asunto asume proporciones increíbles. Otro punto doloroso es que, según UNICEF, todavía 12% de niños de América Latina no tiene oportunidad de asistir a la escuela; en los países desarrollados este porcentaje se eleva al 1 por ciento.

Si en todas las sociedades los hijos son la esperanza del futuro, resulta de una necesidad imperiosa que se proteja mejor este capital humano. Ya lo dijo de manera tan plástica Gabriela Mistral: "Los niños no pueden esperar. Su nombre es Hoy!" La situación de numerosos seres humanos que no han llegado a la edad adulta en este subcontinente, a pesar de ser mucho menos grave que en ciertas partes de África o de Asia del sur, no deja de desafiar a la conciencia mundial.

5. LOS DERECHOS COLECTIVOS DE LA POBLACIÓN INDÍGENA

Igual que en términos de pobreza, los grupos humanos más frágiles son la población autóctona, los refugiados, los desposeídos, las mujeres, los niños y las minorías. Entre éstos, la comunidad internacional dedicó bastante atención a los derechos de los nativos. En efecto, suelen ser más pobres, menos desarrollados y menos aptos para defenderse en términos económicos.

Una de las grandes conquistas de los años noventa, en América Latina, es la creciente emancipación política y económica de la población indígena. Después de cinco siglos, las Constituciones de Bolivia, Ecuador, México, Paraguay, Brasil y Guatemala reconocen los derechos específicos, las lenguas vernáculas y la identidad de sus poblaciones. Ya no ubican el desarrollo y la preservación de su identidad étnica, social y cultural como objetivos antagónicos. El paso es positivo, pero sigue siendo insuficiente.

En Guatemala, la población autóctona, con 65% de la totalidad, sólo tiene seis "representantes del pueblo" de los 80 con que cuenta la Asamblea. Lo anterior lleva automáticamente a pensar en el *apartheid* sudafricano, con la diferencia de que aquí se trata de una discriminación *de facto* y no *de jure*. ¿A quién le puede parecer normal que siendo la población indígena guatemalteca lo que es, con su gran peso específico, no haya participado directamente en las conversaciones de paz entre el gobierno y la guerrilla? En honor a la verdad, esa participación política totalmente desbalanceada se relaciona también con la división y oposición interna, en las diversas comunidades indígenas. En efecto, la decepción que estas comunidades manifiestan en cuanto al cumplimiento del acuerdo parcial de paz se debe, en buena medida a la falta de un líder con autoridad, capaz de efectuar la necesaria coordinación entre las diversas comunidades indígenas.

Los 12 millones de indígenas de México están representados de manera totalmente insuficiente en el Parlamento nacional. Esa situación explica en gran parte el origen del movimiento armado en Chiapas y en Guerrero. En contraste con lo que sucede en Guatemala, los zapatistas sí participaron con el gobierno en las negociaciones.

En Chile, durante la dictadura militar, los 600 mil mapuches fueron sometidos a una política radical de asimilación; hasta la fecha no disponen todavía de ningún diputado en el Congreso. Sin embargo,

en 1990 se estableció una "Comisión de los pueblos indígenas" de corte pluralista, como interlocutor con el gobierno.
Pocos son los nativos que pueden ascender la escalera social. Las excepciones no hacen sino confirmar la regla. Durante la administración Sánchez de Lozada (1993-97), Bolivia tuvo un vicepresidente aymará, Víctor Hugo Cárdenas. De los Andes hasta el Amazonas, vemos ahora que un número creciente de indígenas asume su parte en gobiernos locales. En Bolivia 35% de las comunas está bajo la administración de comunidades indígenas. En ese país, así como también en Ecuador y Perú, las instituciones encargadas de las relaciones entre el gobierno y las comunidades indígenas adquieren rango ministerial. Pero eso es casi todo. Durante el gobierno del presidente Ramiro de León Carpio (1993-1996), Alfredo Tay Tocoy, de ascendencia quiché, fungió como ministro de Educación Nacional. En realidad el hecho tenía más de astucia política y propagandística que un sentido real y profundo de cambio de percepción.

Los indígenas son presa fácil de las infracciones a los derechos humanos y de la violencia política. Cuando el presidente Serrano llevó a cabo su fallido autogolpe, en mayo de 1993, varios dirigentes campesinos escaparon espontáneamente hacia el exterior durante las primeras horas del golpe.

Por el hecho de que los autóctonos ya no aceptan de manera resignada su pobreza y su exclusión política y económica, se los encuentra con frecuencia en grupos de resistencia política. Algunos lo hacen por medios pacíficos, como la Fundación Rigoberta Menchú en Guatemala. Otros recurren a movimientos tipo guerrilla. Las acciones armadas iniciales del misterioso subcomandante Marcos en Chiapas, México, provocaron una fuerte polarización (véase capítulo I).

Cuando los indígenas asumen la defensa de sus tierras y sus derechos patrimoniales, casi siempre hay que lamentar muertos. Tal es el caso de Brasil, donde no sólo los exploradores en el bosque tropical, sino también los *garampeiros* o buscadores ilegales de oro siempre actúan de una manera brutal. Los indios yanomami que viven en el estado de Roraima, ya pagaron cara su defensa propia, igual los kayapo y kaxarari. En 46 de sus reservas entraron ilegalmente los madereros en busca de caoba. En ocho de ellas los indios fueron masacrados cuando trataron de impedir el despojo. Esos crímenes no se ven únicamente en las películas. Tan sólo en los tres primeros meses de 1994, en Colombia fueron asesinados 16 dirigentes indígenas.

Según el etnólogo Henri Favre, los estados multiétnicos, como en el caso especial de México, sufrieron una profunda transformación en el trato con su población autóctona. Pasaron de la brutal explotación a un intento de integración en la formación de una nación pluralista. Por desgracia, se desembocó en un *apartheid* de nuevo cuño, ya que esa parte sustancial de la población fue invitada a tomar su destino en sus propias manos, pero también a pagar los costos correspondientes.[18]

La Asamblea General de Naciones Unidas proclamó 1993 como el "Año Internacional de los Pueblos Indígenas". En 1991, la guatemalteca Rigoberta Menchú recibió el Premio Nobel de la Paz por sus acciones en pro de la defensa de los derechos de los pueblos indígenas en su país. Con los recursos financieros de ese premio, estableció una fundación que pretende apoyar internacionalmente las reivindicaciones de los nativos.

En 1996 el Parlamento guatemalteco aprobó por fin la Convención 169 de Pueblos Indígenas y Tribus, de la Organización Internacional del Trabajo. México, Bolivia, Colombia, Perú, Honduras y Ecuador —todos países con una importante población autóctona— ya lo habían hecho antes. Este tratado internacional orienta hacia el respeto por los valores culturales y religiosos de los pueblos indígenas, así como también para sus organizaciones sociales y económicas. El CACIF, la poderosa organización gremial de los empresarios locales, había recomendado no ratificar esa convención por ser "engañosa e incitadora de ocupaciones de tierra".

En las Naciones Unidas se está trabajando en una declaración de derechos indígenas. Como quedó reseñado, un acuerdo parcial dentro de las negociaciones de paz en Guatemala se dedicó a la identidad y los derechos de los pueblos indígenas. También en Chiapas, en 1996, se logró un acuerdo sobre esa problemática, pero respecto de su inserción en la Constitución, tal como prometido, no hubo nada hasta la fecha (véase capítulo I). En Ecuador los movimientos de indígenas se reunieron, en 1998, en la Asamblea Popular Constituyente para postular a la Asamblea Nacional *ad hoc*, encargada de la reforma de la Ley Fundamental. No lograron hacer aceptar sus exigencias de multinacionalidad.

Las comunidades indígenas manejan la tesis según la cual les corresponden garantías colectivas y grupales que son más que la suma de derechos de los miembros individuales de su comunidad. Con lo anterior, pretenden tener potestad de mantener sus sistemas comunitarios, tales como la posesión de las tierras, la cultura y su propia identidad. No se trata sólo del derecho individual de cada uno para hablar su lengua materna, practicar su propia cultura o profesar su propia religión, sino de desarrollar esos vehículos expresivos y transmitirlos a las generaciones venideras. En esencia, visualizan un conjunto de derechos de autodeterminación. Esto no debe confundirse con la independencia, sino que se entiende como un afán por lograr una autonomía de la que ellos mismos pretenden asumir el contenido.

6. Los derechos humanos de "izquierda" en Cuba

Aunque sea por razones totalmente distintas, Cuba propugna también para determinados derechos humanos una visión de corte más colectivista. Es el caso sobre todo de los artículos 53 y 54 de su Constitución de 1976 (modificados en 1992). El número 53 contempla la libertad de expresión y de prensa, pero desde una perspectiva marxista. La libertad de expresión significa una posibilidad irrestricta de iniciativa y de crítica, sólo que "dentro de las estructuras de poder", es decir a buen entendedor, sólo dentro de una pirámide unipartidista. Con base en el artículo 53 se pretende desvirtuar el argumento occidental respecto de la no representatividad del partido único.[19] La Constitución reconoce la libertad de prensa pero prohibe tajantemente cualquier privatización en ese sentido.

El artículo 54 otorga libertad de asociación, a ser ejercida mediante las organizaciones de masas. No se permite la existencia de sindicatos alternativos, en los cuales el gobierno ve un peligro directo. En Cuba el descontento en lo que se refiere a las circunstancias laborales y los salarios se encuentra mucho más extendido que las exigencias políticas abstractas relacionadas con el pluralismo y la democracia. Un sindicato alternativo tiene entonces más posibilidades de adhesión que un movimiento político puro.

Por otro lado, la Ley Fundamental garantiza la libertad de conciencia (art. 55), la inviolabilidad del domicilio (56), de la correspondencia (57), de la integridad física (58), la prohibición del uso de la violencia para obtener confesiones (59) y el derecho a petición y el de respuesta por parte de la autoridad (art. 63). Sobre todo los artículos 56 y 59 son violados constantemente.

Hace poco, unos 30 individuos agrupados alrededor de Elizardo Sánchez Santacruz se atrevieron a crear el Consejo Cubano Defensor de los Derechos Civiles, apoyado por contactos, entre otros, con los radicales italianos de Marco Pannella. Su enfoque resultó moderado. Como primer paso, propugnaba la aplicación de los derechos fundamentales, obligaciones y garantías establecidas en la Constitución, ya reseñadas. Para lograr una aplicación razonable de los derechos básicos en la isla, se requerirá sin embargo una reforma de la Ley Fundamental, sobre todo en lo que atañe a su libertad de prensa y de organización.

Allí, una reforma del derecho penal implicaría una mejoría decisiva para los derechos humanos. La "peligrosidad social" y "propaganda hostil" contienen definiciones formuladas ideológicamente que otorgan una base legal para la represión. Sobre todo la Unión Europea insiste en la eliminación de esas estipulaciones del Código Penal. Al introducir el concepto de delito "político" se facilitaría el camino para distinguir entre presos políticos y comunes. Fidel Castro es un experto en ese tipo de distinciones. Cabe recordar quizá que él mismo fue detenido político bajo la dictadura de Fulgencio Batista (1952-1959), que lo condenó a 15 años de prisión por el ataque mortífero al cuartel Moncada, en 1953. Las autoridades cubanas pretenden revisar el citado código, pero únicamente para castigar nuevas formas de criminalidad como las drogas, los delitos económicos, la prostitución y el proxenetismo. Aparte de las modificaciones aludidas, como tarea urgente hay que realizar la reforma del sistema carcelario. En ese caso se vuelven a encontrar situaciones apocalípticas, igual que en la mayoría de los países latinoamericanos.

Cuba tiene cuatro organizaciones para la defensa de los derechos humanos: la Comisión Cubana de Derechos Humanos y Reconciliación Nacional (CCDHRN) presidida por Elisandro Sánchez Cruz ; el Comité Cubano Pro Derechos Humanos (CCPDH) dirigido por el disidente veterano Gustavo Acros; la Oficina de Información de Derechos Humanos/Coordinadora Nacional de Presos Políticos de Aída Valdés Santana y un grupo llamado Partido Pro Derechos Cubanos de Cuba, cuyo presidente es Odilia Valdés Collazo. De los 16 años Elisandro Sánchez Cruz casi nueve estuvo encarcelado. Su vicepresidente, Sebastián Arcos, fue condenado en 1992 a cuatro años y ocho meses por "distribución de propaganda hostil". Ya se mencionó que en junio de 1995 pudo dejar la cárcel a raíz de una misión de estudio de "France Humanités", que también luchó por la liberación del periodista disidente Yndamino Restano. Logro incontestable del Instituto Interamericano de Derechos Humanos en conjunto con la Unión

Nacional de Juristas de Cuba fue que, en 1996, pudieron organizar en La Habana un seminario sobre derechos humanos.[20] En septiembre de 1997, las embajadas de la Unión Europea acreditadas en La Habana establecieron su propio "Grupo de Trabajo de Derechos Humanos". Mantiene contactos tanto con el gobierno como con las organizaciones locales para la defensa de los derechos humanos y con grupos disidentes.

Que los delitos políticos fuera del partido de gobierno resultan peligrosos es algo que los dirigentes del fenecido movimiento coordinador Concilio Cubano tuvieron que experimentar en carne propia. Después de una manifestación política anunciada con mucha anticipación, finalmente prohibida en febrero de 1996, 150 personas fueron arrestadas. La mayoría fue liberada rápidamente. Dos activistas que no quisieron deponer su lucha fueron condenados penalmente por "resistencia" a seis y catorce meses de cárcel. En febrero de 1998, a pedido del papa Juan Pablo II, el gobierno cubano concedió indulto a más de 300 prisioneros, entre políticos y comunes. Pese a este gesto humanitario más de 350 prisioneros políticos quedaron en la cárcel, entre ellos los cuatro líderes del Grupo de Trabajo de la Disidencia Interna Roque-Roque (véase capítulo I). Entre los liberados se encontró Héctor Palacios, un conocido disidente que cumplía una condena por "irrespeto a la autoridad". Puede extrañar que la 54a. sesión de la Comisión de los Derechos Humanos de las Naciones Unidas, en 1998, rechazó la resolución tradicionalmente presentada para condenar la falta de respeto de los derechos humanos en Cuba. Lo cierto es que este resultado no da validez a una supuesta mejora de la situación en Cuba, sino que refleja un real cansancio con la política americana de aislamiento de Cuba después de la visita del papa.

7. La presión internacional: un centinela imprescindible

Las mejoras relativas en el campo de los derechos humanos llevadas a cabo por los gobiernos no se habrían logrado si no fuera por la presión constante de la comunidad internacional. Pocas son las instituciones de Naciones Unidas que tienen la credibilidad de que dispone la Comisión de Derechos Humanos. También Amnistía Internacional y Americas Watch desempeñan un papel decisivo.

Sin embargo, puede comprobarse que la citada comisión constituye en primer lugar un órgano político donde abundan las maniobras diplomáticas, tal como quedó demostrado por el mencionado rechazo de la resolución relativa a Cuba. El periodo de gracia después del final de la Guerra Fría resultó efímero. Un núcleo duro al que pertenecen no sólo China, Irán, Siria, la India, Indonesia, Malasia, Pakistán y Singapur, también Cuba, Colombia y México, utiliza cualquier recurso para paralizar la labor de la comisión. Estos países logran frecuentemente debilitar los procedimientos en cuestión, con tal de que las encuestas ahonden menos en ciertos temas; además, obtienen que los gobiernos no sean castigados por lo que merecen.

Las citadas organizaciones carecen de potestad para imponer sanciones, pero pueden condicionar la imagen de un país. Ambas establecen informes respecto de temas específicos, como detenciones arbitrarias, o ejecuciones extrajudiciales. Los gobiernos otorgan muchísima importancia a esos informes, sobre todo si provienen de las Naciones Unidas.

En vista de que la batalla está lejos de ser ganada, es necesario mantener la vigilancia desde fuera por parte de gobiernos, parlamentos y organizaciones no gubernamentales. De pronto conviene agudizarla, lo cual es posible mediante diálogo político e influencia en la toma de decisiones. Resulta esencial introducir la "condicionalidad política", es decir, la imposición de requisitos en relación con el respeto por los derechos humanos como condición para el otorgamiento de cooperación al desarrollo. Es demasiado fácil argumentar que se trata de una injerencia foránea. Los derechos humanos constituyen, en efecto, una parte integral del concepto contemporáneo de desarrollo. Casi todos los donantes bilaterales estipulan el respeto a los derechos humanos como un objetivo primordial en su política. Hasta ahora sólo Estados Unidos y Bélgica establecieron el vínculo entre ambos aspectos de manera legal.

Condicionar la cooperación al desarrollo no representa nada nuevo. Desde tiempo atrás, la cooperación se ha visto acompañada por exigencias. Lo importante no es sólo el nivel de pobreza. La cooperación siempre se enmarcó dentro de las relaciones bilaterales entre el donante y el país receptor, por razones geopolíticas o por intereses macro o microeconómicos. El respeto a los derechos humanos pertenece más bien a la categoría de los llamados "valores blandos" (*soft values*), como los principios democráticos, la lucha contra la corrupción, o la reducción de los gastos en armamento.[21]

Alemania, Bélgica y Suecia introdujeron cláusulas de derechos humanos y de democratización en sus acuerdos bilaterales.[22] El mayor defensor de ese tipo de criterios es, sin embargo, la misma Unión Europea. En consideración a una resolución del Consejo de Ministros, con fecha 28 de noviembre de 1991, en todos los nuevos acuerdos de cooperación con terceros países se incluyen cláusulas referentes a los derechos humanos. Lo anterior proporciona un marco jurídico para suspender el acuerdo, en caso de que esas bases y la democratización se vean afectados de manera fuerte y constante. Desde 1992 se incluye la así llamada cláusula del "elemento esencial" en esos acuerdos, la cual estipula que el respeto por los derechos humanos y los principios democráticos constituyen un elemento esencial del acuerdo.

El papel de vanguardia asumido en ese sentido por la Unión Europea debe alegrar. Si bien es cierto que la mayoría de los países de América Latina propugnan los derechos humanos, no siempre ven de manera muy grata que se les vigile al respecto. Aunque menos que en el sur asiático, lo consideran muchas veces como un tipo de paternalismo o un asociarse con quienes favorecen una redistribución social más equitativa. Los donantes bilaterales no pueden ser insensibles ante esto y deben matizar su cooperación. Por lo tanto, una acción mancomunada de los países europeos resulta útil. De ninguna manera la Unión Europea persigue objetivos imperiales en América Latina, tal como ya se mencionó en el capítulo II. Europa posee autoridad moral para actuar como guardián de los derechos humanos.

Asumir una "política de condicionalidad" presupone que el donante disponga de suficiente información para poder enjuiciar la situación de los derechos humanos. Debe saber medir si la situación mejoró o empeoró y debe tener visión también sobre las causas. Alemania y el Reino Unido establecieron, en tal sentido, una lista de temas a abordar. En Bélgica existe la obligación de informar anualmente al Parlamento respecto de la situación de los derechos humanos en los países donde ella concentra su cooperación al desarrollo. En Estados Unidos, año tras año se mandan "*country reports on human rights practices*" al Capitolio, en cuanto a todos los países con los cuales se trabaja en cooperación. Una información óptima debería incluir no sólo la situación de los derechos políticos y civiles, sino también los derechos económicos, sociales y culturales, además de garantías para las minorías y los grupos indígenas. Todavía no se ha llegado a eso.

El respeto por los derechos humanos debe llegar a transformarse internamente en una plataforma política, más allá de los actuales grupos de presión. A los gobiernos debe interesar que los derechos sean respetados. Por ello la comunidad donante hace bien en incluir en su política de cooperación una serie de estímulos positivos y negativos, con miras a promover su respeto. Para tal tipo de vinculación de la ayuda, sería conveniente establecer criterios cuantificables en relación con las condiciones mínimas requeridas para determinar dónde y cuándo otorgar los estímulos previstos. No es fácil en la práctica poner en marcha tal sistema. La decisión de aumentar la ayuda como recompensa o disminuirla como sanción no deja de tener un carácter estrictamente político. Por lo demás, no es difícil imaginar que se podrían imponer condiciones más estrictas a naciones pequeñas o débiles, con una menor relevancia geopolítica.

Aparte de la introducción de una eficiente "política de condicionalidad" es conveniente que los donantes bilaterales mantengan su apoyo a la construcción de un Estado de derecho, al fortalecimiento de los derechos políticos y civiles y a la reparación del daño moral y material. Es importante establecer mecanismos de financiamiento para la compensación jurídica de las víctimas de las infracciones a los derechos humanos, el apoyo al procurador de los derechos humanos y a las organizaciones no gubernamentales locales comprometidas con la misma causa y la defensa de los intereses de los grupos marginados en la sociedad. Sin embargo, la comunidad internacional debe ir más allá. De ahora en adelante, conviene que preste más atención a medidas preventivas como la educación para los derechos humanos en la población (sobre todo en la juventud), los presos, el personal carcelero, el ejército, la policía y los encargados del orden en general.

A pesar de que en América Latina se han comprobado mejoras sustanciales en lo referente a los derechos humanos, la batalla no ha terminado. Incluso en los países donde la situación de los derechos civiles y políticos es relativamente buena, la situación de los derechos económicos, sociales y culturales resulta muchas veces muy frágil todavía. Por desgracia la comunidad internacional es menos sensible respecto de las violaciones en este segundo grupo de derechos. La pobreza y la desigualdad social aumentan virulentamente a causa del fenómeno "crecimiento sin trabajo", mientras las iniciativas gubernamentales son insuficientes en cuanto a mecanismos de redistribución de ingresos y promoción de empleos con salarios adecuados. En cuestión de los derechos ambientales prácticamente todo está por empezar. Se otorgan concesiones para pesca, silvicultura, o construcción de hoteles en condiciones bastante oscuras. En el capítulo IX se profundizará en este punto. La contaminación ambiental preocupa a pocos. Costa Rica es una excepción a esta regla; los derechos ambientales merecen un lugar destacado en la agenda de la cooperación internacional.

Para terminar, es apropiado rendir homenaje a los múltiples luchadores conocidos y otros menos evidentes que ofrendaron hasta su vida por los derechos de sus semejantes. Faltan aplausos para ellos; sin embargo, son los héroes de los tiempos modernos estimulados por una creativa visión del mundo. A diario chocan con situaciones caóticas que afectan a la humanidad. Sólo algunos han merecido reconocimiento internacional. Los esfuerzos de todos ellos pueden considerarse un paso decisivo en la senda recorrida, no sólo para comprobar infracciones sino, además, para remediarlas.

NOTAS

[1] Véase: *Estudios Básicos de Derechos Humanos VII, El Ombudsman y la Protección de los Derechos Humanos*, Instituto Interamericano de Derechos Humanos, San José, Costa Rica, 1997.

[2] Este efecto profiláctico de todas maneras no pudo evitar que todos los informes sobre derechos humanos en Guatemala (por parte de los expertos de la misión MINUGUA, el ombudsman y la Oficina de Derechos Humanos del Arzobispado) establezcan que la situación de los derechos civiles, políticos y socioeconómicos, en 1995 no hizo sino empeorar.

[3] La Convención Europea de los Derechos Humanos se firmó en 1950 y entró en vigor en 1953.

[4] Aparte de Cuba, tampoco firmaron la convención Belice, Canadá y Guyana.

[5] Peter Baehr, Lalaine Sadiwa y Jacqueline Smith (eds.), *Human Rights in developing countries*, Yearbook, 1996. La Haya, Kluewer Law International, 1996.

[6] La Organización "Amnistía Internacional" no comparte este criterio. En su informe anual de 1996 argumenta en el sentido de que ocurren todavía ejecuciones extrajudiciales y desapariciones en, por lo menos, 16 países de América Latina. Esa organización llega a una cifra tan alta porque también incluye los delitos cometidos por iniciativa propia por miembros del ejército o de la policía.

[7] Véase: "Venezuela, Augean Law", *The Economist*, septiembre 14, 1996.

[8] Eduardo Ulibarri, "La información como derecho individual y colectivo", *Periodismo, Derechos Humanos y control del Poder Político en Centroamérica*, IIDH, San José, Costa Rica, 1994.

[9] Las relaciones entre la Iglesia católica y el sandinismo resultaron tensas desde el principio. Se acusó al cardenal Obando de ser el organizador de los «contras» y el protector de los ricos. A partir de cierto momento, los vínculos entre ambas instancias se tensaron aún más; fue el caso en 1982, cuando monseñor Bismarck Carballo, portavoz de la Iglesia y delfín del cardenal fue arrastrado desnudo de la vivienda de una colaboradora del sandinismo y presentado a la prensa. Con motivo de la visita pastoral del papa Juan Pablo II en 1983 a Managua, repetidas veces su homilía fue interrumpida por grupos de sandinistas que, gritando, le exigían condenar la guerrilla de la «contra». A raíz de la campaña presidencial de 1996, Daniel Ortega se reconcilió con el cardenal Obando. Sin embargo, éste incitó de manera apenas metafórica a votar por Alemán, el candidato de la derecha.

[10] Jean Daudelin y W.E. Hewitt, "Churches and politics in Latin America: Catholicism at the crossroads", *Third World Quarterly*, 16, 2, 1995.

[11] Gary W. Wynia, *Argentina, illusions and realities*, Homes and Meier, Nueva York, 1992, p. 21.

[12] Hasta hace poco los sindicatos eran ilegales en Corea del Sur.

[13] Alberto León Gómez Zuluaga, "Los derechos laborales: la libertad sindical", *Estudios básicos de Derechos Humanos VI*, IIDH, San José, Costa Rica, 1996.

[14] En todas partes se observa una disminución en el poder de los sindicatos. En los países en vías de desarrollo algunos le echan la culpa a la desaparición del comunismo.

[15] María Cristina Salazar, *Significado social del trabajo infantil y juvenil en América Latina y el Caribe*, Bogotá, 1994.

[16] H. Cunningham, *The Children of the Poor. Representation of Childhood since the Seventeenth Century*, Inglaterra, Blackwell, Oxford, 1991.

[17] De un sondeo publicado en Nicaragua, en 1998, al margen de la denuncia penal por la hijastra de Daniel Ortega contra el exmandatario se desprende que 25% de las mujeres sufrió acoso sexual entre los seis y 11 años, y 20% de los hombres.

[18] Henri Favre, *L'indigénisme*, "Que sais-je?", PUF, París, 1996.

[19] Cuba cuenta con cinco partidos políticos ilegales: la Corriente Socialista Democrática Cubana, de Manuel Cuesta Morua; el Movimiento Cristiano de Liberación, de Oswaldo Paya Sardinas; el Partido Liberal Democrático Cubano, de Oswaldo Alonso; el Partido Socialdemócrata Cubano, de Vladimir Roca, y el Partido Solidaridad Democrática, de Héctor Palacios.

[20] *Seminario sobre Derechos Humanos*, La Habana, Instituto de Derechos Humanos, San José, Costa Rica, 1997.

[21] Willy J. Stevens, "Valores Blandos en la Cooperación Internacional", *Internationale Spectator*, mayo, 1993, p.p. 269-273.

[22] Koen De Feyter *et al.*, *Ontwikkelingssamenwerking als instrument ter bevordering van mensenrechten en democratizering*, Universidad de Amberes, junio, 1995.

Capítulo V
Los crímenes masivos y sistemáticos del pasado; justicia y reconciliación nacional

> *Ninguna sociedad puede convivir armoniosamente sobre la base de mentiras y con la herida de la desconfianza mutua entre sus miembros.*
> Patricio Aylwin

1. El pasado se resiste a irse

Desde la Revolución Francesa, la primera tarea de una democracia recuperada consiste en encontrar una solución frente al legado de los hechos ominosos ocurridos durante la dictadura anterior. El proceso contra Maurice Papon, en Francia, y el perdón pedido por la Iglesia gala por su complicidad con el gobierno de Vichy demuestran que las heridas de la Segunda Guerra Mundial y el nazismo no sanaron todavía en Europa, pese a medio siglo transcurrido. El juicio simbólico a Cristobal Colón que realizarán los indígenas de Honduras, el 12 de octubre de 1998 (Día de la Raza) por delitos de *lesa humanidad*, la celebración por parte de los protestantes franceses del Edicto de Nantes, en su cuarto centenario, que puso fin a la persecución de los hugonotes, y los numerosos alemanes, checos y húngaros que hacen fila para estudiar los ficheros que la policía secreta había abierto en su contra en diversos países de Europa del Este en tiempos del comunismo comprueban que, por falta de justicia histórica, los rencores de otrora pueden renacer en cualquier momento. La *psique* nacional no se deja adormecer en una complascencia definitiva y el esfuerzo de recuperación de la memoria se hace tan necesario como saludable.

También para América Latina constituye un desafío sumamente delicado —más aún por el poco tiempo transcurrido— superar la etapa de crímenes cometidos por dictadores, militares, la policía, brigadas de defensa civil y la resistencia armada. Tres razones se combinan a favor de una superación: sanar los traumas de las víctimas y sus familias, la profunda voluntad social hacia un utópico "nunca más" y la conveniencia política de una reconciliación nacional. Si esta tarea no se lleva a cabo de manera profunda y completa, pasarán décadas todavía en que las relaciones sociales se verán condicionadas por los fantasmas del pasado.

Queda inconcluso el debate respecto de la manera más pertinente para soslayar la penosa herencia de los regímenes de fuerza. Algunos prefieren recurrir a leyes de amnistía, cosa de esconder todo en el pozo del olvido. Para ello apelan a la conveniencia de la reconciliación política y al hecho de que cantidad de crímenes no siempre pueden probarse de una manera tajante. El escritor Mario Vargas Llosa se encuentra entre los que prefieren simplemente cambiar de hoja.[1] Según él, la nueva democracia exige no volver la vista atrás. Otros propugnan que una comisión de investigación se encargue de escudriñar acerca de la verdad histórica. Esta tesis tiende a compensar a las familias de las víctimas y que se prohíba a los culpables el acceso al poder político si su responsabilidad individual puede ser determinada. Surge la pregunta si establecer la verdad, en sí, equivale ya a justicia. Un tercer grupo apunta, nada menos, a una condena de los autores intelectuales y de los que ensuciaron sus manos con torturas y asesinatos, siempre y cuando las mismas leyes de amnistía no prohíban tal cosa. Esta última postura, siendo la más extrema, resulta posiblemente también la más difícil de llevar a cabo. Conlleva tres fases: la instrucción judicial, la condena y el castigo. Pocos son los países donde se llegó a ello, excepto en casos individuales.

En la práctica, sobre todo la primera y segunda fórmula, se llevaron a cabo.[2] El cuadro V.1 da un panorama de las diversas leyes de amnistía promulgadas desde 1978 con miras a superar la impunidad del terrorismo de Estado. Aquí se utiliza el término de amnistía en sentido lato, por lo que cubre tanto la amnistía pura como la prescripción, la obediencia obligada y el indulto o supresión del castigo.

La puesta en vigor específica es determinada por el poder político del nuevo gobierno en relación con el ejército, la cultura política y la misma historia del país, el tipo de dictadura, la intensidad de la participación ciudadana y la tipología de los delitos perpetrados. De manera que en cada país el problema se aborda de manera diferente. A continuación se dará énfasis a los casos de Argentina, Uruguay, Chile, El Salvador, Honduras y Guatemala en vista de que cubren todo el abanico de posibilidades.

Las dos posturas extremas son la uruguaya y la argentina. En este último país el manto de los crímenes cometidos se levantó hasta cierto punto y varios miembros de las juntas gubernamentales, además de militares de alto rango, responsables por la "guerra sucia", fueron enjuiciados y condenados. Finalmente, el presidente Menem les concedió total liberación de castigo después de que su colega

Alfonsín, bajo presión castrense, se había visto obligado dos veces a limitar la penalidad mediante leyes de amnistía. En Uruguay se organizó una consulta popular que refrendó la "ley de caducidad" o prescripción de todos los delitos cometidos durante la dictadura. En este caso, la impunidad prevaleció tanto para el ejército, la policía, como para la guerrilla.

Cuadro V.1 Diversas leyes de amnistía en América Latina desde 1978

A - Autoamnistía promulgada por los regímenes militares:
  Chile en 1978, Argentina en 1983 y Guatemala en 1982 y 1986. La ley de amnistía brasileña de 1979 constituye en realidad una medida híbrida, especie de compromiso o solución negociada entre los partidos de oposición y los militares.

B - Leyes de amnistía promulgadas por gobiernos civiles bajo presión militar:
  Argentina en 1986, 1987 y 1989, Uruguay en 1986, El Salvador en 1993 y Honduras en 1982, 1987 y 1991.

C - Leyes de amnistía promulgadas en ejecución de los acuerdos centroamericanos de paz conocidos como Esquipulas II:
  El Salvador, Guatemala y Nicaragua en 1987.

D - Amnistía promulgada en el marco de un acuerdo de paz.
  Guatemala en 1996.

Lo ocurrido en Chile se sitúa exactamente en medio de estas posturas antagónicas. En 1990 se encargó a una comisión establecer los hechos, y el gobierno compensó a las víctimas en el orden material y moral. Algunos casos fueron llevados ante los tribunales. Fue sin duda la manera más pragmática de abordar una situación tan delicada. La realización de un inventario de las violaciones cometidas sirvió como ejemplo para lo que después emprenderían El Salvador y Guatemala en situaciones paralelas.

En El Salvador, en el marco del acuerdo de paz de 1992, se estableció una "comisión de la verdad". Una vez dado a conocer el informe, a cargo exclusivamente de extranjeros, el Congreso Nacional, en manos de la derecha, aprobó una ley de amnistía durante una muy cuestionable sesión maratónica. También en Guatemala, uno de los acuerdos parciales de las negociaciones de paz entre el gobierno y la UNRG prevé establecer una "Comisión para el esclarecimiento histórico de las violaciones a los derechos humanos y hechos de violencia que han causado sufrimiento a la población". La amnistía otorgada no es automática y se limita a delitos cometidos en el marco de un enfrentamiento armado. En Honduras, desde 1993, los tribunales tratan vanamente de enjuiciar a los militares implicados en la desaparición de 184 personas, hechos que remontan a los años ochenta. Hasta ahora las fuerzas armadas recurren a tres leyes de amnistía vigentes y, con complicidad de sus autoridades, se niegan a remitir a los acusados ante los tribunales civiles.

Cuadro V.2 Asesinatos y desapariciones ocurridos durante las dictaduras y las guerras civiles en América Latina

País	Periodo	Asesinados	Desaparecidos	Amnistía
Argentina	1976-1983	35 000	10 000	1985,1989
Chile	1973-1990	1 934	1 080	1978
Uruguay	1972-1986	254	164	1986
El Salvador	1980-1991	75 000	35 000	1985, 1993
Guatemala	1954-1996	150 000	45 000	1982, 1988
Honduras	1962-1982	N.D.	184	1982,1987 1991

Cabe formular la pregunta de si existe el "derecho a la verdad". El Derecho Internacional cuenta con principios emergentes en este sentido. Juan E. Méndez, director del Instituto Interamericano de Derechos Humanos, no permite que surjan dudas al respecto. Establece rotundamente que "en presencia de violaciones masivas y sistemáticas de los derechos más fundamentales (a la vida, a la integridad física de las personas, al debido proceso o a un juicio justo), el Estado está obligado a investigar, procesar y castigar a quienes resulten responsables y a revelar a las víctimas y a la sociedad todo lo que puede establecerse sobre los hechos y las circunstancias de tales violaciones".[3]

En la síntesis que sigue conviene tener muy presentes cuatro obligaciones del Estado en relación con crímenes del pasado: a) la obligación de investigar y dar a conocer los hechos que se pueden establecer fehacientemente, b) la obligación de procesar y castigar a los responsables, c) la obligación de reparar integralmente los daños morales y materiales y d) la obligación de extirpar de los cuerpos de seguridad y de la función pública, a quienes han cometido, ordenado o tolerado estos abusos.[4]

2. Impunidad forzada en Argentina[5]

La dictadura militar argentina (1976-1983) resultó ser una aplicación perfecta de la teoría de la "seguridad nacional". Se trataba de una guerra sin cuartel contra la oposición política y civil de todo lo que oliera a izquierda, contra el movimiento opositor armado de los "Montoneros" y de los miembros del Ejército Revolucionario del Pueblo (ERP). Las "Órdenes de Operaciones Antisubversivas" decretadas en 1976 por el general Roberto Viola, comandante en jefe del ejército, divulgadas en el entretanto, preveían que la "evacuación" de los detenidos debía ejecutarse "con la mayor rapidez, previa separación de grupos, jefes, hombres, mujeres y niños después de su captura". Como lo visualiza de manera dramática la película *La historia oficial*, no existía medio ilegal, inmoral o demasiado cruento. Esta cinta, rodada en 1985 bajo la dirección de Luis Puenzo, narra la historia de una educadora que adoptó a un niño, ignorando que sus padres habían sido "desaparecidos". Otras tres películas argentinas acerca de los mismos hechos cruentos son *Tangos* y *Sur*, de Fernando Solanas, y el filme patético *La noche de los lápices rotos*, presentada por Héctor Olivera en 1988; describe el arresto de un grupo de estudiantes de Bellas Artes, su tortura y liquidación en la cárcel.

En ningún caso de violaciones de derechos humanos perpetrado durante la dictadura se aplicaron las garantías judiciales y el derecho a un justo proceso. El principio del *habeas corpus* se pisoteó y tanto los militares como los servicios de seguridad ejercieron presión o simplemente eliminaron a los abogados que se atrevían a defender a los presos políticos. Durante esta "guerra sucia" habrían sido asesinadas 35 mil personas, de las cuales 10 mil presos desaparecieron sin dejar rastro alguno[6] (cuadro V.2). La dictadura firmó su propia caída en 1982 al tratar de sacar provecho de su intervención militar en las Islas Malvinas o Falkland, bajo dominio británico.

Tan pronto fue juramentado, el presidente Alfonsín instauró una "Comisión nacional para los desaparecidos" (CONADEP).[7] Para todo el subcontinente constituiría aquello un precedente. Ernesto Sábato, prestigioso escritor y ferviente opositor a la dictadura, presidió la comisión compuesta exclusivamente por compatriotas activos en la defensa de los derechos humanos. Los militares se negaron a colaborar, a pesar de que el gobierno los había obligado. El famoso informe "Nunca más" daba detalles acerca del tipo de torturas, los métodos utilizados para las desapariciones y las cárceles secretas.[8] También consta de una lista impresionante con los nombres de los desaparecidos. A la comisión no asistía el derecho de dar a conocer los nombres de los autores supuestos, pero los tenía que comunicar al gobierno. Por una fuga de información la lista, de más de mil personas, llegó a ser publicada en los periódicos. La comisión y la opinión pública suponían en este momento que los autores de las desapariciones iban a ser llamados a los tribunales.

La desaparición de unos 500 niños constituye un caso especial. Fueron secuestrados junto con sus padres o llegaron al mundo durante el encarcelamiento "oculto" de sus madres, en los calabozos de la dictadura. A más de un niño se le hizo nacer por cesárea, dejando que su progenitora se desangrara a muerte. Por lo general los infantes "desaparecidos" fueron dados en adopción a militares sin descendencia o vendidos a familias con vínculos estrechos en el nivel castrense. Otros simplemente fueron liquidados junto con los padres.

En 1977, un grupo de doce valientes madres de desaparecidos inició su incansable búsqueda. El ansia de justicia las hizo "bailar solas", como se acuñó en canciones populares. Aun así, su afán justiciero quedó frustrado por las leyes de amnistía, indultos y trabas acrecentadas por el peso del tiempo. Ahora son centenares, agrupadas en la organización "Abuelas de la Plaza de Mayo". Con cabellos blancos y ojos cansados, todavía efectúan una manifestación semanal. De este modo intentan recuperar a los niños que les fueron plagiados. Conformaron un equipo de profesionales que recibe denuncias y realiza investigaciones sobre los hijos de desaparecidos. Gracias a la biotecnología del DNA, hubo manera de identificar a 58 entre ellos y se encaminaron procedimientos jurídicos para devolverlos a sus familias biológicas. Alegando que el robo de niños es un delito que no prescribe, varias abuelas presentaron una demanda contra los presuntos responsables. Unos 264 niños robados desconocen todavía su verdadera identidad.

Antes de su retirada, a fines de 1983, los uniformados se recetarían su propia amnistía en relación con todos los delitos cometidos por ellos mismos en el marco de la lucha contra el terrorismo y la resistencia armada.[9] Esta ley preveía incluso la prohibición expresa de investigar tales hechos. Apenas 10 días después del traspaso de poder, el presidente Alfonsín cumplió con una promesa electoral y decretó que los nueve miembros de las tres primeras juntas militares fuesen convocados ante el Supremo Consejo Militar, bajo el cargo de asesinato, tortura y arresto arbitrario. De manera que no se tocó la práctica en vigor de la "autodepuración" o la jurisprudencia por los mismos uniformados. El cuerpo militar se dedicaría por lo pronto a la limpieza en su propio nido al excluir de sus círculos a todos los que habían cometido infracciones graves contra los derechos humanos. En este momento no había margen para una solución más civil.

En diciembre de 1985, los jueces castrenses dictaminaron contra los nueve miembros de la junta. El general Videla y el almirante Massera fueron condenados de por vida. Impusieron 17 años al general Viola, ocho al almirante Lambruchini, y al general Agosti cuatro años y medio. Los cuatro restantes fueron absueltos. El tribunal en cuestión había hecho todo por reducir la cantidad de condenas al mínimo. El principio invocado al respecto fue el de la "obediencia debida" previsto en el artículo 514 del Código Penal castrense. Según este artículo sólo el jefe superior y el que concretamente estaba al mando como oficial es el responsable por un delito. El subalterno sólo es cómplice si ha transgredido la orden. El gobierno y la Cámara Federal de Apelación de Buenos Aires pretendían más bien aplicar la doctrina de Nüremberg. Según ésta, la participación de cuadros medios y bajos en delitos no los libera de su responsabilidad penal. Sin embargo, el temor a un motín militar hizo que el gobierno renunciara a sus pretensiones.

La condena para dos exjefes de policía de Buenos Aires, con fecha 6 de diciembre de 1986, obligó al gobierno a temperar aún más su posición para bajar las tensiones. Dos semanas después proclamó la ley del "Punto Final", que prevé la prescripción de todo crimen contra el cual dentro de los sesenta días siguientes a la entrada en vigencia de la ley no se hubiera emprendido acción penal. Lo anterior desencadenó una verdadera tormenta de acciones por parte de abogados, organizaciones de derechos humanos, víctimas y familiares. Se llegó a acusar formalmente a 450 militares, policías, vigilantes de presidio y opositores políticos. Más adelante se demostrará que esta ley tiene un cierto parecido con la prescripción que se decretó dos días antes en Uruguay.

Durante la Semana Santa de 1987, la intentona por llevar a un mayor ante el juez provocó una revuelta en el cuartel de Córdoba, igual a lo que estuvo por ocurrir en Uruguay unos meses antes, en torno al coronel José Nini Gavazzo. Los "carapintadas" exigieron la salida de los generales en servicio activo y amnistía para todos los acusados de infracción en contra de los derechos humanos. Después de las negociaciones, los amotinados se rindieron. La misma dirigencia del ejército vio con preocupación que en la cadena de mando quedaban muchos eslabones sueltos a raíz de las múltiples persecuciones penales, por lo que pretendía repararla cuanto antes. A pesar de que el presidente Alfonsín aseguraba que no se harían concesiones, el gobierno propuso una amnistía para prácticamente todos los delitos cometidos durante la "guerra sucia". La ley en cuestión, conocida como "Ley de obediencia debida", terminó por aplicar una impunidad generosa, introduciendo el portillo de la "sospecha legal" por la cual los que cometieron los delitos pudieran haber actuado con base en el principio de la citada obediencia. De esta amnistía se excluyeron las violaciones, la sustracción y el ocultamiento de menores o el cambio de su condición civil y la apropiación de bienes muebles con base en extorsión.

Finalmente, bajo la presidencia de Carlos Menem, él mismo preso durante la dictadura, los militares superiores y autores intelectuales obtendrían igualmente completa impunidad. Entre 1989 y 1990, emitiría 10 decretos presidenciales de gracia a favor de perseguidos o juzgados respecto de crímenes contra los derechos humanos, cometidos durante el reciente, pero ominoso pasado. Estos decretos *de facto* pusieron fin a toda posible persecución. Una primera serie de decretos, promulgados en octubre de 1989, abrieron las cárceles a 38 militares de alto rango, 20 generales y tres vicealmirantes entre ellos. Dos meses más tarde, una segunda tanda benefició a los cinco miembros de la junta arrestados (los generales Videla y Viola, el jefe de policía Camps y Riccheri, José Martínez de Hoz y el general Carlos Suárez Masón). También Mario Firmenich, el dirigente del disuelto Movimiento Montonero, recibió indulto.[10]

¿Qué balance se puede establecer en relación con esta búsqueda progresiva de la justicia y la reconciliación nacional? Primera comprobación: otorgar impunidad no transcurrió sin presión militar. Sobre todo las dos amnistías decretadas por el presidente Alfonsín se dieron después de tres rebeliones pretorianas que se ubican en un periodo de transición de cinco años, marcado por un equilibrio muy frágil entre los políticos y los militares. Coincidieron también con una profunda crisis económica. El Centro para Estudios Jurídicos y Sociales, de Buenos Aires, presentó a la Comisión Interamericana para los Derechos Humanos una petición respecto de la segunda ley de amnistía , o sea, la Ley Obediencia Debida. En su opinión esta ley entraba en contradicción con los deberes internacionales del país. Sin embargo, la gracia otorgada por el presidente Menem en 1989 se inspiraba más en una legítima preocupación por la reconciliación nacional. El hecho de que la guerrilla había recurrido por igual a la violencia resultó también importante al tomar esta decisión. De manera que Argentina es un caso típico de verdad a medias *versus* impunidad del mismo signo. Algunos de los responsables principales fueron condenados a la cárcel. El juicio transcurrió de manera honesta y con el debido respeto por el derecho a la defensa. El General Massera —el torturador de la "Escuela de Mecánica" de la Fuerza Naval de la que había sido jefe entre 1976 y 1983— estuvo efectivamente siete años en la cárcel. Las penas para el general Videla, expresidente de la Junta Militar, y el general Viola fueron de seis años y medio a cada uno, seis para el general Camps y tres y medio para el general Suárez Mason. Quizás estos castigos parezcan mínimos en comparación con los 16 años de presidio que le correspondió a Georges Papadopoulos, el líder del Régimen de los Coroneles en Grecia. También queda corto el castigo en relación con lo inhumano de los delitos cometidos. Sin embargo, hasta la fecha, Argentina es la única democracia latinoamericana que persiguió y encarceló a los miembros de diversas juntas militares. La pena que tuvieron que purgar éstos, por mínima que sea, se acerca más a la justicia que la impunidad de la que dictadores y criminales de Estado en otros países todavía disfrutan. En cuanto a la indemnización moral y material de las víctimas y sus familiares, la compensación fue muy limitada. La depuración de los cuerpos de seguridad se aplicó para los altos oficiales, pero muchos subalternos o autores materiales de los crímenes siguen aún en servicio activo.

Sin lugar a dudas, en Argentina se intentó seriamente llegar a la verdad y romper el cerco de la impunidad. Estos intentos se vieron caracterizados por una alta integridad y tuvieron resultados limitados, pero positivos. Esclarecieron hechos muy punibles. Pero, ¿puede considerarse que la búsqueda de la verdad se encuentra concluida, mientras no se haya resuelto el problema de muchos desaparecidos?

Hechos ocurridos en 1995 demostrarían en efecto que, hasta entonces, una parte importante de la verdad había quedado sistemáticamente oculta. Poco antes de las elecciones presidenciales, un exoficial de la armada, Adolfo Francisco Scilingo, de la funesta "Escuela de Mecánica" mencionada, confesaría haber sido cómplice de lanzar desde aviones sobre el Atlántico una cantidad de presos políticos desnudos y drogados. Su relato cruel se narra en términos conmovedores en el libro *El vuelo*, que parte de una entrevista entre él y el periodista Horacio Verbitsky (que habría podido ser su víctima).[11] El general Martín Balza, desde 1991 jefe del Estado Mayor del ejército, y una serie de otros militares y policías como Héctor Vergés, Federico Talavera y Víctor Ibáñez, corroborarían esta versión y pedirían públicamente perdón.[12] Estas declaraciones desencadenaron un debate furioso sobre las dos leyes de amnistía de 1987 que cuestionaban si no había que suspenderla, con miras a encaminar un proceso penal contra una cantidad máxima de culpables. Efectivamente estas dos leyes absolvieron a los oficiales subalternos. En marzo de 1998, la Cámara de Diputados las revocó por unanimidad. Sin embargo, esta decisión tiene solamente un valor simbólico. Los oficiales que se beneficiarán de estas amnistías no pueden ser juzgados de nuevo bajo las mismas acusaciones.

El 27 de abril de 1996 también la Iglesia católica confesaría un *mea culpa* limitado en cuanto a su complicidad por medio de sacerdotes y militantes durante la "guerra sucia". No reconocía culpabilidad como institución, pero se refería a "sus hijos", que como miembros de la guerrilla de izquierda, como funcionarios públicos o miembros de servicios de seguridad, habían estado relacionados con crímenes y torturas. Hace rato se sabía que varios capellanes militares se habían ensuciado las manos con violaciones a los derechos humanos en tiempos de la dictadura. Según la confesión del citado Scilingo, ciertos sacerdotes católicos habrían argumentado ante los militares que tuvieron que empujar a opositores desde aviones en el mar, que no tenían por qué tener remordimiento de conciencia, porque sus víctimas encontraron una "muerte cristiana" y que de todas maneras estaban anestesiados. Por otra parte, al igual que en El Salvador y Guatemala, la misma Iglesia argentina había tenido que ofrendar la vida de cantidad de sacerdotes, religiosas y laicos durante la dictadura.

En contraste con los obispos de Brasil y de Chile, que se habían opuesto de manera virulenta a la dictadura en su país, la jerarquía católica argentina anterior a este perdón había tenido una posición tremendamente conservadora. Fue una de las últimas en aplicar las reformas sociales del Concilio Vaticano II (1962-1965). Incluso llegó a tratar de obviar el verso del *Magnificat* "Dios destrona a los poderosos y favorece a los humildes". Con frecuencia se le achacó no haber tomado suficiente distancia de los delitos señalados y que muchos católicos habrían aprobado la violencia sistemática. Se le reprochaba además que no se empeñó suficientemente para evitar la sangrienta represión militar. Incluso su confesión del 27 de abril de 1996 no habría sido aprobada en forma unánime por todos los obispos y sólo habría sido elaborada después de una carta al papa de parte de las Madres de la Plaza de Mayo.

La impunidad en Argentina no podía impedir la investigación judicial y el juicio de varios crímenes por instancias foráneas. Sobre todo Baltazar Garcón, magistrado de la Audiencia Nacional de Madrid, se empeñó mucho a tal efecto. Por denuncia penal de organizaciones no gubernamentales, dirige una investigación acerca de los culpables de torturas, ejecuciones extrajudiciales y desaparición de unos trescientos españoles durante la dictadura en Argentina (y otro tanto en Chile). En octubre de 1997, el arrepentido Adolfo Scilingo, implicado en delitos de genocidio y terrorismo, se entregó voluntariamente en Madrid y remitió una lista de 158 culpables. Un mes después, el exagente de policía Luis Alberto Urquizo entregó al mismo juez una lista de cinco campos de detención en la provincia de Córdoba y los nombres de más de 100 opresores, entre ellos varios jueces militares y policías, todos aún en servicio activo. El 16 de marzo de 1998, líderes sindicales de la Central de los Trabajadores Argentinos, próxima al izquierdista Frente del País Solidario (Frepaso), presentaron al juez Garcón una voluminosa documentación en la que se da cuenta de la desaparición de 9 mil personas. Anteriormente, tribunales de Francia y Suecia habían condenado a presidio de por vida al reo ausente capitán de Marina Alfredo Astiz,[13] por el vil asesinato de las monjas francesas Alice Dumon y Léonie Duquet, quienes colaboraban con las Madres de la Plaza de Mayo, y de una joven suecaargentina, Dagmar Hagelin.

Es evidente que tal tipo de procesos conlleva un choque de intereses entre conceptos como soberanía e injerencia humanitaria o judicial. Mientras sus respectivos ámbitos legislativos y legales dieron amnistía a los acusados, algunos países extranjeros aún persiguen los crímenes contra sus nacionales. La misma legislación española no permite investigar asuntos ya resueltos en otros países. Si bien la competencia jurisdiccional para enjuiciar crímenes cometidos en países terceros puede ponerse en duda, tales acciones merecen un decidido respaldo internacional en el plano moral, en la medida en que pueden contribuir a que estos delitos no permanezcan relegados al olvido y a la impunidad. Sin duda pueden marcar una nueva era para la defensa de los derechos humanos y la responsabilidad colectiva de la comunidad internacional.

Lo cierto es que tanto la confesión del ejército, la Iglesia, y determinados dirigentes guerrilleros, contribuye a la reconciliación de la sociedad argentina. Las heridas se encuentran lejos de ser sanadas, lo cual persistiría mientras no florezca del todo la verdad respecto de los desaparecidos. Hasta la fecha los militares no tienen intención de abrir sus expedientes, y se excusan afirmando que éstos también... desaparecieron. Pero no se puede, históricamente, detener la verdad.

Igual que en Uruguay, Chile, El Salvador, Honduras y Guatemala, surgen cada vez más voces en Argentina con la exigencia de que la luz se haga sobre este doloroso pasado. Incluso en agosto de 1997 se hizo público que el gobierno emitiría un préstamo por tres mil millones de dólares en compensación a los parientes de los desaparecidos. Felizmente, en español la espera y la esperanza son términos relacionados. Hasta el momento el presidente Menem no ha tomado claramente cartas en el asunto. Si el candidato presidencial de la alianza socialdemócrata, formada por la Unión Cívica Radical y la coalición de centro-izquierda, Frepaso, triunfa en las elecciones de 1999, no se excluye un vuelco al respecto. En efecto, entre los desaparecidos de la guerra sucia se encuentra el propio hijo de la posible vencedora de la contienda presidencial, la señora Fernández Meijide. La anulación, en marzo de 1998, de las leyes de amnistía "Punto Final" y "Obediencia Debida" fue en gran parte el resultado de la acción del partido Frepaso.

3. IMPUNIDAD FORZADA Y REFRENDADA POR REFERENDO EN URUGUAY[14]

La guerrilla urbana Tupamaros había tratado de establecer un régimen marxista-leninista en Uruguay desde 1968. En 1982, el ejército de esta república oriental, con la colaboración del gobierno civil, logró sacarla del tablero. En nombre de la doctrina de la seguridad nacional, los castrenses asumirían ellos mismos el poder en 1976. Después de que en agosto de 1984 se formalizó un acuerdo con los partidos políticos en el Club Naval de Montevideo, en 1985 dejarían el poder. A pesar de que nunca salieron a la luz pública los detalles de este arreglo, las fuerzas armadas habrían obtenido garantías de que el gobierno ejecutivo no empezaría él mismo la persecución de los servicios de seguridad en relación con infracciones masivas y sistemáticas a los derechos humanos. De ser cierta esta información, entraría en un contraste fuerte con las promesas electorales del presidente Alfonsín en el país vecino. Se considera que la dictadura militar uruguaya ha sido una de las más totalitarias del mundo. Fue descrita de manera patente en la obra literaria de Eduardo Galeano, prominente novelista de este país. Sin embargo, el número de desaparecidos y de asesinados durante la represión militar en contra de la guerrilla y los izquierdistas, en comparación con la población, no era tan alto como en Argentina o en Chile. Se estima que unas 90 personas fueron muertas por tortura. En noviembre de 1986, una comisión investigadora del Parlamento concluyó que durante el periodo 1973-1982 habían desaparecido 164 personas, 37 de las cuales fueron arrestadas en Uruguay y 127 después de su deportación en Argentina. Se trataba no solamente de adultos sino también de niños; algunos todavía estarían con vida. La crueldad del régimen despótico se expresaba sobre todo por su terror y prácticas de tortura. En efecto, se llegó a violentar a más de 60 mil ciudadanos, y la cantidad de presos políticos adquirió dimensiones desconocidas. Uno de cada cinco individuos fue arrestado y uno entre 500 condenado a una pena de cárcel de mínimo seis meses. Sobre todo los intelectuales, educadores, funcionarios públicos y representantes de la clase media sufrieron horrores. Tal como ocurrió en Brasil, en Uruguay la resistencia había obtenido poca colaboración de parte de las organizaciones tradicionales de campesinos y trabajadores. La diáspora fue espantosa: de una población total de apenas tres millones de almas, 300 mil huyeron al exterior. Muchos hacia Argentina, pero también ahí los persiguieron los servicios de seguridad de su propio país. En 1978, la Comisión Interamericana de Derechos Humanos acusó al régimen militar uruguayo de serias infracciones a los derechos humanos y encargó una investigación imparcial.

Desde 1982, las madres de los presos políticos ya habían solicitado en vano al gobierno militar que éstos fuesen amnistiados. Dos meses después de la reapertura del Parlamento, es decir, en mayo de 1985, se promulgó una ley en tal sentido que excluía sin embargo a la policía y los militares. Unos meses más tarde se interpusieron las primeras demandas ante los tribunales contra los militares y los policías en relación con violaciones a los derechos humanos. Se iniciaron por lo menos 38 procesos penales, cosa que no resultó precisamente del agrado de los castrenses y que resintió la estabilidad política.

Diciembre de 1986 puede ser considerado como un año culminante. El coronel José Nini Gavazzo fue llevado ante un tribunal civil en por el secuestro, en 1976, del periodista Eduardo Rodríguez Larreta. En la medida en que se suponía que no se presentaría, cosa que desembocaría en una crisis entre el gobierno y las fuerzas de defensa, el Parlamento prefirió, a última hora, aprobar una ley de caducidad. Ésta implicó que el uniformado en cuestión no tuviera la obligación de presentarse. Los hechos remontan a dos escasos días antes de la proclamación de la ley del punto final en Argentina. Esta ley de caducidad no se pronunciaba a favor de los crímenes en sí y no concedía una amnistía a sus autores. Simplemente establece que el Estado no perseguiría a los culpables. De manera que, en realidad, la declaración se refiere a la pretensión punitiva del gobierno, declarada vencida. La ley se aplicaba a todo delito político perpetrado por la policía o el ejército antes del 1 de marzo de 1985, excepto a aquéllos en los que mediaba una ganancia económica. El poder judicial tenía que consultar al ejecutivo si se aplicaba la ley de caducidad para cada expediente. Con lo anterior, por supuesto, se violenta el principio democrático de la separación de poderes.

Esta ley no era muy gloriosa para el gobierno. ¿Podría ser de otro modo? Fue combatida en la Corte Suprema de Justicia y declarada inconstitucional. Sin embargo, permaneció e incluso durante el referendo del 16 de abril de 1989, se ratificó (60% de la población capitalina se había opuesto),[15] con lo que los hechos delictivos perpetrados por los militares ya no pueden ser juzgados. En eso concordaban todas las instituciones sociales y políticas que habían colaborado en la organización del referendo. En ningún otro país se consultó directamente a la población sobre la impunidad de crímenes cometidos durante una dictadura. De manera que no cabe poner en duda la legitimidad de la ley.

A falta de apelación jurídica local, diversas demandas fueron transferidas a la Comisión Internacional de Derechos Humanos. El gobierno de Uruguay defendió la ley de caducidad sobre la base de la conveniencia de la paz y las circunstancias extraordinarias del momento. De todos modos, es interesante tomar nota de que también los tupamaros se habían hecho tristemente acreedores de cantidad de violaciones a los derechos humanos, para lo cual la democracia restablecida les había conseguido prontamente amnistía el año anterior.

Sin embargo, hay un aspecto de la ley en cuestión que sí conlleva problemas respecto del gobierno. En efecto, ésta reconocía la necesidad de aclarar la suerte que habían tenido los ciudadanos desaparecidos. Pero el gobierno no emprendió ninguna iniciativa en este sentido. Desde 1996 el senador Rafael Michelini, el 20 de mayo —aniversario de la muerte de su padre, el también senador Delmar Michelini y del presidente de la Cámara de Representantes, Héctor Gutiérrez Ruiz— organiza una manifestación por las calles de Montevideo. Seguirá haciéndolo hasta que el ejecutivo establezca una "comisión de verdad" en relación con los desaparecidos y se entreguen los cadáveres de aquellos que, según confesiones de un general pensionado, se encuentran enterrados en dos instalaciones militares.

En definitiva, cabe observar que en Uruguay, hasta la fecha, faltó la verdad, castigo para los hechos delictivos, esclarecimiento de desapariciones o asesinatos, compensaciones morales o materiales y depuración de la función pública. Por lo visto, gran parte de la población no tuvo más remedio que conformarse. Concedió absolutoria en nombre de la reconciliación nacional y por el temor de volver a desencadenar los demonios del pasado. Que los militares de este país no piensan publicar una manifestación de condolencia, al estilo de sus colegas argentinos, es evidente en un artículo publicado en septiembre de 1996 en la revista *El soldado*. En ésta, justifican muchos delitos cometidos durante el periodo 1973-1985. Declaran además que si ciertos grupos minoritarios presumen otra vez de ilustrados, para intentar socavar la democracia, no dudarán en volver a restablecer el orden y los derechos legales.

4. CHILE, PERDÓN SIN ARREPENTIMIENTO[16]

El 11 de setiembre de 1973, las fuerzas armadas de Chile derrocaron al presidente Allende, bajo la acusación de haber usurpado su función, obtenida democráticamente, para introducir un régimen marxista en el país. Fue sustituido por una junta, presidida por el general Pinochet. Según la Comisión Interamericana de Derechos Humanos, ésta recurrió, por así decirlo, a todos los medios conocidos para eliminar físicamente a sus adversarios: encarcelamiento en condiciones infrahumanas, desapariciones, torturas, ejecuciones sumarias individuales y colectivas y procesos en que los derechos de los acusados no fueron garantizados. A partir de esta fecha, difícil de borrar de la mente de muchos, las torturas constituyeron una práctica intencionada y sistemática. En un informe de expertos se hizo referencia a no menos de ocho técnicas, cada una más bestial que otra. La conciencia mundial se vio muy alterada por tanta brutalidad en un país de tradición democrática.

Después de cinco años de represión policíaca y un mes posterior al levantamiento del estado de sitio, el 19 de abril de 1978, el gobierno militar emitió por decreto una amnistía "para fortalecer la unidad nacional". De manera que (con excepción de la mayoría de crímenes de derecho común), se absolvió "a toda persona" que hubiera cometido delitos entre el 11 de septiembre de 1973 y el 10 de marzo de 1978. En teoría, esta medida cubría entonces también a los opositores. En la práctica no hubo nada de eso, tratándose en realidad de una autoamnistía, sobre todo a favor de las fuerzas armadas y los carabineros. En efecto, la medida legal excluía expresamente a todo aquel que en el momento de la publicación tuviera asuntos penales pendientes o hubiera sido ya juzgado. *De facto*, aquello apuntaba a todos los opositores que permanecían en el país. Los que habían podido salir y no tenían proceso en su contra podían volver. Ahora, a su vez, esta medida se vio condicionada por el Ministerio del Interior que rechazaba el retorno a todo aquel comprometido con la campaña internacional contra Chile o que estuviera activo en movimientos marxistas. El decreto ofrecía expresamente amnistía a todos los que habían sido condenados por un tribunal militar por delitos cometidos después de aquel memorable 11 de septiembre, es decir, clara y únicamente a los miembros de las fuerzas armadas.

Esta ley de amnistía todavía tiene vigencia, pero no abarca todos los delitos. Un expediente importante es el del asesinato en Washington en 1976, de Orlando Letelier, excanciller del presidente Allende. Fue cerrado *expressis verbis* bajo presión del Departamento de Estado, pero también porque el gobierno de Pinochet pretendía no tener nada que ver con el asunto. En junio de 1995, la Corte Superior obligó a los culpables, general Manuel Contreras (jefe de la policía secreta, DINA) y brigadier Pedro Espinoza a cumplir efectivamente con la pena que se les impuso. Después de alguna demora dubitativa, las mismas autoridades castrenses se declararon de acuerdo con esta medida. Cuando el temido Contreras se dio cuenta de que su castigo efectivo duró más de lo previsto, afirmó, el 24 de febrero de 1998, en un escrito a la justicia chilena para apelar su condena, que el director real de la DINA era Pinochet y que el mismo exgobernante dio la orden de asesinar a Orlando Letelier.

Los delitos cometidos después del 10 de marzo de 1978 sí podían ser perseguidos penalmente. Un expediente conocido al respecto se refiere al secuestro y asesinato de tres activistas comunistas en 1985. Después de un proceso que demoró nueve años, en 1994 se condenaron 16 culpables. A tres de ellos se impuso prisión de por vida. Lo anterior constituye un precedente para crímenes cometidos durante la dictadura. Los condenados pertenecen a la ahora disuelta unidad Dicomar, de los Carabineros. Los delató otro servicio de información del ejército, en competencia con el primero. El general Rodolfo Stange, jefe de la policía chilena, era el responsable de Dicomar. Cuando se hizo evidente que había encubierto tanto el secuestro como el asesinato, el gobierno insistió en su dimisión. La Constitución chilena no otorga potestad al presidente para pedir la renuncia a comandantes de uno de los cuatro cuerpos militares. Pinochet es uno de ellos. Dos años más tarde el mismo Stange presentaría su dimisión. A falta de pruebas fehacientes, ya su expediente había sido archivado por los tribunales castrenses.

En marzo de 1990, el demócrata-cristiano Patricio Aylwin llegó al poder gracias al apoyo mancomunado de trece partidos de oposición. Que la democracia demorara tanto en regresar tiene que ver con la gran desunión en los cuadros opositores y con el temor de los militares que fueran llevados ante un juez civil, tal como ocurrió, en cierta medida, en Argentina. Sólo con garantías sólidas, amarradas a la Constitución, el presidente Pinochet accedió a celebrar un referendo (véase capítulo I). Le falló el cálculo; una mayoría exigua de compatriotas se negó a otorgarle un nuevo mandato. Obtuvo sin embargo todavía algo más del 40%, notorio para un dictador en una nación con una larga tradición democrática.

Una de las tareas más difíciles de Aywlin, como nuevo mandatario y jefe de la "transición democrática", consistió en aclarar lo que había pasado durante la dictadura y contribuir a que los tribunales hicieran lo suyo. Importaba no fomentar odios con miras a no poner en peligro la reconciliación entre los chilenos y dejar suficiente espacio para los desafíos sociales y económicos. "Es una exigencia de la conciencia moral de la nación", declaró.

Su misión resultaría aún más complicada de lo previsto. En efecto, la opinión pública se encontraba muy dividida. Los que se habían comprometido con la vuelta a la democracia exigían dar a conocer la verdad y castigar a los culpables. Los partidarios del régimen militar, que no fueron pocos, se oponían a toda investigación. Su tesis era que aquello por fuerza llevaría a un conflicto de consecuencias imprevisibles. Otros segmentos de la población, de buena fe no creían en la gravedad de las acusaciones y preferían echarle tierra encima.

Si bien el programa del gobierno civil incluía la supresión de la ley de amnistía de 1978 para posibilitar persecuciones penales, finalmente se desistió de la idea. Una de las razones fue la experiencia negativa al otro lado de la Cordillera. Por lo demás, la supresión de la citada medida habría requerido mayoría calificada, cosa que no se habría logrado. Por su parte, en 1995, los partidos de derecha intentaron modificar las leyes de amnistía haciéndolas aplicables al caso de los desaparecidos. Algunos tribunales determinan que primero cabe esclarecer una desaparición e identificar a los presuntos culpables, antes de poder decidir si se trata de un delito conforme con el marco de amnistía. Según esta interpretación, una desaparición es un "crimen continuo o incompleto", limbo que recién termina cuando se sabe qué pasó con las víctimas. Otros jueces no compartían esta interpretación y formularon veredictos opuestos.

El presidente pretendía apurar el objetivo de la reconciliación. Los procedimientos penales no sólo se limitaron a la ley de amnistía, pero por falta de jueces se demoraron demasiado para resolver la problemática de manera satisfactoria y a corto plazo. Además, en Chile los delitos prescriben a los quince años, salvo las desapariciones. Nombrar jueces suplementarios habría provocado oposición castrense. Por lo anterior, el mandatario recurrió a una "Comisión Nacional por la Verdad y la Reconciliación", instancia creada por decreto apenas seis semanas después de asumir el poder.

La tarea de la citada comisión consistía en establecer una lista de los peores crímenes contra los derechos humanos cometidos en el periodo 1973-1990 (perpetrados por quien sea, dentro o fuera de Chile), cosa de llegar a una perspectiva seria y colectiva de lo que pasó y promover de este modo la reconciliación nacional. No tenía atribuciones judiciales ni intervención en expedientes penales en trámite. No podía pronunciarse respecto de la identidad de los potenciales culpables, en contradicción con lo que más tarde pasaría con el caso salvadoreño. La función de la comisión implicaba investigación de la identidad, suerte y paradero de las víctimas, la propuesta de compensación y la sugerencia de soluciones legales y administrativas.

Ardua resultó la designación de ocho integrantes de la comisión, presidida por Raúl Rettig, presidente del Colegio de Abogados y exsenador. Los miembros representaban a todos los estamentos políticos del país. Muchos declinaron cortésmente formar parte del grupo, sobre todo si habían colaborado con el régimen dictatorial. En El Salvador se recurrió exclusivamente a extranjeros para encargarse de la búsqueda de la verdad, y en Guatemala se empleó una fórmula mixta.

Tal como había quedado prescrito, a los nueve meses la Comisión Rettig terminó su cometido, el cual había podido llevar a cabo con total independencia. El informe (1 190 páginas), rendido por unanimidad, fue presentado al presidente con fecha 8 de febrero de 1991.[17] Llegó a la conclusión de que 2 115 personas habían sido víctimas de infracciones a los derechos humanos; 1 068 asesinadas después de una condena por un tribunal militar; 90 fueron muertas por la resistencia política y se llegó a un total de 957 presos desaparecidos. Los cuatro estamentos de las fuerzas armadas no desconocieron los hechos, pero sólo se refirieron al "por qué" y para nada reflejaron arrepentimiento.

Como representante de la nación entera, el presidente Aywlin asumió el papel de presentar disculpas a los familiares de las víctimas y al pueblo de Chile. Gesto noble y espectacular, no cabe duda, pero cuyo alcance no pasa de lo simbólico y político. ¿Cómo pedir perdón por un régimen de oprobio al que uno mismo se opuso?[18] La justificación del mandatario señalaba que toda la sociedad chilena, por acción y omisión, era culpable de cantidad de infracciones trágicas a los derechos humanos. Esta asunción colectiva de culpabilidad, que traslada la responsabilidad moral por los delitos de los miembros de ciertas instituciones a éstas mismas, por supuesto, cuenta con una base jurídica muy endeble.[19]

A proposición de la comisión, se aprobó una ley que prevé una pensión mensual a los familiares directos de las víctimas de la represión, además de becas de estudio en beneficio de sus hijos y liberación del servicio militar obligatorio. Para la ejecución respectiva, quedó encargada la "Corporación Nacional de Reparación y Reconciliación". A ésta se encomendó además examinar casos que llegaron tardíamente o aquellos de los cuales la comisión no obtuvo a tiempo pruebas fehacientes. De este modo, el total de cifras oficiales subió a 3 014 víctimas, entre las cuales se tiene 1 934 muertos y 1 080 desaparecidos. La citada corporación intentaría también obtener información acerca del paradero de los desaparecidos y las circunstancias de los hechos. En 1996 terminó sus actividades.[20] Por último, en el Cementerio General de Santiago se erigió un monumento en memoria de los caídos por la represión.

Conviene establecer una distinción doble entre el terrorismo de Estado en ambos lados de los Andes. En el caso argentino, por así decirlo, todos los estamentos militares estaban implicados. De este modo surgió una complicidad colectiva y un secreto guardado en conjunto que no tardaría en destaparse. En el otro caso, sólo determinadas dependencias se ensuciaron las manos. De ser necesario, estas podían ser desmanteladas sobre el altar de la patria, sin desacreditar a toda la institución castrense. Otra distinción explica la severidad mucho mayor de la opinión pública mundial con el drama chileno, a pesar de que del lado argentino habían caído diez veces más víctimas y la brutalidad sin duda no había sido menor. La diferencia estriba en que Chile tenía una tradición democrática. No fue éste el caso de su vecino, donde el terrorismo de Estado incluso había empezado durante el mandato breve de la señora Isabel de Perón (1973) y simplemente siguió después de su caída.

Sin duda, la solución chilena para el arreglo del problema de los delitos cometidos por el terrorismo de Estado fue valiente y meritoria. Marcó con su ejemplo lo que dos años más tarde ocurriría en El Salvador y lo que está en proceso en Guatemala. Dado el hecho de que gran parte de la población había sostenido la lucha de Pinochet contra la izquierda y lo sigue apoyando, en efecto, la reconciliación se emprendió de manera muy pragmática y realista. A la fecha, ya se obtuvo parte de la verdad (pero no de la responsabilidad individual) y la persecución judicial, ciertamente lenta, continúa con objetividad más allá de todo signo ideológico. Pero la ley de amnistía de 1978 quedó en pie.

Por muy meritoria, la receta chilena no satisface completamente. En efecto, la emergente jurisprudencia internacional al respecto establece cuatro elementos para hacer justicia, en el caso de delitos contra los derechos humanos: el establecimiento de toda la verdad, un juicio correcto de los autores intelectuales y materiales, separación de los culpables de sus funciones públicas y compensación de las víctimas o sus familiares (cuadro V.3). En el caso que nos ocupa, se dio compensación material, pero la verdad quedó en el tintero, por no haber nombres de culpables ni esclarecimiento en relación con las desapariciones. Hasta la fecha, sólo 124 cadáveres fueron desenterrados. La cantidad de condenas judiciales sigue siendo reducida. La aplicación de la ley de amnistía de 1978, todavía en 1996, al caso Carmelo Soria, un funcionario internacional de nacionalidad chilena y española, con estatuto diplomático, dejó un mal sabor: pareciera que Chile quiere echar tierra, cuanto antes, sobre la investigación respecto de los delitos contra los derechos humanos cometidos durante la dictadura.[21] Lo anterior se reflejó en el nerviosismo que imperó en Santiago, durante el proceso en la Audiencia Nacional de Madrid contra el régimen militar del general Pinochet, por motivo de la detención, asesinato y desaparición de decenas de ciudadanos españoles en Chile. José Miguel Insulza, el Canciller chileno, dejó en claro que su país no reconoce a ningún Estado el derecho de juzgar a otro. Esta investigación en España habría llevado muy de repente a la confesión del pensionado general de brigada Joaquín Lagos Osorio, antiguo jefe de la zona de Antofagasta, el cual acusó directamente a Pinochet y a su subalterno general Sergio Arellano por haber ordenado, en octubre de 1973, el asesinato de 53 civiles sin juicio previo, detenidos en la zona donde él tuvo jurisdicción. Este precedente no deja dudas: otros uniformados, movidos por el gusanillo de la conciencia, se animarán a hablar. Cada voz puede convertirse en bálsamo para el dolor y la angustia de muchos miles.

Por parte de las orgullosas fuerzas armadas chilenas no hubo ni muestra de reconocimiento de culpa ni arrepentimiento, cosa que en el caso de sus hermanos de armas transandinos sí ocurrió hasta cierto punto. Sólo se puede absolver a los que muestren arrepentimiento. Los militares deberían, por lo menos, mostrar voluntad para colaborar con información sobre la suerte que corrieron 1 080 almas de compatriotas, cuyo paradero se desconoce. Recién en abril de 1998, el nuevo arzobispo de Santiago recién hizo varias llamadas para que quienes tengan información sobre el paradero de los detenidos desaparecidos la proporcionen a fin de cerrar esta herida abierta en el país. Todo el mundo entendió que los militares son los primeros aludidos. En su informe anual ante el Congreso en mayo de 1998, el presidente Frei respaldó esta llamada. Por desgracia el gobierno civil no tiene potestad para exigir tal colaboración y especula por lo demás con "encuentros fortuitos" de pistas y de cadáveres que siguen ocurriendo. Los castrenses se aferran a una interpretación fundamentalista y mesiánica de la "seguridad nacional". El mismo Pinochet mantiene que el golpe de 1973 se efectuó para "recuperar la democracia" y da a entender que la izquierda pretendía "implantar la tiranía como en Cuba". Se dice, herido, que algunos le quieren hacer un proceso político; el día de su retiro del ejército, el 10 de marzo 1998, declaró al borde de las lágrimas, que no hizo nada más que cumplir con su deber hacia la patria. ¿Es utópico confiar en un indicio siquiera de ulterior arrepentimiento?

5. EL CASO SALVADOREÑO: LA AMNISTÍA APRESURADA[22]

En El Salvador, igual que en Guatemala y en Honduras, los militares recurrieron a las armas y al fraude electoral para ejercer el poder. Esto último fue el caso, entre otros con el coronel Arturo Molina (1972-76) y el general Carlos Humberto Romero (1977-78). Se actuó con mano dura contra el descontento social y político. Uniformados policiales y paramilitares perpetraron cantidad incontable de asesinatos y torturas. Sobre todo en 1977, la represión se incrementó de manera espectacular en el campo. Durante el trienio 1978-81, no menos de 30 mil personas fueron liquidadas por razones políticas. Tristes escuadrones de la muerte actuaron impunemente.

En el entretanto, en 1980, se creó el Frente Farabundo Martí para la Liberación Nacional (FMLN), una asociación de cinco movimientos de resistencia armada que contaba con un apoyo logístico considerable desde Cuba, el sandinismo nicaragüense, la Unión Soviética, además de otros países del bloque del este. A falta de bosques y montañas inaccesibles, el frente de oposición se apoyó en organizaciones populares, sindicatos, estudiantes y campesinos. Para algunos, en este frente amalgamado, el objetivo consistía en la igualdad socioeconómica; para otros se trataba de terminar con la dictadura. La primera ofensiva grande del FMLN, de 1981, redundaría en un fracaso, pero implicaría el comienzo de la guerra civil gradual y dramática. Su ofensiva general 1989 llevaría a las negociaciones de paz, específicamente después de la presión internacional que generó el asesinato de seis jesuitas académicos.

Recién en 1982 soplaría la primera brisa democrática. Se llevó al demócrata-cristiano José Napoleón Duarte al mando de la nación, para dar a la colosal intervención norteamericana un tinte democrático. Se calcula que Washington debe haber aportado más de 6 mil millones de dólares en ayuda militar y económica. En 1984, Duarte fue elegido formalmente presidente. Inmediatamente prometió promover la paz, coadyuvar a que se respetaran los derechos humanos y hacer enjuiciar las infracciones al respecto. Sin embargo, los militares siguieron con sus siniestras ejecuciones sumarias. Su Biblia era la consabida "seguridad nacional".

En 1987, ya en el marco de las gestiones centroamericanas de paz conocidas como Esquipulas II, de las que Óscar Arias, presidente costarricense, sería el arquitecto, la Asamblea Legislativa, dominada por la extrema derecha, aprobaría una ley de amnistía. Ésta incluía todo delito político o común cometido antes del 21 de octubre de 1987 y perpetrado por lo menos por veinte personas. También iba dirigida a los guerrilleros, de presentarse éstos dentro de un plazo de dos semanas ante las autoridades militares o civiles y de renunciar al uso de la fuerza. Lógicamente, ningún revolucionario de izquierda cayó en la trampa, por simple temor a ser objeto de escarnio por parte de los escuadrones de la muerte. A petición expresa de la Iglesia, se excluyó a los autores del vil asesinato contra monseñor Romero, en 1980. La ley de amnistía funcionaba de tal manera unilateral a favor del gobierno y de los escuadrones de la muerte, que el FMLN la ignoró, y la medida de ningún modo contribuyó a la reconciliación nacional.

El 16 de enero de 1992 por fin en el Castillo de Chapultepec, México, se firmaron diversos acuerdos de paz logrados gracias a la mediación de las Naciones Unidas. Cada contrincante había llegado a la convicción de que no podía vencer por su cuenta y que, por lo tanto, todos salían perdiendo. Las negociaciones habían demorado tres años (1989-92). Uno de los principales obstáculos consistió precisamente en el problema de castigar a los responsables de delitos contra los derechos humanos acumulados durante los doce largos años (1980-1991) que duró la guerra fratricida. Hubo que lamentar más de 75 mil muertos. A causa del terror, casi un millón de personas, dentro de una población cinco veces mayor, habían buscado refugio en el exterior. Los acuerdos de paz preveían el establecimiento de una "Comisión de la Verdad" encargada de establecer el inventario de las principales infracciones a los derechos humanos. Lo anterior tenía además como propósito llevar a los culpables ante los tribunales; por lo menos con ello especulaba el FMLN.[23] La razón que subyacía a esta investigación era crear confianza en el cambio positivo que el proceso de paz conllevaría y estimular la reconciliación nacional. La Comisión se encargó de hacer recomendaciones en este sentido.

Este equipo se diferencia del conformado por el presidente Aylwin en Chile en dos puntos esenciales, a saber: su composición y su competencia para dar a conocer nombres de supuestos malhechores. Este último, sobre todo, tiene su relevancia.

La comisión salvadoreña estaba compuesta exclusivamente por extranjeros. La presidía Belisario Betancur, expresidente de Colombia. Otros miembros fueron Reinaldo Figueredo, excanciller de Venezuela y el profesor norteamericano Thomas Bürgenthal, expresidente de la Corte Interamericana de Derechos Humanos, además de miembro de la Comisión de Derechos Humanos de las Naciones Unidas. Que se recurriera a extranjeros se debió entre otros a la falta absoluta de confianza que tenía el FMLN en el sistema judicial de su propio país. En efecto, demasiado pobre, además de partidista, había resultado la actuación de éste en la persecución de delitos cometidos por el ejército.

A la comisión se dio "implícitamente" poder para revelar nombres de los autores supuestos de tales crímenes. Lo anterior no se había presentado así en Argentina, ni en Uruguay, ni en Chile. También en el caso guatemalteco, el acuerdo parcial de Oslo (1994) prohíbe determinar la responsabilidad individual. Al principio las autoridades salvadoreñas no tenían inconveniente en que se señalaran identidades. Sin embargo, cuando resultó que el general René Emilio Ponce (como ministro de Defensa) y el general Juan Orlando Zepeda (su viceministro) quedaron evidenciados como culpables, gran parte de la institucionalidad cambió de parecer. Llegó incluso a emprender una acción diplomática internacional ante diversos dirigentes latinoamericanos, Estados Unidos y el secretario general de Naciones Unidas. El presidente Cristiani (1989-1994) asumió la dirección de esta campaña. Como argumento prevalecía que dar a conocer nombres entorpecería la reconciliación nacional porque propiciaría la venganza y atizaría otro tipo de confrontaciones. Tal como el comisario Bürgenthal llegaría a reconocer después, incluso hubo insinuaciones de golpe de Estado y de que el gobierno no podría evitar represalias contra aquellos que habían filtrado información. Al contrario, los tres comisarios no cejaron en afirmar la tesis opuesta: precisamente la revelación de apellidos fomentaría más la reconciliación, que el daño potencial que conllevaría. El FMLN los apoyaba en esta tesis e incluso exigía publicación de listas.

La investigación demoraría ocho meses, allí donde se habían previsto seis. A la comisión se le negó el acceso a los archivos de los servicios de seguridad; también el FMLN fue reacio y dio poca información acerca de personas con las que trabajó e implicadas en violaciones al derecho humanitario. En contra de lo que se esperaba, también de parte de Estados Unidos fue exigua la colaboración, a pesar de disponer éste de datos extremadamente importantes. Por supuesto, pesaba el papel clave desempeñado por Washington en la contienda bélica, tal como quedó reseñado en el primer capítulo.[24] Al principio, muchos temían colaborar. Se recibieron más de 22 mil denuncias, de las cuales, 60% se refería a ejecuciones sumarias, 25% a desapariciones forzadas y 20% a torturas.

La distribución en lo que se refiere a autores supuestos era como sigue:
-miembros del ejército 60%
-miembros de fuerzas de seguridad 25%
-escoltas militares y defensa civil 20%
-escuadrones de la muerte 10%
-miembros del FMLN 5%,

Queda claro que para diversos crímenes hubo complicidad entre varias instancias.

Son cuatro los casos más sonados en la investigación: el asesinato del arzobispo Romero en 1980, la matanza de cinco jesuitas españoles y un salvadoreño en 1989, el exterminio sistemático de la población en territorios ocupados por el FMLN (entre otros en El Mozote, en 1991)[25] y los asesinatos de una serie de alcaldes y funcionarios oficiales perpetrados por el FMLN durante el periodo 1985-88. Con respecto al primer caso, se estableció que monseñor fue víctima de un escuadrón de la muerte, cuyo autor intelectual hubiera sido (véase capítulo I) el exmayor Roberto D'Aubuisson, fundador del partido de derecha ARENA. Como culpables de la muerte de los jesuitas —personas que únicamente tenían funciones docentes o administrativas en la Universidad Centroamericana (UCA)— el dedo acusador apuntó hacia un pequeño grupo de comandantes del ejército, entre los cuales figuraba el coronel René Emilio Ponce, en el entretanto ascendido a general y que fue ministro de Defensa. Este horrendo crimen múltiple desató tales reacciones en la opinión pública internacional que el gobierno se vio forzado a entablar conversaciones con la guerrilla. La matanza de El Mozote, a mediados de 1981, formó parte de un plan de gran envergadura emprendido por la tropa a principios de la década, con miras a debilitar el apoyo popular al FMLN en territorios que éste tenía bajo su control. Los ejecutores del siniestro plan fueron miembros del Batallón Atlacatl, formado por asesores norteamericanos. En el marco de acciones como la de El Mozote, Río Sumpul y El Calabozo se liquidaron cientos de personas, entre ellas cantidad de niños. Los pocos sobrevivientes huyeron a Honduras, para retornar sólo años más tarde.

Entre centenares de otros delitos que la comisión examinó y que hicieron vibrar a la opinión pública en un nivel planetario, hubo dos casos impactantes. El primero se refiere a la bestial eliminación de tres monjas y una laica norteamericanas, secuestradas en 1980 por la Guardia Nacional en el momento en que dejaban el aeropuerto.[26] El segundo, el cobarde ataque contra un equipo de televisión de nacionalidad holandesa en marzo de 1982. Éste cayó en una trampa tendida por el ejército, cuando acompañado por un puñado de miembros del FMLN se desplazaba hacia una zona ocupada por la guerrilla. A pesar de la insistencia reiterada del embajador holandés, el gobierno salvadoreño, encabezado por el presidente Duarte, nunca se dignó cumplir con su obligación internacional de investigar esos asesinatos y castigar a los culpables. El presidente de la Corte Suprema de Justicia se negó incluso a colaborar para esclarecer el asunto.

Los casos de delitos cometidos por el FMLN se refieren a extorsión, reclutamiento forzoso y numerosos asesinatos de opositores políticos, en especial la ya mencionada ejecución sumaria de gran cantidad de alcaldes y funcionarios oficiales en el periodo 1985-88. La guerrilla nunca negó estos hechos. Su argumentación indica que se trataba de personas que se ocupaban de contra-insurgencia y que reclutaban personas para grupos paramilitares, lo cual los convirtió en objetivos militares. En relación con crímenes cometidos por el FMLN, raras veces hubo posibilidad de señalar a responsables concretos. En efecto, la estructura de poder en el frente resultó tremendamente hermética: en el eslabón de mando se conocía únicamente el nombre de guerra de su compañero o jefe inmediatos. A lo anterior hay que añadir que los guerrilleros lo cambiaban frecuentemente y que la comisión no tuvo acceso a archivos. El frente adujo no disponer prácticamente de tal tipo de materiales. Por razones de seguridad las órdenes de operaciones eran destruidas y simplemente no existían reportes diarios. También la UNRG de Guatemala argumentaría en el mismo sentido, más tarde. Thomas Bürgenthal admitió que los delitos cometidos por la guerrilla salvadoreña fueron mucho menos numerosos que los que la propaganda gobiernista había hecho creer durante la guerra.[27] En honor a la verdad, conviene añadir que el informe incluye solamente casos por parte de una de las facciones del FMLN.

El informe de la comisión, dado a conocer por las Naciones Unidas el 15 de marzo de 1993 con el título "De la locura a la esperanza",[28] se refiere abundantemente a la total impunidad de las fuerzas armadas y a la increíble corrupción, además de la administración ineficiente y partidista de la justicia por parte del aparato judicial cuando de denuncias políticas se refiere. Se señala que los miembros de los escuadrones de la muerte eran financiados al inicio por particulares, pero que después trabajaban exclusivamente para el ejército. Cabe deplorar que el informe aporta tan poco sobre los escuadrones de la muerte, fenómeno extremadamente importante entonces en El Salvador.

Pocos días después de la divulgación del informe, el gobierno de Cristiani y la Asamblea Nacional, dominada por su partido ARENA, concederían a toda prisa amnistía a cuanta persona acusaba la publicación por graves infracciones en contra de los derechos humanos. Quedaron así impunes crímenes de *lesa humanidad* como asesinatos y desapariciones. Esta ley sonó como un trueno en cielo despejado. El FMLN, que todavía no disponía de una representatividad en el órgano legislativo, se encontró frente a hechos consumados, lo cual no excluye que ciertos miembros de los grupos alzados en armas habían apoyado la amnistía. La prensa mundial se refirió al caso como el de una "amnistía robada". Por arte birlibirloque se abrieron las puertas de las cárceles para cantidad de condenados, entre ellos, dos militares cómplices en el asesinato de los seis jesuitas, tres años antes. En todo caso, ¿quién pondrá en duda que esta amnistía cristalizó dentro de una línea que para nada tenía que ver con el espíritu de los acuerdos de paz y constituía una burla de los procedimientos democráticos normales? Eso sí, las personas mencionadas en el informe como culpables quedaron despedidas, empezando por el general Ponce. Queda en evidencia una oprobiosa desproporción entre el grado del delito y la sanción totalmente insuficiente.

Para la reconciliación nacional en El Salvador resulta estimulante que nadie piense en retomar esta amnistía. Claro que a los jesuitas no complace para nada que el coronel Guillermo Benavides y el teniente Yushi Mendoza, encontrados culpables de *lesa humanidad* contra seis sacerdotes y dos empleadas de la UCA, fuesen liberados en el marco de la amnistía de 1992. Sin embargo, sus actas conmemorativas anuales se limitan a la exigencia de que los individuos e instituciones involucrados en esta matanza reconozcan su participación y pidan perdón. Nuevamente, sin reconocimiento de culpa y arrepentimiento quedan excluidos el perdón y la reconciliación nacional.

Más difícil resulta el asunto de unas 35 mil desapariciones. Al igual que en los tres países del Cono Sur, en El Salvador tampoco hubo arreglo al respecto. Un caso especial es el de 324 niños trasladados en camiones y helicópteros hacia hospicios, una vez arrancados de los brazos de sus madres. La dirigencia del ejército pretende en este caso que los infantes fueron evacuados de las zonas de guerra por razones humanitarias y que, como sea, su suerte siempre será mejor en comparación con lo ocurrido durante el ataque a El Mozote y otros pueblos, donde los menores simple y llanamente fueron liquidados. El hecho innegable es que esas criaturas nunca fueron devueltas a sus padres biológicos y fueron entregadas en adopción en el mismo país, en Estados Unidos, Italia o Francia. La Asociación para los Niños Desaparecidos cuenta todavía con 280 casos sin resolver. La amnistía de ningún modo facilitó la investigación en estos casos.

La experiencia enseña que la problemática de los desaparecidos siempre rebota de manera inesperada y en el momento político más inoportuno, si no que lo diga Daniel Ortega durante las elecciones presidenciales de 1996 en Nicaragua. A pesar de la amnistía cuzcatleca, el Comité de Familiares de Víctimas de Violaciones de los Derechos Humanos (CODEFAM) y sobre todo su presidenta Guadalupe Mejía, así como el Grupo de Trabajo sobre Desaparecidos Forzosos, dependiente de las Naciones Unidas, sigue empeñado en dar con el paradero de los desaparecidos. Se quejan de que la administración Calderón Sol "se niega a escuchar los reclamos de los familiares de las víctimas", y que incluso el FMLN se muestra insensible a la problemática, a pesar de que la mayoría de las personas que desaparecieron forzosamente por motivos políticos "estaban vinculadas con el Frente que ahora tiene una amplia representación legislativa y municipal".

El gobierno y el ejército negaron en reiteradas ocasiones que haya existido la práctica de las desapariciones forzadas en El Salvador. El hecho es que, durante el periodo legislativo de 1994 a 1997, la investigación de muchos casos quedó paralizada en la Comisión de Justicia y Derechos Humanos de la Asamblea Legislativa. Está por ver si en el nuevo contexto de los avances políticos logrados por el FMLN habrá cambios en el panorama. Por lo pronto se presentó una propuesta de ley para declarar el 30 de agosto Día del Desaparecido, ordenar la construcción de un monumento y demandar una reparación moral y material para los familiares de las víctimas. También se llegaría a establecer una "Comisión investigadora de las personas desaparecidas".

6. GUATEMALA. LA COMISIÓN PARA EL ESCLARECIMIENTO HISTÓRICO COMO CALMANTE POLÍTICO PARA UN FRÁGIL ACUERDO DE PAZ

¡Horrenda resulta esta historia de demencia en la "Grecia del Nuevo Mundo"! No hay república latinoamericana donde la guerra intestina se haya incrustado tantísimo tiempo (1960-1996), exigiendo tal cuota de víctimas como en Guatemala. Ciento cincuenta mil personas perecieron, de las cuales 45 mil desaparecieron, otro tanto se exilió,[29] sobre todo en México, y un millón de personas fueron echadas de sus viviendas y de sus pueblos. La mayoría de las atrocidades fueron cometidas en 1981-1983 bajo las dictaduras del general Romeo Lucas García y del general Efraín Ríos Montt, actual presidente del partido conservador FRG. El Quiché era el departamento más afectado. Los crímenes de Las Dos Erres, Xamán, Chacaltém, Chajul, Las Canoas y Baja Verapaz quedan escritos con sangre en la historia reciente de este país.

Desde el principio se puso de manifiesto que la parte castrense sólo accedería a un acuerdo definitivo de paz, caso de obtener una amnistía. En ninguna parte se había jugado anteriormente de manera tan trágicamente superficial con el concepto mismo. Tan sólo entre 1982 y 1988, en un brevísimo lapso de seis años, en Guatemala se establecieron de manera arbitraria catorce decretos de amnistía.[30] Todos tenían como propósito otorgar impunidad a quienes mediante un golpe de Estado o una intentona frustrada habían pisoteado la Constitución o perpetrado diversos crímenes. La idea misma de una nueva amnistía para el periodo 1988-1996 había motivado la protesta por parte de las víctimas de las infracciones a los derechos humanos y sus familiares, y en junio de 1996 éstos lograron establecer una alianza más amplia que rechazó de plano la impunidad. En una carta abierta al presidente Arzú, señalaron que sólo las víctimas tienen derecho a establecer si conceden o no amnistía. Parecía que la guerrilla del URNG compartía esta tesis al declarar que simplemente no necesitaba tal medida por no haber cometido crímenes en su "lucha justa en defensa de los derechos fundamentales, económicos, sociales y políticos de los pobres". También el procurador general y la Iglesia reprobaron el otorgamiento de amnistía. A lo anterior se añadió la presión discreta de la opinión pública internacional, por lo que la comisión oficial para la paz, COPAZ, se vio obligada a congelar, de momento, su solicitud de tal recurso.

El 12 de diciembre de 1996 y a marchas forzadas, se concretó de todos modos una amnistía en el marco del acuerdo de paz parcial de Madrid, en relación con la reinserción de la guerrilla en la sociedad civil. En efecto, este acuerdo consideraba la aprobación de una "Ley de Reconciliación Nacional" que declara la extinción de la responsabilidad penal por los crímenes políticos y los delitos comunes conexos, perpetrados en el enfrentamiento armado interno. El alcance de esta ley resulta entonces claramente menor que el de las clásicas leyes de amnistía. Los delitos cometidos al margen de un enfrentamiento armado y aquellos que no pueden prescribir o que no admiten la extinción de la responsabilidad penal, de acuerdo con el derecho interno o con los tratados internacionales ratificados o suscritos por Guatemala, mantienen entonces su carácter de punibles. En lo que se refiere a "delitos conexos", un tribunal tiene que decidir, caso por caso, si se cumplen las condiciones planteadas. En la aplicación de esta ley la jurisprudencia mantiene una posición muy restrictiva. De manera que la oposición a la concesión de amnistía casi se apagó por completo.

Una vez concluidos los acuerdos definitivos de paz, podía despegar la Comisión para el Esclarecimiento Histórico de las Violaciones a los Derechos Humanos. Ésta cuenta con tres comisarios, a saber el profesor alemán Christian Tomuschat, una representante de las comunidades indígenas, señora Otilia Lux de Coti y el jurista guatemalteco Edgar Alfredo Balsells Tojo. El acuerdo parcial de Oslo (1994) que dio origen a la comisión había previsto sin embargo una serie de limitaciones. De manera que el informe final no puede individualizar responsables de delitos ni tener propósitos o efectos judiciales. Por el contrario, sí puede establecer la responsabilidad "institucional" respecto de crímenes cometidos. En la mayoría de los casos éstos ya se conocen. Aparte de la profundización en unos cien casos paradigmáticos. El informe contiene tres grupos de casos : los mencionados casos paradigmáticos, una serie importante que ilustra los crímenes típicos y, en un anexo, los otros sobre los cuales se recibieron testimonios; la comisión persigue sobre todo objetivos genéricos en las violaciones a los derechos humanos de ambas partes y debe formular recomendaciones, para evitar su repetición. Desgraciadamente éstas no tendrán carácter legal vinculante, lo que limitará seriamente su utilidad. Finalmente, la comisión propondrá también medidas para la compensación moral y material de las víctimas.

Con un atraso de varios meses, empezaron dichas actividades el 31 de julio de 1997. A raíz de la falta de recursos financieros (7.8 millones de dólares) el tiempo total para establecer el informe quedó truncado a diez meses y finalmente se extendió a doce. La comisión tenía 178 colaboradores. Aparte de dos oficinas en la capital, se establecieron 18 dependencias regionales y una unidad móvil, receptoras de testimonios. La investigación se concentra sobre todo en siete tipos de delitos: violaciones a los derechos humanos que desemboquen en la muerte; se consideraban también heridas serias, torturas, tratos crueles, inhumanos y degradantes; violación sexual, desapariciones y secuestros. Se hizo un llamado por la prensa para que la población acudiera a testimoniar. Al principio cundía el miedo, pese a que se garantiza total y absoluta confidencialidad sobre la identidad de los testigos e informantes y el contenido de sus testimonios. La comisión no puede obligar a nadie a testimoniar. En África del Sur se prevé hasta dos años de cárcel para quien se niega a colaborar con la "Comisión de la Verdad y de Reconciliación". Tampoco puede ella misma proclamar amnistía para incitar a los culpables a hacer libremente su declaración. Ante la comisión sudafricana se presentó un número considerable de personas, porque tenía hasta el 15 de diciembre de 1997 para pedir amnistía individual respecto de sus crímenes. En fin, varias circunstancias se dieron para que la comisión guatemalteca sólo lograra reunir si acaso unos 9 mil testimonios relativos a 5 800 casos y 30 mil muertos. Por otro lado, sí quedó en posesión de unas 6 500 declaraciones relativas a 55 mil víctimas que el Arzobispado reunió en el marco de su acción REMHI (Recuperación de la Memoria Histórica), un trabajo de benedictino, producto de la organización eclesial y la colaboración de no menos de 6 mil personas, durante tres años. Dos días después de la publicación del informe de la Iglesia, confirmando las atrocidades cometidas por las fuerzas armadas y la guerilla y dando los nombres de los presuntos autores, el director del proyecto REMHI, el obispo Juan Gerardi, fue asesinado de manera salvaje. También "Convergencia por la Verdad" y el GAM (Grupo de Apoyo Mutuo) comunicaron sus bancos de datos.

La colaboración de las partes y el acceso a los archivos del Departamento de Estado, el Pentágono, la CIA y el AID en Washington, son esenciales para que la comisión tenga éxito. El presidente Arzú ofreció unos 800 mil dólares para el financiamiento de la comisión nacional y prometió la colaboración total de la institución armada, de la policía y del aparato judicial. Todo lo cual no quita que, en realidad, la comisión depende totalmente de la buena voluntad del gobierno. No tiene potestad para exigir esta colaboración excepto mediante un llamado público y directo a las partes y presión diplomática de la comunidad internacional, la cual cubre el 85% de los costos de operación.

No cabe duda que sobre todo los archivos del ejército (como planes de campañas, órdenes, reportes y diarios de operaciones, negociaciones de inteligencia y los archivos de personas del G2, el servicio de inteligencia castrense) han de contener información valiosa. Los altos militares temían sin embargo que llegaría el tiempo en que los culpables de graves delitos fuesen perseguidos por un sistema judicial más severo, por lo que dieron su propio informe de las violaciones a los derechos humanos cometidos por la guerrilla. Asimismo, prefirieron no responder a los repetidos pedidos de información de la comisión, relativas a cinco casos de desapariciones masivas. El comisario Tomuschat no titubeó en reclamar, en público, más transparencia de parte de las instituciones de seguridad. La sociedad civil, y particularmente la Alianza contra la Impunidad y la Fundación Myrna Mack, consideraron denunciarlas ante los tribunales por incumplimiento con su obligación de colaboración con la Comisión del Esclarecimiento Histórico, prescritas por el decreto 195-96 de la Ley de Reconciliación Nacional.

Lógicamente, la colaboración de la guerrilla también resulta de vital importancia. Según un informe del semanario *Crónica* del 8 de agosto de 1997, los alzados en armas cometieron, entre el 13 de noviembre de 1960 y el 29 de diciembre de 1996, 1 258 acciones contra personas civiles e infraestructura del país, entre las que se cuentan más de 200 asesinatos, 68 secuestros, 11 atentados contra embajadas y 329 contra poblaciones civiles. La URNG habría participado en seis asesinatos colectivos y el Ejército Guerrillero de los Pobres (EGP) habría fusilado, en 1982, a 32 miembros de un frente concurrente "por no izar la bandera del EGP". En 1989, la Organización del Pueblo en Armas (ORPA) habría degollado a 21 habitantes de la aldea El Aguacate, Chimaltenango. Al igual que lo hizo el FMLN antes en El Salvador, la URNG aduce sin embargo, poseer muy pocos archivos. El embajador de Estados Unidos en Ciudad de Guatemala declaró, por su parte, que no cabe hacerse muchas ilusiones de los datos que pueda tener Washington. Según él, éstos deben encontrarse en el mismo país.

Una debilidad considerable del mandato conferido a la comisión guatemalteca del Esclarecimiento Histórico es no otorgar mayor prioridad al problema de los 45 mil desaparecidos. Claro, tampoco fue el caso en ningún otro país y solamente hasta ahora se exige en Uruguay y El Salvador la creación de una comisión especial para tal efecto. Nada se prevé para obligar a la policía y al ejército a comunicar dónde quedaron enterrados los cadáveres de los desaparecidos, a no ser que terminaran en el mar o lanzados a un volcán como muchos sospechan.[31] Se supone que en esta república hay entre 500 y 800 fosas comunes, pero de momento muchos quedan por ser ubicados. De los testimonios obtenidos aflora muy nítidamente que los familiares de las víctimas otorgan una importancia muy grande a la recuperación de los cadáveres. En esta cuna del *Popol Vuh*[32] y los *Libros de Chilam-Balam*, con la cosmogonía de los maya-quichés, los muertos siguen viviendo. Permanecen suspendidos entre el mundo de los vivos y los muertos. Por eso se les entierra con agua, comida y utensilios. Un cuerpo no debidamente enterrado no encuentra reposo. Se vuelve una nave sin rumbo, llena a la familia de zozobra e incluso puede querer vengarse de ellos. Por lo demás, los mayas consideran el suelo como una morada mística y real de vivos y muertos. Un cuerpo separado de la tierra que le dio sustento sufre la peor maldición. De manera que resolver el problema de las fosas comunes seguirá preocupando por mucho tiempo, con el fin de hacer que hablen las cenizas.

¿Implica esta insistencia en el lugar del entierro una amenaza hacia la paz, de por sí ya frágil? ¿Quién será el paralelo guatemalteco del capitán Adolfo Scilingo y del general Joaquín Lagos Osorio que, quebrados por el peso de la conciencia, llegaron a romper la pesada loza del silencio institucional? En realidad, una comisión de verdad debería significar una ocasión única para todas las partes implicadas, para llegar entre sí, consigo mismas y con el mundo a una reconciliación. No aprovechar esta oportunidad no es sino dejar que la gangrena en el cuerpo social se acumule para reventar ante próximas generaciones.

Resulta prematuro establecer un juicio valorativo en cuanto a los resultados obtenidos por la Comisión de Verdad en Guatemala, pero ha de suponerse que su informe contendrá sobre todo un relato histórico de qué ocurrió y por qué durante 36 años de conflagración civil. Dadas sus múltiples limitaciones en el orden legal, financiero, de organización, político y psicológico, no podrá aportar sino muy pocos elementos sobre casos particulares. Para sentar responsabilidades individuales se requiere entablar procesos judiciales y denuncias penales ante la Fiscalía General. Sin embargo, el sistema judicial local no está en capacidad de manejar en un tiempo prudencial y de manera objetiva, además de razonable, gran cantidad de expedientes. El peligro con las comisiones de verdad es que las expectativas de los familiares de las víctimas se sitúen demasiado altas, como pareciera el caso en esta oportunidad. Cabe esperar entonces que, con mayor razón, las sugerencias formuladas para la reconciliación sean tomadas muy en serio por el gobierno, para que alrededor de ellas cristalice un consenso nacional.

7. HONDURAS. LA APLICABILIDAD DE LEYES DE AMNISTÍA AL CASO DE DESAPARICIONES

En 1981 Honduras ya se encontraba en un periodo de transición hacia un gobierno civil, después de 10 años de mandato militar. El liberal Roberto Suazo Cordova (1981-1985) fue elegido presidente. Sin embargo, los militares siguieron con su terrorismo de Estado. El general Gustavo Álvarez Martínez, jefe de los servicios de inteligencia y de la policía secreta DNI, por presión norteamericana, llevó a cabo una guerra sucia bajo modelo argentino y creó el Batallón 3-16, un funesto escuadrón de la muerte. Fue tal su poder que en 1982 resultó nombrado comandante en jefe de las fuerzas armadas. Es importante subrayar que en esta nación, al contrario de los casos nicaragüenses y salvadoreños, no existió amenaza de izquierda como tampoco una guerrilla activa, En Honduras, la "Doctrina de la Seguridad Nacional" se aplicó de manera preventiva y selectiva para evitar el peligro del dominó comunista. Asimismo, el país fue convertido en zona estratégica para el plan norteamericano de contrainsurgencia en la región centroamericana. A pesar suyo se vio involucrado en la guerra secreta del presidente Reagan contra los sandinistas en Nicaragua y la guerrilla nacional-izquierdista del FMLN en El Salvador, dos países limítrofes. A consecuencia de lo anterior, el ejército cometió una serie de violaciones flagrantes a los derechos de ciudadanos de izquierda, todo lo cual contribuyó a llevar el terrorismo de Estado a la cúspide.

Honduras emitiría en total tres leyes de amnistía (1982, 1987, 1989) para responsables de la "guerra sucia" local. En 1982, la Asamblea Constituyente aprobó una amnistía general e incondicional para todo delito político y crímenes conexos de derecho común, perpetrados entre el 2 de septiembre de 1979 y el 28 de mayo de 1981. El único resultado fue que el general Álvarez apretara aún más el tornillo represivo, con la colaboración de expertos argentinos, nicaragüenses, taiwaneses y la misma CIA norteamericana. Algunos miembros del Batallón de contrainteligencia 3-16 figuraban incluso directamente en la planilla del gobierno del norte, a cambio de la información proporcionada y de tareas diversas emprendidas.

Cuando al general en cuestión se le pasó la mano, sus propias fuerzas lo obligaron a dimitir el 31 de marzo de 1984. Como por arte de magia disminuyó enseguida el volumen de asesinatos políticos, torturas y desapariciones involuntarias.

Tres años después, la Corte Interamericana de Derechos Humanos empezó a ocuparse de algunos casos flagrantes de delitos cometidos por la tropa hondureña.[33] Lo anterior llevó al gobierno a emitir un segundo decreto con fecha 29 de noviembre de 1987, precisamente otorgando amnistía al tipo de delitos que estaba examinando la citada corte. Por razones de elemental "cosmética" el decreto de marras incluía también disposiciones para cubrir determinados delitos de campesinos sin tierra. Ni una palabra de los acuerdos de Esquipulas II, como sí ocurrió en cambio con las leyes paralelas emitidas en el mismo periodo en El Salvador, Guatemala y Nicaragua.

A pesar de todo, el terrorismo estatal se mantuvo, nuevamente bajo presión castrense, el 23 de julio de 1990, por lo que se formuló una tercera ley de amnistía. Otra vez la misma historia: se buscaba cubrir delitos de una manera incondicional, tanto de tipo político como de crímenes de derecho común. Evidentemente, todo estaba arreglado en función de los intereses castrenses y sus cuerpos de seguridad conexos. Como sea, las tres amnistías decretadas en Honduras no son aplicables al crimen de las desapariciones forzosas. El artículo 18 de la Declaración de las Naciones Unidas sobre la protección de todas las personas contra las desapariciones forzadas prohíbe expresamente a los estados conceder amnistías a los responsables de éstas. Honduras adoptó dicha declaración moral.

Hasta el 30 de diciembre de 1993, el tema del terrorismo de Estado en la década anterior constituía un tabú en Honduras. La valiente publicación del libro *Los hechos hablan por sí mismos*[34] indujo un cambio. El autor responsable era el *ombudsman* de los derechos humanos, Leo Valladares Lanza, pero éste se basó en gran medida en datos proporcionados por organizaciones particulares de defensa de los derechos humanos, como CODEH y COFADEH. Que este escrito no resultó muy gracioso a ciertas instancias se deduce por el hecho de que un hijo de don Leo fuera vapuleado dos veces y otro fuera acusado de tráfico de drogas. Este libro ejemplar reúne un inventario minucioso de todas las desapariciones y los crímenes que se pueden achacar al ejército mancomunado con los servicios de seguridad. Se publica la lista de 184 personas que en este trágico decenio desaparecieron sin dejar rastro. Entre ellos, 105 son hondureños de izquierda, 39 nicaragüenses, 28 salvadoreños, 5 costarricenses, 4 guatemaltecos, un jesuita norteamericano, un ecuatoriano y un venezolano. En el país se ubicarían 26 cementerios clandestinos y más de 100 oficiales estarían comprometidos en secuestros. Unos dos años más tarde, el exoficial Billy F. Joya, uno de los principales acusados, estableció bajo su propia responsabilidad una réplica a este libro, muy detallada y dada a conocer mundialmente como *Un rayo de luz en el camino*. incluye una reseña de 413 soldados, policías y civiles muertos por la resistencia armada; sin embargo, no ofrece material de apoyo.

En el entretanto, diversos tribunales en el país acusaron a unos veinte oficiales por complicidad en las desapariciones. Inmediatamente se plantea el problema de la aplicabilidad de las leyes de amnistía al caso de desaparecidos. Un caso flagrante fue el plagio y la tortura de seis estudiantes en 1982. Cuando en junio de 1995 un tribunal civil acusó a nueve oficiales en relación con este delito, se desataron todos los demonios. En agosto, los militares indignados hicieron desfilar los tanques por las calles de Tegucigalpa. El general Luis Alonso Discua, desde hace cinco años comandante en jefe de las fuerzas armadas y exsuperior del Batallón 3-16, se permitió declarar que el ejército reaccionaría si los tribunales no eran objetivos. El juez Roy Medina, encargado del expediente judicial en relación con abusos militares, emitió el 10 de octubre de 1995 un mandato de arresto contra tres de los nueve acusados. Uno de ellos es el coronel Alexander Hernández Santos, exjefe del mismo Batallón 316 y anterior inspector general de la Policía Nacional. Junto con el citado oficial Billy Joya, desapareció del mapa, protegido por el ejército. Un tercer acusado ya había sido arrestado por un delito relacionado con drogas. El presidente Carlos Reina, que tanto emprendió para limitar la fuerza castrense, durante mucho tiempo no juzgó oportuno decretar órdenes de arresto contra los dos "ausentes". Para gran sorpresa de muchos, en agosto de 1997, cruzó el Rubicón y publicó arrestos de este tipo contra no menos de 17 prófugos militares. El año anterior, seis personas entre las cuales cuatro excomandantes que habían colaborado con la Comisión Hondureña de Derechos Humanos, fueron asesinadas. Por lo visto eran testigos que sabían demasiado de lo pasado en los años ochenta.

El Tribunal Superior declaró unánimamente que las leyes de amnistía de 1987 y 1991 no aplican para los nueve oficiales culpables de las seis desapariciones de 1982, sobre la base de que un secuestro es un delito "incompleto". El Tribunal de Apelación no comparte esta tesis. Pareciera extraño que el mandatario, en su calidad de comandante general del ejército, jamás obligó a las autoridades militares a entregar los acusados y sólo apoyó la tesis de una compensación para las familias de las víctimas. Dado su estupendo *curriculum* como defensor de los derechos humanos, ¿será que le faltaba poder? El general Hung Pacheco adujo que todos los acusados son personas privadas y que, como sea, su institución no colaboraría para entregarlos a un aparato judicial que no funcionaba de manera objetiva. No fue sino a la llegada al poder del presidente Flores, en enero de 1998, que el comandante general del ejército ordenó a los militares fugitivos presentarse, orden que no acataron.

En Honduras, el problema de la justicia y de la reconciliación se mantiene sobre el tapete. En todo caso, una comisión imparcial de investigación tendría que tratar de lograr una síntesis objetiva entre los informes contradictorios de los citados Valladares y Joya. Al respecto, la colaboración de Washington sería altamente conveniente. El Departamento de Estado sí entregó documentos y en agosto de 1997 se publicaron parcialmente 300 documentos de la CIA.[35] Según el citado Valladares, en ellos se evidenciaría la complicidad de la agencia norteamericana y de 20 altos oficiales locales en la desaparición de las 184 personas. En Honduras misma, todavía prevalece el temor de hablar. Una colaboración más completa de Estados Unidos dejaría en claro para los recalcitrantes militares hondureños que Washington ya no está dispuesto a cubrir sus fechorías. Como sea, un inventario creíble de los delitos cometidos, sin duda contribuiría a reconocer errores de ambos lados y a restablecer la confianza en la justicia. Otros defienden la tesis según la cual ahora la búsqueda de la verdad ha de ser continuada por el aparato fiscal.

Este capítulo sugirió cuatro elementos de análisis y de evaluación de la justicia en relación con terrorismo de Estado: verdad, condena, reparación integral y depuración de los cuerpos de seguridad.

Para Honduras hay que añadir a la reparación integral la rehabilitación de las víctimas. Ya quedó mencionado que, en contraste con los casos de Nicaragua y El Salvador y salvo pocas excepciones, allí la resistencia no fue armada, sino solamente política. En cuanto al perdón, al igual que sus colegas de Uruguay, los militares hondureños dejaron muy en claro, en febrero de 1998, que no tienen ninguna intención de pedirlo y que persisten en reclamar el beneficio de la amnistía.

Como que en todas las otras partes, en tierras de Valle y Morazán queda el espinoso problema del paradero de los desaparecidos. Ciertas organizaciones locales de defensa de los derechos humanos todavía buscan el lugar donde se ubican las 26 fosas comunes y cómo encontrar los cadáveres de los 184 desaparecidos. Hasta la fecha, sólo se han encontrado 16 cuerpos.

8. ¿Qué tan eficientes son las comisiones de la verdad?

El recorrido efectuado deja claro que si bien las comisiones de verdad lograron poner en evidencia las estructuras genéricas de las violaciones masivas y sistemáticas del pasado, no ocurrió lo mismo con las responsabilidades individuales. Sólo en El Salvador se individualizó la verdad; en Argentina y Chile, los antecedentes respectivos fueron pasados a la justicia para indagaciones posteriores. En realidad aquello aportó poco. En Chile, la mayoría de los crímenes de *lesa humanidad* no pudo ser perseguido judicialmente a causa de la ley de autoamnistía de 1978. También fue el caso en El Salvador, por la ley de amnistía de 1992, pero allí sí se llevó a cabo la depuración de las fuerzas armadas y de seguridad. En ninguna parte se logró aplicar la fórmula sudafricana, donde la misma Comisión de Verdad y Reconciliación es la encargada de conceder las amnistías individuales a quienes confiesan sus crímenes; en consideración de que al ser públicas las sesiones, se conoce directamente a los culpables.

En la mayoría de los casos, la verdad individual sólo se logrará con procesos penales transparentes y conducidos con todas las garantías de un justo proceso. Por el hecho de que las comisiones de verdad no son órganos jurisdiccionales permanentes, no tienen el tiempo ni los instrumentos de investigación, ni la autoridad estatal para obligar a dar testimonios, como los tribunales de justicia pueden hacerlo. Esta debilidad intrínseca fácilmente también puede llevar a errores. Conseguir el derecho a la verdad (parte integral del derecho a la justicia), mediante procesos penales, lamentablemente casi en todas partes se limita por la gran falta de desarrollo del sistema de justicia. En un país como Guatemala, en parte por la enorme cantidad de violaciones a los derechos humanos, las Cortes si acaso podrán investigar un reducido número de casos.

Una deficiencia importante de las comisiones de verdad es la imposibilidad política y jurídica de obligar a las partes a colaborar. De parte de la policía y el ejército se utilizó con frecuencia el argumento de la seguridad nacional, mientras los alzados en armas pretendían no disponer de archivos. Se utilizó además el argumento según el cual nadie puede ser obligado a renunciar al derecho que le asiste de negarse a declarar contra sí mismo.

De las observaciones hechas, no sería lícito concluir que las comisiones de verdad son inútiles. En la medida en que la violencia política y social se sitúa a flor de piel y puede estallar brutalmente, la búsqueda de la verdad, incluyendo la individual, ha de ser considerada como un proceso a veces lento. En América Latina, todo tiene su aprendizaje, pero lo importante es que éste no pueda volcarse para atrás hasta que sea conocida toda la verdad. Porque sin verdad tampoco cabe hablar de justicia, reparación y creación de fuerzas de seguridad dignas de un Estado democrático. Estas cuatro obligaciones interdependientes no son alternativas unas frente a otras, ni son optativas si es que se quiere lograr la reconciliación nacional.

9. UNA TAREA INCONCLUSA

Muchos son los países donde bien poco se logró en relación con estos complejos aspectos de castigo y reconciliación. Quedan incluso repúblicas latinoamericanas, como Paraguay,[36] Haití y Nicaragua, donde no se hizo o no se logró nada. Respecto de esta última nación, ¿cuando surgirá aclaración en cuanto a 75 cementerios clandestinos y 1 299 desapariciones de la época sandinista (1979-1990)? En plena campaña presidencial de 1996, se lanzó a Daniel Ortega apenas la candente pregunta sobre una comisión de verdad. Mientras no se resuelva el problema de los desaparecidos, éste mantendrá su poder destructivo en el nivel electoral. En Haití, la comisión de verdad[37] auspiciada por las Naciones Unidas no aportó ninguna luz en lo logrado anteriormente. Cometió además el error de guardar en secreto su propio informe durante meses.

En Perú, el presidente Fujimori decretó a toda carrera, el 14 de junio de 1996, una amnistía general para policías y militares que cometieron abusos de derechos humanos durante la represión del terrorismo (1980-1995). La amnistía concedida causa mucha preocupación. Varios casos de amnistiados se caracterizaron por una inmensa brutalidad, como la masacre de Cantuta. La ley en cuestión absuelve también a los agentes de seguridad que ya fueron condenados; anula además toda posibilidad de recurso, de parte de las víctimas o sus familiares, por los abusos y desapariciones. El gobierno pretendía que esta ley era necesaria para la paz y la reconciliación internas. Ya antes en Perú se introdujo la práctica de reducción de castigo para los terroristas políticos que muestren contrición y colaboran con la justicia. La ley del arrepentimiento iba básicamente dirigida a ayudar a salir de su miserable situación al campesino engañado por el terrorismo y darle así una oportunidad de reincorporación en la sociedad. De paso, eso permitió desmantelar grupos de alzados en armas que aisladamente, luego de la caída del fundador de Sendero Luminoso, Abimael Guzmán, seguían creando terror entre la población. La ley no ha funcionado para los máximos jefes políticos y militares del terrorismo, como el citado Guzmán, a pesar del hecho de que éste conminara a sus compañeros de armas a un acuerdo de paz con el gobierno. Ambas medidas, la supresión de la pena o su reducción, por su carácter discriminatorio, desembocaron en protesta o en frustración de aquellos que querían castigos más severos, incluyendo la pena de muerte.

En este país del cóndor, pero también de la dolorosa quena, recién a partir de agosto de 1996 se volvió factible obtener revisión de posibles condenas arbitrarias impuestas por tribunales recargados en el marco de la sicosis de terror que prevaleció contra los miembros del citado Sendero y la resistencia armada de Tupac Amaru. Tras dos años de demora y de promesas, al fin se emitió una ley que da derecho a los detenidos condenados a una "reducción razonada de pena", por lo menos en caso de comprobarse un error judicial. En realidad se trata de un paso muy pequeño. Como está reseñado en el capítulo IV, la condena queda en pie y la ley prevé compensación por daños. La discriminación jurisdiccional entre terrorismo político y de Estado, quien sabe por cuánto tiempo todavía quedará en el aire.

En Perú, la autoridad y la resistencia armada infringieron un dolor inconmensurable a la población. Desde 1980 unas 35 mil personas habrían tenido que ofrendar su vida en la lucha entre el gobierno y los terroristas políticos. Que en el entretanto la violencia no terminó definitivamente con el arresto del "Presidente Guzmán", se comprueba por el hecho de que entre enero de 1995 y junio de 1996 en este mismo contexto perecieron 450 personas; y el gobierno se permitió el lujo de detener a más de medio millón de sospechosos. La justicia y la reconciliación nacional son todavía una quimera. La afirmación del general Robles, en el sentido de que en esta república habrían existido escuadrones de la muerte, no facilitaría la situación.

En Brasil, el presidente Cardoso configuró en 1994 una comisión especial para examinar los asesinatos y las desapariciones perpetradas durante los regímenes militares entre 1964 y 1985. El caso Lamarca demuestra lo difícil que resulta este tipo de investigación. Este capitán desertó en 1969 y se integró a la guerrilla. Fue asesinado dos años más tarde en Bahía. El ejército afirmó que perdió la vida en una confrontación armada, cuando ahora está demostrado que fue muerto después de haber sido capturado vivo. La familia pide compensación porque el Estado no protegió la vida de Carlos Lamarca. La conmoción que este asunto provocó en círculos militares da una idea de cuán delicada es la búsqueda de la verdad en este gran país.

En Panamá, en junio de 1996 la oposición unida torpedeó un intento por obtener amnistía para los 950 colaboradores detenidos del general Noriega. Para obtener impunidad se había utilizado el argumento de la sobrepoblación en los lugares de presidio. Según Rubén Arosemena Valdés, presidente del Partido Demócrata Cristiano (PDC), en 1994 se encontraban 5 559 presos en condiciones infrahumanas; quiere decir una sobrepoblación del 248%. ¡Pero 81%, nada menos, de los detenidos estaba a la espera de un juicio! En el entretanto, el presidente Pérez Balladares (1994-), del mismo partido PRD que apoyaba a Noriega, otorgó eliminación de pena a 230 personas con afinidades políticas.

Ahí está también el caso de México. Desde la revolución de 1917, muchos crímenes quedaron sin esclarecer. La matanza de Tlatelolco, un día negro de octubre de 1968, es un ejemplo patente. La soldadesca abrió fuego indiscriminado sobre los estudiantes, después que un general fuera herido por una bala calibre 22. Según fuentes norteamericanas salidas a la luz en 1997, se trataría de una trampa montada por el mismo ejército. Como sea, no fue un asesinato a sangre fría de 26 universitarios, sino de más de tres centenares y quien sabe cuántos heridos. ¿Quién dio la orden al respecto?, ¿el mandatario Gustavo Díaz Ordaz o su ministro de asuntos interiores, más conocido posteriormente como presidente Echeverría? Por desgracia, este trágico caso no es único. ¿Cuándo florecerá la verdad sobre este asunto en tierras de Moctezuma?

Colombia, este pueblo en eterna encrucijada de muerte y olvido, de ataúdes, viudas y huérfanos, constituye un caso particularmente complejo. A pesar de que el país desde hace cuarenta años no tiene dictaduras, el ejército en su lucha contra la guerrilla cometió una serie de atrocidades; las cuales, al igual por cierto que los crímenes perpetrados por la resistencia armada, quedan sin aclarar y, peor, permanecen impunes. ¿Dónde terminará el túnel de la oscuridad para los familiares de tanto asesinato en masa cometido por paramilitares? La mayoría proviene de grupos de autodefensa que el gobierno local permitió en los años ochenta, como protección contra la violencia galopante que la guerrilla de izquierda ejercía contra la población rural y la propiedad. Poco después del ascenso al poder del presidente Samper, en 1994, el Congreso aprobó una nueva forma de grupos de defensa rural, bajo el nombre de "Convivir". Sus integrantes sólo podían ser armados para la autodefensa. Cuando luego los miembros de estos grupos también pasaron a ejercer actividades ofensivas paramilitares, el asunto se llevó ante la Corte Constitucional. Ésta aprobó el carácter legal de "Convivir". Estas pandillas de extrema derecha, financiadas por ricos terratenientes protegidos por las fuerzas castrenses, pero también con narcodólares, deben responsabilizarse por un buen 76% de todos los asesinatos políticos ocurridos tan sólo en la última década. Cuesta no llorar cuando se escucha la larga lista de sus crímenes. ¿Cuántos más torrentes de sangre, caudales de lágrimas y derrames de savia se necesitarán para empapar las piedras vengativas y acrisolar las almas decaídas por tantas maquinarias monstruosas de la aviesa muerte? Sin embargo, hasta la fecha, su impunidad es total. Por la cabeza de Carlos Castaño, líder del más poderoso de una docena de grupos paramilitares, se ofrece una recompensa de un millón de dólares. Concede entrevista a cuanto periodista desea acercársele, pero el ejército pretende que no hay forma de encontrarlo. Administrar la justicia de todos estos delitos formará parte crucial de eventuales negociaciones de paz entre la guerrilla y el gobierno.

Sólo el hecho de que en tantos países se emprendió tan poco contra las atrocidades del pasado hace surgir la pregunta acerca del papel eventual de la propuesta Corte Penal Internacional Permanente y hasta qué punto sería oportuna su posible intervención. En efecto, ¿quién hace justicia cuando se desmorona el Estado? Tal tribunal, en la medida en que fuese competente para crímenes de *lesa humanidad*, tendría en primer lugar un efecto demoledor. Al igual que la iniciativa de la Audiencia General en relación con los crímenes cometidos en Argentina y en Chile contra ciudadanos españoles, una corte internacional enviaría una señal clara y tajante hacia aquellos que pretenden ensuciarse con crímenes masivos y sistemáticos —sean instigadores públicos o grupos alzados en armas, subordinados militares o civiles— para que sepan que tarde o temprano tendrían que rendir cuentas ante la comunidad internacional.

En lo que se refiere a la jurisprudencia misma del tribunal en cuestión, la experiencia demuestra en la antigua Yugoslavia y en Bosnia que hay cantidad de limitaciones si los gobiernos concernidos no quieren o no pueden colaborar para entregar a los culpables. Argentina demostró que regímenes democráticos sí son capaces de castigar a los responsables máximos de delitos cometidos durante la dictadura, que aquello no se hizo en detrimento o en peligro de la paz conquistada y que, al contrario, contribuyó a la reconciliación. La presión internacional para que el ejemplo argentino sea retomado en países que dispongan de un sistema jurídico adecuado pareciera un camino más productivo que llevar ante un tribunal internacional a culpables que en la mayoría de casos estén cubiertos por una ley de amnistía o de indulto. Sin embargo, también para esta jurisprudencia local habría que suspender la barrera de la amnistía.

10. Amnistía y reconciliación nacional

Al igual que en cualquier parte del mundo, en América Latina el mismo léxico "amnistía" está recargado de fuertes connotaciones de olvido y de impunidad. Se perfila en un campo semántico que engloba el bien y el mal, el crimen y el castigo. En términos etimológicos, la palabra griega se refiere a olvido o pérdida de memoria. Es en primer lugar una decisión política que persigue un objetivo del mismo signo, es decir la paz y la reconciliación dentro de un tejido social.

Ahora bien, que se trate de autoamnistías dictadas por los militares o promulgadas por parte de gobiernos democráticos bajo presión castrense, éstas no son creíbles en determinado contexto si no llevan el soporte popular más amplio posible. Tienen que gozar del apoyo de todas las clases de la población y de todas las tendencias políticas. Han de surgir como resultado de un previo diálogo amplio. También cabe tomar en cuenta los legítimos intereses de las víctimas y sus familias. Sólo éstas pueden otorgar perdón moral a aquellos que ofendieron su dignidad humana. Si el derecho internacional prohíbe a los gobiernos ejercer formas de clemencia bajo ciertos límites, incluye también una serie de crímenes que los Estados ratificantes tienen el deber de castigar.[38]

Si no se cumple con las condiciones citadas, existe el riesgo de que la amnistía concedida en realidad se transforme en otra injusticia fundamental. Por eso constituye una materia típica que merece una consulta popular, cosa que, en este continente, sólo ocurrió en Uruguay. Las amnistías de autoservicio e indultos arrancados a la sociedad civil no hacen sino reforzar la impunidad. Por el ejemplo negativo que constituyen, afectan automáticamente el respeto del ciudadano por sus propias instituciones jurídicas. Aunque indirectamente, fomentan por lo tanto la criminalidad.

La amnistía sólo suprime el castigo. Tiene un efecto retroactivo sobre el derecho penal en relación con determinados delitos perpetrados durante un lapso específico y corto. El crimen y la culpabilidad no se pueden borrar por arte de magia legal. Las amnistías generales y automáticas también implican aspectos negativos; uno de ellos es que se suprime el derecho a la defensa de la inocencia. En la teoría jurídica existe por tanto divergencia respecto de la posibilidad que asiste a un individuo para renunciar a una amnistía concedida.[39] En todo caso, tal medida, otorgada automáticamente a un inocente, se transforma en una negación de justicia, porque esta persona tiene que cargar con una mancha no merecida. De manera que muchos defienden la tesis según la cual sólo a gente juzgada se puede conceder liberación de pena. En África del Sur únicamente se concede amnistías a los que elevan una solicitud en tal sentido. La idea de base en este caso parte de una especie de canje: amnistía por verdad pública. Contemplada así, no es una meta en sí, sino sólo un medio para obtener una imagen nueva, más amplia y sobre todo más correcta del pasado, a manera de fomentar la reconciliación nacional. El caso guatemalteco de supresión de pena, previsto en el acuerdo parcial de paz logrado en Madrid en diciembre de 1996, no tiene efecto automático. Un juez tiene que dictaminar caso por caso.

Las diversas amnistías concedidas en los seis países mencionados no lo fueron en realidad dentro de la perspectiva tradicional de establecimiento de la paz y la integración social de los presos políticos, los refugiados y las personas exiliadas. Las declaraciones en tal sentido por lo general sólo se hicieron para quedar bien. La idea consistió siempre en legitimar el terrorismo de Estado y escabullirse al máximo de juicios penales para los culpables. Mario Vargas Llosa, en un artículo mencionado en *Le Monde*, defiende la tesis según la cual los autores intelectuales y materiales de los crímenes cometidos en Argentina tienen incluso "derecho a amnistía y supresión de pena". Aduce como argumento que la responsabilidad por tales atrocidades no descansa sólo en los autores, sino además en muchos miembros de la sociedad civil que llevó la dictadura al poder y se quedaron con los brazos cruzados cuando se desataron las olas de terror. Argüir este tipo de responsabilidad colectiva en el debate sobre amnistía y supresión de pena es reprochable. Implicaría que Goering, Hess, Eichmann Barbie y Priebke no habrían tenido que ser llevados ante el juez, porque la mayoría del pueblo alemán votó por el nazismo.

Las amnistías discutidas siguen dando de qué hablar, tanto en el caso de las víctimas como en el de sus hijos, no importa que sean crímenes cometidos por el ejército o por la guerrilla. Cuesta a muchos conformarse con la idea. Pero amnistía y amnesia no son sinónimos. En un mundo ideal el perdón debería indicar arrepentimiento por parte de aquel que cometió un error, y generosidad por parte de la víctima. Por lo anterior, debe quedar claro de antemano a quién le toca perdonar y quién tiene que ser perdonado. Mientras aquello no quede establecido, toda reconciliación duradera resultará una quimera.

11. LA DESAPARICIÓN: EL CRIMEN NO ACABADO

Los presos desaparecidos durante su presidio constituyen una categoría especial de víctimas del delito de *lesa humanidad*. A partir del comienzo de los años setenta, varios gobiernos de América Latina recurrieron a la práctica de la desaparición forzada para eliminar disidentes políticos, tapar toda la evidencia de los asesinatos y negar cualquier información sobre el paradero de las víctimas.[40] El que se esfumó representa un vivo que ya no vive o un muerto que se resiste a morir. El general Roberto Viola, miembro de la junta argentina se refirió de manera cínica a los "ausentes para siempre", recibiría más tarde una condena de 17 años de cárcel.

Decretar una amnistía o una reconciliación nacional no implica de ningún modo una receta mágica para diluir el problema de los ausentes. En México, todavía funciona una organización de madres en busca de presos desaparecidos de los focos guerrilleros en los años sesenta. Después de 29 años de los cruentos hechos de 1968, el Congreso mexicano mandó investigar la matanza de Tlatelolco, por la cual entre 29 y 300 estudiantes fueron acribillados durante una manifestación en la Plaza de las Tres Culturas. En Argentina, las Madres de la Plaza de Mayo no claudican en su protesta. Desde los primeros meses de la dictadura, cada semana realizan su protesta con un convencimiento que no desfallece. Hicieron el juramento de no descansar antes de saber por qué y por quién les fueron arrancados sus hijos sin dejar rastro. Allí la búsqueda por los desaparecidos va ganando apoyo institucional: se trata de superar la falaz "historia oficial". En Tegucigalpa, cada primer viernes de mes los familiares de los desaparecidos se reúnen en el Parque La Merced, para exigir justicia. Incluso en Nicaragua, la pregunta por los desaparecidos durante el gobierno sandinista (1979-90) persiste y constituye una espada de Damocles sobre la frágil pacificación. En El Salvador, los familiares de los 35 mil desaparecidos claman por una aclaración fehaciente en cuanto al destino de sus seres queridos. En Uruguay, el senador Rafael Michelini, hijo del senador Delmar Michelini asesinado en 1976, lleva la delantera en una acción paralela. Tanto en El Salvador como en Uruguay, hay intensas campañas para formar una comisión especial de la verdad sobre el tema de los que se perdieron sin dejar rastro. En Bolivia, el presidente Hugo Banzer, aun cuando ha sido dictador en épocas anteriores, mandó a investigar el paradero del cuerpo de Marcelo Quiroga de Santa Cruz, el dirigente socialista. Incluso en Chile la justicia obtuvo los primeros resultados en la búsqueda de los que no aparecen.

Por muy meritorias que sean las tentativas emprendidas para obtener justicia y reconciliación nacional, difícil es considerarlas como solución definitiva mientras el problema de los desaparecidos no sea solucionado.[41] La herida sigue supurando. Los reconocimientos públicamente hechos desde 1995 y de manera recurrente, por los altos oficiales del ejército argentino a través de su jefe, el teniente general Martín Antonio Balza, lo demuestran claramente. La opinión pública, fortalecida en la conciencia de sus derechos democráticos, exige vehemente aclaración de los crímenes, además de castigo para los culpables. Es el caso en Argentina, Colombia, Chile, El Salvador, Honduras, Guatemala, Nicaragua y Uruguay, donde no hubo esclarecimiento satisfactorio acerca de qué pasó con los que desaparecieron, cómo fue, dónde fue, quiénes fueron los responsables personales y dónde se encuentran los seres queridos. Privar a los familiares de enterrar a sus muertos contraría las normas elementales de cualquier religión y de cualquier ética.

En el asunto de los desaparecidos, se observa por desgracia que en muchos países la afanosa búsqueda queda frustrada por leyes de autoamnistía e indultos. Como se vio más arriba, la impunidad concedida o la clemencia otorgada no están conforme a derecho con las obligaciones morales de los Estados, tales como quedaron depositadas en la "Declaración de las Naciones Unidas sobre la Protección de Todas las Personas contra las Desapariciones Forzadas". Los Estados no pueden conceder amnistía a los responsables de desapariciones forzadas y están en la obligación de efectuar investigaciones exhaustivas e imparciales mientras no se haya aclarado la suerte de la víctima.

Como en la novela mexicana *Pedro Páramo*, los fantasmas del pasado siguen presentes. Para muchos familiares, recuperar un cuerpo y darle si no cristiana, por lo menos humana sepultura, ya de por sí constituye un gran consuelo. Para darse cuenta de que el culto a los muertos se encuentra profundamente enraizado en las tradiciones latinoamericanas, basta evocar la época del 1 de noviembre. Por desgracia, los militares siguen negándose a abrir sus expedientes, y Washington tampoco accedió a liberar toda información útil, pretextando que ésta se encuentra en los mismos países. No es exagerado señalar que, hasta ahora, todas las comisiones de verdad fallaron en materia de desapariciones. Un crimen no esclarecido es, *de facto*, un delito que perdura. La cantidad de personas enterradas en fosas comunes o como "NN" o "XX" son situaciones que a gritos piden ser superadas.

12. Balance provisional de los esfuerzos para justicia y reconciliación nacional

En la medida en que la búsqueda de justicia y de reconciliación nacional en América Latina debería considerarse un proceso irreversible, se puede establecer algunos balances provisionales. El cuadro

V.3 menciona las cuatro obligaciones de justicia, intrínsecamente interdependientes e imprescindibles, y añade el criterio del arrepentimiento, esencial para lograr una reconciliación nacional.

Cuadro V.3: Justicia y reconciliación nacional en América Latina

	Justicia				Reconciliación nacional
	a) Verdad	b) Condena	c) Compensación moral y material integral	d) Depuración de la función pública	Arrepentimiento
Argentina	P	P	P	P	P
Chile	P	P	S	N	N
El Salvador	P	N	N	S	N (sólo el FMLN)
Honduras	S	P	P	P	N
Uruguay	P	N	N	N	N
Guatemala	P	P	V	N	N
S=sí	P=parcial		N-no		V=previsto

Este cuadro sinóptico muestra claramente que el problema de los crímenes del pasado en realidad en ninguna parte se liquidó de manera satisfactoria. Queda como un fuego somnoliente, capaz de reavivarse con cualquier brisa. Partiendo de la tipología apuntada, las variaciones son múltiples: no se colocaron todos los crímenes en el inventario, o no se aclararon; o la persecución judicial fue insuficiente, o los autores materiales e intelectuales no fueron sacados de la función pública, o no hubo compensación moral y material para las víctimas o sus familias, o faltó arrepentimiento o tampoco hubo sincero perdón o *Wiedergutmachung*. Este "borrón y cuenta nueva", en el sentido más positivo de la expresión, debería procurar un nuevo inicio, entre todos, con el mejor ánimo, no de olvidar, sino de superar el pasado. En África del Sur, en 1996, el expresidente Frederik Willem de Klerk pronunció un acto de contrición nada ambiguo y espontáneo, en nombre propio y del Partido Nacional. Para ver algo similar en América Latina, ¿habrá que esperar las calendas griegas?

A no dudarlo, las comisiones de verdad significan un primer paso hacia la justicia, el arrepentimiento y la reconciliación. Sin embargo, no sustituyen la justicia como tal. Dentro de un Estado de derecho, es tarea de los tribunales establecer la responsabilidad y la medición del castigo. En la práctica, lamentablemente aquello resulta una tarea utópica. Las personas condenadas por aquí y por allá en relación con delitos contra los derechos humanos y que se encuentran efectivamente en la cárcel no son sino unos poquitos y, en muchos casos, sólo chivos expiatorios.

El hecho de que las comisiones de verdad, excepto en el caso salvadoreño, no hayan podido establecer la responsabilidad individual de los crímenes implica que la mayoría de los "señores de la vida y la muerte de sus conciudadanos" todavía ejerce sus funciones oficiales. Una verdad que no aclara el paradero de los restos mortales falla por estar gravemente incompleta. En cuanto al criterio de la reparación, cabe la pregunta de si se puede considerar "integral" cuando la investigación judicial no contempla volver públicos tanto los hechos como el castigo judicial y disciplinario a los culpables. El derecho a la verdad es inseparable del derecho a la justicia, pero la verdad en sí no es toda la justicia.

El procurador oficial de los derechos humanos en Honduras, el doctor Valladares, establece el problema de la justicia y de la reconciliación de una manera ejemplar: "los países con futuro son aquellos que se atreven a ver la verdad directamente en los ojos".

Notas

[1] Mario Vargas Llosa, "Jouer avec le feu", *Le Monde*, mayo 18, 1995.
[2] Robert E. Norris, "Leyes de impunidad y los derechos humanos en las Américas: una respuesta legal", *Revista del Instituto Interamericano de Derechos Humanos*, núm. 15, enero-junio, 1992, pp. 47 - 121.
[3] Juan E. Méndez, "Derecho a la verdad frente a las graves violaciones a los derechos humanos", *La aplicabilidad de los tratados sobre los Derechos Humanos por los tribunales locales*, varios autores, Centro de Estudios Legales y Sociales, Buenos Aires, 1997, pp. 517-540.
[4] Juan E. Méndez, *op. cit.*, p. 526.
[5] Emilio F. Mignone *et al.*, "Dictatorship on trial: Prosecution of Human Rights in Argentina", *Yale Journal of International Law*, 118, 1984. También en Americas Watch, *Truth and partial justice in Argentina*, Nueva York, 1991. Luis Moreno Ocampo, *Cuando el poder perdió el juicio*, Planeta Argentina, Buenos Aires, 1996.
[6] Gary W. Wynia, *Argentina, Illusions and Reality*, Segunda Edición, Nueva York, 1992.
[7] Jo. M. Pasqualucci, "The whole truth and nothing but the truth: Truth Commissions, Impunity and the interamerican human Rights System", *International Law Journal*, Boston University, otoño, 1994, núm. 2.
[8] CONADEP, *Nunca más*, Editorial Eudeba, Buenos Aires, 1986.
[9] Centro de Estudios Legales y Sociales, *Autoamnistía: legalizar la impunidad*, Buenos Aires, 1983.
[10] El gobierno argentino estudia de momento la posibilidad de indultar a los militares carapintados y a miembros de la organización de izquierda Movimiento Todo por la Patria (MTP), condenados por delitos cometidos en 1989 y 1990. Los carapintados instigados por el excoronel Mohamed Ali Seineldin, que cumple cadena perpetua, se sublevaron en diciembre de 1990; 14 personas murieron. El MTP atacó un cuartel del ejército en enero de 1989, dejando 39 muertos.
[11] Horacio Verbitsky, *El vuelo, La guerre sale en Argentine*, Editiones Dagorno, París, 1995.
[12] Ni la fuerza armada ni la fuerza aérea han mostrado algún arrepentimiento todavía.
[13] En enero de 1998, Alfredo Astiz, apodado "El ángel rubio de la muerte", se transformó en símbolo de la dictadura militar por sus crudas revelaciones sobre la guerra sucia, pero más que todo por su declaración de que no se arrepentía de nada.
[14] *Challenging impunity, the "ley de caducidad" and the referendum campaign in Uruguay. An Americas Watch Report*, marzo, 1989. *Impunidad y derechos humanos*, Montevideo, Editorial Universidad, 1992.
[15] Juan Riol, *El referendum del 16 de abril de 1984 en Uruguay*, IIDH, San José, 1984.
[16] Jorge Correa S. "Dealing with past human rights violations: the Chilean case after dictatorship", *Notre Dame Law Review*, 1455, 1992. Véase también una conferencia "La Comisión Chilena sobre verdad y reconciliación", dictada por Patricio Aylwin en el Instituto Interamericano de Derechos Humanos en San José de Costa Rica, el 12 de junio de 1996 y publicada en Estudios Básicos de Derechos Humanos VII, IIDH, San José, Costa Rica, 1996.
[17] Informe de la Comisión Nacional de Verdad y Reconciliación, Santiago, Chile, 1991.
[18] Como fue referido en el capitulo I, el general Pinochet pretende que su sucesor Aylwin aprobó hasta por escrito el golpe de Estado, cosa que el interesado niega vehementemente.
[19] Nadie tomaría lo actuado por el presidente Aylwin como antecedente. Después de la condena definitiva a Contreras y Espinoza, la administración Frei estableció tajantemente que el Poder judicial, al condenar a estas dos personas, no inculpaba a las instituciones a las que pertenecían.

[20] Corporación Nacional de Reparación y Reconciliación, *Informe sobre calificación de víctimas de violaciones de derechos humanos y de violencia política*, La Corporación, Santiago, 1996.

[21] A fines de 1997, quedaban más de 200 causas abiertas en los tribunales y otros 640 procesos se encuentran en los juzgados sobreseídos temporalmente.

[22] Mark Ensalaco, *Truth Commissions for Chile and El Salvador: a report and assessment*, University of Dayton, 1993 y Harvard Law School, *Truth Commissions: a comparative assessment*, Cambridge, Human Rights Program, 1997.

[23] Thomas Bürgenthal, *La Comisión para la Verdad para El Salvador*, Estudios Especializados de Derechos Humanos, San José, Instituto Interamericano de Derechos Humanos, 1966, pp. 11-62.

[24] *Idem*, p. 22

[25] Clyede B. Snow, *El Mozote: informe de la investigación forense*, Comisión de la Verdad, San Salvador, 1992.

[26] Cuatro de los cinco inculpados, que cumplen una condena de 30 años por este crimen, retractaron en 1998 su declaración original que habían actuado por cuenta propia, admitiendo ahora que ejecutaron «órdenes superiores». Esta media vuelta podría reabrir el caso.

[27] *Idem*, p. 44

[28] Naciones Unidas, "De la locura a la esperanza. La guerra de 12 años en El Salvador. Informe de la Comisión de la Verdad para El Salvador, 1992-1993".

[29] El informe de la Iglesia "Guatemala - Nunca Más" estima que la guerra civil causó 200 mil muertes de las cuales 50 mil desaparecieron. Las fuerzas armadas con sus cómplices paramilitares (los PAC y los comisionados, la policía y las escuadrones de muerte) serían responsables del 80% de los casos y los insurgentes de 44 masacres masivas.

[30] El artículo 171 de la Constitución guatemalteca prevé la posibilidad de otorgar amnistía. Entre 1982 y 1988 hubo cuatro decretos de amnistía bajo el gobierno Ríos Montt, ocho bajo el gobierno de Mejía Victores y dos bajo el gobierno de Cerezo.

[31] Queda claro que los 26 dirigentes de izquierda que desaparecieron en 1966 —la primera desaparición en masa en la historia latinoamericana— fueron lanzados al mar.

[32] Poema escrito en quiché poco después de la Conquista española y que relata el orígen del mundo y las tradiciones del pueblo maya.

[33] Claudio Grossman, "Desapariciones en Honduras: La necesidad de Representación directa de las víctimas en litigios sobre Derechos humanos", *Ensayos en honor a Thomas Bürgenthal*, Instituto Internacional de Derechos Humanos, San José, Costa Rica, 1996.

[34] Leo Valladares Lanza, *Los hechos hablan por sí mismos: informe preliminar sobre los desaparecidos en Honduras 1980-1993*, Tegucigalpa, Comisión Nacional de Protección de los Derechos Humanos, 1994.

[35] Familiares del jesuita norteamericano James Carney (alias padre Guadalupe), desaparecido en Honduras en 1983, junto con un grupo guerrillero que entró en este país procedente de Nicaragua, organizaron en 1997 una protesta mediante ayuno, en su embajada en Tegucigalpa, para que la CIA desclasifique totalmente la información secreta sobre este caso. Véase Leo Valladares Lanza y Susan C. Peacock, *En búsqueda de la Verdad que se nos oculta*, Comisionado Nacional de los Derechos Humanos en Honduras, Tegucigalpa, 1998.

[36] En Asunción, el Parlamento rechazó en octubre de 1996 un veto presidencial contra una ley que preveía compensaciones para las víctimas de la dictadura de Stroessner. Sin embargo, no existe todavía una lista de ellas, como tampoco los fondos disponibles. Para los presos políticos se prevén 5 mil dólares y para los desaparecidos 27 mil.

[37] Reed Brody, "Impuntiy in Haiti", NACLA *Report on the Americas*, septiembre-octubre, 1996.
[38] Ejemplos de delimitación del derecho a perdonar los constituyen los artículos 4 y 5 de la "Convención para la Prevención y Castigo del Genocidio", el artículo 4 de la "Convención sobre aplicabilidad de la prescripción en relación con crímenes de guerra y crímenes contra la humanidad", y el artículo 4 de la "Convención contra torturas y otras prácticas y castigos crueles, inhumanos y degradantes".
[39] Sergio Kostoris, *Amnistia e indulto, Commento analitico al D.P.B.*, agosto 4, 1978, núm. 413, Cedam, Padua, Italia, 1978, pp. 129-141.
[40] Claudio Grossman, *op. cit.*, p. 377. Véase también Ana Lucrecia Molina Theissen: "La desaparición forzada de personas en América Latina", *Estudios Básicos de Derechos Humanos VII*, Instituto de Derechos Humanos, San José, Costa Rica, 1996.
[41] Ana Lucrecia Molina Theissen, *op. cit.*

Capítulo VI
Consolidación de la integración económica regional

> *Seguramente es la unión la que nos falta para completar la obra de nuestra regeneración [...] mas esta unión no nos vendrá por prodigios divinos, sino por efectos sensibles y esfuerzos bien dirigidos.*
> Simón Bolívar, Carta de Kingston, 6 de septiembre de 1815.

La voluntad de integración regional en América Latina es tan antigua como la independencia misma del continente, en los albores del siglo pasado. En realidad es el fruto de ella; en efecto, la emancipación política había roto el vínculo común que existía con la Corona española y numerosos grupos sintieron eso como una pérdida.

El gran defensor de una nueva integración era Simón Bolívar.[1] Si bien el Libertador tenía además un proyecto panamericano, su sueño era una "Confederación de Naciones Suramericanas", desde México hasta la Tierra del Fuego. Con tal propósito, como presidente de la Gran Colombia convocó, en diciembre de 1824, a los gobiernos de México, Perú, Chile y Argentina para una conferencia en Panamá. Pocos prestaron atención a su llamado.

Inicialmente, el adalid de estas ideas no había invitado a Estados Unidos. Un segundo objetivo en su anhelo de integración de los países del sur consistió en formar un contrapeso para el país del norte, que se embarcó en un proceso de expansión fulminante. Otras repúblicas insistieron en invitarlo, porque veían más bien a Europa como la amenaza. Washington había proclamado la Doctrina Monroe en 1822, con el propósito de cortar el camino a todo intento del Viejo Continente por volver a colonizar el Nuevo Mundo. El Congreso de Estados Unidos debatió tanto tiempo sobre la conveniencia o no de participar en la conferencia que sus dos delegados nunca llegaron a Panamá; uno murió en el camino y el otro no emprendió viaje, al enterarse de que la reunión había sido postergada.

En una escala más regional, también destacan el hondureño Francisco Morazán y el guatemalteco Justo Rufino Barrios por sus metas unificadoras. Un siglo más tarde, el presidente Perón, en una alocución en la Escuela Militar Superior, en 1948, lanzaría la doctrina ABC en favor de una integración política, económica y social entre Argentina, Brasil y Chile. Sin embargo, con la llegada de los militares en los años sesenta y setenta, las fronteras entre estas naciones se cerraron herméticamente y naufragó la idea de unidad.

No habría verdadera integración regional antes de la segunda mitad del siglo veinte. Todos los países latinoamericanos participarían, con excepción de Cuba, República Dominicana, Haití, Panamá y Surinam. La integración se haría desde el ángulo económico, no político. La unificación de los mercados regionales traería las necesarias reformas microeconómicas y un peso proporcional mayor en la economía global y sus foros de negociación. Por lo menos ésa era la idea.

Se pueden distinguir claramente dos periodos de integración económica en Latinoamérica. Entre los años sesenta y fines de los ochenta, ésta se orientaba hacia adentro. Se abrían mutuamente los mercados para estimular la oferta local. Mediante altas barreras arancelarias, cuotas de importación y obstáculos administrativos se protegerían las empresas nacionales contra la importación desde países terceros. Es decir, se buscaba una sustitución de importaciones en el nivel subregional. Ese regionalismo, "cerrado" por excelencia, encontraría su fundamentación en los criterios de la Comisión Económica para América Latina y el Caribe (CEPAL).

Aquel primer intento no resultó demasiado fructífero. Rápidamente se puso en evidencia que, mediante el efecto de desviación del comercio, el enfoque escogido favorecía la importación de productos caros desde los países miembros, a costa de las mercancías baratas de países terceros, razón por la cual en nada se mejoraba la capacidad de competir internacionalmente ni las ventas en el mercado global. Se sacaron las lecciones del caso, lo que llevaría a un enfoque integracionista de segunda generación, que cristalizó a finales de los años ochenta sobre estamentos totalmente nuevos, pues perdió su carácter cerrado y se abrió hacia el mundo, mediante la supresión de la mayoría de las barreras proteccionistas. Este resurgimiento del regionalismo fue estimulado en gran parte por el temor de que la Ronda Uruguay fracasara y que eso reanimaría el proteccionismo en un mundo dominado por grandes hegemonías económicas.

En América Latina existen ahora tres grupos subregionales *de jure*.[2] El Mercado Común Centroamericano surgió originalmente en 1960, y 30 años más tarde cobró nueva vida. El Pacto Andino comenzó en 1969. En 1996 se transformó en la Comunidad Andina, un intento desesperado para salvar esa iniciativa de una desaparición sin gloria. *Mercosur* es el grupo más reciente, creado en 1991. Después de una fase de transición de cuatro años, su establecimiento definitivo fue saludado con euforia en los mercados planetarios. Estas tres agrupaciones subregionales, al igual que la Unión Europea, comparten la visión de un proceso integral, cuyo objetivo va más allá de la pura integración económica y comercial.

Desde luego, el libre comercio no sólo se persigue mediante grupos subregionales. Por el momento existen, además, 32 acuerdos bilaterales de complementariedad en el marco de la Asociación Latinoamericana de Integración (ALADI).³ Los acuerdos que se firmaron en los años noventa tienen metas más ambiciosas en cuanto a liberalización de comercio que los anteriores. También existe una serie de acuerdos entre grupos subregionales y países individuales. Todos estos acuerdos son elementos constitutivos de la integración.

Las tres organizaciones mencionadas se encuentran todavía en una fase inicial; requieren una buena dosis de consolidación, sobre todo el Mercado Común Centroamericano y la Comunidad Andina. Por otro lado, con motivo de la Cumbre Panamericana de Miami en 1994, América Latina se comprometió con América del Norte a negociar el establecimiento, a partir del año 2005, de un Acuerdo de Libre Comercio para todo el hemisferio (ALCA).

1. Con CEPAL: desde el regionalismo cerrado hacia el regionalismo abierto

La Comisión Económica para América Latina (CEPAL) siempre ha establecido las pautas para las estrategias macroecónomicas de sus miembros, tanto en lo nacional como en lo regional. Por medio de su mentor, Raúl Prebisch, hace tiempo propugnaba un modelo de sustitución de importaciones. Éste trataba de fomentar la industrialización local mediante cierre de fronteras para la importación de ciertos productos, además de la intervención estatal. Esta orientación, que ya había empezado en los años treinta, resultó ser un desastre. Se basaba en el convencimiento de que América Latina sería intrínsecamente diferente de los países ricos y necesitaba su propio modelo económico.⁴ Muchos han visto en eso un error histórico que, finalmente, desembocó en una industria totalmente ineficiente y en la perpetuación de la dependencia respecto de la exportación de materias primas, dos factores que en no poca medida contribuyeron a la crisis de la deuda en los años ochenta. Si ese último periodo con razón se describe como "la década perdida", a causa de la crisis de la deuda y el crecimiento negativo, igual se puede identificar el periodo 1960-1990 como "los decenios malgastados". En contraste con lo que hizo Asia, no se sacaron las ventajas que ofrece el libre comercio.

La estrategia de integración que la CEPAL lanzó en los años sesenta era, en rigor, una aplicación en el nivel regional del citado modelo de sustitución de importaciones. Cinco eran los principios alrededor de los cuales se articulaba: a) la eliminación de los obstáculos tarifarios y no tarifarios para el comercio intrarregional, b) la imposición de una tarifa externa común (TEC) suficientemente elevada para proteger a la industria regional frente a la competencia agresiva de países terceros, c) un trato tarifario preferencial para miembros con menor desarrollo relativo con miras a superar diferencias macroeconómicas y sectoriales; d) la instauración de un sistema de compensación financiera de los saldos comerciales; e) la promoción de las exportaciones regionales hacia terceros países. Entre esos cinco principios, se dio prioridad absoluta a la protección de la industria regional contra la competencia externa, mientras el fomento a la exportación hacia terceros países resultó menos relevante. Esta filosofía de integración se puede identificar como "regionalismo cerrado".

Cuadro VI.1: Regionalismo abierto y cerrado en América Latina

	Regionalismo cerrado (1960-1990)	Regionalismo abierto (desde 1990)
1. Reducción de barreras comerciales dentro de la región	X	X
2. Tarifa externa común	Alta prioridad	Baja prioridad
3. Trato tarifario privilegiado para países de menos desarrollo relativo	X	X

4. Sistema de compensación financiera.	X	X
5. Promoción de la exportación	Baja prioridad	Alta prioridad

Esa estrategia llegaría a fallar por razones coyunturales, pero también por motivos de tipo conceptual. Dada la limitación de los mercados subregionales, la exportación hacia terceros mercados era de importancia decisiva con miras a obtener las divisas que se necesitaban para hacer frente a la enorme deuda externa. El proteccionismo regional no logró tampoco, después de su fase inicial, que las empresas fueran suficientemente competitivas, capaces de resistir en el plano mundial. Fue un error enorme haber subestimado las ventajas que mercados más abiertos y menos regulados ofrecen para servicios y bienes. En definitiva, lo que la aplicación nacional de la política de sustitución de importaciones no había podido llevar a cabo, tampoco se pudo alcanzar en su aplicación en lo regional.

El motivo inmediato para el fracaso final de los primeros intentos de integración económica en América Latina era la grave crisis económica y monetaria de principio de los años ochenta. Desde 1985 se sintió claramente que los tradicionales programas de ajuste estructural sobre base anual y el escalonamiento de la deuda externa no permitían llevar el crecimiento económico y la capacidad de servicio de la deuda a un nivel adecuado. La urgencia de un nuevo modelo de crecimiento se hizo más fuerte a medida que la zozobra económica global y los altos intereses reales provocaban tremendos choques exógenos. Surgió el convencimiento de que el auge de las exportaciones de mercancías interregionales y la tradicional exportación de materias primas no bastaban para reunir los ingresos necesarios para pagar la deuda externa e invertir en capital de crecimiento. A ello se añadió que la tasa de ahorro en América Latina se sitúa tradicionalmente en un nivel bajo (entre 13 y 21% del PNB contra 32% en Asia). La única salida consistía en aumentar la venta de productos industriales y de servicios al mercado mundial. Tal estrategia imponía una modificación estructural completa mediante una liberalización profunda de las economías, la desregulación, la privatización (también para evitar la corrupción) y una apertura generalizada hacia mercados globales e inversiones directas conexas.

De ese modo se despejó el camino para un modelo nuevo y más abierto de integración.[5] El éxito obtenido por Chile, que a partir de 1973 empezó una política comercial autónoma y abierta, hizo escuela.[6] La CEPAL se encaminó radicalmente en el mismo sendero. Su nueva filosofía consistió en realidad en una codificación de la tendencia al libre comercio que se había aplicado en América Latina (Bolivia y México en 1985, Costa Rica en 1986, Argentina en 1987, Venezuela en 1989 y Brasil, Colombia y Perú en 1990) sobre la base del modelo chileno que, a su vez, se inspiraba en experiencias asiáticas.

La nueva teoría cepalina, establecida en un documento de 1994 y que defendía un "regionalismo abierto", consistió en una estrategia diametralmente opuesta a la anterior. Si bien se mantuvieron los cinco objetivos básicos, su prioridad relativa fue modificada radicalmente. Todas las trabas proteccionistas, como cuotas y derechos de importación, fueron rebajadas al mínimo. El segundo principio de la CEPAL, la tarifa externa común, no se utilizó sólo para la armonización de las tarifas de importación, sino sobre todo para su drástica reducción. De ese modo, se dio la prioridad conveniente al quinto principio, el de la conquista de los mercados mundiales. De allí en adelante se intentaría la integración en la economía global a partir de esfuerzos regionales mancomunados.

2. EL MERCADO COMÚN CENTROAMERICANO

> *Los Estados del istmo, de Panamá hasta Guatemala, formarán quizás una asociación. Esta magnífica posición entre los dos grandes mares podrá ser, con el tiempo, el emporio del universo.*
> Simón Bolívar, Carta de Kingston, 6 de septiembre de 1815

De todos los esquemas de integración económica, el Mercado Común Centroamericano (MCCA) es el más antiguo. Su acta fundacional es el Tratado de Managua (1960). Se estableció poco después del Tratado de Roma (1957) y tuvo mucha influencia de él. Los miembros originales eran Guatemala, El Salvador, Honduras y Nicaragua. Un año después se integraría Costa Rica, sin mucho entusiasmo.[7]

La integración económica de esos países hasta cierto punto resulta muy lógica. Forman un espacio geográfico y económico natural debido a la proximidad de sus mercados y al pasado histórico-cultural común que ha generado patrones de comercialización y de consumo similares.

Cuadro VI.2: *Sinopsis de los bloques regionales (1996)*

	Población (millones)	PNB (miles de US $)	Exportación total (miles de millones de US$)	Grado de integración (%)
MCCA	30.5	42	8	20.9
Comunidad Andina	99	232	39	11.7
Mercosur	201	995	69	22.0
ALCA	771	7 736	759	57.3
Propuesta de Asociación Latinoamericana de Libre Comercio	434	1 536	214	20.7
Unión Europea	370	7 314	1 699	58.2

Fuente: CEPAL, Balance Preliminar de la Economía de América Latina y el Caribe 1996, Santiago de Chile, diciembre, 1996, p. 35.

Por otra parte, el MCCA constituye el grupo regional más pequeño (véase cuadro VI.2). En 1996 los cinco miembros tenían una población de 30.5 millones de habitantes (igual que Canadá). El PNB conjunto de 1996 sólo era de US$39 mil millones (como Argelia, pero veinticinco veces menos que el MERCOSUR). A lo anterior se añade que se trata de un mercado pobre. El PNB *per capita* se eleva apenas a 1 278 dólares. Países pobres constituyen mercados pequeños. A pesar de un despegue vertiginoso con resultados impresionantes, este intento de integración casi colapsó en los años ochenta. Para interpretar esa caída cabe analizar elementos de tipo interno, estructural, coyuntural y político, pero también exógenos.

A principios de los años noventa se volvería a lanzar la idea de la integración regional, esta vez sobre la base abierta recomendada por la CEPAL. No se trataba de empezar desde cero, pero sí de reorientar el enfoque original y cambiar las prioridades. Se enmendó el Tratado de Managua (1960) mediante el Protocolo de Guatemala (1993).

La señal de arranque para esa renovación tiene que ver con cuatro factores: los Acuerdos de Esquipulas II (1987) que despejaron el camino hacia la paz en la región convulsa, el temor de la región centroamericana a quedar marginada en un sistema comercial global dominado por las hegemonías norteamericanas y europeas, la fe de sus dirigentes políticos en el mercado libre y, por último, las convergencias económicas crecientes hechas posibles con disciplina férrea en el marco de programas estructurales acordados con el FMI.

Una primera tarea para los renovadores de la integración económica en Centroamérica (denominación que se diferencia localmente de América Central por no incluir a Panamá), consistió en desmontar las limitaciones comerciales intrarregionales que se volvieron a introducir a principios de los años ochenta, al hundirse el modelo anterior. El mercado libre ya no se limitaría a los productos industriales, se ampliaría a los productos agrícolas y los servicios (transporte, bancos y seguros); por lo menos, así estaba planeado. Mediante obras comunitarias de infraestructura, a saber (una carretera transregional y la interconexión eléctrica), se perseguiría la integración física de los cinco mercados nacionales.

Ese nuevo despegue repercutió inmediatamente en el comercio intrarregional. De 13.2% de las exportaciones totales en 1988, aumentó a 22.4 en 1994, para volver a bajar a 21.2 y 20.9%, respectivamente en 1995 y 1996 (véase cuadro VI.2). Sin embargo, cabe subrayar notorias diferencias entre los países. Para El Salvador el comercio intrarregional representó 43.4%, lo cual explica por qué se proclama como el gran defensor de la integración. Sigue Guatemala con 26,2%, Nicaragua con 16%, Honduras con 15.9% y Costa Rica con 13.8%. También difieren notoriamente las cifras de importación desde la región: 20.7% para Nicaragua, 19.7 para Honduras, 18.9 para El Salvador, 7.7 para Guatemala y 7.2 para Costa Rica. A no dudarlo, esa distribución tan desigual de los beneficios del comercio subregional ha frenado un avance más rápido y consistente del proceso de integración.

No deja de sorprender que la exportación regional, en 74.9%, está compuesta por productos industriales y que los agrícolas sólo representan un 25.1%. En la exportación a terceros mercados la situación se presenta a la inversa: los productos industriales constituyen 21%; en cambio los agrícolas (esencialmente banano y café) ocupan el 79%. Esa repartición sólo resulta extraña a primera vista. La actual integración económica regional está todavía en pañales y se limita en la práctica a productos manufacturados; no incluye productos agrícolas ni servicios. Tampoco dispone de mecanismos de solución de controversias o de salvaguarda contra comercio desleal, reglas de origen, criterios sanitarios o fitosanitarios ni políticas uniformes de promoción de inversiones, elementos todos que se encuentran bajo estudio.

A pesar de su enfoque más bien limitado, la reactivación de la integración económica en Centroamérica resultó notoria en el aumento de las inversiones de nacionales de un país a otro, el surgimiento de transnacionales centroamericanas y una mayor integración de servicios bancarios y de transacciones cruzadas en los mercados de valores.

Mapa VI.1: El Mercado Común Centroamericano (MCCA)

La modificación radical en el enfoque se nota, sobre todo, al observar la tarifa exterior común (véase TEC en cuadro VI.1). En el sistema cerrado de los años sesenta y setenta los derechos de importación oscilaban entre 0 y 250% y había estrictas cuotas de importación, principalmente en lo referente a bienes de consumo. Con el nuevo esquema se suprimieron todas las restricciones cuantitativas; la tarifa exterior común (que en 1991 ya había bajado a una banda entre 5-95%) se redujo al 5% para materias primas y bienes de equipo no producidos en la región, y 20% para productos terminados producidos en ella. A finales de 1995 se decidió que para fin de siglo se cobraría respectivamente el 0 y el 15 %. Cada país introduce la reducción arancelaria a su ritmo. Guatemala y El Salvador lo hicieron inmediatamente. Nicaragua y Honduras, dos países de menor desarrollo relativo, pueden mantener provisionalmente un recargo sobre una serie de aranceles, con el propósito de superar divergencias de desarrollo. Ese método proteccionista no resulta adecuado, porque lleva a desviación de comercio y a transacciones de contrabando. No se puede perder de vista que la pérdida de derechos aduaneros implica una sangría seria para ambos países, ya que sus recursos presupuestarios en gran medida se basan en ellos.

El choque provocado por esta brusca apertura de mercado obligó a las empresas a efectuar ingentes adaptaciones. Muchas fallaron; otras no aguantaron la confrontación por problemas de liquidez y prefirieron vender a empresas foráneas, sobre todo mexicanas. Es precisamente esta fuerte entrada azteca en la economía centroamericana la que en 1990 llevó a la idea de crear una zona de libre comercio entre México y los siete países centroamericanos. Durante la segunda cumbre de Tuxtla-Gutiérrez, en marzo de 1996, se confirmó tal propósito.

¿Contribuyó esa integración abierta a una mejora en la productividad de la oferta de bienes y servicios? En todo caso, ése era el objetivo del cambio de prioridades en la estrategia de la CEPAL. Normalmente, al cumplir con ese objetivo tiene que producirse un aumento de las exportaciones fuera de la región, más específicamente en cuanto a los productos industriales.

Resulta prematuro establecer un criterio definitivo sobre el éxito o no de ese regionalismo abierto. Lo cierto es que no se lograron los resultados espectaculares de los años sesenta y de los setenta, cuando la exportación total primero se triplicó y después, en la última década, se cuadruplicó. Al analizar el periodo 1988-1994, desgraciadamente se ve un aumento anual de la exportación hacia mercados terceros de apenas 3.5%, mientras las ventas dentro de la región subieron 19% por año. Sólo a partir de 1995 vendría un cambio en ese patrón. La exportación hacia terceros mercados subió un 30%, superando el ritmo de crecimiento del comercio intrarregional (21.2%); también fue el caso en 1996, respectivamente con 9.4 y 7.6%. De todos modos, queda claro que la oferta industrial sigue siendo insuficiente para obtener resultados excelentes en terceros mercados. Una explicación al respecto se encuentra en la falta de innovación e inversiones, tanto para renovación de productos como de procesos de producción.

El principal obstáculo para la integración centroamericana se encuentra en la debilidad de sus instituciones. Éstas no permiten proponer avances y dar seguimiento a las decisiones tomadas. El Secretariado Ejecutivo (SIECA) establecido en Ciudad de Guatemala, enfrenta escasez de recursos humanos y financieros, además de carecer de poder real. Por otro lado, existe un laberinto de unos 30 órganos subregionales que se encargan de manera inconexa de los diversos aspectos de la integración. No constituyen buenos ladrillos para un futuro edificio comunitario. Luego, en 1992, se llegó a crear en San Salvador el Sistema de Integración Centroamericana (SICA), pero igual, son pocos los resultados que se han podido palpar, hasta la fecha, respecto de su papel de coordinación y de estímulo. En la Cumbre de Panamá, del 12 de julio de 1997, los mandatarios adoptaron un esquema de cambio institucional calificado como ambicioso. Su objetivo es reducir el número de secretariados y reforzar la competencia central del SICA en El Salvador, que haría las veces de Secretaría General Unificada. La puesta en vigor de estas decisiones se hace esperar.

Visiblemente falta voluntad política y entusiasmo para llevar esta empresa de integración económica a buen término y aún más cuando de integración política se trata. Mientras en Guatemala, El Salvador, Honduras y también Nicaragua, en realidad esa aspiración constituye un fenómeno natural, en Costa Rica todavía se visualiza como algo artificioso. Por su tradición democrática y sus ambiciones culturales, ese país se sigue sintiendo "diferente" en relación con sus vecinos. Cada vez que se proponen medidas regionales que podrían implicar un ápice de cesión de soberanía, los demonios nacionalistas se ponen a bailar. Hasta la fecha, en la "Suiza centroamericana" todavía no se ha zanjado el pleito entre quienes están convencidos de las ventajas de la integración económica y quienes, con base en lo reducido del mercado regional y los enormes problemas prácticos y financieros de la integración, se preguntan si no resulta mejor seguir en el empeño por penetrar los mercados internacionales cada uno por su cuenta. En el ínterin, Guatemala, El Salvador y Honduras acordaron en 1993 formar el Triángulo del Norte, grupo al cual se integró después Nicaragua.

Pareciera que el istmo centroamericano no se ha percatado todavía de que, desde la pacificación de finales de los años ochenta y la caída del Muro de Berlín, su peso geopolítico ha bajado vertiginosamente y que sólo un mayor proceso de integración y una acción mancomunada pueden modificar este nuevo panorama.[8] Para lograrlo se requiere liderazgo y no retórica vacía; ésta únicamente crea ilusiones. El presidente Figueres sí parecía tener vocación en ese sentido y se distinguía por eso de su precursor Calderón. Desde que asumió el mando, en mayo de 1994, tomó varias iniciativas, sobre todo en el campo de la coordinación regional de la política exterior. Muchos esperaban que su colega Arzú, de Guatemala, asumiera ese imprescindible liderazgo una vez concluidas las negociaciones de paz con la guerrilla en su país. Otros lo ponían en duda, argumentando que durante su discurso de toma de posesión como presidente, en enero de 1996, no soltó ni media palabra respecto a la integración regional. Consultado en tal sentido, admitió que prevalecen prejuicios regionales en torno a la antigua "Capitanía general", por lo que más bien ve un papel protagónico para El Salvador. De todas maneras, no cuesta coincidir en cuanto al papel que el eje Bonn-París desempeñó para muchas decisiones difíciles en la construcción de la Unión Europea. Para el MERCOSUR el binomio Argentina-Brasil resultó determinante. ¿No podría serlo también un eje Guatemala-Costa Rica o Costa Rica-El Salvador?

¿Qué pensar del sistema educativo centroamericano? Hay que comprobar, por fuerza, que sigue predicando estereotipos nacionalistas y no fomenta la idea integracionista en la juventud. El título del ensayo "Balcanes y volcanes", de Sergio Ramírez, prominente escritor nicaragüense, es elocuente al respecto. Si históricamente hubo una balcanización por parte de los grandes poderes, la parcelación mental hizo el resto. Ya en el siglo pasado el pensador argentino Domingo Faustino Sarmiento se quejaba de que no cada país, sino cada ciudad centroamericana, se comportaba como una república aparte.

Complace comprobar que la República Dominicana anunció durante la última cumbre regional realizada, en su capital, en noviembre de 1997, su voluntad de acercarse más a América Central y acoplarse a su esquema integracionista, lo cual ocurrirá sin embargo por etapas.

3. La Comunidad Andina resucita
de sus propias cenizas

En ninguna iniciativa integracionista latinoamericana prevaleció más la orientación hacia adentro que en el Pacto Andino (1969-1995). Era proteccionista tanto en la importación de bienes como en las inversiones extranjeras directas e indirectas. También se establecieron limitaciones comerciales intrarregionales, entre otros casos en relación con el transporte marítimo y aéreo.

Su versión original se estableció mediante el Acuerdo de Cartagena, firmado en 1969 por Colombia, Chile, Ecuador, Perú y Venezuela. Bolivia se adhirió unos meses más tarde. Se preveía la elaboración progresiva de una zona de libre comercio y una unión aduanera. El pacto estableció una Corporación de Desarrollo con el propósito de financiar proyectos industriales regionales. En 1977 se retiró Chile, entre otros motivos porque no estaba de acuerdo con el manejo restrictivo de las inversiones extranjeras establecido bajo la discutida "decisión 24".

En 1995 ese esquema de integración subregional contaba con 101 millones de habitantes, una renta promedio de 2 297 dólares *per capita* y un PNB global de 232 mil millones de dólares; Venezuela y Colombia asumían dos terceras partes de ese último monto.

Desde sus comienzos, el Pacto Andino debió enfrentar una deficiencia tremenda: un intercambio comercial intrarregional sumamente limitado; éste era del orden del 2% en 1970, para alcanzar apenas 4.6% en 1990 (véase cuadro VI.2), a pesar de que casi la totalidad de bienes no tradicionales venezolanos (excepto petróleo y mineral de hierro) se vende a Colombia. La motivación para liberalizar el intercambio interregional quedó muy reducida.

Mapa VI.2: La Comunidad Andina

Muchas son las causales que provocaron el naufragio relativo del pacto, similares a las que se encontraban también en el Mercado Común Centroamericano y en la Asociación Latinoamericana de Libre Comercio (ALALC) transformada en 1980 en Asociación Latinoamericana para la Integración (ALADI).

Hubo, sin embargo, una serie de razones propias que llevaron a ingentes dificultades, entre las que sobresalen dos. En primer lugar, el exagerado dirigismo del modelo de integración, que se notaba especialmente en la programación industrial y más todavía en el tratamiento de las inversiones extranjeras. Prevalecía una reserva excesiva en contra de las empresas multinacionales, por lo que éstas quedaban sujetas a vigilancia estricta de los gobiernos nacionales. El padre del modelo fue el presidente liberal colombiano Alberto Lleras Restrepo (1968-72), compañero ideológico de Raúl Prebisch. Una segunda causa del fracaso relativo fueron las crecientes pugnas políticas en cuanto a liberalización comercial, programación industrial, inversiones extranjeras y armonización de la política económica nacional, que motivaron que las grandes decisiones se llevaran cada vez menos a la práctica.

Finalmente, costó demasiado que despegara un "regionalismo abierto" entre los cinco países andinos. Solamente en febrero de 1995, después de más de diez años de negociaciones, se pudo establecer una tarifa externa común (TEC); cuenta con cinco niveles entre 5 y

20%, y cubre 95% de la nomenclatura de bienes. Mientras tanto, ya Bolivia, Colombia, Ecuador y Venezuela habían establecido entre sí el libre comercio prácticamente para todas sus mercancías. En la línea del tercer principio de la CEPAL, que prevé ventajas tarifarias para los países con menor desarrollo relativo, Bolivia y Perú excluyeron diversos productos de ese libre comercio. Por lo demás, hacia terceros países siguieron aplicando sus propios aranceles externos. Perú permaneció de hecho durante cinco años fuera de la zona de libre comercio y de la unión aduanera. En abril de 1997 parecía, incluso, que el presidente Fujimori quería sacar a su país de la Comunidad Andina. Unos meses más tarde, en agosto, se logró un acuerdo con los otros socios acerca de un cronograma de reducción arancelaria para 4 182 productos del comercio intrarregional. Perú consiguió un periodo de transición hasta el año 2005 para aplicar las reducciones tarifarias convenidas. En lo que se refiere a la tarifa exterior común, Lima prefiere todavía quedar, por un tiempo, fuera de la unión aduanera, hasta que se logre un acuerdo sobre las reglas de origen. Mientras tanto mantiene su arancel exterior de 13%. En esa contienda ganó la línea dura de Venezuela contra Perú. Una vez solucionada esa crisis, los miembros de la Comunidad Andina decidieron dar nueva vida a sus esfuerzos de integración.

Por diversas razones la colaboración andina no fue sino una cadena de diversas crisis. La principal se debe, una vez más, a la falta de respeto por los acuerdos mutuos. Sólo en 1995, los enormes problemas económicos de Venezuela llevaron a introducir restricciones al intercambio intrarregional. Por otro lado, el conflicto fronterizo entre Perú y Ecuador causó el cierre de fronteras entre ambos países.

Es cierto que la integración andina aumentó el comercio intrarregional, pero tampoco fue nada del otro mundo. Todavía se limita a 11.7% (1995) del total de las exportaciones, lo que representa apenas la mitad de lo que aportó el MERCOSUR (22%) y el Mercado Común Centroamericano (20%).

En marzo de 1996, durante la cumbre realizada en Trujillo, Perú, el Pacto Andino tomó la decisión de transformarse en Comunidad Andina e introducir una serie de ingentes reformas institucionales; de ese modo se establecieron la Comunidad Andina de Integración (CAI) y el Sistema Andino de Integración (SAI). Este último se compone de los órganos políticos más altos (el Consejo Presidencial y el Consejo para Relaciones Exteriores), las instituciones especializadas (la Corporación Andina de Desarrollo y el Fondo de Reserva Latinoamericano), los consejos consultivos, las organizaciones culturales y los acuerdos sociales. Un Secretariado General sustituye la Junta del Acuerdo de Cartagena, mientras el Tribunal Andino de Justicia y el Parlamento Andino conservan su competencia. Esas reformas institucionales en el fondo no son más que una cirugía estética que a nadie engaña. No fue ningún Ave Fénix.

Como se mostrará más tarde, Bolivia suscribió un acuerdo de libre comercio con el MERCOSUR, que entró en vigor el 1 de enero de 1997. Los demás países de la comunidad también esperan lograr colectivamente lo mismo, aunque las negociaciones no resultan nada fáciles. Si fracasan o se atrasan demasiado, Venezuela (que asume más de la mitad de la exportación total de la Comunidad Andina) no dudaría en negociar directamente, entre otras causas por sus enormes posibilidades de expansión económica en los estados del norte brasileño. Ello desencadenaría una crisis mayor que la que acaba de ser resuelta con Perú e implicaría quizás el fin definitivo del afán de integración de la Comunidad Andina. El panorama no tiene que ser necesariamente negativo, ya que podría desembocar en que todo el ámbito sudamericano empiece a cobijarse bajo las alas de MERCOSUR.

4. El arranque eufórico del MERCOSUR

Entre todos los proyectos de integración en América Latina, el que se inició con más brillo y dinamismo es el Mercado Común del Sur. Se anunció a los cuatro vientos y con bombos y platillos, como hizo el presidente Delors para dar nueva vida a la Unión Europea en 1988. MERCOSUR engloba Argentina, Brasil, Uruguay y Paraguay y se conform ó oficialmente el 1 de enero de 1995, después de un periodo de transición de cuatro años. La idea consistía en lograr, mediante cooperación intergubernamental, un mercado común en el cual bienes, servicios, capital y trabajo se moverían libremente, y coordinar determinados aspectos de la política macroeconómica.

Con un PNB global de 995 mil millones de dólares en 1995, constituye el cuarto bloque económico del mundo, después de la Unión Europea (US$7 127 mil millones), el Tratado de Libre Comercio de América del Norte (US$7 079 mil millones) y Japón (US$3 507 mil millones). Cuenta con un recurso demográfico de 201 millones de habitantes y una renta *per capita* de 4 950 dólares, el doble de la Comunidad Andina y cuatro veces más que el MCCA.

El surgimiento de poderosos socios económicos como la Unión Europea, Estados Unidos y Japón había dejado claro a Brasil y a Argentina que, por separado, quedarían fuera del mecanismo global de toma de decisión. Ambos países sintieron aquello claramente cuando se lanzó la Ronda Uruguay del GATT en septiembre de 1985.

Mientras tanto, en el Cono Sur nuevos líderes políticos habían sustituido a los regímenes militares o a los partidarios civiles de ideologías económicas orientadas hacia dentro. En 1983 Raúl Alfonsín asumió el poder en Argentina, en 1984 Julio Sanguinetti en Uruguay, en 1985 José Sarney en Brasil y en 1989 Andrés Rodríguez en Paraguay. El restablecimiento de la democracia contribuyó a superar las viejas contradicciones entre Argentina y Brasil. En el marco de las reuniones del Grupo de Apoyo de los países de Contadora,[9] los dirigentes políticos de Argentina y Brasil habían llegado a conocerse mejor y confiar mutuamente y pudieron comprobar que su anterior negativa a trabajar juntos había salido muy cara. Este convencimiento permitió un nuevo intento de unión aduanera, idea que ya llevaba cuatro décadas en el aire. El regionalismo político se constituyó en la puerta de entrada al regionalismo económico.

En noviembre de 1985, los presidentes Alfonsín y Sarney lanzaron en Iguazú el Programa Argentino-Brasileño para la Integración y Cooperación Económica. Tres años más tarde se transformó en el despegue de un mercado común. Sus sucesores, los presidentes Carlos Menem y Fernando Collor optaron en 1990 por una terapia de choque: poner en marcha para fines de 1994 la parte de libre comercio dentro de su mercado común. Cuando en marzo de 1991 Uruguay y Paraguay, junto con los dos primeros países, firmaron el Acuerdo de Asunción, nació el MERCOSUR. No se puede poner en duda que el establecimiento de este nuevo bloque comercial del Cono Sur tenía como propósito formar un contrapeso frente al NAFTA que en América Latina se considera como instrumento hegemónico de Estados Unidos.

Mapa VI.3: MERCOSUR

Este esquema de integración prevé una zona de libre comercio y una unión aduanera. Ya los aranceles intrarregionales se eliminaron totalmente para 90% de los productos; para el restante, ocurrirá el 1 de enero de 1999 en Argentina y Brasil, mientras que Uruguay y Paraguay tienen un año más de plazo. El azúcar y los automóviles se excluyeron del libre comercio, pero hay negociaciones en perspectiva. Hace poco se aceptó un protocolo sobre la liberación del intercambio de servicios dentro de diez años y el próximo objetivo es el establecimiento de reglas comunes para los mercados públicos. La unión aduanera entró en funcionamiento en 1995 y cubre 85 % de las 9 mil categorías de los productos importados. La tarifa exterior común fluctúa entre 0 y 20%, con un promedio que en este momento se sitúa en 12%. Los productos por ahora excluidos son bienes de capital, equipos para telecomunicación y productos químicos o petroquímicos.

Para éstos, la tarifa en cuestión entrará a regir a partir del 1 de enero del 2001, excepto para telecomunicaciones, donde se fijó como meta el 1 de enero del 2006. A Uruguay se dio prórroga hasta el 2006 para bienes de capital y a Paraguay para todos los productos.

Desde el comienzo MERCOSUR logró un alto grado de liberación comercial entre sus miembros; el intercambio de bienes se triplicó, nada menos, entre 1991 y 1996. En un *Policy Research Working Paper* del Banco Mundial,[10] Alexander Yeats explica que en el comercio intrarregional de MERCOSUR, los productos más dinámicos y de mayor crecimiento, en general, son los de capital intensivo, en los cuales los miembros todavía no han demostrado un fuerte empuje de exportación hacia mercados externos.

Lo cierto es que el éxito de MERCOSUR ejerce un poder magnético sobre los otros países, como fue el caso, en su momento, con la Comunidad Europea para los países del EFTA. Chile y Bolivia se interesaron desde el principio en mantener vínculos estrechos con esta iniciativa de integración regional. No persiguieron una membresía completa, pero sí establecer sendos acuerdos de libre comercio. Ambos ya tenían vínculos con Argentina, mediante acuerdos bilaterales, de 1990 y 1991, respectivamente. Esos acuerdos preveían una reducción tarifaria para una lista positiva de productos.

El mismo MERCOSUR estaba interesado en su expansión geográfica. Sobre todo Argentina ve en eso oportunidades de aminorar el peso desproporcionado del gigante económico que es Brasil. Sólo Uruguay se oponía un tanto a las negociaciones de ampliación hasta que estuvieran resueltos los problemas internos en relación con las restricciones que Brasil impuso a consecuencia de la crisis mexicana de liquidez (1994-95).

La importancia de Bolivia para MERCOSUR no necesita demostración, porque ese país le vende 17.9% de toda su exportación (sobre todo gas y estaño) y allí compra 25% de sus importaciones. En este momento efectúa 60% de su comercio exterior con el MERCOSUR, mucho más de su intercambio con los socios de la Comunidad Andina. Si bien Bolivia constituye un mercado pequeño, tiene su importancia como proveedor de combustibles. Sobre todo Brasil, pero también Argentina, están interesados en el gas natural y el petróleo que consiguen en el país andino. Brasil tiene una tremenda necesidad de combustible para generar electricidad. Por lo demás, Bolivia posee una ubicación geográfica clave para establecer conexiones por tierra o por ferrocarril entre los dos océanos. Como se señalará posteriormente, la falta de integración física y geográfica condiciona seriamente el intercambio de bienes y la unificación de los mercados en América del Sur.

En enero de 1994, Bolivia fue el primer país tercero en tocar oficialmente la puerta para iniciar negociaciones sobre un acuerdo de libre comercio. No cabía pensar en asociación completa, porque ese país pertenece a la Comunidad Andina. Ya a finales de 1995 se obtuvo el primer acuerdo preliminar (MERCOSUR + 1). Consistió en multilateralizar las preferencias existentes de cada país con Bolivia, con lo que constituyó el acuerdo número 31 de complementación económica en el contexto de ALADI. Un año más tarde, el 17 de diciembre de 1996, se pudo firmar el acuerdo de libre comercio propiamente dicho, que entró en vigencia el 1 de enero de 1997. Propugna el establecimiento en diez años de una zona de libre comercio para un mínimo de 80% del comercio de bienes y 90% de la nomenclatura respectiva. Para productos sensibles se consideran excepciones sobre 15 y 18 años. Por lo demás, el acuerdo prevé disposiciones para asuntos comerciales (reglas de origen, 60% de contenido local; subsidios de exportación; cláusulas de salvaguardia; soluciones de diferendos; normas y reglamentación técnica), servicios, inversiones e impuestos dobles. Se negociará un protocolo independiente para construir carreteras comunes e infraestructura, además de proyectos de comunicación con el objetivo de promover la integración física del Cono Sur.

Chile fue el segundo país en entablar negociaciones formales con el MERCOSUR. Sus anteriores intentos de integración no habían tenido buen resultado. Ya en 1976 había abandonado el Pacto Andino, entre otras causas por estar en desacuerdo con la actitud restrictiva de sus socios en materia de inversiones extranjeras y flujos de capital.

Desde finales de 1973, inmediatamente después de la caída del presidente Allende, esta nación inició unilateralmente una política de apertura comercial y llevó a cabo drásticas reformas macro y microeconómicas. Durante veinte años Chile sería un exitoso llanero solitario inspirado por la filosofía monetarista del profesor Milton Friedman y sus *Chicago boys*.

Ese aislamiento llegó a su fin con la entrada de México en el NAFTA (hasta ese momento la Asociación de Libre Comercio entre Estados Unidos y Canadá), en 1993. En efecto, el NAFTA era el primer socio comercial de Chile, y Estados Unidos tenía interés en que esa república se incorporara. Mickey Kantor, en su calidad de *trade representative* de entonces, argumentaba que abrirle la puerta era una prioridad para su país. Sin embargo, cuando las negociaciones tropezaron en las gradas del Capitolio en 1995 —a causa de la crisis de liquidez en México—, Santiago volvió a dar prioridad a sus relaciones con América del Sur y en primera instancia con MERCOSUR,[11] siendo éste su segundo socio comercial; le compra 18.2% de sus importaciones y le vende 12% de sus exportaciones. Argentina es un proveedor importante de petróleo y pronto lo será de gas natural. Chile invirtió aproximadamente 12 mil millones de dólares en países del MERCOSUR, sobre todo en empresas de servicio privatizadas. A la inversa, también para ese bloque económico tiene importancia la liberalización comercial con esta "larga y angosta faja de tierra", como la describía Ercilla. Su intercambio total de mercancías (del orden de 4.5 mil millones de dólares en 1995) con Chile equivale a un tercio de su propio comercio interno. El país puede ofrecer además un puente hacia el Pacífico y APEC, organismo del cual, junto con México y dentro de poco Perú, forma parte entre los únicos miembros latinoamericanos.

Chile pretendía hacerse socio de la zona de libre comercio de MERCOSUR, pero no de su unión aduanera. Esto último quedaba excluido a causa de las grandes diferencias en las respectivas tarifas externas. En efecto, Chile maneja una tarifa externa uniforme y única de 11%, allí donde la TEC de Mercosur sólo cubre 85% de la nomenclatura de productos, diferenciada además entre 0 y 25%, con un promedio de 12%. Entrar en la zona aduanera hubiera obligado a Chile a volver a subir ciertas tarifas. Muchos comparten el criterio de que, con el tiempo, el obstáculo de la diferencia tarifaria se podrá estrechar, de manera que ese país pueda llegar a ser un socio completo.

Las negociaciones entre Chile y MERCOSUR resultaron mucho más difíciles de lo que se esperaba. Los textiles, los zapatos y, sobre todo, los productos agrícolas tradicionales fueron problemáticos (por ejemplo el trigo, la harina, el maíz, el arroz, las semillas de girasol, la carne y los productos lácteos). Mientras para los textiles y los zapatos se pedía un periodo de transición de ocho años, la propuesta original chilena pretendía excluir todos los productos agrícolas del acuerdo de libre comercio. Santiago aceptó finalmente incluirlos con un periodo de transición de 18 años, bajo fuertes protestas de parte de los conservadores agricultores de trigo y los ganaderos. Según ellos, debido a la situación geográfica chilena menos favorable, nunca lograrían ser competitivos con los argentinos. Sin embargo, Chile tiene ventajas competitivas para determinados productos acabados y metales básicos, como también para frutas, vino, madera y numerosos servicios. Se logró un arreglo en junio de 1996 y el área de libre comercio entró en vigor con fecha 1 de octubre de 1996. Para el año 2004 se establecerá el comercio libre en 85% de los productos, y en algunos productos sensibles, según el tipo, en 2006 o 2011; para trigo y harina se acordó un periodo de gracia de 10 años, después de un primer periodo de gracia hasta el año 2014.

Antes de lo previsto se acercarían los cuatro países restantes de la Comunidad Andina. Sobre todo Venezuela, apoyada por Brasil, mostró gran interés en concluir un acuerdo de libre comercio. Los otros países del MERCOSUR compartían poco este criterio, entre otros por la tremenda crisis económica venezolana de 1996 y el hecho de que la entrada de ese país beneficiaría sobre todo a Brasil. Su preferencia iba más hacia Perú. También Colombia dejó bien en claro que perseguía un acuerdo de libre comercio y, por qué no, una cortesía completa. A mediados de octubre de 1996, cuando habían terminado las negociaciones entre MERCOSUR y Bolivia, la Comunidad Andina tomó la resolución de no acercarse más al otro bloque económico en forma dispersa. De allí en adelante propugnaría en grupo un acuerdo de libre comercio.

El acercamiento entre MERCOSUR y la Comunidad Andina se reforzó en no poca medida por el crecimiento del intercambio comercial en los últimos cinco años. En 1992 los países andinos exportaron por un monto de 2.2 mil millones de dólares a MERCOSUR. En 1997 ya la cifra había aumentado a 5.6 mil millones.

Las negociaciones entre ambos grupos no se desarrollan sin contratiempos, porque los postulantes no logran ponerse de acuerdo respecto del alcance y el cronograma en la desarticulación de los aranceles entre los dos bloques. Los andinos manifiestan peculiar preocupación por sus productos agrícolas y temen que sus empresas en el ramo no podrán competir con sus poderosos competidores de Argentina y Brasil. Insisten en un periodo de transición de 20 años, pero MERCOSUR quiere que sean 15 (Chile y Bolivia habían obtenido 18 años para sus productos sensibles). El MERCOSUR pretende dar carácter multilateral a las ventajas bilaterales, para aplicarlas a todos los socios, tesis no compartida por los andinos. Por lo demás, falta encontrar una solución al espinoso problema de las reglas de origen; en MERCOSUR la exigencia de contenido de origen local es de 60%, mientras se sitúa en 50% en la Comunidad Andina.[12]

Para MERCOSUR se trata de la primera negociación con un bloque. Con el éxito de ésta pretende demostrar a Estados Unidos que también vale esta postura concertada en las negociaciones para el establecimiento de ALCA (Acuerdo de Libre Comercio de las Américas). Aparte de lo anterior, MERCOSUR quiere aprovechar la coyuntura para probar que, en contraste con NAFTA, sí es capaz de concluir acuerdos comerciales.

5. CUELLOS DE BOTELLA PARA LOS ESQUEMAS
REGIONALES DE INTEGRACIÓN

Gran cantidad de problemas dificulta la integración latinoamericana, la mayoría comunes a las tres iniciativas subregionales de integración. Felizmente, ninguno pareciera tener característica de nudo gordiano, es decir, insuperable.

Al forastero es difícil darse cuenta de la gran extensión geográfica de este subcontinente y de la total falta de integración física entre los diversos grupos subregionales. Son inmensas las distancias a recorrer por los bienes, los servicios y las personas. No hay comunicaciones adecuadas por vía terrestre, marítima o aérea. Entre México y Buenos Aires no existe ninguna comunicación aérea directa. El vuelo más expedito demora mínimo catorce horas (de Lisboa se vuela sin escala hacia Helsinski en menos de cuatro horas). Mientras la Unión Europea dispone de una red densa de autopistas, la Panamericana corresponde si acaso a una carretera provincial en Europa. Si bien la cadena montañosa de los Andes, que separa Chile de Argentina y Bolivia, tiene una docena de pasos, sólo uno (Los Libertadores, entre la ciudad de Los Andes y Mendoza) tiene un buen asfaltado. Incluso este paso, a 3 860 metros de altura, resulta impracticable por lo menos tres semanas al año, a causa de la nieve y el hielo. Bolivia intenta vanamente mejorar sus conexiones con Brasil. Tres proyectos no despegan, a saber, la construcción de un puente internacional (o transbordador entre los puertos de Guajaramirín (Brasil) y Puerto Sucre (Bolivia), un segundo puente internacional entre Brasilia (Brasil) y Cobija (Bolivia) y la conexión Cobija-La Paz.

América Latina, que hace cincuenta años todavía tenía una extensa red ferroviaria, descuidó totalmente este instrumento, ideal para transporte de carga. En América Central, el material rodante se está oxidando y la maleza invadió alegremente los rieles; es también el caso en muchos países de América del Sur. En casi ninguna parte hay conexiones de trenes que pasan la frontera, con lo cual muchas veces no hay más remedio que cambiar solamente de locomotora. Desde hace años existe un proyecto de línea férrea entre Aiquile (Brasil) y Santa Cruz (Bolivia) que conectaría Brasil con los puertos chilenos y peruanos del sector del Pacífico.

Los equipos portuarios son pobres y carecen de buenas conexiones con el *hinterland*. Los cultivadores brasileños de soya del Mato Grosso y los granjeros argentinos en algunos sectores de la Pampa se encuentran más cerca de los puertos chilenos del océano Pacífico, que de sus propios puertos Santos, Río de Janeiro y Buenos Aires. Para la emergente industria minera argentina, tendría más sentido enviar sus productos a partir de los puertos chilenos de Tocopilla y Antofagasta que transportarlos con camiones hacia el puerto de Buenos Aires. Sobre todo Chile y Brasil luchan por instalar corredores entre los dos océanos.

La única conexión marítima entre los océanos Atlántico y Pacífico es el canal de Panamá, inaugurado en 1914, construido por los estadounidenses. Un proyecto anterior de sello francés y cuyo constructor era el viejo Fernando de Lesseps, héroe del canal de Suez, fue detenido en 1888 por derrumbes, falta de capital y después de que 22 mil obreros y empleados sucumbieran por la fiebre amarilla.[13] A raíz del Tratado Torrijos-Carter de 1977, el canal de Panamá pasará definitivamente a Panamá, después de que Estados Unidos se lo devuelva con el cambio de siglo. Actualmente, la vía interoceánica presenta serias fallas técnicas. Sólo permite el tránsito en una dirección y algunos navíos deben esperar durante días antes de que les llegue el turno. Aparte del ensanchamiento que se efectúa para permitir una circulación de dos vías, se prevé la construcción de un tercer sistema de esclusas para barcos de una capacidad de carga de hasta 150 mil toneladas. El problema está en el financiamiento de tal proyecto (8 mil millones de dólares) y la cantidad de agua que requieren las esclusas para alzar y bajar barcos tan voluminosos en un estrecho que, para evitar otros derrumbes, tuvo que ser construido a una altura de 28 metros sobre el nivel del mar. En este momento la carga máxima, llamada Panamax, se eleva a 60 mil toneladas. En febrero de 1998 la sequía provocada por el fenómeno de El Niño obligó a disminuir la carga máxima de los barcos por escasez de agua en las reservas.

Con miras a explotar la limitada capacidad del canal de Panamá, surgió espontáneamente una amplia serie de alternativas. Colombia, que en 1904 se vio despojada por Estados Unidos de su anhelado sueño de una vía interoceánica en terreno propio, abrió en mayo 1996 una licitación internacional para un paso totalmente nuevo. La mayoría de las otras propuestas tiende más bien hacia el establecimiento de conexiones por tierra y ferrocarril entre dos puertos, con miras a incorporar el transporte por contenedor (14% de la carga total que cruza el canal panameño). Esa clase de proyectos de "canal seco" existe en México (vía el istmo de Tehuantepec), Honduras, El Salvador y Nicaragua. En septiembre de 1996, Managua incluso dio permiso a un consorcio internacional para estudiar la factibilidad de un proyecto de ese tipo. A principios de siglo, esa capital perdió la batalla contra Panamá, cuando unos senadores estadounidenses vieron volcanes en un sello de Nicaragua, y se asustaron frente a la eventualidad de terremotos. Más al sur está la cordillera de los Andes, que separa orgullosamente los dos océanos. A principio de los años ochenta, Chile y Argentina casi entraron en guerra cuando esa última nación quería tener su propia vía hacia el Pacífico, a través del estrecho de Magallanes.

Tampoco hay interconexiones eléctricas. Desde hace años se negocia la construcción de una red de transmisión entre México y Colombia, a la que los países de América Central estarían también conectados. En el Cono Sur, la compañía tejana Enron se ganó la concesión para construir la línea de transmisión y la planta de conversión permitiendo interconectar las redes eléctricas de Argentina y Brasil. En telecomunicaciones sí se notan progresos, en la medida en que las respectivas compañías establecieron sólidos lazos de colaboración. En efecto, la región mira con gran interés hacia la revolución de servicios posible gracias a la nueva tecnología de comunicaciones. Sobre todo Chile muestra mucha actividad al respecto. Quisiera transformarse en el centro financiero de la región. Sería, así, el primer país en desarrollarse pasando de una actividad agrícola y frutícola hacia una economía de servicios, sin haber recorrido una intensiva fase industrial. Lo anterior sería una negación rotunda del modelo económico de desarrollo del profesor Kiminori Matsuyama de la Northwestern University en Estados Unidos.[14]

América Latina no ha avanzado mucho todavía en lo referente a oleoductos y gasoductos transfronterizos. En 1993 se completó el oleoducto entre Argentina y Chile, que garantiza hasta 45% de la importación del petróleo chileno. Existen dos proyectos para transporte de gas natural de Argentina hacia Chile. Bolivia desea construir un conducto para gas natural con miras a surtir a Brasil; conectaría Santa

Cruz con las zonas industriales de Sao Paulo y Puerto Suárez. Mediría 3 601 kilómetros y costaría más de 1.5 mil millones de dólares. Para la realización de ese gasoducto se creó un consorcio entre la empresa energética boliviana YBFB, la norteamericana Enron Corp. y el gigante energético brasileño Petrobras. Este último prevé la construcción de centrales eléctricas en Brasil a partir de gas natural por un valor de 1.5 mil millones de dólares. Este empeño global sería el tercer proyecto energético más grande del mundo. Se examina la posibilidad de continuar ese gasoducto hacia Argentina, pero también de conectarlo con el gran campo nuevo de gas de Camisea en el sur de Perú. En América Central existe un proyecto de construir un gasoducto de 2 212 kilómetros de longitud desde Ciudad Pemex, en el estado mexicano de Tabasco, hasta todos los países de la zona centroamericana y Panamá para abastecerles de gas natural.

No faltan los esfuerzos orientados a mejorar la integración geográfica, pero éstos deberán ser complementados con una política que fomente la integración económica de las zonas fronterizas. En ese aspecto, queda casi todo por hacer. Los acuerdos informales de cooperación, heredados del contrabando, tienen que plasmarse en un marco jurídico. En las fronteras entre Brasil, Bolivia, Paraguay y Uruguay ocurren, de vez en cuando, situaciones de tensión por parte de empresarios brasileños que se toman la libertad de explotar sin permiso riquezas naturales, o compran (de manera legal) cantidades de tierras que agotan con métodos cortoplacistas. Tal es el caso, sobre todo, en el departamento boliviano de Pando. Habría que resolverlo mediante acuerdos intergubernamentales. Por lo demás se puede promover la integración fronteriza otorgando pases especiales para los habitantes locales, operaciones conjuntas y colaboración entre cámaras de comercio.

Poder moverse libremente es una exigencia básica para la integración de mercados. En ese sentido, subsisten todavía entre determinados Estados miembros de un mismo esquema de integración algunas limitaciones, entre otros, el requisito de visa. Tal es el caso entre Costa Rica y Nicaragua. Para entrar a Venezuela, todos los ciudadanos de los demás Estados miembros de la Comunidad Andina necesitan ese documento. Pero incluso ahí donde no hace falta, los trámites aduaneros fronterizos se vuelven muy complicados, arcaicos y lentos. Pasar de un país a otro por tierra ocupa un tiempo odioso si se considera además, que en muchos lugares no existe servicio nocturno, para transporte de mercancías ni para pasajeros.

Para la libre circulación de personas las perspectivas no son nada halagüeñas, excepto en lo que se refiere al MERCOSUR. Honduras y El Salvador tomaron en 1996 la iniciativa de suscribir un acuerdo regional para introducir una nacionalidad "centroamericana" para los seis países del istmo. Un documento de identidad comunitario facilitaría a los ciudadanos respectivos pasar de un país a otro. El proyecto no era nada nuevo. El integracionista hondureño Francisco Morazán, que fue presidente de América Central y después jefe supremo provisional de Costa Rica, ya había tenido esa idea. El actual gobierno costarricense inmediatamente refutó esta idea con el argumento de que primero hay que consolidar la democracia en los otros países de la región y eliminar las divergencias socioeconómicas. Esa república teme además que una inmensa correntada de jornaleros afecten los índices de salud de su población. El sector patronal apoyó la negativa mediante campañas en la prensa. Las enemistades de antaño están enterradas en tumbas de poca profundidad. En efecto, en 1842, el general Morazán fue fusilado en San José cuando quiso arrastrar a ese país a un restablecimiento militar de la unidad regional. En Costa Rica, que consolidó su democracia mucho antes que el resto de Centroamérica, prevalece una cultura antiintegracionista. En la más reciente memoria colectiva de los "ticos", el resto de América Central evoca directamente una dinastía de izquierda en Nicaragua, una pavorosa guerra civil en El Salvador, un sangriento conflicto fratricida de 36 años en Guatemala y una sucesión de golpes de Estado con regímenes totalmente divorciados de la ley en Honduras. Que el panorama haya cambiado sustancialmente es algo a lo cual las mentes deben acostumbrarse todavía.

Un tremendo obstáculo a la integración es la cantidad de disputas territoriales que existen desde Guatemala hasta la Patagonia. Por lo general son residuos del mismo proceso de emancipación colonial. Algunas veces se vuelven explosivos, como en el caso de la llamada "Guerra del fútbol" entre Honduras y El Salvador (1969) que costó 3 mil vidas[15] y hasta hoy provoca tensiones entre ambos vecinos; el conflicto actual entre Ecuador y Perú por un territorio en la llamada Cordillera del Cóndor y el nacimiento del río Cenepa; la delimitación de aguas territoriales entre Nicaragua, Honduras, El Salvador y Costa Rica; la reinvidicación territorial por parte de Guatemala en Belice por motivo de la no-compensación de los 6 688 kilómetros cuadrados que en 1783 y 1786 cedió a Inglaterra; la ausencia de reconocimiento guatemalteco de la delimitación fronteriza y la no-delimitación de amplias zonas fronterizas. Conflictos fronterizos de otro tipo existen entre Colombia y Venezuela y Colombia y Panamá por acción de la guerrilla colombiana. Los efectos de desborde del conflicto en Chiapas podrían transformarse en una situación de riesgo interestatal por la homogeneidad de las poblaciones en las zonas fronterizas de México y Guatemala. Ésos son sólo algunos de los problemas más visibles. La lista de los otros conflictos semidormidos y de sus respectivas ambiciones es simplemente impresionante.[16] Brasil, Paraguay, Uruguay, Panamá, México, Cuba y Haití son los únicos países en el subcontinente que no tienen conflictos grandes con sus vecinos latinos.

Sólo los conflictos entre Honduras y El Salvador, entre Chile y Bolivia (que desde 1978 no tienen relaciones diplomáticas a causa de una salida marítima) y entre Perú y Ecuador tuvieron visibles consecuencias negativas para la integración subregional, lo que no se puede afirmar para los otros litigios. Sin embargo, no cabe duda de que los problemas territoriales suelen mantener una atmósfera de desconfianza y siempre existe el recurso de activarlos en cualquier momento, como medio de presión, siendo fácil avivar apetitos nacionalistas. Los conflictos fronterizos persistentes carcomen la voluntad política, base para una integración regional duradera. Al filo del tercer milenio, resolver estos problemas constituye un desafío en sí. Sin embargo, muchos prefieren la táctica del avestruz, por el temor a abrir una nueva caja de Pandora.

En contraste con la Unión Europea, donde el intercambio comercial entre los seis socios iniciales ya abarcaba 50% (y ahora es de 58.3%) de su exportación total, el comercio intrarregional de los tres bloques comerciales latinoamericanos en su fase inicial era tremendamente reducido, situación que aún se mantiene (véase cuadro VI.3). Eliminar las limitaciones comerciales internas constituye sólo una solución parcial para la expansión de las exportaciones; terceros mercados ofrecen un potencial de venta mucho más grande, de manera que el acercamiento a otros bloques comerciales y la defensa de los intereses globales vía la Organización Mundial del Comercio siguen siendo decisivos. Hay que reconocer, sin embargo, que la integración regional puede servir como trampolín en el cual progresivamente se adquieren las destrezas necesarias para conquistar mercados internacionales, a condición de que esa "adolescencia" se reduzca con el tiempo y quede circunscrita dentro de una política industrial clara.

Cuadro VI.3: Comercio intrarregional como porcentaje de la exportación total

	1960	1970	1980	1990	1995	1996
MCCA	7.5	26.8	24.1	14.8	19.5	19.7
Pacto Andino	0.7	2.0	3.8	4.6	11.9	11.2
MERCOSUR	-	-	-	10.2	20.5	21.1

Fuente: CEPAL, *diversos informes económicos anuales.*

Una unión aduanera implica que un producto que pagó la tarifa exterior común (TEC) en principio puede circular libremente dentro de la zona de libre comercio. En la Unión Europea los aranceles fluyen automáticamente como "ingresos propios" hacia la caja de la Comisión Europea, independientemente de dónde son recaudados. En los tres esquemas de integración latinoamericanos no hay nada similar. Si el producto no responde a las normas de las zonas de libre comercio subregionales relacionadas (es decir: siempre) o si éstas no existen todavía, el arancel exterior común debe ser pagado cada vez que pasa de un país miembro a otro. Eso altera la libre circulación de productos dentro de la unión aduanera y aumenta los costos. Implica también que sólo *bonded wharehouses* o zonas de libre comercio pueden ser utilizadas como centros regionales de distribución. Una solución sería que un órgano supranacional cobrara los aranceles en una sola canasta y después los distribuyera de manera equitativa entre los Estados miembros. Ése es un objetivo bajo negociación en este momento en el Triángulo del Norte (Guatemala, El Salvador y Honduras).

En los Estados miembros persisten grandes divergencias en cuanto a política macroeconómica y cambiaria, lo cual interfiere y entorpece el comercio. En efecto, esas divergencias hacen imposible crear condiciones competitivas uniformes y estables. Los miembros de los diversos esquemas de integración tienen plena conciencia de eso. En septiembre de 1996, el presidente Menem de Argentina lanzó la idea de un Fondo Monetario para MERCOSUR, con el fin de salvaguardar la integridad financiera de los Estados participantes contra crisis monetarias internacionales. Es cierto que Argentina, que exporta hacia Brasil una tercera parte del total de sus ventas, tiene pavor de que ocurra una devaluación del Real brasileño, y su propia moneda está amarrada por ley al dólar. Durante la crisis bursátil en el Este asiático, en

1997, ese temor se volvió evidente. Aparte de la falta de coordinación macroeconómica, en muchos países todavía prevalecen estructuras de oferta monopolísticas.

Puede demostrarse que los periodos de grandes progresos en la Unión Europea siempre coincidieron con momentos de coyuntura alta y de resurgimiento económico. Durante esos lapsos las condiciones resultaban más favorables para la solidaridad, las concesiones mutuas y el traslado de soberanía nacional hacia lo colectivo. Los largos periodos de recesión en América Latina no fueron provechosos para el abandono de individualismos nacionales.

La integración económica de la región requiere dirigentes políticos no sólo convencidos de la importancia económica de la integración, sino además de su relevancia geopolítica. En Europa se destacaron figuras como Schuman, De Gasperi, Adenauer y Spaak. Fueron creadores capaces de mover la opinión pública y de actuar eficientemente en los círculos políticos y económicos. En América Latina falta, por lo general, tal tipo de liderazgo convencido y convincente. Entre la retórica integracionista un tanto vacía, cuesta distinguir quiénes son los líderes en cada uno de los tres esquemas actuales. Sólo del presidente Menem, se opina que tiene ambiciones de ser el primer secretario general de MERCOSUR. Sin embargo, no solamente se requiere una cara para las tres iniciativas integracionistas, sino además un corazón palpitante. No salta a la vista una ciudad que podría surgir como centro de la unificación. Ni Montevideo, ni Lima ni El Salvador adquirieron la fuerza simbólica que sí tienen Bruselas y Estrasburgo.

Para consolidar los tres bloques comerciales se requiere con urgencia fortalecer sus instituciones. Las secretarías ejecutivas en El Salvador (SICA), en Lima (Comunidad Andina) y en Montevideo (MERCOSUR) disponen de muy poco personal: el secretariado del MERCOSUR cuenta a lo sumo con 26 personas. Además, no cuentan con ingresos propios que estén disponibles automáticamente. De todos modos, sus funcionarios siguen siendo en primera instancia representantes de los intereses de sus propios países, por lo general poco dispuestos a ceder un ápice en función del bien comunitario.

Donde más se percibe la ausencia de recursos financieros adecuados es en el campo de la supresión de desigualdades macroeconómicas y sectoriales. Para ello se necesitan sistemas e instrumentos pertinentes, capaces de ofrecer compensación respecto de los inconvenientes y las perturbaciones que toda integración conlleva. Los beneficios de la integración económica fluyen más hacia Estados miembros, sectores económicos y regiones desarrolladas. Es ilusorio pensar que las divergencias de desarrollo pueden ser eliminadas con el mantenimiento, aunque sea de manera provisoria, de aranceles más altos. Bolivia y Ecuador experimentaron que el trato proteccionista del que gozaron en el Pacto Andino sólo aumentó las divergencias y tuvo un efecto negativo sobre su capacidad competitiva. Por lo demás, ese trato fomenta la desviación de comercio y contrabando, como también comprobaron Nicaragua y Honduras. La Unión Europea va eliminando sus divergencias mediante sus fondos estructurales y de convergencia, recursos que tienen la ventaja de que no perturban la demanda, pero surten efecto sobre la oferta. En América Latina aún no existen fondos estructurales. La solidaridad no es suficientemente grande como para que los miembros ricos se atrevan a entregar recursos para los más pobres. Al igual que con la globalización, también con la regionalización hay ganadores y perdedores. Sin mecanismos de solidaridad las divergencias actuales sólo aumentarán y dificultarán la integración.

Para distribuir de manera adecuada las ventajas y los inconvenientes de la integración, se requieren mecanismos democráticos de control, lo cual hasta la fecha no se encuentra en las tres iniciativas reseñadas. El Parlamento Andino y el Centroamericano (PARLACEN) fueron apoyados desde el inicio por la Unión europea. Las funciones básicas de un parlamento son la representación, la legislación, la legitimación y la supervisión. Desde este punto de vista, las citadas asambleas populares se encuentran todavía en gestación totalmente preliminar. Son todo menos representativas. Esta observación vale incluso para PARLACEN, cuyos miembros, sin embargo, se eligen directamente. MERCOSUR, en realidad, no tiene un parlamento, pero sí una comisión parlamentaria comunitaria. En cuanto a la integración regional "económica", el papel de los dos parlamentos regionales y de la citada comisión parlamentaria resulta tremendamente reducido aunque es cierto que PARLACEN trabajó en proyectos de integración política, como la citada introducción de la identidad centroamericana y la creación de una comunidad centroamericana.

Una segunda modalidad de supervisión se refiere a lo jurisdiccional. La Corte Europea de Justicia interviene en disputas entre las instituciones y entre la Unión Europea y sus Estados miembros. En América Latina todo eso está en pañales. El Tribunal de Justicia de la Comunidad Andina sólo tiene atribuciones reducidas. La Corte Centroamericana de Justicia, con sede en Managua, sí tiene amplias potestades (en contraste con la Corte Europea de Justicia, puede intervenir incluso en conflictos entre personas). Hasta la fecha sólo El Salvador, Honduras y Nicaragua son miembros de esa Corte. Por ello no puede pronunciarse respecto de conflictos en relación con el MCCA. El MERCOSUR no cuenta con una instancia jurídica en el sentido real de la palabra.

En definitiva, la falta de instituciones ejecutivas eficientes y órganos democráticos de supervisión constituyen una limitación muy fuerte para la integración. Las reformas institucionales que la Comunidad Andina y el Mercado Común de Centroamérica acordaron en 1996 y 1997, a pesar de estar plagadas de buenas intenciones, cambian muy poco en el fondo. Los tres mecanismos de integración se mantienen en el nivel de una cooperación intergubernamental en la que todas las decisiones quedan sujetas a la regla de unanimidad. Eso no puede impedir que ciertas tendencias nacionalistas levanten cabeza cuando se trate de vitales intereses propios. Basten dos ejemplos para corroborar esa afirmación. La crisis de liquidez en México en 1994 llevó a tensiones proteccionistas entre Brasil y Argentina. Cuando en 1997 ocurrió la crisis bursátil asiática, Buenos Aires y Brasilia tomaron la resolución de aumentar en 3% y por tres años la tarifa exterior común, sin considerar que esta medida encarecerá las importaciones de Uruguay y Paraguay. Sin un mínimo de supranacionalidad, no existe interés común. Poco a poco, en Brasil entre otros países, toma cuerpo la conveniencia de ceder soberanía.

6. Ensayo de eficiencia para el regionalismo abierto

Es válido preguntarse si el regionalismo abierto o de segunda generación, tal como fue aplicado por los tres esquemas subregionales evocados, logró estimular el comercio exterior global, en particular hacia terceros países. En realidad, la liberación del comercial regional es demasiado nueva para sacar conclusiones definitivas.

El cuadro VI.4 compara las exportaciones de los tres bloques, confrontando el año 1995 con 1992. Se comprueba que el comercio intrarregional aumentó de dos a cinco veces más rápido que la exportación hacia terceros mercados. Eso es evidente sobre todo en la Comunidad Andina y el MERCOSUR, pero resulta un tanto engañoso. El aumento considerable en la Comunidad Andina (136.4%) se relaciona esencialmente con el acuerdo de libre comercio que Colombia pactó con Venezuela en 1992. El crecimiento del comercio intrarregional en el MERCOSUR (119 %) es consecuencia lógica de haber puesto en marcha los mecanismos de integración. La supresión de limitaciones tarifarias y no tarifarias normalmente se hace sentir en forma inmediata en el mercado intrarregional. Para las exportaciones hacia terceros mercados, el proceso es más lento, porque primero se deben lograr mejoras estructurales de productividad mediante el desmantelamiento de la protección. En el MCCA ya se nota la mejora; en 1995 sus exportaciones hacia terceros mercados aumentaron en 30% y 9.4% en 1996. El MERCOSUR obtuvo, respectivamente, 11.2% y 9.6%, la Comunidad Andina 12.7% y 8.6%.

Cuadro VI.4: Ensayo de eficiencia del regionalismo abierto en América Latina (porcentaje de aumento entre 1992 y 1995)

	Exportación total	Hacia la región	Hacia terceros mercados
MCCA	49.3	77.7	42.6
Comunidad Andina	42.5	136.4	36
MERCOSUR	42.1	119.4	29.3

Fuente: CEPAL, Balance preliminar de la economía de América Latina y el Caribe, 1995, Santiago, diciembre, 1995, p.35.

Un segundo criterio de evaluación de la integración regional en general consiste en determinar si no eleva el gasto de importación por la desviación de los flujos comerciales del mercado global hacia el regional más caro. En la teoría clásica de la unión aduanera la utilidad de bloques comerciales regionales se establece en términos de *trade-offs* entre creación de comercio y desviación. Se obtienen efectos positivos mediante la creación de comercio por la eliminación de distorsiones en los precios relativos entre bienes nacionales y productos de otros miembros de la unión aduanera. Los posibles efectos negativos surgen a partir de las distorsiones aportadas en el precio relativo de bienes entre miembros y no miembros. La desviación de comercio que eso conlleva puede tener como consecuencia que los consumidores y los productores de los países miembros tengan que conformarse con productos más caros y de menor calidad.

Para la economía en general, esa desviación corre el riesgo de ser muy negativa, porque puede afectar los términos de intercambio en la medida en que se toma distancia del patrón comercial esperado, con base en condiciones de productividad y ventajas comparativas. Si bien la teoría económica confirma que tal desviación se presenta normalmente en cada integración de mercados, todavía no se puede medir. En relación con MERCOSUR y NAFTA se trata sin embargo de bastante más que una sospecha. Lamentablemente, allí también hay que constatar que, a la fecha, no existe material empírico confiable para establecer un juicio sobre el nivel y la orientación del comercio.

Para lograr que el regionalismo abierto surta sus efectos de manera completa sobre la oferta de exportación, en muchos países debe eliminarse con toda urgencia una traba comercial no tarifaria *de facto*, concretamente el fraude fiscal sobre los diversos impuestos internos de venta; se calcula que fácilmente entre 20 y 30% de la mercancía en el mercado interno no paga. Lo anterior se relaciona con la gran fuerza de la economía informal, que cuesta amarrar a los gobiernos, suponiendo que existiera la voluntad de hacerlo. Los productos importados no tienen cómo escapar a esos impuestos de venta internos, porque son cobrados en la frontera junto con los aranceles exteriores. En consideración de que los impuestos de venta fluctúan entre 10 y 85%, surge un efecto prohibitivo de protección para los productos locales.

7. LA INTEGRACIÓN PANAMERICANA O EL SUPERREGIONALISMO (ALCA)

Aparte del surgimiento de subregionalismos en América Latina, también se observa una emergente cooperación hemisférica. Ambas formas de cooperación regional encuentran su origen en el siglo XIX, porque ya Simón Bolívar los había anunciado en la Carta de Kingston, fechada el 6 de septiembre de 1815.

El proyecto de integración panamericana se lanzó nuevamente mediante una iniciativa del presidente Bush el 27 de junio de 1990. Se preveía, entre otros aspectos, la creación de una zona de libre comercio desde Alaska a Tierra del Fuego. Por sus aspectos globales, el ALCA (Asociación de Libre Comercio de las Américas) evocaba también la famosa Alianza para el Progreso propugnada por el presidente Kennedy en 1960.

La vuelta de Estados Unidos al panamericanismo, aunque esta vez en su dimensión estrictamente mercantil, por lo general contó con buena acogida entre los latinoamericanos. En realidad se trata de un nuevo tipo de alineamiento, que no tiene un carácter político-ideológico-militar, como durante la guerra fría, pero supone un innegable sello de funcionalismo comercial.

Por lo pronto, eran escasas las alternativas que quedaban a los países de América Latina. El colapso del comunismo se sintió en esta región como una marginalización adicional. Temieron tener que rivalizar, a partir de entonces, con las nuevas democracias de la Europa Central y del Este en lo que se refiere a cooperación externa, tecnología, inversiones, además del acceso al mercado global. Suponían que en esa lucha el Tercer Mundo corría el riesgo de salir perdiendo y que, por falta de interés geopolítico en comparación con el Medio Oriente, aparte de no tener el atractivo "humanitario" del África subsahariana y del Sudeste Asiático, América Latina quedaría en el vagón de cola.

Procurar el libre comercio en un contexto panamericano tenía también un objetivo pragmático. En efecto, tres son los grupos regionales que dominan el comercio global: la Unión Europea (40% del comercio mundial), el NAFTA (17.5 %) y ASEAN (6%), razón por la cual era lógico buscar adhesión con el bloque norteamericano que por sí solo recibe el 39.2% de la exportación latinoamericana.

Los 34 presidentes elegidos democráticamente tardaron hasta diciembre de 1994, en la Cumbre de Miami, en tomar la decisión formal de constituir una zona de libre comercio a partir del año 2005, en el cual circularían libremente los bienes, los servicios y las inversiones. Resulta interesante observar que el sector privado recibió con regocijo esa iniciativa. Sus opiniones e intereses se tomaron en cuenta directamente en cuatro comités y en el seno de 13 grupos de trabajo avocados al diseño de las grandes líneas para el proceso de negociación de esa zona de libre comercio. Además, los empresarios establecieron a través de la Red Empresarial para la Integración Hemisférica (REIH) y los Foros Empresariales sus propios mecanismos para fomentar la cooperación hemisférica.

Al no tener éxito el presidente Clinton con la búsqueda de la vía rápida (*fast track*) en el Congreso, surge la duda entre muchos observadores, en cuanto a su capacidad de negociación y de maniobra. En todo caso ya crecieron muchas dificultades al respecto. Los países del MERCOSUR pretenden sobre todo un trato prioritario para sus productos agrícolas y desean que las barreras no tarifarias de importación se desmantelen al mismo tiempo que las tarifarias. Washington no comparte esa tesis y desea además la eliminación de los derechos de importación en un término de diez años (conforme el artículo XXIV de la OMC), mientras los países latinoamericanos pretenden una transición entre 15 y 20 años. Por lo demás, MERCOSUR que se perfila como el gran interlocutor de Washington en estas negociaciones, desea que la elaboración de los diversos temas de cooperación no se efectúe con mayor rapidez que su propio proceso de profundización al respecto.

Los tres países de NAFTA decidieron negociar únicamente en bloque con las repúblicas latinoamericanas. No se volverá a presentar el caso de las negociaciones bilaterales entre Chile y cada uno de los tres miembros del NAFTA. Salvo para MERCOSUR, todavía no queda claro si los otros países latinoamericanos, por su parte, negociarán en forma concertada con el bloque del norte, es decir mediante sus respectivos esquemas subregionales de integración, o cada uno por su cuenta. Sin embargo, tienen interés en negociar en forma conjunta, aunque las perspectivas al respecto no son halagadoras en vista de que ALCA incluye materias que ni en la Comunidad Andina ni en el MCCA (como tampoco en Caricom) estuvieron sobre el tapete y para las cuales los países en cuestión todavía no tienen una perspectiva concertada. No hay duda que la negociación de ALCA podría tener como efecto secundario de contribuir a una mayor integración dentro de América del Sur (hasta una fusión de MERCOSUR y la Comunidad Andina) y dentro de América Central.

Según lo plasmado en la Declaración Ministerial de San José, de marzo de 1998, las negociaciones para crear a ALCA, se refieren a todas las materias de NAFTA y, además, incluirían los derechos sociales de los obreros y la política de competencia, es decir de "*anti-dumping*" y antimonopolio (que ponen límites a la capacidad de las empresas para determinar los precios y las cantidades de la oferta por país o entre los países). Asimismo, se acordaron nueve mesas de negociación para las áreas siguientes: acceso a mercados, inversión, servicios, compras del sector público, solución de controversias, agricultura, derechos de la propiedad intelectual, subsidios y *antidumping* y políticas de competencia. Las negociaciones fueron formalmente lanzadas durante la II Cumbre Panamericana, en Santiago de Chile, en abril de 1998. Deberían concluirse a más tardar en el año 2005 y lograr avances concretos para finales del siglo.

Como se observa en el cuadro VI.2, la zona de libre comercio panamericana englobaría un mercado que en 1996 contaba con 771 millones de habitantes, un PNB de 7 736 miles de millones de dólares y exportaciones de 759 mil millones. En consideración de que el intercambio intrarregional ascendería a 435 mil millones de dólares, se lograría un coeficiente de integración de 57.3%, muy cercano al alcanzado por la Unión Europea (58.3%).

El ALCA constituye una nueva ilustración de que la regionalización de manera creciente transcurre entre países con riquezas y estructuras muy desiguales. También la Unión Europea se encaminó en esta senda con la incorporación de Grecia, Portugal y España en los años ochenta y ahora con la expansión potencial hacia la Europa Central y del Este y Chipre. El ingreso promedio de América Latina se sitúa en 2 950 dólares y el de Canadá y de Estados Unidos respectivamente en 19 970 y 24 742 dólares; el PNB de Estados Unidos es tres veces mayor que la renta agregada de todos los otros países del hemisferio.

No existe unanimidad de criterios en cuanto al interés para los países en vías de desarrollo en este tipo de regionalización amplia. Es pertinente hablar de una teoría de gravedad en la integración económica, la cual establece que las exportaciones de naciones con una oferta más grande y más diversa de bienes y de servicios crece más rápido. De acuerdo con esa misma manera de pensar, el comercio se vuelve más grande entre países en la medida en que reflejen más concordancia respecto de su nivel de bienestar, que se produzcan más bienes y servicios, los cuales se acoplen a sus respectivas necesidades y en países más cercanos geográficamente. Desde esos puntos de vista, el norte ganaría más con la integración panamericana que el sur.

Lo cierto es que la integración regional empeora la posición marginal de socios relativamente menos desarrollados y que se logra obtener una mejor protección en la cooperación comercial multilateral. Se teme que Washington llegue a utilizar su posición de fuerza para introducir medidas proteccionistas inalcanzables en el sistema comercial global. Como ejemplo se citan las cláusulas laborales y medioambientales introducidas en el NAFTA y que, en las negociaciones comerciales de tipo multilateral en Ginebra, sin duda no habrían tenido ninguna oportunidad. Otros afirman que precisamente por la integración comercial con socios fuertes la lucha contra posiciones monopólicas en América Latina tiene más posibilidad.

La euforia que ALCA ha desencadenado por doquier, esconde que se trata de un proceso a largo plazo. Ningún *"early harvest"* está permitido antes de la conclusión integral del acuerdo a más y mejor en el año 2005. A partir de esta fecha se preveen plazos de transición de 10 a 12 años para conseguir los objetivos más difíciles. Sin *fast track* el proceso de negociación perdió credibilidad. Sindicalistas, activistas del medio ambiente y políticos nacionalistas están al acecho para frenar el proceso. El temor que el comercio con países pobres amenaza el trabajo y la prosperidad tiene raíces hondas en los países ricos. A la vista de tantas incertidumbres, los países latinos y caribeños tienen todo interés en perseguir la liberación de su comercio en el nivel bilateral, subregional y multilateral.

8. ALEGATO POR UNA ASOCIACIÓN DE LIBRE COMERCIO LATINOAMERICANA CON MERCOSUR COMO CATALIZADOR

En un mundo en el cual los grandes bloques económicos como la Unión Europea, el NAFTA y APEC[17] se vuelven cada vez más fuertes y autónomos, conviene a América Latina constituir su propia zona global de libre comercio. Un bloque comercial desde México hasta Tierra del Fuego es una meta que se lograría al fusionar los tres actuales esquemas de integración subregional. En esa perspectiva, el MERCOSUR podría asumir un papel aglutinador, similar al que correspondió a la Unión Europea respecto a los países de EFTA.

Eso no es ninguna utopía. Durante su visita a América Central, en mayo de 1996, el presidente Menem lanzó la idea de una zona de libre comercio entre MERCOSUR y MCCA. Los otros socios no están tan convencidos de eso. Aducen que el istmo centroamericano sólo importa desde América del Sur 2.5% de sus bienes y prácticamente no recibe inversiones directas desde esos países. En efecto, América Central está netamente dominada por la importación de bienes y servicios desde Estados Unidos y México (51% del mercado). También la participación de México resultaría difícil por su pertenencia al NAFTA y el alto grado de integración (80%) de su intercambio de bienes con Estados Unidos.

Un bloque comercial panlatinoamericano pondría en pie un mercado común con un PNB de 1 536 mil millones de dólares, una población de 434 millones y una renta *per capita* de 3 539 dólares (en 1995). Las exportaciones totales de ese bloque sumarían 214 mil millones de dólares, es decir el 4.16% del comercio mundial. Evidentemente eso queda en la práctica muy por debajo de Europa Occidental (44%), de la Unión Europa (37.4%), de América del Norte (16.7%) y de la región asiática (26.2%), pero sería mayor que cualquier otro bloque comercial regional. Las exportaciones conjuntas de la zona de libre comercio panlatinoamericano alcanzarían el 36.64% de la exportación de Estados Unidos (584 mil millones de dólares). Son cifras que cuentan. El comercio intrarregional de este bloque, con base en cifras de 1995, implicaría 35.44 mil millones de dólares. Esa situación produce un grado de integración (expresado como comercio intrarregional en relación con comercio total) de 20.7%, es decir, sería después de la Unión Europea (58.3%) y el NAFTA (54.6%), el tercero más alto de todos los bloques comerciales *de jure*.

Esta propuesta aumentaría sin duda el peso proporcional de la región en las negociaciones comerciales con Estados Unidos y con la Unión Europea, pero también en el comercio global. En el capítulo VII quedará demostrado que América Latina no tiene en realidad buenos resultados en la globalización del comercio de bienes. Eso es consecuencia, entre otros aspectos, de las barreras comerciales que siguen existiendo en el mundo en cuanto a productos agrícolas, textil y vestimenta, sectores para los cuales la oferta de la región abunda. América Latina podría defender mejor sus intereses si estuviera unida.

Lo cierto es que, con miras al tercer milenio, mientras tal propósito "bolivariano" choca con muchas dificultades, otros argumentos hablan a su favor. Para este subcontinente tiene una importancia decisiva poder disponer de más peso en las decisiones internacionales, que condicionan su bienestar. La unión hace la fuerza también en relación con numerosos problemas comerciales bilaterales que Estados Unidos presenta. Los líderes latinoamericanos se quejan a diario de grupos proteccionistas estadounidenses que buscan pretextos en argumentos medioambientales y laborales, para limitar el acceso a su mercado. Tener dudas respecto al súbito credo panamericanista de Washington se justifica plenamente. Por oposición del Congreso norteamericano y su rechazo al procedimiento de la vía rápida para las negociaciones de ALCA, el presidente Clinton, en la Segunda Cumbre Panamericana, en Santiago en abril de 1998, tuvo que dar prioridad a otros temas de cooperación como educación, lucha contra la droga, erradicación de la pobreza, derechos humanos y seguridad, eso en perjuicio de la integración comercial que era el tema con precedencia absoluta en la Cumbre de Miami en 1994.

Aparte de eso, la fusión de los tres actuales esquemas de integración puede prevenir que las preferencias subregionales y las reglas comerciales internas se vuelvan contradictorias. Sin la citada fusión, existe un peligro real de que los diversos bloques subregionales de comercio, superpuestos a tres docenas de acuerdos bilaterales, conduzcan a un caos comercial y no permitan concretar los reales beneficios del libre comercio.

En la medida en que el artículo XXIV de la Organización Mundial del Comercio se respete, la proposición de una zona libre de comercio panlatinoamericano no necesariamente constituye una amenaza para el sistema comercial multilateral. Globalización y regionalismo son más bien desarrollos complementarios. Sólo el regionalismo "cerrado" pone en peligro el libre comercio global. Ya América Latina renunció a esa senda hacia la integración. El regionalismo, que sólo es una globalización fragmentada, puede incluso coadyuvar al comercio libre universal. En ese caso deben cumplirse tres condiciones: a) debe mantenerse el principio del regionalismo abierto, con la reducción de todas las barreras externas de importación; b) todos los terceros países deben recibir trato igual en la observación del principio de la "nación más favorecida" de la Organización Mundial del Comercio; c) deben respetarse estrictamente las reglas de conducta del comercio internacional. Para salvaguardar esas condiciones, es recomendable apoyar una mayor competencia de normalización y de coordinación de la OMC en relación con los bloques comerciales regionales.

9. Integración económica como garantía para la preservación de la democracia y la paz

Es satisfactorio comprobar que los acuerdos que MERCOSUR establece incluyen una "cláusula democrática". Ya la experiencia con España, Portugal y Grecia demostró que el hecho de pertenecer a la Unión Europea es bueno para la democracia. La membresía no sólo implica derechos sino también obligaciones. No basta con ser europeo en términos geográficos, también hay que compartir los valores del mismo signo. En lo que a esos valores se refiere, la defensa de la democracia y el Estado de derecho son prioritarios. El MERCOSUR adoptó la misma filosofía. Quien daña a la democracia pierde su membresía y las ventajas inherentes.

Paraguay estuvo confrontada con esa situación, en abril de 1996, cuando el general Lino Oviedo amenazó al presidente Juan Carlos Wasmosy con un golpe de Estado. Inmediatemente los ministros de asuntos exteriores de Brasil y Argentina tomaron el avión para Asunción, con miras a dejar sentado que dentro de las fronteras externas comunes del MERCOSUR no aguantarían una dictadura. Un mandato militar automáticamente implicaría aislamiento diplomático y político, además de la pérdida de todas las ventajas comerciales que conlleva el Tratado de Asunción (1991) y los acuerdos de libre comercio concretados con Chile y Bolivia. Tal precio económico resultaría demasiado alto para Paraguay. Por primera vez en la historia latinoamericana los cálculos económicos salvarían a la democracia.

Este precedente de intromisión democrática no pasaría inadvertido. Dos meses más tarde, el 25 de junio de 1996, una "cláusula democrática" fue plasmada, propiamente a pedido de Paraguay, en la "Declaración de San Luis". En Chile, la oposición de derecha en torno al general Pinochet y las fuerzas armadas invocarían esta cláusula democrática como argumento para oponerse a la firma de un acuerdo de libre comercio con MERCOSUR. También en Bolivia se examinó con detenimiento este punto antes de concluir un acuerdo de libre comercio con el citado bloque. MERCOSUR tiene el firme propósito de incluir esta exigencia democrática en todos los acuerdos que se formularán con otros países en la región. Cuanto más fuerte se haga MERCOSUR y cuanto más ventajas económicas duraderas suponga para sus miembros, mayor será la garantía democrática.

En América Central se comprueba que Costa Rica se opone a la integración política regional, pero se postula como arquitecto de una política exterior común basada en cooperación intergubernamental y la creciente integración económica. Como argumento para el rechazo de la unificación política se aduce que la democracia en las otras repúblicas centroamericanas resulta todavía muy débil. ¿No podría ser, en sentido contrario, que San José, que se enorgullece de la democracia, pueda utilizar justamente una mayor integración económica como palanca para fortificar su ideal en los otros países?

Finalmente, la integración económica puede contribuir a mantener la paz y a producir arreglos pacíficos en disputas y desde luego reducir los gastos militares. El MERCOSUR fomentó la distensión militar entre Argentina y Brasil. Ambos países renunciaron a un programa de armas nucleares y, desde 1996, llevan a cabo ejercicios militares combinados. Uruguay, el Estado colchón de antaño entre Argentina y Brasil, participa desde 1997. Dentro de poco tiempo miembros de estos ejércitos entrenarán juntos para preparar acciones de mantenimiento de paz. También debe considerarse el caso de los litigios territoriales: no cabe duda de que los conflictos fronterizos pendientes entre Argentina y Chile (Campos del Hielo Sur), la aspiración boliviana de abandonar su mediterraneidad, y la polémica entre Perú y Ecuador respecto de la cordillera del Cóndor pueden llegar más fácilmente a un arreglo en la medida que más intereses económicos comunes estén de por medio. Respecto a las numerosas disputas territoriales en el istmo centroamericano que, sin duda, frenan la voluntad de integración política, ¿acaso no se facilitaría una solución si una cooperación más intensa condujera a ventajas económicas?

Notas

[1] Francisco Pividal, *Simón Bolívar, la vigencia de su pensamiento*, Casa de las Américas, La Habana, 1982.

[2] Por integración *de jure* se entiende aquélla basada en un tratado formal, en contraste con la integración *de facto* que surge por integración real. Véase Charles Oman, *Globalisation and regionalism: The challenge for developing countries*, OCDE, París, 1994.

[3] ALADI (Asociación Latinoamericana de Integración), desde 1980 sucesora de ALALC (Asociación Latinoamericana de Libre Comercio), cuenta con 11 países suramericanos. Lucha por establecer un mercado común, pero no obtuvo muchos resultados. Pareciera que puede representar un foro para que finalmente confluyan el MERCOSUR y la Comunidad Andina.

[4] *El pensamiento de la CEPAL*, Editorial Universitaria, S.A., Santiago, 1969.

[5] CEPAL, *Open regionalism in Latin America and the Caribbean*, Santiago de Chile, septiembre, 1994. Véase también: José Luis Cordeiro, *El desafío latinoamericano y sus cinco grandes retos*, McGraw-Hill Interamericana, 1995, p.94.

[6] Chile aprovechó esta liberalización comercial para que la exportación de productos agrícolas fuera el motor principal de su constante crecimiento económico. Ese país, que era un pequeño exportador de manzanas en 1960, hacia los años noventa se había transformado en uno de los más grandes exportadores de fruta en el mundo. De ese modo, Chile mostró que el desarrollo no debe basarse necesariamente en la industrialización. Se puede poner en duda si esa experiencia única es aplicable a muchos otros países.

[7] Willy J. Stevens, "El Mercado Centroamericano", *Política Exterior*, Madrid, vol. X-53, septiembre-octubre, 1996, pp. 103-117.

[8] Willy J. Stevens "¿Tiene futuro el diálogo político entre Europa y América Central?", *Política Exterior*, Madrid, enero, 1998.

[9] El Grupo de Contadora, fundado en enero de 1983, comprendía a Colombia, México, Panamá y Venezuela y surgió como plataforma mediadora en la búsqueda de paz en América Central. En 1985 se creó el Grupo de Apoyo, constituido por países democráticos sudamericanos: Argentina, Brasil, Uruguay y Perú. En 1986 los ocho países resolvieron crear una concertación política permanente llamada Grupo de Río. La atención a la democracia, la cooperación regional y la defensa de los derechos humanos fueron prioritarios. Después de la incorporación de Bolivia, Chile, Ecuador, Paraguay en 1990 y, sendos representantes del istmo centroamericano y del Caribe, ahora el grupo consta de 14 miembros.

[10] Alexander Yeats, "Does Mercosur's trade performance raise concerns about the effects of regional trade arrangements?", *Policy Research Working Paper 1729*, Banco Mundial, febrero, 1997.

[11] La nueva estrategia chilena consistió en establecer acuerdos bilaterales sobre temas de NAFTA con México (con el cual desde 1992 tenía un acuerdo de libre comercio) y con Canadá (noviembre de 1996), antes de entablar a fondo conversaciones con Estados Unidos.

[12] Las reglas de origen son un dolor de cabeza, por el caos y la discriminación que introducen. Sería altamente deseable que la Organización Mundial del Comercio impusiera normas uniformes, en el marco del artículo XXIV, que dejaría de permitir que éstas sean sectorialmente heterogéneas.

[13] Para un relato fascinante respecto de este proyecto dramático, véase David McCullough, *The path between the seas. The creation of the Panama Canal, 1870-1914*, A Touchstone book, Simon and Schuster, Nueva York, 1977.

[14] Kiminori Matsuyama, "Agricultural Productivity, Comparative Advantage and Economic Growth", *Journal of Economic Theory*, 58, 1992.

[15] La disputa se refiere a un territorio fronterizo de 374.5 kilómetros cuadrados. La Corte Internacional de La Haya acordó el 11 de septiembre de 1992 que más del 60% de los territorios en litigio eran de Honduras. A raíz de ese fallo, 10 mil salvadoreños se encuentran ahora en territorio del vecino país y, a la inversa, 3 mil hondureños están en suelo salvadoreño. El Salvador reconoce la doble nacionalidad, pero la Constitución hondureña no la permite. El problema fronterizo actual surge a partir del hecho de que un extranjero en Honduras no puede poseer bienes inmuebles dentro de una zona de 40 kilómetros de la frontera. Por lo demás, el amojonamiento de las fronteras definitivas todavía no está resuelto y hay tensiones por explotación de recursos y por presión migratoria.

[16] Chile tiene un problema con Argentina respecto de la propiedad de la Laguna del Desierto y otro, prácticamente resuelto, en relación con sus límites en el sur (Campo del Hielo Sur/Hielos Patagónicos) está pendiente de ratificación en ambos Congresos. Subsiste un conflicto más que centenario entre Chile y Bolivia en cuanto a una salida hacia el Pacífico. Venezuela ambiciona grandes extensiones al oeste de Esequibo que incluye una tercera parte de Guyana. También mantiene una disputa territorial con Colombia, por fronteras marítimas en el golfo petrolero de Maracaibo. Surinam y la Guyana Francesa no se ponen de acuerdo en relación con un territorio de 15 mil kilómetros cuadrados, prácticamente la mitad de Bélgica. Nicaragua reclama a Colombia las islas de San Andrés y Providencia. América Central arrastra problemas de delimitación de aguas territoriales tanto en el Caribe como en el golfo de Fonseca, del lado del Pacífico. A cada rato se producen chispas porque Nicaragua impide la circulación de botes pesqueros hondureños, salvadoreños y costarricenses. Finalmente, Belice está además en dificultades con Honduras en relación con Cayos Zapotillos, que el primero ocupó militarmente. Honduras estableció una estrategia como para fijar sus fronteras, entre 1996 y el año 2000; sólo en el Mar Caribe tiene problemas de frontera marítima con nada menos que nueve países. En cuanto a confrontaciones con no latinos, Argentina heredó un diferendo territorial con Gran Bretaña respecto de las Islas Malvinas o Falkland. Cuba considera la base marina de Guantánamo como una espina norteamericana en su pellejo y Haití está en disputa con Estados Unidos por la isla Navassa.

[17] Apec no resolvió todavía si va a ser una zona de libre comercio en el cual la reducción de tarifas sólo favorezca a Estados miembros o si prevalecerán las ventajas *erga omnes* (es decir, también para los que no son socios).

Capítulo VII
Integración en la economía global

> *Todos reconocemos el error que cometió la región al no haberle dado antes a su producción una orientación hacia la exportación para aprovechar así resueltamente la apertura del comercio mundial desde los años sesenta y haber subestimado las ventajas que brindan los mercados de bienes y servicios abiertos y menos reglamentados.*
>
> José Antonio Ocampo, exministro de Hacienda de Colombia y secretario general de CEPAL

El fenómeno de creciente regionalización de las corrientes comerciales en América Latina coincide con la inserción de sus actividades en la economía global o mundial. Ambas evoluciones van de la mano, empujadas por la interdependencia, la transnacionalización y la internacionalización de la política económica actual. El nuevo regionalismo abierto conlleva en sí la misión de preparar y estimular la globalización. Visto desde ese ángulo, no es otra cosa que una globalización parcial.

La primera integración de América Latina en la economía mundial ocurrió a partir de 1492, cuando los europeos desembarcaron en un nuevo continente que confundieron con las Indias occidentales. No sólo oro y plata, sino también maíz, cacao, tabaco, caucho, papas y tomates llegaron a los mostradores europeos desde el Nuevo Mundo. Que no se trataba de una corriente en un solo sentido lo prueba la producción de ganado y de granos en éste, importados desde el Viejo Continente. Las relaciones comerciales no fueron únicamente bilaterales, sino también trilaterales: el café, el banano y la caña de azúcar fueron traídos por europeos a América Latina, provenientes de terceros mercados. El África debe su mandioca o yuca a América, vía la intervención europea.

El filósofo alemán Emmanuel Kant escribió en 1795, durante las guerras napoleónicas, en su obra *La paz eterna en el orden internacional*, que para alcanzar ésta hacen falta dos elementos: comercio libre y democracia participativa. No es exagerado entonces considerarlo como el padrino lejano de la globalización. Los actuales precursores de la idea, en América Latina, son una serie de políticos que desde los años ochenta se llenó la cabeza con el pensamiento económico de Friedrich von Hayeck y Milton Friedman cuyo "evangelio" se puede resumir en tres palabras claves: desregular, privatizar y globalizar. Según ese credo, debe desmantelarse el Estado, desarmar las limitaciones comerciales y tirar por la borda toda forma de proteccionismo. El mensaje parece sencillo, pero su puesta en práctica es compleja.

El término "globalización" ganó la batalla al de "mundialización", como léxico de moda en las relaciones internacionales comerciales. Se trata, esencialmente, de la integración de una economía dentro de la corriente mundial, mediante la supresión de barreras en cuanto al intercambio de bienes y servicios. Francis J. Fukuyama interpreta la globalización como una expansión del modelo liberal-democrático occidental a escala del mercado mundial. Muchos consideran irreversible la tendencia a la globalización. Pero, ¿acaso no se decía lo mismo de otras ideologías? Como tantas revoluciones fundamentales, la globalización ya transcurría desde hace años, antes de que, de repente, se transformara en tema de conversación de nuestro tiempo. Tarde o temprano perderá la atención de los focos noticiosos para ceder el espacio a nuevas preocupaciones "vitales".

"Globalización" se refiere también a un ensanchamiento del espacio efectivamente disponible para productores e inversionistas y provoca tanto una creciente diferenciación geográfica de los procesos de producción como de los de distribución. Tanto la ampliación de horizontes como esa diferenciación fueron posibles por toda una serie de factores. Desde luego, encabezando la lista se encuentra la citada liberalización del comercio internacional, pero le siguen los progresos sensacionales en comunicación y transporte, desarrollos tecnológicos que permiten desmembrar el proceso de producción en etapas independientes entre sí y la política sistemática de internacionalización llevada a cabo por empresas corporativas.

La exportación mundial de bienes creció 9.5% en 1997, tres veces más rápido que la producción global (3%). Con excepción del año 1994, cuando esta exportación creció de 10%, fue el mejor resultado en dos décadas. El comercio global de servicios aumenta más rápido que el comercio en bienes. Ese crecimiento acelerado del comercio mundial de bienes y servicios implica que las economías nacionales se integran cada vez más en la global y que se vuelven más interdependientes cada día. Esa creciente interdependencia forma parte del "fenómeno de la globalización".

La globalización no se refiere sólo a bienes y servicios; tiene que ver además con corrientes siempre crecientes de inversiones directas, deslocalizaciones, fusiones del tipo *joint ventures* y transfronterizas, acceso a mercados de capitales más allá de los límites locales, traspasos y préstamos internacionales privados, la colocación de obligaciones y de acciones de capital, depósitos de cartera y la aparición de dinámicas bolsas de valores en países emergentes.

El actual proceso globalizador se basa en un nuevo modelo de crecimiento económico y de desarrollo que refuerza el papel dominante del mercado, a costa de la función del Estado. La tarea de éste se ve redimensionada como creador de un clima propicio, para que florezca la iniciativa privada y pueda regir la competencia de los mercados. Vista así, la globalización está asentada en un nuevo orden mundial basado en la competencia abierta.

Al completarse las negociaciones comerciales de alcance universal en el marco de la Ronda Uruguay, en 1993, y al ser creada la Organización Mundial del Comercio (OMC), se propició que ese nuevo orden mundial se acelerara, sobre todo en los países en vías de desarrollo. Los países industriales ya habían iniciado hace 15 años ese proceso de apertura.

Si bien no se agotó todavía la agenda de reforma, es lícito decir que el resultado de liberación del comercio generado con la Ronda Uruguay fue enorme. En efecto, la aplicación integral de los acuerdos logrados mejorará resueltamente el acceso a los mercados. De hecho, las tarifas sobre productos industriales en promedio bajaron más de una tercera parte. Se desmantelaron sensiblemente las barreras no tarifarias por la reducción decidida del Acuerdo Multifibras y las limitaciones comerciales voluntarias. Se expandió la disciplina comercial multilateral a los productos agrícolas y los servicios. Se elaboraron normas, pautas y procedimientos más sólidos y más firmes para la solución de conflictos. El sistema comercial se vio fortalecido al transformarse el GATT en la Organización Mundial del Comercio; junto con el FMI y el Banco Mundial constituye la estructura de base para la cooperación económica internacional. La OMC ya tiene 132 miembros y 30 países están negociando su incorporación, entre los cuales se encuentran China, la Federación Rusa y Arabia Saudita.

Como toda renovación, la globalización abre brechas. También causa temor, sobre todo a corto plazo. Provoca incertidumbre, al mismo tiempo que da cauce a soluciones creativas y dinámicas. Desde luego que la receta de la apertura, recomendada universalmente, implica ganadores y perdedores. Entre los primeros las naciones donde la política comercial resulte más eficiente y competitiva. Los países que siguen mirando su propio ombligo más que nunca corren el riesgo de perder el tren. El desafío que la globalización plantea a América Latina consiste en aprovechar todas las oportunidades que se le brindan para evitar la marginalización. Ya lo pronosticó José Martí hace algo más de cien años, en otra correntada de inserción mundial del comercio y de las ideas, entonces denominada "cosmopolitismo": "cree el aldeano vanidoso que el mundo entero es su aldea [...]. Lo que queda de aldea en América ha de despertar". La única libertad que la globalización deja a los agentes económicos es la de adaptarse. El que no lo hace simplemente desaparece.

Después de décadas de proteccionismo, la integración de América Latina en la economía mundial es bastante modesta. Su participación en el intercambio comercial de mercancías no sólo es baja (4.6%), sino poco diversificada. Donde peor está esa situación es en el área de servicios. Sólo desde hace poco empezaron a crecer las corrientes de inversiones directas e indirectas. Un objetivo decisivo será entonces también que la integración en la economía mundial se haga a un ritmo propio, que no implique un suicidio político. Hasta ahora Chile constituye la única integración exitosa de América Latina en la economía mundial. El tiempo mínimo en que se efectuó la adaptación sólo fue posible por el contexto dictatorial pero, como en contraparte, el precio social y económico resultó enorme. En 1982, el PNB bajó 7%, mientras el desempleo alcanzó 30%. Para las frágiles democracias latinoamericanas, tal globalización abrupta tendría en efecto un diagnóstico de mortal.

1. LOS PRIMEROS EFECTOS DE LA GLOBALIZACIÓN EN EL INTERCAMBIO DE BIENES SON NEGATIVOS

La parte de América Latina en el intercambio global de bienes (exportación e importación) se elevó en 1996 a 493 mil millones de dólares (248 para exportación y 245 para importación), es decir 4.6% del comercio mundial. Eso equivale aproximadamente a los resultados obtenidos por Italia. América Latina, incluso mancomunada, de ningún modo asume un gran papel en el comercio mundial, lo que explica por qué su influencia en la toma de decisiones sea también baja.

En comparación con el año 1988, que corresponde más o menos al inicio de la apertura de mercados en este subcontinente, se comprueba que el total del intercambio de bienes de la región creció 174% y que su porción a escala planetaria subió de 3.5 a 4.6%, lo cual suena muy positivo, pero sólo lo es en parte, ya que ese crecimiento se debe más al aumento de lo importado (214%) que al de lo exportado (143%). En el orbe, este único barco en que estamos navegando todos, la exportación y la importación subieron prácticamente al mismo ritmo, es decir, 100 y 98%. Lo cierto es que el comercio internacional de bienes se volvió deficitario en este subcontinente. Entre 1988 y 1994 el coeficiente de cobertura de las importaciones por exportaciones bajó de 130% a 93%; en 1996 se restableció el equilibrio (101%), pero no hubo más.

Un aumento fuerte y constante de las importaciones no resulta apropiado en términos macroeconómicos si no conduce a mejores rendimientos en las exportaciones. Sin embargo, esto último demora. Si el crecimiento de las importaciones se refiere sobre todo a bienes de capital y no a bienes de consumo (lo que se presenta en la mayoría de los países latinoamericanos), a la larga llevará a una mayor capacidad de competencia en mercados internacionales, salvo que factores monetarios (como tipos de cambio sobreevaluados) supriman ese efecto. Pero también al consumidor benefician mayores importaciones, lo cual ocurre cuando los precios de éstas resultan más bajos que la oferta local y cuando se trata de mejores productos; en ambos casos aumenta la capacidad adquisitiva real. Desde luego, hay que confrontar las ventajas obtenidas de ese modo con los efectos negativos de la notoria merma de producción y de empleo que la competencia de productos externos puede causar.

Aparte del crecimiento de sus importaciones y de la pérdida concomitante de su superávit comercial, dos indicadores demuestran que no le va muy bien a América Latina en lo que se refiere a globalización de su intercambio de mercancías: el descenso de su comercio exterior de bienes como porcentaje del PNB y la alta dependencia de la exportación de materias primas.

Entre 1988 y 1996 el primer indicador bajó de 23.2 a 22.7%, lo cual corrobora una reducción de la integración en la economía global. A nivel mundial la tendencia es precisamente la opuesta; ese indicador subió de 31.5% a 36.1%. Incluso los países en vías de desarrollo, en conjunto, lo hicieron mejor que América Latina, porque la parte de su intercambio de bienes dentro del PNB subió de 33% en 1985 a 40% en 1993, y quizás ascienda a 50% en la siguiente década.

Cuadro VII.1: Comercio mundial de mercancías de 1988 y 1996 (en miles de millones de dólares)

		Exportación	Importación	Total	%PNB
América Latina	1988	102	78	180	23.2
	1996	248	245	494	22.7
Aumento	1996/1988	143 %	214 %	174 %	
Mundo	1988	2 627	2 736	5 363	31.5
	1996	5 254	5 390	10 644	36.1
Aumento	1996/1988	100%	97%	98%	
Parte latinoamericana del comercio mundial	1988			3.5%	
	1996			4.6%	

Fuente: *Banco Mundial, Informe de Desarrollo Mundial, 1990 y 1997 y* OMC.

En el caso de las exportaciones latinoamericanas, uno de los cuellos de botella es el bajo nivel de diversificación de la oferta exportable. En 1995 las exportaciones todavía consistieron en 59.2% de materias primas, frente a 72% en 1970. La actual oferta industrial no sólo resulta más pobre sino que, más grave aún, brilla por su ausencia en sectores de crecimiento dinámicos, tales como equipos de oficina y de telecomunicación. En la primera mitad de los años ochenta, esos dos sectores implicaban sólo 5% del comercio mundial (una tercera parte de los productos agrícolas). En 1995 ese segmento ya había aumentado a 12%, algo más que esos productos.

Si bien América Latina dispone de una oferta competitiva, muchas veces quedaron en pie barreras comerciales por parte de la demanda exterior. Productos agrícolas sensibles, como granos, azúcar, carne y lácteos, así como también textiles y vestimenta —todos muy importantes en el paquete exportable del subcontinente— hasta la fecha sólo tienen liberalización parcial en el mercado mundial. Por ejemplo, la Ronda Uruguay puso los productos agrícolas bajo disciplina comercial multilateral al "tarifar" las restricciones comerciales cualitativas con inclusión de subsidios de exportación y apoyo interno a los mercados, o sea al expresarlas en equivalente tarifario y añadirlo a los aranceles normales existentes. Sin embargo, muchos países aplicaron una "tarifación sucia", calculando un equivalente tarifario demasiado alto. De manera que en el año 2000 los derechos de importación combinados (equivalentes tarifarios y aranceles normales) para muchos productos agrícolas estarán más altos que los derechos efectivos que rigen antes del Acuerdo de Marrakesh. Sin embargo, se había convenido que en un periodo de seis años (10 para los países en vías de desarrollo) los derechos agregados tenían que bajar en promedio de 36% (24% para los países en vías de desarrollo), con un mínimo de 15% (10% para los países en desarrollo) por producto tarifario.[1]

La oferta exportable de América Latina está aumentando debido a la participación de la región en el "comercio de transformación". La técnica consiste en que un producto entra a una zona de libre comercio, sufre una transformación allí y después vuelve a salir. Son las llamadas maquiladoras. Por lo general, su único valor agregado es el trabajo. Dado que se trata de procesos que implican mucha mano de obra, por lo que se contrata sobre todo a mujeres jóvenes y solteras, no se puede subestimar su importancia social.

Este "modelo" de empresas apareció primero al sur del río Bravo en los años sesenta en México y en República Dominicana. Desde entonces se multiplicaron en América Central. Tan sólo en el país azteca dan empleo a 788 mil personas (1996), en República Dominicana a 164 mil (1963), en Guatemala a 118 mil (1995), en Honduras a 60 mil (1995), y a 50 mil (1996) en Costa Rica. A causa de las guerras civiles en El Salvador y Nicaragua, allí las maquiladoras llegaron más tarde, pero su importancia sube vertiginosamente. Los inversionistas más importantes en esa actividad provienen de Estados Unidos, Taiwán o Corea del Sur. Por desgracia, se comprueba que los patronos en esas fábricas no siempre respetan los derechos de sus empleados. Es difícil que ellos puedan organizar un sindicato. La razón principal para el establecimiento de empresas de esta índole está, en la diferencia de salarios y en las ventajas fiscales. Más tarde se volverá sobre el análisis de esas actividades como mecanismos de desarrollo industrial.

En definitiva, América Latina rinde demasiado poco en el intercambio mundial de bienes y debe reaccionar al respecto, si no quiere quedar al margen. Para ello, conviene aumentar la oferta exportable y la competitividad, lo cual implica en primer lugar nuevas inversiones directas y una mayor aplicación de la tecnología reciente. La renovación del proceso de producción y la renovación de los mismos productos no sólo bajan los costos sino que aumentan en su calidad. Cabe mejorar también, con suma urgencia, las redes de mercadeo y de distribución. En esos campos puede ser determinante la política más liberal respecto de inversiones extranjeras y multinacionales que ahora se aplica por doquier. De hecho, una tercera parte del comercio mundial transcurre en el marco de empresas transnacionales, razón por la cual los exportadores que no pertenecen a ese sistema quedan excluidos de ese intercambio "amarrado".

De no menor importancia resultan el mejor acceso a los mercados y la mejor seguridad de éstos, para lo cual se requieren acciones combinadas, con el fin de desmantelar las restricciones que afectan a los productos de exportación de este continente. En el campo agrícola habrá oportunidades en ese sentido en 1999, cuando se inicien nuevas negociaciones multilaterales. Sobre todo en el aspecto de los granos, la carne y los productos lácteos, se perfila una gran batalla. La Unión Europea mantiene en este aspecto derechos prohibitivos de importación, del orden, respectivamente, de 70% (granos) y más de 40% (carne y lácteos). También se prevé que durante la siguiente ronda nuevos problemas agrícolas estarán sobre el tapete: todos los que tienen que ver con la manipulación genética y la seguridad alimentaria.

2. Los servicios, un terreno prácticamente virgen

Hasta la fecha, salvo México, América Latina no logró realmente despegar en el sector de los servicios, donde anualmente obtiene en promedio un saldo negativo de 10 mil millones de dólares. La oferta actual todavía se limita a los servicios "tradicionales" como el turismo, el transporte aéreo y el creciente sector financiero y de seguros. A nivel mundial, la parte de los servicios en el comercio global subió en las últimas décadas de 15 a 25%, por un valor total de 1.345 mil millones de dólares. En 1995, ese sector se caracterizó por una expansión de 14 por ciento.

Sobre todo los servicios "no tradicionales" ofrecen perspectivas halagadoras, también en los países en vías de desarrollo, gracias a las sustanciales transformaciones estructurales que allí ocurren. Los progresos impresionantes en tecnología de telecomunicación y de información inciden enormemente en la comerciabilidad internacional de los servicios. Durante mucho tiempo éstos fueron considerados poco comercializables y, por tanto, poco expuestos a la competencia internacional. Pero ya eso se acabó.

La expansión enorme no sólo se refiere a servicios incorporados en bienes, como *software* en disquetes, películas de video y música en discos compactos. El segmento más dinámico del intercambio de servicios tiene que ver con la expansión de redes electrónicas y también en servicios al consumidor y consumo a distancia que se basan en ellas. Servicios de investigación y desarrollo, de cómputo, gerencia de existencias, control de calidad, contabilidad, administración de personal, servicios secretariales, mercadeo, publicidad, distribución y servicios jurídicos constituyen tan sólo un puñado de ejemplos. Esas actividades se aplican en el sector de servicios tanto como en el sector industrial y el primario.

Los avances de la tecnología informática aumentaron considerablemente las posibilidades de *outsourcing*: servicios que antes dependían de la empresa ahora también se pueden llevar a cabo por fuera, en la medida en que bajan los costos internacionales para las telecomunicaciones. Esas tendencias aumentarán aún más.

Los servicios en los cuales la interacción entre el consumidor y el productor resultan altos, como la educación y la salud, ofrecen dimensiones inauditas. Ahora forman parte del intercambio internacional. La medicina a distancia ya es una realidad, porque se pueden transmitir controles por ultrasonido a hospitales mejor equipados para ser diagnosticados por especialistas. Los centros médicos y los galenos tienen la posibilidad de estar entrelazados a pesar de las grandes distancias, vía teleconferencias por satélite. La educación a distancia se posibilita merced al acceso en línea (*on-line*) a la información, comunicación en dos sentidos entre estudiante y profesor sistemas multimedia.

Para América Latina, existen perspectivas interesantes en el sector de servicios, más específicamente los servicios a distancia y los intensivos en mano de obra, como procesamiento de datos, programación de *software*, tareas administrativas y servicios profesionales. Para lograr esa meta, resulta necesario sin embargo, expandir la oferta, tanto en lo cuantitativo como en lo cualitativo. Después del *boom* literario, ¿para cuándo el *boom* en servicios no tradicionales de este subcontinente? ¿Por qué el latinoamericano pareciera mantener una idea antitecnológica de sí mismo, exactamente en la línea de Unamuno, con aquel frustrante "que inventen ellos"?

A raíz del progreso técnico y económico de la tecnología de la información, las empresas adquieren, también, mayor acceso a servicios externos de alta tecnología y conocimiento sofisticado. Pueden obtenerlo mediante importación o inversiones extranjeras directas. Eso sin duda, aumentará la eficiencia y la capacidad competitiva en la economía nacional. Como en todo el orbe, en América Latina aumentará la intensidad de los servicios del proceso productivo.

La atención que en este análisis se presta aquí a los servicios a distancia se debe al hecho de que ese sector, se transformará sin duda en la nueva locomotora para el proceso de globalización. Desgraciadamente, al sur del río Bravo el atraso en ese sentido es enorme y quizá ningún país de la región está actualmente en posición sólida para aprovechar ese abanico de posibilidades. No deja de llamar la atención que solamente seis países latinoamericanos, miembros de la OMC, suscribieron hasta ahora el protocolo sobre liberalización de servicios de telecomunicación de base, mientras 13 aceptaron el protocolo sobre servicios financieros y dos el Acuerdo de Tecnología de Información. Sólo mediante un gran salto hacia adelante es posible eliminar el atraso, para lo cual se requiere instaurar una política de apertura comercial y de inversiones para los servicios. Al respecto, América Latina está en pañales. En los tres esquemas subregionales de integración, la idea del comercio libre para los servicios de telecomunicaciones queda en un nivel de retórica. Según expertos foráneos, fuera del sector minero y de petróleo las comunicaciones constituyen, quizás, el rubro más prometedor para las inversiones extranjeras directas en esta parte del mundo.

Sin embargo, sería un craso error menospreciar los servicios tradicionales como bancos, seguros, transporte, consultorías y turismo. También en esos rubros el rendimiento regional muchas veces deja que desear. El problema no se limita a la oferta. La mencionada liberalización de los servicios financieros, que se adoptó en 1997 en la Organización Mundial del Comercio para ser aplicada a partir de 1998, implicará mucha competencia de los bancos extranjeros y de instituciones aseguradoras que la mayoría de los países de la región no puede asumir. ¿No es propiamente en las actividades financieras que el proceso de globalización se encuentra más avanzada en el mundo? Los recursos financieros que traspasan diariamente las fronteras tienen un valor de US$1 trillón, 69 veces más que las mercancías y 312 veces más que los servicios. Un profundo proceso de reestructuración en cooperación con instancias externas puede abrir en América Latina nuevas perspectivas y mejores servicios no sólo en el sector bancario, sino también en los seguros y en los mercados de valores. Otro sector que está por abrirse en la OMC con tal de exigir serias adaptaciones son los servicios contables.

3. Florecimiento de la inversión extranjera directa[2]

En los últimos años, en el mundo la inversión extranjera directa (IED), cuya finalidad es asegurar un control duradero de la gestión de empresas, creció más rápido que el comercio mundial y la producción; ése fue también el caso en América Latina.[3] Incluso se puede afirmar que el tremendo proceso de reestructuración económica que vivió este subcontinente después de la crisis de la deuda de los años ochenta fue apoyado por esas inversiones.

Eso sólo fue posible gracias a un mejoramiento sensible en el clima de inversiones y de profundos cambios de mentalidad. Por suerte terminó el temor, alimentado en los años setenta, según el cual las inversiones extranjeras debilitarían la soberanía económica y llevarían a un drenaje incontrolable de divisas. Por lo demás, creció la comprensión de que las decisiones de las compañías transnacionales, de transferir tecnología, de invertir y de generar corrientes comerciales, pueden tener un efecto determinante para la competitividad del país receptor. ¿No es cierto que el inversionista extranjero aporte, por lo general, no solamente ahorros foráneos, nuevas tecnologías e "inteligencia de mercados externos", sino también nuevos métodos administrativos, patrones organizacionales y capacitación de mano de obra y cuadros gerenciales? Fomenta encadenamientos o vinculaciones intersectoriales, contribuye a una mayor orientación exportadora del país, incentiva una mayor inversión doméstica y por ende promueve el crecimiento económico.

Tal como ya se reseñó, también el avance tecnológico cristalizó en un aumento de la inversión extranjera directa. En la industria posibilitó la desagregación de los procesos productivos y su dispersión internacional. El afán de los productores y dueños del capital por obtener ganancias máximas sólo pudo responder a ello. Les favorece, sin duda, la baja en los costos de transporte y la tremenda evolución en la tecnología de la información, que reduce constantemente los costos de la comunicación internacional.

Durante el periodo 1991-1996 América Latina recibió 154.3 mil millones en inversiones directas, con lo que quintuplicó la suma del periodo 1985-1990. Ese flujo correspondía a 10.5% de todas las inversiones externas directas en el mundo y a 31.0% de las que se canalizaron hacia los países en vías de desarrollo. Asia en desarrollo obtuvo para el mismo periodo 62.8%. Desde 1991 las inversiones exteriores aumentan sin cesar, gracias a la legislación menos restrictiva, en ese aspecto, en países como Argentina, Colombia, Chile y Venezuela. El año 1997 tuvo un récord histórico, con un ingreso de nada menos que 50 mil millones de dólares en inversiones directas.

Entre 1990 y 1996, Estados Unidos, con el 72% del total, se convirtió en el más importante inversionista extranjero directo en la región, aportando siete veces más que entre 1985 y 1989, con lo cual la Unión Europea pasó a un segundo lugar. Las dos naciones más favorecidas con las inversiones estadounidenses fueron México y Brasil. En el periodo 1990-1996, la Unión Europea sólo invirtió 23% y eso se concentró sobre todo en los países del MERCOSUR. En 1985-1989, Europa había aportado 53.7%. Entre los países del Viejo Continente, España está en la delantera, lo cual se relaciona con su participación activa en el proceso de privatización del sector de telecomunicaciones. En términos relativos, también Japón retrocede, con un aporte, entre 1990 y 1996, de 5.8%, frente 15.1% en el periodo 1980-1984.

Es alentador comprobar que la inversión directa propiamente latinoamericana sigue en aumento, lo cual se enmarca en el contexto de las privatizaciones y el desmantelamiento del proteccionismo. Esta última política implicó ofertas de venta de numerosas empresas por no poder asumir la competencia creciente de la globalización que obliga a adaptaciones y reestructuraciones muy costosas. Sobre todo Argentina y Chile destacan en este campo. Tan sólo el primer país contabiliza ya 12 mil millones de dólares invertidos en la región. Se puede afirmar con razón que la integración económica regional, sobre todo en el marco de MERCOSUR, avivó las inversiones intrarregionales internas, pero también la de terceros países deseosos de aprovechar las ventajas de escala que el ensanchamiento de mercado genera.

La IED se caracterizó por un notorio desplazamiento de destinos. En las grandes economías latinoamericanas, como Brasil, México y Argentina, hasta finales de los años ochenta la inversión se dirigió básicamente a actividades industriales. En los últimos años, en cambio, hacia minas (Chile y Perú), petróleo (Colombia, Ecuador y Venezuela), energía geotérmica (Nicaragua) y, en menor medida, industria de transformación (Argentina, Brasil y México, con énfasis en el sector automovilístico), además de las industrias de exportación o maquiladoras en América Central. Otros sectores importantes de inversión son la producción alimenticia, los servicios, las telecomunicaciones y los proyectos de infraestructura, algunos con base regional. Ya se mencionó que, después del sector de minas y de petróleo, el de comunicaciones destaca como el más prometedor para inversiones en la región.

Se comprueba que las corrientes de inversión directa no fueron influidas por la crisis mexicana de liquidez de 1994-1995. Cabe subrayar que los países que habían fomentado inversiones a largo plazo resistieron mejor el torbellino de la liquidez.

Cuadro VII.2: Inversiones extranjeras directas en América Latina, 1990-1996 (en millones de dólares estadounidenses)

	1990	1995	1996	1991-1996	Parte PNB en % (1995-1996)	Parte formación bruta de capital fijo en % (1995-1996)
Argentina	1 836	2 950	3 200	19 405	1.2	8.35
México	2 549	6 963	7 000	34 607	2.7	16.14
Brasil	324	3 475	8 000	19 399	0.8	6.28
Colombia	484	2 217	2 550	8 467	2.8	19.04
Chile	582	1 008	2 800	8 166	2.8	18.91
Venezuela	76	597	1 350	6 069	1.3	15.10
Perú	41	1 895	3 400	6 575	4.4	17.32
Bolivia	10	374	560	1 734	6.5	38.80
Otros	697	2 449	1 975	16 400	0.8	11.45
Total	6 599	21 554	30 835	120 822	1.2	10.82

Fuente: CEPAL, Síntesis preliminar de la economía latinoamericana y caribeña, 1996, Santiago, 1996 y CEPAL, La inversión extranjera directa en América Latina y el Caribe, Informe 1997, Santiago, 1998.

Mientras a principios de los años noventa la corriente de las inversiones extranjeras directas se concentraba en cuatro países (México, Argentina, Chile y Colombia), el abanico no deja de ensancharse. En el periodo 1995-96 ya eran ocho los beneficiados, con México en la delantera, siempre seguido por Argentina, que pudo multiplicar por nueve sus inversiones en el periodo 1980-96, entre otros factores gracias a su programa de privatización. Este último significó la mitad de la inversión en cuestión para el lapso 1990-95. Perú tuvo el mayor aumento con 130 (!) veces más inversiones en 1996 que las de 1988, durante el mandato del presidente populista Alan García. Ese notable resultado se debió a la privatización de un puñado de grandes empresas, sobre todo en los sectores de materias primas y servicios y a concesiones de infraestructura.

Los mercados grandes y más desarrollados evidentemente atraen más inversiones que los pequeños y pobres. Permiten ventajas de escala, tienen un personal técnico mejor preparado y una mayor oferta de insumos y servicios requeridos. Bajo presión de la competencia global, las empresas internacionales sólo invierten en los países que ofrecen las condiciones más ventajosas en el mercado mundial.

El cuadro VII.2, que refleja la parte de la inversión extranjera directa en el Producto Nacional Bruto, muestra ciertos datos sorprendentes. Bolivia, con 6.5%, lleva la delantera a causa de su programa de "capitalización" de 300 millones de dólares en el sector público. Le sigue Perú con 4.4%. Después se encuentran Chile (2.8%), Colombia (2.8%) y México (2.7%). Si Brasil sólo logra captar poca inversión directa (0.6%), se debe a su carácter relativamente cerrado y a una participación foránea mucho más reducida en su programa de privatización.

Otro parámetro interesante que se desprende del cuadro VII.2 es el alto porcentaje que la inversión extranjera directa constituye en el total de la formación bruta de capital fijo. En Bolivia en 1995-1996 representó hasta el 38.8%, en Colombia el 19.04%, en el Perú el 17.32%, en México el 16.14%, mientras en Argentina solamente el 8.35% y en Brasil el 6.28%. El interés de asociar el ahorro local a la inversión directa extranjera o de establecer alianzas con ella es evidente. Esquematizando, se puede decir que los ingresos directos de una inversión corren hacia el factor trabajo, insumos y servicios locales, el Estado (en forma de impuestos), el factor capital y la tecnología. El débil desarrollo de las bolsas de valores, fondos de pensiones, y otros mecanismos para atraer y canalizar capital local hacia actividades productivas, impide a la mayoría de los países de América Latina apropiarse de una parte mayor de la nueva riqueza creada por las inversiones extranjeras directas.

El tamaño del mercado no es lo único importante para atraer la inversión directa, sino también la oferta, como lo corrobora el caso chileno. La presencia de reservas de materias primas y el llamado *cluster-effect* en el sector industrial y de servicios, aumenta la productividad. Las inversiones rodeadas de abastecedores de bienes y servicios, amplios recursos humanos, infraestructura física y de ciencia y tecnología, estabilidad política y social y compromiso gubernamental obtienen mayores ganancias y una competitividad más alta. Colombia constituye un caso aparte, porque algunos observadores seguramente un tanto mal pensados, aseguran que más de un capital extranjero viene marcado con polvo blanco.

A nadie escapa que el trabajo barato pierde su atracción como determinante de inversiones. Los empresarios extranjeros ahora fijan su atención mucho más en nuevos mercados y posibilidades adicionales de ganancias en países con personal capacitado y óptima infraestructura de transporte y comunicación. Debido al avance tecnológico y la competencia creciente, en muchos procesos productivos aumentó la intensidad del capital y los requerimientos de alta capacitación. Las economías en una fase inicial de industrialización no son capaces de proporcionar los bienes sofisticados, las prestaciones de trabajo y los servicios que la mayoría de los inversionistas extranjeros requiere para ser competitiva. A ello se añade que las naciones pobres, por lo general, tienen procedimientos administrativos complicados y arbitrarios que vuelven imposible que los *inputs* y *outputs* estén disponibles a tiempo para bajar los costos de financiamiento. Compensar todas estas deficiencias resulta prácticamente imposible, por lo que la globalización es más difícil para "quienes arrancan tarde".

En el contexto de sueldos bajos, conviene enjuiciar a las empresas maquiladoras a pesar de ciertos méritos socioeconómicos mencionados. En realidad, se trata de inversiones muy volátiles. En los países industriales, un puesto de trabajo cuesta entre 300 y 400 mil dólares en promedio. En una maquiladora centroamericana eso mismo vale solamente 5 mil dólares. Cuando otro país ofrece ventajas económicas y financieras más interesantes para su instalación, las maquiladoras emigran como golondrinas. Guatemala enfrentó ese caso cuando México se hizo miembro de NAFTA. Pero también a escala macroeconómica representan una plusvalía muy reducida para un país. Para la industrialización se necesitan *clusters* de diversas empresas que añaden elementos a bienes y servicios o que compran los productos, en cambio la maquila funciona de manera totalmente autónoma. El producto entra en un territorio nacional, se transforma y lo vuelven a llevar. Tales empresas, pese al beneficio que suponen en cuanto a empleo, no pueden formar la base de industrialización sostenible para una nación.

En América Latina, las IED asumen tres formas importantes (cuadro VII.3): las inversiones normales (74%), las conversiones de deudas (8.2%) y los programas de privatización (17.3%). A mediados de los años ochenta, México, Brasil, Chile, Argentina y algunos otros empezaron programas especiales de reconversión de deudas. Si bien son útiles, la mayoría se hicieron para comprar actividades ya existentes y no para lanzar nuevas inversiones. Frecuentemente aparecieron como subsidios de inversiones que de todas maneras había que hacer. De hecho, las deudas a convertir fueron compradas en el mercado secundario con un gran descuento. En las empresas financiadas de ese modo, el socio extranjero por lo general aportó capital adicional y las otras ventajas antes reseñadas; fue así como los programas de reconversión colaboraron a mejorar el clima general de inversiones. Ya que las deudas externas en América Latina se volvieron más llevaderas, a partir de ahora las reconversiones desempeñarán sólo un papel marginal como canal de aporte para inversiones extranjeras directas.

Como se comentará más adelante, la ola de privatizaciones está en una segunda fase que a mediano plazo también morirá. Hoy en día, el proceso en Chile se encuentra más bien agotado y sigue con algún vigor en Brasil, Colombia, Perú y Venezuela. Sólo países más pequeños, como El Salvador, Nicaragua, Honduras y Costa Rica todavía deben iniciar el proceso de privatizaciones. Por doquier, los candidatos inversionistas se volvieron más escasos.

Cuadro VII.3: *Forma de la inversión extranjera directa en los siete* países más importantes de América Latina, 1990-1995*

	Miles de millones de dólares	%
Inversiones corrientes	59 412	74.0
Reconversión de deudas	6 607	8.2
Privatización	14 255	17.3
Total	80 274	100.0

**Argentina, Brasil, Colombia, Chile, México, Perú y Venezuela.*
Fuente: BID e IRELA, Foreign direct investment in Latin America in the 1990's, *Madrid, 1996, p. 48.*

4. PRIVATIZACIÓN, LA GRAN TENTACIÓN PASAJERA

El crecimiento vigoroso de la inversión directa tiene que ver con una administración más eficaz y con perspectivas económicas y políticas mejoradas, pero también con la internacionalización de las actividades de las multinacionales que, más que nunca, apuntan a la eficiencia. Un factor relevante es la política de privatización, la cual forma parte del proceso de reforma del Estado y del saneamiento de las finanzas públicas.[4] Desde principios de la década de los noventa, en América Latina no menos de 735 empresas públicas fueron privatizadas, por un monto total de 73 mil millones de dólares. Después de una primera ola, que empezó en los años ochenta y se agotó en 1995, al año siguiente empezó una segunda, que aportó 14.6 miles de millones de dólares en relación con 73 empresas. Para 1997, se estima que se generaron 23.7 mil millones de dólares, el monto más alto desde los años ochenta. Más del 50% de las empresas a privatizar pertenece al sector energético, seguido por la industria (19%), el transporte (16%), las telecomunicaciones (8%) y las finanzas (8%). El rubro más apetecido es el de las compañías telefónicas, una actividad que tradicionalmente y en todas partes implica jugosos rendimientos.

A la cabeza de la carrera de privatización se encuentran ahora Brasil, Colombia, Perú y Venezuela. Que Argentina, y sobre todo Chile, estén en la retaguardia sólo se debe a que sus privatizaciones empezaron mucho antes. En 1997 sin embargo, Argentina decidió dar un nuevo impulso a la privatización de empresas públicas. El gobierno ha dispuesto iniciar seis de las más importantes privatizaciones emprendidas desde 1990.

Cuadro VII.4: Inversiones directas extranjeras aportadas vía privatizaciones (1990-1995)

	Miles de millones de dólares
Argentina	9 087
Brasil	496
Colombia	-
Chile	20
México	902
Perú	2 696
Venezuela	1 536

Fuente: BID e IRELA, Foreign direct investment in Latin America in the 1990's, Madrid, 1996, p. 48.

El caso argentino provocó una verdadera revuelta y llama especialmente la atención. Si para el peronismo la empresa pública era un dogma, ahora el gas, el teléfono, la electricidad, el agua y el transporte público se encuentran en manos privadas. Iberia compró las Aerolíneas Argentinas. Incluso la empresa petrolera YPF se privatizó en un 45%. Los servicios prestados mejoraron notoriamente, con sólo una adaptación mínima de las tarifas. Por ejemplo, en 1989, el país de Borges y del tango tenía dos millones de líneas telefónicas; hoy son seis millones. El tiempo de espera para instalar una línea se redujo a un solo día. En el presupuesto nacional, en vez de subsidios a empresas estatales deficitarias, ahora aparecen ingresos fiscales que, en 1995, fueron del orden de los 504 mil millones de dólares. El Estado no sólo pudo llevar dinero a sus arcas, sino también logró eliminar las deudas externas de las empresas privatizadas. A finales de 1995, la privatización habría aportado 9 mil millones de dólares y se habían amortizado 5.4 mil millones mediante conversión de deudas.

4.1 Modelos de privatización

No todos los países recurren al mismo modelo de privatización. Chile, que junto con México resultó ser la nación más exitosa en cuanto a "desestatización", empezó ya en los años setenta y fue pionero en ese sentido. Mediante la venta de empresas estatales y a pesar de algunos "errores" iniciales logró equilibrar su situación financiera, llevar al mando una generación nueva de empresarios locales y mejorar los servicios para los consumidores. Pudo desarrollar un mercado de capital interno sano, como también un sistema privado de pensiones muy eficiente que sirvió de modelo para todo el subcontinente. Brasil, Argentina, Perú y Venezuela, y en cierto modo México, introdujeron reformas con base en el modelo chileno.

Mientras la privatización en Argentina se basó en alianzas estratégicas entre empresas locales y extranjeras, en Brasil dominaron las compras por inversionistas locales. El método brasileño resultó diferente en otro aspecto. Vende en la bolsa sólo una parte de las acciones de empresas estatales al público y guarda el resto para más tarde. Esta receta se aplicó en 1995 para la privatización de Escelsa, la sociedad de distribución eléctrica del estado de Espíritu Santo. No acudió una gran cantidad de inversionistas a causa de la inseguridad respecto de la fijación de tarifas en las empresas privadas. El producto de la venta sólo se elevó a 385.7 millones de dólares y el comprador resultó ser un consorcio de instituciones financieras locales. Después se decidió que todas las nuevas privatizaciones llevaran un control estatal en las tarifas. Por lo visto tomaron en cuenta la experiencia boliviana, en la cual determinadas tarifas, después de la privatización, subieron un 100%.

En 1996 se volvió a utilizar la fórmula de la privatización parcial para la venta de Light. Esa empresa, originalmente canadiense y nacionalizada durante la dictadura militar, asume la distribución eléctrica del estado de Río de Janeiro. El ganador de la licitación pública en la bolsa de Río fue un consorcio francés-americano-brasileño dirigido por la matriz eléctrica francesa EDF. Fue una ganga, ya que el consorcio se la llevó por 2.2 mil millones, mientras que el gobierno brasileño pensaba sacar 3.7 mil millones de dólares. Sin embargo, esa ganancia fue hasta entonces la más grande obtenida en una sola transacción. El anterior precio más alto fue de 1.9 miles de millones generado a partir del consorcio de acero Usiminas en 1991. La última empresa de distribución de electricidad privatizada fue la de Sao Paulo

(CPFL), la cuarta más grande del país en 1997; produjo 2.7 mil millones, aproximadamente 70.1% más del precio de base. El comprador fue el grupo brasileño VCB.

En el periodo 1981-89 la privatización aportó en Brasil más de 650 millones a las arcas estatales. El arranque realmente se produjo a partir del momento en que, en 1990, una ley señaló que 68 instituciones estaban sujetas a privatización. Las 53 empresas estatales, que en el quinquenio 1991-96 pudieron por fin ser vendidas, aportaron 18 mil millones de dólares. El gobierno espera que esta cifra aumente hasta 60 mil millones para 1999. El proceso de privatización entró en una etapa acelerada. Después de haber logrado 1.6 mil millones en 1995, fueron 6.1 en 1996 y 21 al año siguiente. Una empresa importante, privatizada en 1997, es el gigante en minas y transporte Compañía Vale do Rio Doce, el mayor exportador de mineral de hierro del orbe. Un consorcio de consultores, dirigidos por Merrill Lynch y el banco británico Rothschild, había estimado su valor en 10 mil millones. Un grupo dirigido por la Compañía Siderúrgica Nacional compró 41.73% de las acciones por un valor de 3 338 millones, lo que representa 19.99% más del precio mínimo. Para 1998 se espera recaudar 34.6 mil millones, de los cuales 30 provienen de la privatización de todas las empresas públicas de telecomunicaciones, entre ellas la gigante brasileña Telebras con sus 12 *holdings*; se tratará de la mayor privatización de América Latina. Asimismo se venderán ocho empresas eléctricas más, a pesar de las numerosas quejas que provocó el mal servicio brindado por la privatizada distribuidora eléctrica de Río de Janeiro durante el muy caliente verano de 1998.

La pregunta es si se logrará la privatización de Petrobras, la séptima de las compañías petroleras más grandes del mundo y antaño símbolo de la emancipación brasileña de la dominación económica extranjera. El gobierno detiene el 81.7% de los derechos de voto y quiere vender el 30% por el momento. El caso de las empresas petroleras es difícil en todas partes. Hasta ahora, sólo Argentina abrió esa posibilidad para el capital foráneo en su mercado petrolero, por lo que su empresa nacional (YPF) fue privatizada. En Perú, Bolivia y Brasil, en 1995 se originaron huelgas en este sector cuando se abordaron proyectos de privatización. El fracaso de la huelga de los trabajadores petroleros en Brasil selló el compromiso total del gobierno Cardoso con la privatización de Petrobras. Estado en el estado, además de líder en la tecnología submarina hasta enero de 1998, esta empresa tenía el monopolio en lo que se refiere a exploración, producción, refinado y transporte, pero no de la distribución. Para eliminar monopolios estatales en el campo del petróleo, gas, telecomunicaciones y transporte costero, se requiere una reforma constitucional. Bajo presión de los socios del MERCOSUR, que vieron en éstos una limitación comercial, se llevó a cabo la citada modificación de la Carta Magna en 1995. También en México se requirió enmendar la Ley Fundamental para permitir la entrada de capital foráneo y local en los sectores de telecomunicaciones, petróleo, transporte e infraestructura. Después de mucha resistencia, basada en argumentos tanto económicos como patrióticos, el gobierno decidiría finalmente, en octubre de 1996 no privatizar 61 empresas petroquímicas "secundarias", a pesar de que esa operación era una piedra angular en su programa de modernización económica.

Bolivia tiene su propio planteamiento en lo que se refiere a las privatizaciones, proceso que identifica como "capitalización". Las empresas privadas pueden presentar ofertas de adquisición de una parte de las acciones de una institución estatal. Las ganancias van directamente a la compañía. Las demás acciones y la mitad de los beneficios corresponden al pueblo, mediante un fondo particular de pensiones.[5] Esa fórmula se aplicaría a la privatización de algunas empresas estatales: la telefónica Entel Bolivia, la empresa de electricidad, los ferrocarriles y la empresa aérea. También la firma estatal para petróleo y gas (YPFB), en septiembre de 1996, desembocó finalmente en manos privadas. Sin embargo, esa propuesta había chocado con una feroz resistencia popular. Le correspondió al mismo partido político (el MNR) —que en 1952 había nacionalizado el sector petrolero después de mucho derramamiento de sangre— pasar ahora a la "capitalización" del mismo. YPFB es la empresa estatal más rentable. Aporta la mitad de todos los ingresos del gobierno y así seguirá. La capitalización abrió el camino para la construcción del gasoducto de 3 601 kilómetros hacia Sao Paulo y Puerto Suárez en Brasilia. El presupuesto boliviano se alimentará durante cuarenta años, en buena medida merced a la exportación de gas. Gracias al gas barato, la zona fronteriza se transformará en un polo de desarrollo económico. Para el pueblo andino YPFB sigue siendo un símbolo de dignidad nacional y soberanía. Es precisamente a causa del petróleo que Bolivia se enfrascó en los años treinta en la guerra del Chaco contra Paraguay, pero perdió la batalla y tuvo que abandonar ese territorio.

4.2 Oposición a la privatización

En América Central la privatización constituye un tema que se trata con mucha cautela. Durante años se habló de la subasta de las compañías telefónicas en Guatemala, El Salvador y Nicaragua, así como también de una serie de empresas eléctricas panameñas. En 1997 Panamá privatizó 49% de su empresa de telecomunicaciones Intel. Cable y Wireless, de Gran Bretaña, pagó 672 millones de dólares. En Costa Rica, imbuida de igualitarismo, el tema es tabú. Aún el nuevo presidente Rodríguez entra en materia con cautela política pese a la presión del FMI.

Si la venta de British Telecom y muchas otras empresas fue una de las mejores decisiones de la señora Thatcher, en América Latina la privatización no es vista en todos los sectores con la misma actitud. En Argentina la empresa petrolera YPF, una vez privatizada, en 1993, redujo su personal a 7 500 personas, de 51 mil que ocupaba en 1990. Este tipo de noticias tiene alas. En Perú se requirió mayoría calificada en el Parlamento para votar dos leyes que pretendían detener una propuesta de la oposición a convocar un referendo, en relación con la privatización de Petroperú. El destino no deja de tener ribetes irónicos: esa misma mayoría en el Poder Legislativo había introducido dos años antes la consulta popular en la Constitución. La citada propuesta de la oposición fue apoyada por un millón de firmas y la Ley Fundamental exige que sean 1.2 millones. El presidente Fujimori no se dejó amedrentar. Perú, que después del populismo de Alan García era un paria, en 1990 se ganó de ese modo el acceso al mercado internacional de capitales. Espera obtener 15 mil millones de dólares de capital foráneo para 1998, vendiendo prácticamente todas las empresas estatales restantes. Esa meta totaliza, más o menos, tres veces más dinero que el correspondiente a todas las inversiones emprendidas desde 1991.

Un obstáculo ideológico contra la privatización se relaciona con el peligro de que un monopolio estatal sea sustituido simplemente por un monopolio particular y con el hecho de que, en la mayoría de los países, son contados los inversionistas, usuarios y empleados con capacidad financiera para comprar una empresa nacional. En tales circunstancias, las dos únicas soluciones consisten en la creación de una autoridad para regular las tarifas y el mantenimiento de una parte de acciones en manos del Estado o de ofrecerlas a los empleados. Eso tiene como evidente consecuencia que los ingresos a percibir no llegan al fisco. Mientras no estén mejor desarrollados los mercados locales de capital y los ingresos "mejor distribuidos" en vez de "mejor concentrados", en la práctica resulta difícil evitar monopolios privados.

En realidad, este debate acerca del papel del Estado en la economía es un cuento viejo. Ya en los años veinte, jóvenes oficiales brasileños se rebelaron contra la política "demasiado liberal" del gobierno, porque éste habría dado excesivo poder de intromisión a las empresas extranjeras y a los bancos. Fue precisamente esa resistencia la que llevó hacia el golpe de Estado del general Getulio Vargas, en 1930. Como en el caso de Perón en Argentina, Vargas estableció que el Estado debe asumir una función prioritaria en sectores de energía, minas, transporte y finanzas. Debía fomentarse la industrialización local con la sustitución de las importaciones y la protección contra la competencia externa mediante elevadas tarifas aduanales y cuotas.

Todavía ahora, en América Latina, algunos empresarios locales, sindicatos y clanes políticos ven con malos ojos la privatización. Los primeros temen que las empresas privatizadas, en la medida en que lleguen a manos extranjeras, los sacarán del mercado por el aporte de nuevo capital, tecnología y ahorro de costos salariales. Los obreros y los sindicatos están recelosos de que la medida en cuestión lleve a despidos masivos. Muchos políticos ocuparon tradicionalmente las empresas públicas para fines de corrupción. ¿No dicen por allí las malas lenguas que un político pobre es un pobre político?

También debe considerarse la resistencia ideológica y política. Se pretende que la privatización por precios regalados sirvió sobre todo a los ricos, por lo cual aumenta todavía la brecha socioeconómica. En México se explica así la fortuna enorme de los nuevos ricos. En Costa Rica se utiliza el sector público para compensar o financiar el déficit de la administración central. Debido al hecho de que las empresas públicas quieren compensar la sangría mediante aumentos de tarifa, el déficit presupuestario central se financia finalmente mediante un impuesto indirecto disfrazado. Eso les conviene a los poderosos, muy renuentes a pagar más impuestos sobre ingresos y capital. Que el dividendo electoral de la privatización por lo general resulta negativo, no requiere demasiada demostración: en Uruguay, la venta parcial de la compañía telefónica fue rechazada por referendo en 1992. Después de eso, ningún país se atrevió a elevar a consulta popular directa ninguna privatización.

4.3 Aporte extranjero

El aporte extranjero en los procesos de privatización se varía en el tiempo y en el espacio. Entre 1993 y 1995 correspondía a un promedio de 52.8% de todas las privatizaciones latinoamericanas, pero fue oscilando de 37.6% en 1993 a 69.5 en 1994 y 61.8% en 1995. Resulta más bajo cuanto más desarrollado está el mercado local de capitales, como sucede en Brasil, México y Chile. Según un estudio de la CEPAL[6] empresas extranjeras aportaron más del 60% de fondos de privatización en Argentina, Bolivia, Cuba, Ecuador, Panamá, Perú y Uruguay, en el periodo de 1993 a 1995, pero menos del 40% en Brasil, México, Nicaragua y Venezuela. Es interesante observar que en 1996, con 16%, Chile se constituyó en el principal comprador foráneo de empresas privadas latinoamericanas, seguido por Brasil, Estados Unidos y Perú. Sobre todo las empresas chilenas de electricidad son competidoras muy serias en los programas de privatización y los nuevos proyectos energéticos en toda América Latina.

Por supuesto, la competencia para atraer inversiones extranjeras resulta enorme. Los principales rivales en el Tercer Mundo se encuentran en Asia y en menor medida en el Este europeo. También dentro del subcontinente la lucha es feroz. Con miras a mejorar sus ventajas comparativas relativas, casi todos los países de la región tomaron disposiciones legales especiales, para promover y proteger la inversión extranjera. Se trata de lograr un clima óptimo para la inversión, lo cual supone garantías legales contra nacionalización arbitraria, compensación razonable, el derecho a expatriar las ganancias y los capitales, solución de conflictos, concesión temporal de facilidades fiscales, trato igual en comparación con empresas nacionales, otorgamiento de permisos de trabajo para personal del exterior y acceso a sectores antes herméticamente cerrados para capital foráneo. No pocas veces, otorgar ventajas fiscales para la promoción de inversión extranjera supone efectos negativos porque implica una discriminación contra empresas existentes, por lo general nacionales. La práctica enseña que un sistema de tasación estable, transparente y no arbitrario sirve a los intereses tanto del país huésped como del inversionista extranjero.[7]

Se comprueba que, al establecer el marco legal y económico para la inversión foránea, prácticamente no existe coordinación entre los Estados de la región, ni siquiera en el seno de los tres esquemas subregionales de integración. El caso del Perú ilustra lo que decimos. Esa nación, que lleva a cabo toda clase de acciones para privatizar sus empresas de petróleo, de electricidad y sus minas y para proveer la infraestructura pública mediante contratos de concesión, se enorgullece de tener una economía más abierta que la chilena, al ofrecer posibilidad ilimitada para exportar las utilidades de las inversiones. Esto se llama vender al mejor postor. De igual importancia para el inversionista es la dimensión del mercado, su estabilidad y la calidad tanto de los gobiernos como de las instituciones, la seguridad de las personas y de los bienes y la garantía judicial.

5. Pocos son los llamados al mercado internacional de capitales

5.1 Recuperación de la credibilidad crediticia

Durante los años negros de la crisis de la deuda, nadie se habría atrevido a pensar que América Latina recuperaría tan rápidamente el contacto con los mercados internacionales de capitales. La región volvió a obtener credibilidad crediticia por su política macroeconómica, los resultados positivos de ésta y los altos intereses y rendimientos que los fondos invertidos podían generar. Este retorno de los mercados de capital resulta simplemente impresionante. Sobre todo, los fondos estadounidenses de pensiones invierten masivamente en carteras latinoamericanas; especulan con una utilidad anual del 35 al 40%. Evidentemente, eso sólo es posible si el riesgo asumido es grande.

Desde una perspectiva histórica, el capital privado externo siempre desempeñó un papel determinante en América Latina. Fue aportado no sólo en forma de inversiones directas en empresas locales, sino también mediante la venta de acciones, obligaciones y bonos, y la obtención en el exterior de préstamos comerciales a mediano y largo plazo. Estos últimos, fuente más de financiamiento foráneo en los años setenta, desaparecieron virtualmente desde la crisis de la deuda en la década de los ochenta. En 1996 aportaron tan sólo US$16 mil millones netos y en 1997 se registró un flujo de salida de US$2.9 mil millones. Los créditos comerciales fueron sustituidos por inversiones de cartera a gran escala cuando los mercados de valores en América Latina llamaron la atención de los inversionistas extranjeros. Los flujos de inversiones de cartera comprenden las corrientes en capital accionario (fondos para países específicos, certificados de depósito y compras directas de acciones por parte de inversionistas extranjeros), además de emisiones de bonos adquiridos por inversionistas del exterior. Constituyen también una fuente importante de financiamiento; sin embargo, los valores a corto plazo resultan volátiles y llenos de riesgo, lo cual se demostró con la crisis mexicana de diciembre de 1994 y las repercusiones de la crisis bursátil asiática en 1997.

El financiamiento de deudas externas mediante Euro-notas y papeles comerciales europeos a mediano plazo, de manera general, beneficia a cuatro países: México, Brasil, Argentina y Chile.

Hace poco y por primera vez en mucho tiempo, también algunos otros países han podido atraer capital extranjero vía la emisión de obligaciones y, en medida muy exigua, mediante préstamos bancarios sindicados a mediano o largo plazo. La gran mayoría de los países latinoamericanos no cuenta con eso, a causa de su imagen crediticia negativa que los obliga a pagar altos costos para financiamiento a corto plazo y primas de seguro en su comercio exterior. Debido al acceso recuperado a los mercados internacionales de capital, los países privilegiados ganaron una gran flexibilidad en su manejo financiero. Sus empresas recibieron un abanico más amplio de instrumentos de financiamiento a su disposición, con inclusión de muchos servicios financieros que los bancos internacionales y las instituciones financieras otorgan.

5.2 Papel de las bolsas de valores

En la atracción y canalización de recursos financieros externos, las bolsas locales desempeñaron un papel destacado; las más dinámicas son las de Brasil, Chile, Venezuela, México, Colombia y Argentina (cuadro VII.5). Lo más notorio del caso chileno es el florecimiento de los fondos privados de pensión. Su respectiva privatización, en 1981, fue quizás el legado económico más significativo del régimen de Pinochet. Permitió subir tasas de ahorro local demasiado bajas y, de paso, disminuir la dependencia de préstamos extranjeros. Las Administradoras de Fondos de Pensión (AFP) obtuvieron desde su establecimiento un rendimiento anual promedio del 14%. Por ahora sus activos representan más de 25 mil millones de dólares. Estas empresas son las más grandes inversionistas en Chile y alimentan la bolsa de valores con una corriente continua de recursos nacionales.

Cuadro VII-5: Índice de precios de transacciones en los principales mercados de valores de América Latina, antes y después del torbellino del sudeste asiático de octubre de 1997

	03/09/1997	31/12/1997
Brasil	11 119	10 197.0
Chile	5 603	4 781.5
Venezuela	9 763	8 506.9
México	4 888	5 206.4
Colombia	1 378	1 431.7
Argentina	834	687.5
El Mundo	937	933.6

Fuente: The Economist, 6 al 12 de septiembre de 1997 y 3 al 9 de enero de 1998.

Chile, no obstante tener una bolsa mucho más pequeña que la de México, Brasil y Argentina, se consideró mucho tiempo una de las mejores plazas financieras. Su situación sólida y estricto control económico y cambiario era el modelo a seguir en el resurgir económico del resto de América Latina. Sin embargo, el cuadro VII.5 corrobora que el mercado de capitales de Santiago resistió mal la turbulencia en los mercados de valores asiáticos en el otoño de 1997 y que ha dejado de ser el refugio de los inversionistas. Las acciones chilenas han caído 13% en 1997, más que en cualquier otro país de América Latina, con excepción de Venezuela, que registró un 16%. Las causas de la actual vulnerabilidad de la bolsa chilena son el alza de las tasas de interés, la caída de los precios de los bienes básicos y el gran déficit en cuenta corriente (4.7% del PNB en 1997) que muy probablemente irá aumentando debido a la disminución prevista en el comercio con Asia, que absorbe un tercio de las exportaciones chilenas; todos esos factores afectan las ganancias. También sufrieron, pero en un grado menor, las bolsas argentinas y brasileñas. Además, hay mercados de valores más chicos en Perú, Colombia, Venezuela y Bolivia. Con todo, debe considerarse que, como sucede con las inversiones indirectas, la globalización se refiere a pocos países.

5.3 La liberalización de las transacciones financieras, un proceso reciente

Liberar transacciones financieras en los países en vías de desarrollo es algo mucho más reciente que en los industriales. Después de estar reglamentadas durante mucho tiempo sobre una base meramente nacional, las corrientes monetarias en América Latina experimentaron un proceso muy acelerado de desregulación e internacionalización. El retraso se acorta a pasos agigantados. Se repite el mismo escenario: los mercados financieros operan con redes transfronterizas y están activos de una manera continua. En la mayoría de los países de la región, las inversiones hacia adentro por parte de no residentes resultan casi completamente libres. Para las inversiones hacia afuera, de vez en cuando se acepta la convertibilidad de la cuenta de capitales. Los residentes pueden mantener cuentas en moneda extranjera, pero de preferencia en bancos locales. Esto no se aplica en Brasil. Entre los países en vías de desarrollo, América Latina constituye la región que a fines de los años ochenta más se abrió en ese aspecto. Los gobiernos en cuestión fueron incluso más lejos que los asiáticos.

Cuadro VII.6: Inversiones de capital extranjero en América Latina (1993)

	Millones de dólares
Argentina	3 604
Brasil	5 500
Chile	349
Colombia	128
México	14 297
Perú	1 266
Venezuela	45

Fuente: Banco Mundial, Informe de Desarrollo Mundial 1995, *Cuadro 22.*

El reciente crecimiento espectacular de inversiones de cartera (acciones, obligaciones y otros títulos de valores) es estimulado entre otros factores por medidas que van más allá de las siete obligaciones generales contempladas en el artículo VIII del Fondo Monetario Internacional. Entre éstas se encuentran transferencias libres para pagos de intereses e ingresos netos sobre otras inversiones. Las nuevas medidas tomadas por diversos países suprimen las limitaciones en relación con la importación de capital, además de facilitar su reexportación también para las inversiones en acciones.

La globalización de los flujos de capital accionario no sólo permite transacciones de no residentes en los mercados de capitales; los inversionistas locales también pueden comprar y vender allí acciones de empresas foráneas. En las bolsas de los países de la OCDE se nota, desde 1990, una creciente cantidad de cotizaciones de acciones por parte de empresas latinoamericanas.

La liberalización no es la única causante de una globalización más rápida de las transacciones financieras, aunque constituye una condición previa. Así como los avances vertiginosos en la tecnología de la información ensancharon enormemente el terreno de acción para el intercambio internacional de servicios, también crearon nuevas posibilidades para la integración de centros financieros de inversión. Esos organismos dan a las instituciones financieras la posibilidad de informarse "en vivo" sobre las condiciones de mercado en el mundo y, literalmente en un abrir y cerrar de ojos, efectuar los cálculos necesarios para comparar los márgenes de ganancia en diversos sectores y plazas financieras. La aceptación del inglés como *"lingua franca"* para transacciones internacionales y la expansión de la prensa financiera y de negocios favorecieron esa misma globalización.

5.4 El peligro de la volatilidad

Sin duda, la introducción de América Latina en las redes financieras globales también conlleva peligros. Sobre todo, cuando se trata de inversiones a corto plazo —el llamado capital golondrina—, los países se exponen a una súbita modificación en las decisiones de los inversionistas extranjeros. Sin embargo, las obligaciones y las acciones son, por definición, materia muy movediza y caprichosa. Una gran parte de las inversiones a corto plazo implica movimientos pendulares de capital entre residentes y no residentes y un vuelco muy rápido de las posiciones de activos. Otro tipo de peligro son los ataques especulativos contra las monedas.

A finales de 1994, México, entonces el paraíso prometido, experimentó de manera dramática el peligro de la globalización financiera. La explosión de la violencia guerrillera en Chiapas, en coincidencia con algunos asesinatos misteriosos, intrigas y pequeñas modificaciones en los tipos de intereses de Estados Unidos, bastaron para que ocurrieran retiros masivos de inversiones. Entre el 20 de diciembre de 1994 y el 10 de enero siguiente, el mercado de capitales, expresado en dólares, cayó aproximadamente 50% en México, 34% en Brasil, 29% en Argentina y 7% en Chile. Por falta de liquidez, hubo que abandonar el vínculo no formal entre el dólar y el peso mexicano. En un mes, la moneda nacional se devaluó 35%. Siguieron tremendas tensiones inflacionarias; el crecimiento económico bajó de 4.6%, en 1994, a -6.6% al año siguiente y se esfumaron un millón de empleos. Argentina, que también tenía una moneda fuertemente sobrevaluada, además de un gran déficit en la cuenta corriente, debido al llamado "efecto tequila" y la globalización de los mercados financieros, de pronto vio reducirse su crecimiento económico de 6.7% en 1994 a -4.6 en 1995%; por ósmosis, el PNB de Uruguay bajó de 6.9% a -2.8% durante el mismo lapso.

Varios bancos en diversos lugares de la región vivieron una situación muy angustiosa. En México, Venezuela, Brasil, Argentina y Costa Rica, algunos entraron en bancarrota, aunque no quedó claro si la crisis azteca fue la causa directa. El presidente Clinton subrayó que la ayuda de emergencia de su país a México correspondía a un "interés estratégico nacional". Gracias a un paquete crediticio internacional de 50 mil millones de dólares, montado por Estados Unidos y el Fondo Monetario Internacional, se pudo evitar lo peor. El citado fondo, que jamás antes había abierto una línea de crédito tan grande, extrajo las lecciones de esta debacle y, por lo pronto, mejoró sus mecanismos de control. Durante la crisis de las bolsas asiáticas del hemisferio norte, en el otoño de 1997 y a pesar del hecho de que las causas[8] no fueron totalmente las mismas, aquella experiencia resultaría de tremenda utilidad.

Felizmente, la crisis de liquidez en las tierras de Moctezuma sólo tuvo un efecto muy breve en sus mercados de capital, como también sucedió en Argentina. Brasil sintió menos la turbulencia, sobre todo porque se trata de una economía más cerrada que la azteca y la argentina. Un dato curioso: hasta la crisis bursátil asiática, ese país sirvió como refugio financiero a causa de su estabilidad y sus altas tasas de interés. Sin embargo, economistas como Rudiger Dornbush, de la Universidad de Harvard, dudaban desde hace tiempo de la estabilidad recuperada de la economía brasileña. Según ellos, el real está sobrevaluado en un 40% por lo menos. Este tipo de ataque a la imagen financiera no fue recibido con complacencia en los círculos de poder en Brasilia; eso queda fuera de duda.

Después de la crisis mexicana, casi todos los gobiernos relacionados decidieron que, en adelante, es preferible limitar la parte de capital volátil y dar prioridad al financiamiento a largo plazo y a las inversiones directas. Donde ya se aplica ese tipo de política, como el caso chileno, es donde menos se sufrió por la crisis mexicana y asiática.[9] Debe añadirse que Chile había dado un destino más productivo a su capital extranjero mientras que México —a causa de la falta de ahorro en la cuenta corriente— lo había utilizado para fines de consumo, privatización y pago de deudas.

El terremoto financiero azteca escondía, además, un trasfondo político. La sobrevaluación del peso, que provocó un fuerte aumento de las importaciones y frenó las exportaciones, tenía como propósito bajar la inflación, la cual efectivamente pudo ser reducida de 145% a 7%. La pérdida de capacidad competitiva se compensaría con la inserción de capital foráneo y tecnología.

Esa audaz estrategia estaba condenada al fracaso. Muchos ya sabían eso tres años antes, pero se les prestó oídos sordos en los círculos que tenían interés en promulgar el manejo económico mexicano como modelo. Al desinflarse la ilusión, hubo que pagar los platos rotos: un exorbitante precio económico, social y político. El PRI, el partido oficial, quería ganar a toda costa las elecciones presidenciales, aparte de que nada debía condicionarse el prestigio del presidente saliente, Salinas de Gortari, en sus aspiraciones a ser el director general de la nueva Organización Mundial del Comercio en Ginebra. A Washington interesaba que el acuerdo NAFTA fuera aprobado por el Congreso y que los efectos positivos que surtiera ese acuerdo —entre otros un aumento en las exportaciones estadounidenses— prevalecieran. También en ese caso era preferible que la moneda mexicana quedara firme y que la inflación no se disparara.

6. ¿CUÁL ES EL GRADO DE INTEGRACIÓN DE LAS ECONOMÍAS LATINOAMERICANAS EN LA ECONOMÍA GLOBAL?

El grado de inserción en la economía global se puede medir mediante tres indicadores: la exportación como porcentaje del PNB, la inversión extranjera directa (IED) como porcentaje del PNB y la inversión extranjera directa como porcentaje de la exportación. El cuadro VII.7 contiene los cálculos de estos tres parámetros para las siete economías latinoamericanas más importantes y para toda la región. Para excluir factores circunstanciales, se tomó el promedio del periodo 1992-1993. Datos más recientes resultaron menos completos.

Cuadro VII.7: Grado de integración de siete países latinoamericanos en 1992-1993

	Exportación/ PNB (%)	IED / PNB (%)	IED /Exportación (%)
Argentina	9.0	3.5	39.5
Brasil	14.5	0.7	4.9
Chile	30.7	1.7	5.6
Colombia	18.8	1.7	9.1
México	17.0	2.2	13.2
Perú	12.1	0.9	7.1
Venezuela	18.6	0.7	3.8
Promedio latinoamericano	16.7	2.1	12.6
Indonesia	23.2	16.7	72.0

Fuente: Banco Mundial, Informe de Desarrollo Mundial 1995; *Banco Interamericano de Desarrollo e* IRELA, Foreign Direct Investment in Latin America in the 1990's.

Las cifras demuestran que Argentina (39.5%) es por mucho el país más integrado de América Latina, a gran distancia de México (13.2%). Sin embargo, no alcanza el nivel del primero del mundo, Indonesia (72%). Tanto Chile (5.6%) como Brasil (4.9%) quedan muy por debajo del promedio latinoamericano (12.6%). América Latina, el subcontinente indio y el Este europeo son las regiones que más inversión directa foránea reciben por unidad de exportación.

7. ¿Qué beneficios implica la globalización para América Latina?

Tampoco al sur del río Bravo hay unanimidad respecto a las ventajas de la globalización[10] a pesar del hecho de que Fidel Castro opina que si alguien gritara "abajo la globalización", sería como gritar "abajo la ley de gravedad". La "globofobia", término acuñado por la Brookings Institution de Washington, está a la orden del día en el subcontinente. La proclamación *urbi et orbi* por parte de las instituciones financieras multilaterales —repetidas como un eco por muchos donantes—, en el sentido en que la liberalización y la inserción en la economía global llevará a inmensas ventajas para "todos" los países en vías de desarrollo, se recibe al estilo de Santo Tomás : "ver para creer". Para muchos, emprender la globalización significa una lucha total con la competencia mundial, sin red de seguridad ni la mano protectora del Estado. Consideran la completa liberalización del comercio mundial tan utópica, además de anticientífica, como creer ciegamente en el dogma de la economía planificada o en la propiedad colectiva de los bienes de producción. En un continente en el cual la industria se crió detrás de altos muros proteccionistas, el concepto universal de globalización provoca miedo o, al menos, cierto temor.

Bastante difuso se perfila el resultado final de la globalización en el mundo. Ya la tesis según la cual todos ganan con ello no convence a nadie.[11] Ésa es la clave: la globalización cuenta ahora tanto con defensores acérrimos como con opositores mordaces. Más allá de los gritos de victoria, poco a poco se impone el convencimiento de que la globalización es una típica situación de *winner-take-all*, la "sobrevivencia del más apto" en términos económicos. Si las ganancias son grandes, también lo son las pérdidas. Entre los perdedores de la ideología de la globalización, se cuentan no sólo países sino también grupos de personas al interior de ellos. Cuanto más brutal sea la confrontación, más grande será la ganancia o la pérdida. ¿Queda corta la comparación con la teoría darwiniana?

En el debate entre ganadores y perdedores se recurre espontáneamente a la experiencia de los países industriales y al rechazo que allí se presenta desde el inicio de la década. En efecto, esos países son los que más avanzaron en los últimos quince años en la liberalización comercial. Resulta difícil negar que los resultados de esta política no fueron convincentes; en efecto, el crecimiento económico de los países industriales se sitúa apenas a la mitad de su nivel en los años cincuenta y sesenta. Allí, el periodo de crecimiento más dinámico no fue el posterior a la desregulación de los mercados internos y externos, sino precisamente el anterior. Esa desaceleración en el crecimiento llevó a técnicas productivas de ahorro de mano de obra provocada por la competencia abierta en países con sueldos más bajos. También siguió la alta desocupación y la descomposición social. Un desempleo alto conduce a la pobreza y a la marginalización social; constituye una amenaza para el orden económico que prevalece en la medida en que fortalece el canto de la sirena proteccionista. Los apologistas eufóricos de la globalización no son auténticos cuando cierran ojos y oídos ante la experiencia negativa y reducen todo a un problema de corto plazo y pena corta.

En América Latina la liberalización y la globalización transcurrieron más tarde y más lentamente que en Estados Unidos y Europa. Recién se apuró el paso en los años ochenta, bajo presión de los programas de ajuste estructural. Queda claro que no obstante la liberalización fuerte de su comercio exterior, el peso relativo de este subcontinente en el comercio mundial se mantuvo muy bajo (4.6% en 1995). Esa cifra es mucho menor que el 6.1% que la región obtiene en el PNB mundial. Como ya fue reseñado, desde el inicio de la apertura de fronteras en América Latina, alrededor de 1988, su comercio exterior perdió su superávit y se volvió deficitario. Igual que en la cuestión de intercambio de servicios —que ya se señaló— esta parte del mundo se encuentra muy mal. La apertura de sus mercados sólo llevó a una deficiencia aún mayor.

En cuestión de inversiones directas e indirectas sí se puede hablar de éxito. Sin embargo, no deja de ser problemático que las ventajas queden concentradas generalmente en unos pocos países, a menudo los más grandes, lo cual aumenta la desigualdad entre ellos y a su vez condiciona negativamente la integración regional. Como queda dicho, países pobres y chicos tienen pocas oportunidades para obtener una tajada decente en el pastel de la inversión directa extranjera. Sin embargo, ésta es de vital importancia para aumentar el poder competitivo de su oferta industrial y de servicios.

Cabe señalar, asimismo, que las inversiones extranjeras directas no llevan a un aumento del coeficiente exportaciones/PNB. En la región tuvieron más bien un efecto de sustitución de importaciones en lo nacional y regional, en vez de incidir en la integración en la economía mundial. En consideración al escepticismo que produce la globalización en esta parte del mundo, no es de extrañar que se mire hacia la política de desarrollo de Japón y Corea del Sur; durante sus periodos de rápida industrialización y alto crecimiento económico, de hecho ambos países siguieron una política totalmente opuesta a la globalización. En ese lapso, más bien introdujeron limitaciones a la importación, freno a las inversiones extranjeras y una fuerte política de industrialización elaborada por los gobiernos. En lugar de integrar todas las actividades en la economía mundial, siguieron una trayectoria de inserción selectiva y "estratégica" en sectores donde detectaban ventajas. Mediante este enfoque voluntarioso demostraron que las ventajas potenciales de la liberalización comercial van mucho más allá de las ventajas comparativas y las posibilidades de intercambio tradicionales. En todo caso, gracias a su política estos países pudieron llevar a cabo las adaptaciones estructurales ingentes y llevar los niveles de vida de su población al de occidente.

8. Alegato para una globalización gradual

El proceso grandilocuente y predominante de globalización en América Latina debe ser aplicado de manera diferenciada. En efecto, los problemas que indudablemente la acompañan golpean menos a los grandes países de la región; tienen una oferta más amplia, pudieron atraer mucha inversión directa, poseen mercados de capitales activos y, en el campo tecnológico de determinados sectores, se defienden bastante bien. Para ellos la competencia abierta resulta estimulante, algo que de ningún modo se da en los países pequeños y pobres. El riesgo de expulsión del mercado mundial es tanto mayor para éstos, en la medida en que su propia ventaja comparativa (la fuerza de trabajo barata) rápidamente se desvanece. En estos países hay clases sociales y sectores más golpeados que otros. Como se mencionó, la pérdida de aranceles de importación resultó una tremenda sangría para los recursos presupuestarios, con lo cual las inversiones sociales vinieron a sufrir en primer lugar. Pero eso es sólo parte de la historia. En muchas naciones, la eliminación del proteccionismo de frontera se sustituyó para las empresas con una disminución en el impuesto sobre la renta, lo que tendía a poner a los empresarios en posibilidad de efectuar las reformas estructurales necesarias. En muchos lugares la pérdida de recursos presupuestarios se compensó con un aumento en el impuesto indirecto que, por definición, tiene un menor efecto redistributivo de ingresos.

Para no salir con los huesos quebrados frente al desafío de la globalización, hay que disponer de ventajas comparativas. De no tenerlas conviene construirlas, y eso lleva tiempo. Para los países pobres y pequeños, la inserción de su sector industrial y de servicios en la economía mundial deberá ocurrir más bien por medio de acuerdos estratégicos selectivos; de ese modo, se puede evitar choques bruscos en la adaptación. Para sectores débiles y menos desarrollados, es preferible vivir primero una experiencia de integración regional, limitada en el tiempo, antes de tirarse a la piscina de los tiburones mundiales. En otras palabras, es mejor vivir la batalla de la competencia entre países con un desarrollo económico y tecnológico más o menos parecido; integrarse primero en el mercado regional antes de integrarse al mercado mundial. ¿No resulta igual con un deportista que primero se mide con gente a su altura, antes de participar en un nivel olímpico? Con esta estrategia progresiva no se aboga, sin embargo, por reciclar el viejo proteccionismo de las "industrias en etapa primaria" (*infant industries*), ya que los investigadores Toulon y Guilen, del MIT, demostraron claramente que en el pasado el proteccionismo irrestricto de fronteras no pudo dejar resultados convincentes. Por el contrario, se defiende una política de apoyo a la industria con una meta clara y limitada en el tiempo; sin plazo prudente, pocas son las posibilidades de que una empresa local se adapte de manera conveniente a la economía global. En el marco de esa estrategia, la formación técnica del personal y la adaptación de los equipos técnicos y de producción tienen importancia decisiva.

En definitiva, una transición sectorial en el nivel regional en el proceso de globalización de los países más pobres y menos desarrollados les permitiría elaborar progresivamente su capacidad de competencia internacional, tal como lo hicieron Japón y Corea del Sur. Si no se procede de ese modo, se expone a los países con una industria incipiente a que los aplaste el mercado mundial.

Notas

[1] Merlinda D. Ingco, "Agricultural liberalization in the Uruguay Round", *Finance and Development*, septiembre, 1995, pp. 43-45.

[2] La inversión extranjera directa comprende los flujos de capital accionario, las utilidades reinvertidas y otro capital a largo o corto plazo. Su finalidad es tomar un control duradero de la gestión de una empresa que opera en un país distinto al del inversionista.

[3] Banco Interamericano de Desarrollo e IRELA, *Foreign Direct Investment in Latin America in the 1990's*, Madrid, 1996, y CEPAL, *La inversión extranjera en América Latina y el Caribe, Informe 1998*, Santiago, 1998.

[4] Banco Mundial, *Global economic prospects and the developing countries*, Washington, 1995.

[5] La privatización de la empresa YPBF no se hizo junto con la prometida regulación legal de este fondo de pensiones. Entre tanto, el dinero fue colocado en las Bahamas en una cuenta. Dicho sea de paso, este fondo de pensiones sólo otorgará pagos a gente mayor de 65 años. La esperanza de vida promedio en Bolivia es de sólo 60 años.

[6] CEPAL, "Las privatizaciones y la afluencia de inversión extranjera: efectos recíprocos" *La inversión extranjera en América Latina y el Caribe - Informe 1996*, Santiago, 1996.

[7] Joel Bergsman & Xiaofang Shen, "Foreign direct investment in developing countries: Progress and problems", *Finance and Development*, Washington, diciembre, 1995, pp. 9-11.

[8] La crisis asiática tuvo como principales razones el recalentamiento de las economías, un tipo de cambio fijo que se mantuvo más de lo razonable y una insuficiente atención a los sistemas financieros. Se originó en Tailandia por un persistente déficit de cuenta corriente y un explosivo aumento de precios inmobiliarios, entre otros aspectos. Después se contagió a Malasia, Corea del Sur, Singapur, las Filipinas, Hong Kong y sobre todo a Indonesia donde contribuyó a la caída del presidente Suharto.

[9] En Chile la reducción de la volatilidad de los flujos de capital se consigue de dos modos: a) un depósito de 30% del capital importado debe consignarse al Banco Central por un año sin renumeración, b) las inversiones directas y de cartera no pueden retirarse del país antes de 12 meses.

[10] Michael Mortimore, "América Latina frente a la globalización", *Desarrollo Productivo 23*, CEPAL, agosto, 1995. Véase también: Vittorio Taccetti, *Constelación Sur, América Latina frente a la globalización*, México, 1996.

[11] Alain Minc, *La mondialisation heureuse*, Plon, París, 1997.

Capítulo VIII
Las drogas: más problemas globales que soluciones globales

> *Los drogas constituyen un estupendo ejemplo de una lógica estrictamente liberal: un producto de alta calidad, con mucha demanda, detrás del cual existe una organización financiera extremadamente moderna, con tentáculos en Zurich, Luxemburgo, Miami y Nueva York. Todo eso encaja perfectamente desde un punto de vista económico. En términos sociales y políticos, es una tragedia.*
>
> Alain Touraine

El consumo de drogas es un hábito global.[1] No hay país ni gobierno que se le escape. En América Latina, la producción y el consumo de narcóticos ilegales se transformaron en la mayor amenaza para la estabilidad política y para el desarrollo social y económico. El cultivo de la coca es un medio de subsistencia para los campesinos más pobres y el comercio respectivo constituye uno de los mayores ingresos de economías con dificultades. Incluso los movimientos de guerrilla se benefician con ello, ahora que la caída del Muro de Berlín les quitó el oxígeno de sus tradicionales compañeros de ideología.

En el campo global, la industria ilegal de los estupefacientes es la multinacional más grande y perversa del mundo. Tiene una cifra de negocios del orden de los 400 mil millones de dólares, es decir 8% del comercio mundial; sobrepasa con creces la industria petrolera, para la defensa de cuyos intereses no se duda a veces en desatar guerras. Doce de los 27 países más destacados en cuanto a producción o tránsito de narcóticos son latinoamericanos. En este subcontinente la política sustentada en las drogas llevó a la violencia más espectacular, a la corrupción y a la inestabilidad política.

Hace poco, a este panorama dantesco se añadió una dimensión más: un aumento considerable en el consumo local. Experimentar en carne propia los efectos destructivos del consumo no debería necesariamente incidir negativamente en la voluntad política de cooperación intergubernamental. Sin embargo, en el fondo, esa colaboración no siempre es bien recibida. Algunos argumentan que el dinero de la droga es uno de los pocos medios para lograr la necesaria redistribución de la riqueza mundial entre norte y sur. ¿Acaso no se oye el mismo argumento cuando se trata de la explotación de los bosques tropicales? La presión ejercida en especial por Estados Unidos, para conseguir colaboración en la cruzada antidrogas es considerada por más de uno como un subterfugio para continuar con propósitos imperiales al sur del río Bravo.

Son tres las zonas de concentración en el mundo en relación con la producción de opio y de cocaína: el Medio Oriente (Afganistán, Irán, Pakistán, la India y Nepal) y el sudeste asiático (Birmania, Laos y Tailandia) para opio[2] y los países andinos (Colombia, Perú, Bolivia y Ecuador) para cocaína. El cáñamo de la India y la mariguana crecen prácticamente en cualquier parte. Lo cierto es que el comercio y el consumo de las drogas convierten esta problemática en una calamidad transfronteriza. El consumo de drogas ya no constituye únicamente una plaga social norteamericana; también en este aspecto prevalece la globalización. No hay frontera demasiado inexpugnable. Para la demanda de estupefacientes no hay pregunta demasiado profunda.

Aquí sólo se hará un esbozo de la incidencia de los estupefacientes en diversos países latinoamericanos. El lector tomará en cuenta que este panorama, evidentemente, resulta incompleto y sólo constituye una aproximación, ya que el despreciable mundo de la droga evoluciona con una rapidez sorprendente. De manera que este capítulo ha sido escrito, podría decirse, de manera condicional. Lo que hoy aparece como verdad, mañana estará totalmente superado. Después de este repaso, se examinarán las consecuencias socioeconómicas, además de las políticas. En esta problemática aparece una serie de zonas de tensión. ¿Qué eficiencia tiene la manera actual de luchar contra la producción de drogas? ¿Cuál es la responsabilidad de la comunidad internacional en ella?

1. Incidencia del problema de la droga[3]

La incidencia de este continente y su eventual responsabilidad penal en el problema de los narcóticos puede estudiarse en siete componentes: 1) el cultivo de la materia prima (hojas de coca, amapolas, mariguana); 2) el procesamiento de esas plantas; 3) el comercio de los precursores; 4) la exportación y el transporte; 5) la distribución de drogas; 6) el lavado de narcodólares; 7) su consumo. Con esta lista se comprende que prácticamente ningún país de América Latina escapa al flagelo.

1.1 Cultivo de las materias primas para la droga

La cocaína es el estupefaciente más importante producido en América Latina. Entre 1974 y 1988 su demanda tuvo un crecimiento exponencial. Tan sólo en Estados Unidos de América, se contabilizan 6.2 millones de consumidores, de los cuales 2.2 millones ocupan ese estimulante a diario. En el mundo tendría unos 13 millones de adictos, lo cual implica que la cifra se duplicó en diez años. Su materia prima son las hojas de coca. En 1857 el químico alemán Alberto Nieman logró extraer alcaloides de la hoja en cuestión. Para los indios de la cordillera de los Andes se trata de una planta sagrada, utilizada desde hace más de 4 500 años de manera corriente y sin provocar daño. Convive con su gente en ritos alrededor del nacimiento, el matrimonio y la muerte; conlleva la posibilidad de predecir el futuro y se utiliza para curaciones mágicas. En la época colonial, los españoles la utilizaban para aumentar la productividad laboral en las minas de estaño de Potosí. Por lo demás, también era el principal medio de pago por labor prestada. Los indios pudieron sobrevivir gracias a la coca en su lucha contra el frío, el hambre, el cansancio y la altura. Esto sigue así. Mastican o inhalan la planta y confeccionan té, licores e incluso pasta de dientes sobre esa base. Al turista que llega a Cuzco ofrecen algunas hojas de coca para vencer el "soroche", la típica migraña de altura (3 500 metros). Después en el hotel, al igual que a los visitantes oficiales en el aeropuerto de El Alto (La Paz), se les da la bienvenida con una tacita de té con base en coca, llamado mate. Es lo más normal del mundo, en esa región.

Prohibir a los indígenas que produzcan coca constituye, por tanto un ataque a sus tradiciones y hábitos de vida. En 1992, durante la exposición universal de Sevilla, el presidente Paz Zamora no dudó en proponer que el cultivo de la coca fuera legalizado para uso personal. Solicitó sin ambages que el té de coca se eliminara de la "lista de Viena", que enumera los productos y sus derivados, cuyo comercio internacional está prohibido. Se le prestó atención cortés, pero la cosa no pasó más allá. Unos años más tarde, Estados Unidos le quitaría la visa, pretendidamente por estar entrometido en actividades del narco.

Gracias a una política muy eficaz para limitar la circulación de hojas y de pasta de coca hacia Colombia, Perú logró reducir su producción de 40% en la época 1996-1997; con unas 69 mil hectáreas plantadas, ya no es el productor más grande de coca del mundo. Esta posición, ahora, es ocupada por Colombia, que a consecuencia de la política de interdicción en Perú, tuvo que aumentar su propia área de cultivo hasta unos 70 mil a 100 mil hectáreas, a pesar de que la coca colombiana es de calidad mucho inferior. El tercer productor latinoamericano más importante es Bolivia, con unas 38 mil hectáreas de cultivo ilegal. La embajada estadounidense estima que la superficie del cultivo de coca en Bolivia aumentó 27% en la última década, pese a una cifra oficial de destrucción de 6 mil hectáreas al año. La producción de Chaparé se destina al narcotráfico, mientras la de las Yundas (14 400 hectáreas) y de la región de Apolo (700 hectáreas) sirven para usos tradicionales, como masticación y "mates" o infusiones. Es normal que exista divergencia al respecto de las superficies plantadas, porque tratándose de mercado ilegal no existen, precisamente, estadísticas irrefutables.[4] En Brasil, Venezuela y Panamá hay algunos cultivos de coca de los que no se conoce la extensión. En los años sesenta también empezó en Chile una cultura de la coca y una producción de cocaína. El general Pinochet acabaría con ello *manu militari*. Quizá parezca un tanto extraño, pero la expansión tremenda de las actividades alrededor de la droga en Colombia hasta cierto punto se debe a la fuerte represión de la dictadura chilena.

Las hojas de coca son cultivadas mayormente por campesinos individuales y pobres, sobre terrenos de un promedio de una a tres hectáreas. Se cosecha tres o cuatro veces al año, con lo cual esta actividad resulta más lucrativa que cualquier otra producción alimenticia. La coca se cultiva casi en cualquier parte. En la práctica, las plantaciones suelen estar bien protegidas en regiones forestales donde no se encuentra la autoridad. En consideración del carácter lucrativo del producto, en esas zonas suele haber una gran inmigración de campesinos de otros lados. En los departamentos de Caquetá y Putumayo, en Colombia, se ubican agricultores que ahora producen coca y que antes se dedicaban al cultivo de la mariguana en la Sierra Nevada y amapola en el departamento de Huila. En la región de Chaparé, en Bolivia, los cocaleros con frecuencia son obreros despedidos de las minas de estaño cerradas o campesinos del altiplano que no podían sobrevivir en la parcelita asignada durante la reforma agraria de 1953.

El volumen total de la producción de coca en Perú, Bolivia y Colombia se estima en 309 400 toneladas. Para una tonelada de cocaína pura se requieren aproximadamente 480 "tantos" de hojas. En 1996 el precio por kilo de hojas era de 0.5 dólares frente a 4 dólares en 1994. Para reducir el volumen de hojas de coca y, por tanto, el problema del transporte, los campesinos transforman 60% en pozos humectantes hasta obtener una pasta que después se vende. Para esta transformación se ocupa gasolina, cemento y productos químicos. Cada kilo de pasta de coca tiene por ahora un valor de mercado de mil dólares. No es poco pero representa apenas 1% del valor del producto terminado en la calle en Estados Unidos o en Europa. Para los cultivadores de coca no existen problemas de mercado ni de entrega. Las organizaciones que comercian la droga siempre están prestas a recibir la mercancía.

La amapola es la sustancia básica para producir morfina. El opio es el jugo cuajado de la amapola que, una vez refinado, se transforma en heroína. En América Latina esta planta se produce sobre todo en México y Colombia. La superficie cultivada se estimaba en 1995 en 13 500 hectáreas. Colombia sigue aparentemente con 6 540 hectáreas, a pesar de que muchas de estas cifras con frecuencia están subestimadas. En Perú hay un poco de cultivo, y en Ecuador y Venezuela está empezando. La amapola, que además se usa como planta decorativa, es mucho más delicada que la coca. Sólo se adapta en regiones frías. Su grado de pureza puede causar problemas, lo cual explica por qué el opio y la heroína tienen precios al por mayor mucho más altos que la cocaína. En la región latinoamericana, la producción de heroína se habría triplicado en diez años. La cantidad de adictos a este estupefaciente en el mundo sería aproximadamente de ocho millones.

La mariguana proviene de las puntas en flor y el fruto de la planta del mismo nombre, que se encuentra sobre todo en México y en Colombia. Sirve como materia prima para la producción de mariguana y hachís. La superficie cosechable de mariguana en esos países, para 1995, se estimó entre 18 600 y 4 980 hectáreas. También se cultiva en muchos otros países de la región, sólo que para consumo local.

1.2 Transformación de la materia prima de la droga

Puede decirse que la totalidad de la oferta mundial de cocaína proviene de América Latina; Colombia es el centro de producción más importante. Por diversas razones, desde 1995 se comprueba una modificación fundamental en el aporte tradicional de pasta de coca desde Perú y Bolivia hacia laboratorios en Colombia para su purificación en hidrocloruro de coca (HCL). Se recurre cada vez más a procesos descentralizados de purificación. En Bolivia, no menos del 50%

de las hojas de coca tendría ya su etapa de transformación total hecha por "industria" local. Lo mismo se ve en el Perú.

La injerencia de Colombia en la producción y comercialización de la droga tiene mucho que ver con el azar. En los años setenta, cuando la industria textil de Medellín empezó a sufrir a causa de la oferta de productos asiáticos baratos, muchos obreros del textil emigraron hacia Nueva York. Allí fueron testigos del explosivo aumento en el consumo de drogas en la población estadounidense. Carlos Ledher, durante un tiempo miembro del Parlamento colombiano, empezó el transporte aéreo de esa sustancia hacia Estados Unidos. En los años ochenta se pasaría a la cocaína, lo cual llevaría a las guerras respectivas en Miami y al establecimiento de los cárteles de Medellín y Cali. El resto de la trama resulta tristemente conocido.

Por medio de una complicada red, la pasta de coca y las hojas no elaboradas se transportan hacia laboratorios secretos en las selvas alrededor de la cuenca del Amazonas. Después de la transformación de la materia prima quedan aproximadamente 600 toneladas de HCI. Los laboratorios colombianos tendrían una capacidad productiva anual de 600 a 720 toneladas de cocaína. De la producción total, unas 250 a 300 toneladas desembocan en el mercado norteamericano, mientras entre 50 y 80 terminan en Europa. Otros centros de producción de cocaína, sólo que mucho más reducidos que los colombianos y los bolivianos, se encuentran en Brasil y en México. Hace poco también habría empezado la "industria" en Argentina.

Tanto en México como en Colombia, la amapola se transforma directamente en heroína, inclusive en grados de pureza y a costos menores que en Asia. La capacidad productiva mexicana sería del orden de 42 toneladas por año y la colombiana de 20 toneladas, cantidades pequeñas, pero aumentan tremendamente. Sin embargo, la elaboración de heroína sigue siendo en un 85 a 90% asunto asiático. Empezó a crecer desde que, después de un golpe militar en Birmania en 1962, los nuevos detentadores del poder incorporaron oficialmente el opio como medio de intercambio para poder sobrevivir. De esta forma Khun Sa llegó a ser el traficante de droga más grande del Triángulo de Oro (Birmania, Laos y Tailandia). Coincidió curiosamente con la dictadura del general García Meza (1980-1981), que ahora purga una pena de treinta años; durante ese tiempo Bolivia se encaminó resueltamente en el sendero de las drogas ilegales.

En todas partes el cáñamo se procesa *in situ* en mariguana y en hachís, lo cual ocurre al separar la resina de las puntas de la planta. Al respecto se dice que Estados Unidos es el productor más grande del mundo. En México ahora también se procesan alquitrán negro, metanfetaminas y metaqualone.

Los cárteles de Medellín y de Cali en Colombia son los más importantes, en materia de elaboración y distribución de drogas pesadas. En 1994 prácticamente se liquidó el primer cártel, con la desaparición de su dirigente Pablo Escobar, abatido sobre el techo de su casa. Considerado como un moderno Robin Hood en ciertos aspectos, su pueblo le tributó notables exequias. Al año siguiente también las cabecillas del segundo cártel perderían la libertad. Pero estos dos éxitos de la policía local tuvieron, asombrosamente, poca repercución en la oferta de drogas. En efecto, las organizaciones criminales colombianas resultan tremendamente complejas, sobre todo si se consideran los tentáculos en el nivel mundial. Limitar el comercio de la droga a las dos ciudades mencionadas, evidentemente es simplificar la realidad. Tampoco se puede afirmar que sólo estructuras multilaterales y a gran escala están comprometidas o resultan necesarias para la comercialización de la producción de droga.

Según muchos entendidos, ciertos grupos guerrilleros, como las FARC, se han convertido en verdaderos cárteles de la droga. Sus rivales en el negocio serían las bandas paramilitares con conexiones en el ejército. Una fuerza muy poderosa sería la alianza entre el cártel del norte del Valle y Carlos Castaño, el temible jefe de las autodefensas de Córdoba y Urabé.

1.3 Comercio con precursores químicos

La expansión de las drogas en el siglo XIX se adscribe al progreso notorio de la química y del comercio internacional en ese tiempo. Los descubrimientos químicos permitieron aislar y desarrollar nuevas sustancias. Muchas de ellas pertenecen ahora a lo que se consideran los estupefacientes más peligrosos. En América Latina el grueso de los productos químicos requeridos para la purificación de las materias primas en cuestión se produce localmente, como amoniaco anhídrido, acetona, ácido clorhídrico, ácido sulfúrico, éter etílico e hidróxido sódico. Sin embargo, determinados insumos, como el permanganato de potasio y soluciones orgánicas, requieren su importación. Hasta hace poco se traían de manera legal desde Estados Unidos y Europa Occidental. Ahora, con la cooperación internacional y la supervisión aduanal más estricta, esta práctica se dificulta.

Pero los países que producen drogas no están muy entusiasmados en cuanto a la eficacia de ese control; acusan sobre todo al proveedor más importante, Europa (Alemania y Holanda), de vender esos productos bajo manto legal. Argentina, Brasil, México, China y la India son otros surtidores.

El margen de ganancia por litro o kilo es de tal magnitud que surgió una mafia de esos productos, lo cual contribuyó a que este comercio se multiplicara por treinta en los últimos cuatro años. De más está decir que estos químicos causan enormes efectos laterales en la ecología de las regiones donde finalmente son utilizados de manera clandestina.

1.4 Exportación y tránsito de drogas

No hay que ser adivino para deducirlo: la ganancia está en el comercio, no en la producción. Para ninguna mercancía se aplica más esta sabiduría popular que para las drogas ilegales. Un kilo de cocaína en Bolivia vale en promedio mil dólares, en Argentina 6 mil, en Nueva York 18 mil y en Europa 38 mil, precios al por mayor. En la calle, la misma mercadería puede costar hasta 100 mil dólares por kilo. La causa de este crecimiento exponencial está en el igualmente ascendente "arancel del crimen" que existe detrás de todo comercio ilegal. Con tal aliciente de ganancias, ningún esfuerzo está de más para canalizar el "bien" desde el productor hacia el consumidor.

La oferta de drogas de América Latina llega básicamente a Estados Unidos y Europa. Para el tránsito hacia el mercado del norte los barones colombianos de la droga colaboraron tradicionalmente con cuatro organizaciones en México: el cártel de Tijuana, la organización de Caro Quintero, el cártel de Juárez y la organización de Juan García Abrego.

Hoy la banda de Tijuana, encabezada por los hermanos Arellano Félix, constituye el grupo más poderoso, después de que el cártel de Juárez fuera dislocado por la muerte de su jefe, Amado Carrillo Fuentes, el "señor de los cielos", muerto durante una sesión de cirugía estética en octubre de 1997. Esos cárteles mexicanos, que se la pasan en constante guerra fratricida desde la muerte de Carrillo, son muy complejos. Poseen plantaciones, laboratorios y pistas de aterrizaje. Su oferta es muy variada, desde heroína asiática y colombiana, pasando por cocaína de la misma procedencia, además de peruana y boliviana, hasta mariguana y anfetaminas o drogas de diseños locales. Para introducir su "servicio" en Estados Unidos, utilizan aviones y submarinos tripulados por dos personas. Disponen de satélites para controlar la situación de los barcos y aeronaves que entregan la droga. Las organizaciones delictivas aztecas consolidaron nuevos lazos con redes de apoyo, como los cárteles de Sayaxhé y de Cobán en Guatemala, controlados ambos por Guillermo Segura de la Cruz.

El establecimiento del acuerdo de libre comercio de NAFTA facilitó el traslado de bienes a lo largo de la "frontera de cristal", como Carlos Fuentes denomina al límite de 3 107 kilómetros entre Estados Unidos y su vecino del sur, con lo cual éste se volvió aún más atractivo para las actividades de la droga. Mientras las autoridades colombianas la emprenden duramente contra los señores de la droga, el gobierno mexicano se caracteriza por una actuación menos enérgica contra las organizaciones de ese tipo. Sobre Raúl Salinas, el hermano del expresidente Carlos Salinas de Gortari, pesa la acusación de colaboración con los jefes de la droga y de haberse enriquecido ilegalmente con el lavado de narcodólares. En 1997 se supo públicamente que el general Gutiérrez Rebollo, el zar azteca de la lucha antidrogas, se había ensuciado las manos en contubernio con los cárteles respectivos. Los dos grandes lugares de almacenamiento son Panamá y México. La entrega de la "mercancía" se efectúa con cualquier tipo de vehículo, público o privado, más allá de toda imaginación: se recurre a transporte aéreo, terrestre y marítimo. Grandes cantidades son camufladas bajo comercio legal de flores, café, banano, en contenedores o grandes transportes de carga; a veces se lanza desde el aire al mar o en regiones abandonadas. No por casualidad las mafias de la droga efectúan grandes inversiones en el sector de la pesca y en yates lujosos con sistemas sofisticados de comunicación. Entre México y Estados Unidos, gran parte de la droga pasa por 36 puestos fronterizos. A raíz del crecimiento de NAFTA el intercambio de bienes aumentó en tal magnitud que al año unos tres millones de camiones cruzan este límite, por lo que la supervisión aduanal sólo puede hacerse de manera esporádica.

Para cantidades pequeñas se recurre al correo o a encargados individuales o "mulas". Por lo general, se trata de gente necesitada, turistas escasos de dinero y personas marginadas que por sumas relativamente pequeñas se exponen a largas condenas. Parece que hasta ciertos pensionados se prestan para el trasiego. Hace algunos años se encontraron drogas en un cadáver repatriado desde Colombia a Europa; también hubo el caso de una pareja con un niño "dormido", y recién, en 1998, en Caracas la policía arrestó a una madre por haber escondido 57 cápsulas de cocaína en la vagina de su hija ciega de ocho años; pero son casos extremos. Pereira, en Colombia, es una base de reclutamiento conocida de "mulas". Los "correos", vivos por lo general, llevan la mercancía en bolsitas plásticas o en cápsulas metálicas de cinco gramos cada una. ¡Algunos "*body pockers*" tragaron hasta 140 de esas auténticas bombas de tiempo! Si por algún atraso permanecen más tiempo en el organismo, provocan la muerte en menos de diez minutos. Muchas de estas víctimas, no tan inocentes, son arrestadas porque los nervios los traicionan. Sólo en Europa, unos cuantos miles lamentan su hazaña en la cárcel. Pero no son sino peones en un gran ajedrez. La mayoría actúa por necesidad, encantada por el canto de sirena del dinero fácil. Pensaban ganarse rápidamente un par de miles de dólares para resolver un urgente problema financiero personal. Son tristes víctimas de la pobreza y de la falta de oportunidad que pasarán largo tiempo en presidios extranjeros, muriéndose de pena y de nostalgia.

Cantidad de países están involucrados en el tránsito de la droga (véase mapa VIII.1). Los circuitos de tránsito, igual que el modo de transporte, se modifican continuamente en función del producto, el destino final, el volumen, la organización (las posibilidades, tanto del proveedor como del receptor), o las interdicciones vigentes. Para la entrega en América del Norte prevalecen dos rutas, la centroamericana y la caribeña. En vista del control más estricto que se fue ejerciendo en esta última aumentó la importancia de la ístmica. De manera que Washington insiste para que los países concernientes den a los barcos y a los aviones de bandera norteamericana el derecho de persecución en aguas territoriales y en los espacios aéreos nacionales, para atrapar navíos y aviones sospechosos. Por lo general se invocan problemas de soberanía para oponerse a esas pesquisas. Se busca solucionar el problema mediante un "derecho temporal de persecución" o patrullaje conjunto. Por lo general, los países centroamericanos se encuentran dispuestos a luchar contra el problema de las drogas cuando se trata de transporte terrestre y consumo local o de lavado de narcodólares, pero no suelen disponer ni de las posibilidades técnicas ni financieras para enfrentar ese fatídico tránsito fronterizo por aire y por mar. Con razón, hacen un llamado a la cooperación internacional para disponer de recursos al respecto.

En Panamá, la base estadounidense Howard funciona desde 1992 como centro de lucha contra el narcotráfico, en coordinación con Colombia, Ecuador, Perú, Bolivia, Brasil y Venezuela. Apoyados por un centro logístico dotado de las últimas novedades tecnológicas, aviones Awac controlan el espacio aéreo de los países participantes y revelan a las autoridades locales la presencia de aeronaves sospechosas. Con muchas dificultades y cualquier cantidad de sobresaltos en las negociaciones, Washington y Panamá están buscando un acuerdo para la transformación de esa base de radar en un Centro Multilateral Antinarcóticos después de la salida de Estados Unidos de la zona del canal, el 31 de diciembre de 1999. No resulta fácil encontrar una fórmula que permita soslayar el ideal de Omar Torrijos que exigía la completa retirada de los uniformados yanquis de su país.

Según el Financial Crimes Enforcement Network (FINCEN), de Estados Unidos, entre 75 y 90% de los ingresos obtenidos por los traficantes latinoamericanos de drogas, en las barbas del Tío Sam, pasaría por México. Por supuesto que por su ubicación geográfica y sus costas extensas, todas las naciones centroamericanas constituyen puntos de enlace "lógicos". Sobre todo Costa Rica habría ganado importancia, a causa de su falta de ejército, su frontera boscosa con Panamá y la cercanía de las islas de San Andrés y Providencia, además de casos de controles aduanales y policiales a veces indolentes y hasta corruptos. Se estima que al año unos 250 toneladas de cocaína pasan por el país. Gracias a una estrecha colaboración con la DEA, en 1997 se lograron espectaculares pesquisas, sobre todo en el transporte por carretera. Algunos opinan que la Suiza centroamericana desempeña o está empezando a desempeñar un papel decisivo para destinos europeos, en particular Frankfurt, Amsterdam y Madrid. Los expertos afirman que este transporte hacia el Viejo Continente se efectúa en parte mediante zonas de tránsito en Estados Unidos. En Europa las mercaderías y las personas llegadas de Estados Unidos llaman menos la atención.

Mapa VIII.1: Rutas de tránsito de las drogas

Tanto Ecuador como Venezuela son países de tránsito para la cocaína colombiana destinada a Estados Unidos y Europa. La compleja red de vías fluviales en la cuenca del Orinoco, en el noreste del territorio Delta Amacuro, al parecer se ocupa en forma creciente para el traslado de la misma mercadería hacia Trinidad y Tobago, a sólo 18 kilómetros. Vía el aeropuerto de Buenos Aires, por lo visto se trasiega cocaína desde Bolivia, a la vez que Brasil es un centro de tránsito para cocaína colombiana y boliviana. Abaetetuba, el Medellín brasileño en el estado amazónico de Pará, se habría constituido en un puente importante para el paso de drogas hacia Europa. La mercadería en cuestión llega ahí a partir de numerosos pequeños ríos y mediante avionetas privadas. El sistema brasileño de tránsito hacia Europa está bajo el control de la mafia de Nigeria y Ghana, que dispondría incluso de más de cien colaboradores. Desde ahí la droga se encamina vía Nigeria, Ghana, Marruecos y Sudáfrica hacia Europa y Rusia; una gran parte sirve para el consumo local africano. La Rondônia brasileña asumiría anualmente el paso de unas 10 toneladas de cocaína hacia su destino final. Paraguay es un país de tránsito para la cocaína boliviana transportada por vía aérea hacia Brasil y Argentina; lo mismo, los puertos chilenos sirven como lugares de paso.

1.5 Distribución de la droga

La gran ganancia del tráfico de drogas va hacia los mayoristas y los minoristas, además de los distribuidores en la calle, establecidos en los centros de consumo, en Norteamérica, Europa y África. Los mayoristas constituyen organizaciones especializadas como los cárteles Smith y Potomac, en Estados Unidos, para nombrar sólo dos. Sus ganancias son fabulosas. Desde luego que en estos cárteles también se encuentran barones latinoamericanos de la droga. Minoristas hay en cantidad incalculable.

Según un estudio del investigador francés Ivan de Rementeria, publicado en 1995 en Perú, la venta mundial, sólo de cocaína, representó 73.9 mil millones de dólares en 1990. Por cada cien dólares de cocaína los vendedores en la calle se embolsan 88.20, los narcotraficantes 11.20 y el pobre campesino cocalero apenas 60 centavos. Si bien hay diferencias enormes, puede establecerse que al menudeo la cocaína y la heroína se venden aproximadamente por el mismo precio por gramo o el doble si el grado de pureza se altera para aumentar la cantidad. En lo que se refiere al comercio mayorista, en cambio, la tarifa entre los dos productos se diferencia enormemente: un kilo de cocaína se vende entre 10 500 a 40 mil dólares, mientras la misma cantidad de heroína vale 150 mil a 250 mil dólares, con lo que los sindicatos latinoamericanos de droga ganan mucho con la heroína. Para el minorista pasa al revés: tiene un margen mucho más amplio de ganancia al vender cocaína.

En Estados Unidos la demanda de heroína, aún limitada, está creciendo. No es de sorprender que el cultivo de amapola y la producción de heroína aumenten fuertemente en México y Colombia.

1.6 Lavado de narcodólares

Se estima que aproximadamente un 80% de los ingresos brutos de los grandes comerciantes latinoamericanos de droga puede considerarse como ganancia disponible.[5] Esos ingresos siempre se pagan al contado. Según determinados especialistas, la cantidad total de dinero de la droga a lavar en el mundo se elevaría a 400 mil millones de dólares. Cuando se sabe que mil millones de dólares en billetes estadounidenses de cien pesan aproximadamente 11 toneladas,[6] se comprende por qué el lavado de narcodólares constituye uno de los más grandes problemas con los que los comerciantes en cuestión están confrontados. Su tarea consiste en transformar esas masas enormes de dinero en recursos financieros escriturales y darles un olor a respetabilidad, antes de utilizarlos sin riesgo en inversiones lucrativas "limpias". El lavado transcurre entonces en dos etapas: primero, el cambio propiamente, y después la inversión de los fondos obtenidos.

El término de "blanqueo" proviene de las lavanderías que Al Capone abrió en los años 20 en Chicago para dar apariencia legal a sus actividades ilícitas durante el periodo de la veda del alcohol. En ninguna actividad tanto como en este riesgoso negocio tienen más importancia la movilidad, la flexibilidad y la inventiva. Al principio se hacía mediante bancos y agencias de cambio poco exigentes y menos escrupulosos. Durante mucho tiempo abogados empresariales e intermediarios financieros aceptaron baúles llenos de dinero para depositar en cuentas anónimas.[7] Ahora en cambio, se recurre a procedimientos de alta tecnología elaborados por expertos, como ingenieros financieros formados en las mejores escuelas estadounidenses de administración de empresas. En la jerarquía de los cárteles éstos ascendieron hacia la cúspide, en una promoción que no debe sorprender. En efecto, la tarifa para la "limpieza en seco" en cuestión habría aumentado de 6% a un máximo de 26% para transacciones *full service*, incluyendo la inversión en actividades económicas "limpias".[8] El aumento en cuestión prueba que, hasta cierto punto, las medidas antilavado resultaron eficaces.

El libro *La Suisse lave plus blanc*, de Jean Ziegler, demuestra que en este campo esa nación europea estuvo particularmente activa.[9] En 1988 se desenmascaró un caso flagrante. La Banque de Crédit et de Commerce International (BCCI), con sede en Luxemburgo y filiales en 73 naciones, fue acusada de efectuar transacciones para el cártel de Medellín. Se trataba de incorporar fondos ilegales en el circuito bancario y, mediante transferencias sucesivas y complejas, canalizarlos a sociedades financieras en paraísos fiscales como las Islas Caimán, las Bahamas y Panamá. Por esa vía laberíntica se enredaba de tal modo el oscuro origen del dinero que ya no se podía detectar. Al aumentar la vigilancia, los barones de la droga compraron esos bancos o establecían otros para facilitar la integración de sus fondos ilegales en circuitos legales. De ahí invertían en bienes inmuebles, inversiones industriales y títulos valores. Honduras, a pesar de tener una economía muy débil, cuenta con más bancos, cajas de depósito e instituciones financieras que la misma Inglaterra. El argumento según el cual éstas se ocupan principalmente de la transferencia de remesas hechas por hondureños que trabajan en Estados Unidos es poco creíble. En efecto, las remesas familiares alcanzaron apenas 232 millones de dólares en 1996, mientras en el periodo 1995-1996, los depósitos en esta moneda aumentaron en ese país en 50 y 60% en Nicaragua. No cabe duda de que las nuevas técnicas bancarias, como los aparatos electrónicos para efectivo, el *direct access* y el *pass-through banking* se utilizan de manera intensiva para lavar dinero. Constituyen un complemento respecto de las técnicas clásicas —vía American Express, Western Union, Thomas Cook, Travellers Express— y el envío hacia bancos extranjeros de *money orders*, el cuasi dinero y otros instrumentos financieros, sobre todo obligaciones.

Como el ingenio humano no tiene límites, para lavar dinero se recurre últimamente a inversiones en concesiones para trabajos de infraestructura y servicios públicos. Cuando en el aeropuerto de San José, Costa Rica, la sección de carga requería ampliación, se eliminó la forma de concesión; se temía que los traficantes de droga se establecieran por años, mediante el subterfugio de la honorable compañía concesionaria. En todo caso, se impone la evaluación rigurosa de los concursantes en las concesiones. Eso vale también para las manipulaciones de las órdenes de bolsa. Testigos mudos de esas actividades de lavado son numerosos edificios altos, apartamentos caros y lujosos espacios para oficina que en ciudades como Bogotá, Medellín, Cali, Panamá y Guatemala permanecen durante meses y aun años a la espera de algún ocupante. Una modalidad un tanto más visible para el mismo propósito son las inversiones en actividades comerciales y de servicios donde se paga al contado, como cajas de cambio, hoteles, restaurantes, centros comerciales, gasolineras, terrenos de golf, salas de juego, casinos, clubes nocturnos y estaciones de televisión. En El Salvador existen 12 canales privados de televisión, en un mercado en el cual la publicidad comercial apenas puede mantener tres. Muchos de los activos comerciales citados no responden a una demanda económica y están medio vacíos. Mediante sobrefacturación o falsa facturación, declarando ingresos varias veces superiores a los reales, se puede introducir recursos financieros en el circuito legal. Pagar impuestos cuesta menos que la mayoría de las otras técnicas de lavado de dólares. Las autoridades fiscales cierran devotamente los ojos. Por lo demás, subsiste la técnica tradicional, mediante la compra de joyas, metales preciosos y objetos de arte. Un recurso original consiste en comprar deportistas extranjeros, pagaderos en dinero sucio, recuperado con billetes blanqueados. Según el periódico *El Tiempo*, de Colombia, entre 70 y 80% de las acciones de los principales clubes de futbol profesional pertenece a personas perseguidas penalmente por actividades relacionadas con la droga. Por excesos de ese tipo, en 1990 la justicia colombiana incluso llegó a suprimir el campeonato nacional, lo que dificultó la posibilidad de entrenamientos para el equipo local que participaría en la Copa Mundial, en Italia.

Ningún país de América Latina escapa al lavado de dólares. La apertura de mercados financieros y el establecimiento de centros financieros, sobre todo *off-shore*, contribuyó en este sentido. Panamá, Venezuela, Belice, Antigua y Barbuda, Puerto Rico, República Dominicana y las Bahamas constituyen los principales centros para esa actividad. En el ínterin, allí se hicieron valer las influencias de la antigua Unión Soviética. Incluso en Ecuador y en Costa Rica aumenta tal tipo de actividad, mientras Brasil resulta un punto atractivo por su moneda fuerte y su baja inflación. Sin embargo, México sería el más grande centro de lavado en el mundo. Según la revista especializada *Money Laundering Alert*, en 1995 el dinero lavado vía transacciones comerciales ilegales entre esa nación y Estados Unidos habría alcanzado 32 mil millones de dólares. Sobre un intercambio total de bienes del orden de 108 mil millones, la parte que involucra el lavado de dólares representaría casi un 30%. Después, la mayoría de esos fondos se invierte en Estados Unidos. Parte de ello sirve para comprar tierras en la franja fronteriza de 100 kilómetros, a sendos lados. El Río Grande que separa ambos países es muy angosto y en muchos lugares tiene menos de un metro de profundidad. De ese modo, los comerciantes de la droga establecen su propia zona de libre comercio.

1.7 Consumo de la droga

Como consecuencia, entre otras, del rápido desarrollo de las redes de distribución que facilitaron enormemente el acceso a las drogas, la cantidad de inhalantes, fumadores e inyectados de drogas ilegales crece en todas partes en América Latina. En Brasil esa dependencia aumenta sobre todo en los jóvenes y en los niños de la calle. En muchos casos la droga funciona incluso como válvula social de escape.

La mariguana constituye la droga a la que más se recurre. Su base es el cáñamo que se fuma y puede adoptar tres formas: hojas y flores secas (kif y mariguana), hachís (la resina de la planta femenina) y aceite (pasta o alquitrán). Desde hace algún tiempo aumentó el uso del *crack*, un sustituto barato con base en la cocaína. Existe la modalidad de fumarlo, y es más peligroso y activo que los otros medios estimulantes. Sólo quienes disponen de recursos financieros pueden permitirse el lujo de la cocaína. Se trata de un polvo blanco que se inhala y —en menor medida— se inyecta. La morfina y la heroína son inyectadas en las venas y desde poco también inhaladas, lo que explica el aumento de su consumo. La heroína también es un polvo blanco, pero mezclado con otras sustancias adquiere color por lo que se le llama "azúcar morena". Al igual que en Estados Unidos y en contraste con Europa, en América Latina se recurre relativamente menos a este narcótico. Lo anterior se explica en parte por el miedo al VIH, a causa del uso de agujas de inyección no esterilizadas. En efecto, esas agujas pueden causar una infección general con consecuencias mortales.[10] Sin embargo, el prejuicio subcontinental contra el uso de heroína al parecer empicza a disminuir, lo cual ya se comprueba en México, donde de manera creciente sustituye a la mariguana. En América Latina es cada vez más evidente, además, el uso y la producción de drogas sintéticas. Se supone que, al igual que en Estados Unidos, ese mercado se volverá más grande que el de la cocaína. Preocupa constatar que la mafia europea está tomando una parte creciente en el abastecimiento del mercado norteamericano de drogas sintéticas.

2. Consecuencias sociales y económicas de la producción y consumo de drogas

Los estupefacientes constituyen en primera instancia una amenaza enorme de tipo físico y psíquico para los consumidores, porque provocan un efecto estimulante o depresivo sobre el sistema nervioso central. Penetran en el cerebro, dañándolo de manera irreversible. Pueden provocar trastornos psiquiátricos como alucinaciones, fiebres periódicas, paranoia, insomnio, problemas digestivos, pérdida de memoria, problemas de la vista y perturbaciones en la manera de pensar y de comportarse, y en el estado de ánimo. Los problemas físicos potenciales incluyen daños al hígado y a los riñones, al sistema respiratorio, al sistema nervioso y a las funciones motoras. Sobre todo, la cocaína es fatal.[11]

La interrupción del consumo lleva a depresiones, violencia e intentos de suicidio. Reincidir, después de un largo periodo de abstinencia, provoca muchas veces accidentes. Al dejar la cárcel o un centro de rehabilitación, con frecuencia se presentan problemas de sobredosis, principalmente con heroína, cuyo grado de pureza cuesta conocer. Algunas veces los mismos productos que los pequeños distribuidores ocupan para mezclarlos con heroína (talco, detergente y estricnina) resultan más dañinos todavía que la misma heroína. Por supuesto, en el comercio ilegal no existe control de calidad ni defensoría de los consumidores. Las agujas no esterilizadas pueden causar complicaciones infecciosas que lleven a muerte por septicemia. En muchos países es posible establecer una relación causal entre el uso continuo de drogas y el desarrollo del sida y de la hepatitis. La dependencia de las drogas causa también estragos en la vida profesional y familiar, porque conseguir y consumir drogas se vuelve obsesivo. Toda la vida del adicto gira alrededor de ese infierno, lo cual no pocas veces lleva a todo tipo de violencia dentro y fuera del hogar. Allí donde se cultiva o se transforma plantas alucinógenas, irremediablemente, también se encuentra prostitución. En las familias tradicionales y las comunidades cerradas de los consumidores de coca esa conducta provoca desunión.

Las consecuencias sociales del consumo de drogas se sitúan en el campo de la salud pública y el mantenimiento del orden. Como se señaló en el capítulo III en América Latina las drogas y la impunidad constituyen las causas principales de la violencia.

Desde hace un cuarto de siglo existe el methadon como remedio contra la dependencia de la heroína: en cambio, contra la adicción de la cocaína, hasta la fecha no se ha encontrado un verdadero remedio. Se trabaja en una vacuna de elementos que la contrarrestan, de tal manera que no pueda penetrar en el cerebro. Esa vacuna fortalece el sistema inmunológico para que pueda eliminar una mayor cantidad de cocaína. Como resultado, hay que recurrir a una dosis mayor de cocaína para obtener el mismo efecto de placer. A causa del alto precio de ese polvo, en la práctica, el remedio frenará el consumo respectivo. Por lo demás, los investigadores trabajan en un enfoque agonístico que ya existe en el caso de la heroína. El methadon tiene una incidencia parecida a la heroína en el cuerpo pero no provoca dependencia. Si se considera la alta cantidad de adictos a la cocaína, además del daño que provoca, es lamentable que la investigación fundamental y la industria farmacéutica no hayan llegado todavía a remedios eficaces para frenar esa adicción. Ello se debe sin duda al hecho de que la cantidad de pacientes es pequeña y que el tratamiento se hace muchas veces a costa del Estado; en otras palabras, no es rentable.

Hasta la fecha son escasos los estudios cuantitativos emprendidos en relación con las consecuencias económicas del tráfico de drogas. Sin dudas, la introducción masiva de dinero del narco en la economía también tiene sus inconvenientes, porque provoca un efecto inflacionario, en la medida en que aumenta la masa monetaria sin mayor oferta de bienes o de servicios, razón por la cual los bienes de exportación se encarecen. Debido a la mayor oferta de dólares ilegales, la moneda local se sobrevalúa, lo cual aumenta la importación y disminuye la capacidad competitiva de la propia oferta exportable. En el plano microeconómico, la presencia de dinero mal habido distorsiona la competencia. Cuando el billete fácil del narco se introduce en determinado sector económico, altera las reglas del juego. El productor honesto queda marginado, porque sus costos reales de financiamiento son más altos. La empresa financiada mediante este tipo de dinero barato se ve menos estimulada a mejorar su eficacia técnica y comercial para mantenerse en el mercado. En realidad el consumidor recibe un subsidio indirecto, lo cual emite una errónea señal de inversión. Asimismo, se provoca un envejecimiento del proceso productivo y de la oferta de productos.

3. LAS DROGAS COMO AMENAZA PARA LA DEMOCRACIA Y LAS INSTITUCIONES

La mafia de los estupefacientes dispone de recursos financieros que sobrepasan los de muchos gobiernos nacionales en América Latina. Eso induce a que los cabecillas compren influencias al más alto nivel, entre políticos, jueces, defensores del orden y periodistas. Si esos intentos no funcionan, recurren al equipo más moderno de armas y no tienen precisamente escrúpulos morales para ocuparlas. La cadena de crímenes es imparable: el asesinato, en 1984, de Rodrigo Lara, el ministro colombiano de Justicia; en 1986, de Guillermo Cano, el director del periódico *El Espectador* de ese país; en 1989, del candidato presidencial colombiano Luis Galán; en 1993, del prelado mexicano monseñor Juan Jesús Posadas Ocampo y, en 1997, la eliminación de Jesús Blancornelas, el influyente director del semanario *Zeta* de Colombia, son sólo unas muestras.

La corrupción pone hasta la seguridad nacional en peligro porque permite que elementos criminales corroan desde dentro la legitimidad del Estado. Para muchos, constituye la principal amenaza contra la democracia latinoamericana recuperada. En efecto, es capaz de alterar resultados electorales y llevar a tomas de decisiones donde los intereses particulares están por encima de los nacionales. La amenaza que los medios financieros y la capacidad de fuego de los narcotraficantes representan para la democracia y la estabilidad de las instituciones se comprueba a diario en Colombia, la nación que, en su lucha contra ese maldito tráfico, ha pagado el precio más alto en sangre (20 mil personas, entre éstas magistrados, periodistas, policías y numerosos inocentes), ha invertido más al respecto y ha sufrido más que cualquier otra sus consecuencias sociales y económicas. ¿Existe algún país más calumniado por su gran participación en el comercio de las drogas?

En junio de 1994, el cártel de Cali aportó seis millones de dólares cuando se puso en evidencia que el candidato liberal Ernesto Samper iba a perder en la segunda vuelta contra el conservador Andrés Pastrana. Gracias a ese empujoncito el primero fue elegido con apenas 156 755 votos de diferencia. Al día siguiente, el segundo destapó la olla, aportando una grabación con una conversación sobre ese financiamiento entre representantes del partido liberal y un barón de la droga. Después de un tiempo y una operación conjunta del ejército y de la policía contra el cártel de Cali, surgieron más pruebas. El dirigente de la campaña electoral, Fernando Botero (hijo del pintor) y el tesorero, el anticuario Santiago Medina, aceptaron lo fundamentado de la denuncia, terminando ambos en la cárcel, mientras el presidente Ernesto Samper argumentó que todo aquello ocurrió a sus espaldas y que ignoraba aquel financiamiento. El arzobispo intervino, señalando que cuesta no ver un elefante cuando éste entra en el dormitorio. A falta de pruebas, el Congreso absolvió al mandatario el 12 de junio de 1996. Si bien en todo contó con el apoyo de su propio partido y unos cuantos miembros de la oposición, no parece haber sido muy convincente.

Mientras, una serie de compatriotas había ido a hablar con el embajador norteamericano, Myles Frechette, pidiéndole apoyo para un golpe militar. En marzo de 1996, Washington "descertificó" a Colombia, por lo cual quedó fuera de la lista de países con derecho a ayuda económica estadounidense. A pesar de que su legitimidad se vio tremendamente afectada en la opinión pública, en los sectores patronales y ante la Iglesia, con un egocentrismo que de ningún modo favoreció el interés nacional, el presidente se atrincheró detrás del poder. Esta crisis tuvo consecuencias negativas para la economía nacional, porque los empresarios y los inversionistas perdieron la confianza y el sector de transporte convocó a una huelga nacional para apoyar sus reivindicaciones sociales. En río revuelto, ganancia de pescadores. La guerrilla movió sus piezas para fortalecer su posición en el ajedrez, en la perspectiva de negociaciones posteriores. Resulta difícil imaginarse un caos político mayor.

A todo eso Washington aprovechó para condicionar aún más al presidente Samper. Mediante el retiro de su visa de ingreso a Estados Unidos y el aporte tardío de pruebas de su complicidad en el financiamiento ilícito de su campaña electoral, se forzó al jefe de Estado a llevar a la práctica todas las medidas antinarcóticas que había prometido después de su liberación por el Congreso. El Tío Sam también solicitó la extradición de los narcotraficantes colombianos, con base en un tratado bilateral de 1979, declarado sin vigencia. En la negativa de acceder a estas solicitudes de extradición muchos en el país vieron una excusa que Estados Unidos aprovecharía para imponer sanciones económicas. Todo fue un lamentable espectáculo. El Ejecutivo de Estados Unidos insistió en una modificación de la Constitución, la cual posibilitaría la entrega retroactiva de los narcotraficantes. La ley entró en vigencia en noviembre de 1997, pero sin carácter retroactivo. Sin embargo, aquello fue suficiente para una serie sangrienta de ataques orquestados por los señores de la muerte. El mandatario, entre tanto, se había convertido en pelota de juego en manos estadounidenses, un cuadro maquiavélico que espontáneamente evocó la derrota del general Noriega en Panamá. Cuando éste no colaboró suficientemente con la cruzada yanquí contra las drogas, los marines lo pusieron de lado en 1989. Desde entonces está en una cárcel de Miami con una pena de 40 años.

No sin razón, muchos interpretaron la decisión norteamericana de descertificar a Colombia, como totalmente arbitraria, además de injusta. Puede preguntarse en virtud de qué "interés nacional" estadounidense, México, que actúa de una manera mucho más laxa contra los narcotraficantes y que sirve como tránsito para 75% de todas las drogas ilegales que cruzan el río Bravo y como centro clave para el lavado de narcodólares, escapa todavía a una arbitrariedad paralela.

La mafia de la droga se infiltra no sólo en las instancias del Ejecutivo sino también en el ejército, en la policía y en el aparato judicial. Quienes luchan contra las drogas pasan con una triste facilidad al otro bando, como se deduce de numerosos ejemplos de policías y militares, pero también de magistrados, parlamentarios y ministros. En Colombia, Orlando Vásquez Velásquez, el exprocurador general, fue condenado en 1997 por los delitos de enriquecimiento ilícito derivado del narcotráfico. El comercio de drogas aumentó, sobre todo la corrupción en la policía se supone que pagada, para luchar en su contra. Eso llevó a un creciente papel de los militares en la lucha contra los narcóticos, bajo pretexto de que éstos ponen la seguridad nacional en peligro. A la institución castrense parece agradar poco el papel asignado, precisamente por el peligro de la corrupción. El arresto del general Gutiérrez Rebollo en México, evocado más arriba, ilustró tajantemente el peligro moral en cuestión. Pero no fue el único: en agosto de 1996, Antonio Lozano, entonces el exprocurador general mexicano, despidió a 737 de los 4 400 agentes de la policía judicial federal, con el argumento de que no tenían el "perfil ético" requerido para el trabajo; 18 meses antes ya había expulsado a 513.

Numerosos miembros de ese cuerpo policial, una especie de equivalente del FBI, fueron acusados de haber proporcionado protección a los jefes de la droga, servir como guardaespaldas y recibir dinero bajo la mesa para cerrar los ojos. En 1997, apenas unos meses después del otorgamiento de la certificación, se presentó un nuevo sobresalto: a bordo de un avión oficial del grupo especial de intercepción aérea se descubrieron sesenta kilos de cocaína. ¡No hay santo a qué persignarse!

Que muchos agentes de policía y militares se encuentran involucrados en el narcotráfico se comprueba casi en todas partes. Incluso en la Cuba de 1989 estalló un escándalo en torno a altos oficiales, el cual condujo a Fidel Castro a enviar al paredón al general Ochoa, viejo compañero de armas en la Sierra Maestra. ¿Y qué pensar de la acusación contra la misma CIA, que en los años ochenta habría permitido a Miguel Ángel Félix Gallardo, el primer gran jefe de la droga en México, vender narcóticos, para financiar la guerrilla antisandinista en Nicaragua? Esta transacción habría contribuido a la epidemia de *crack* que se desencadenó en los barrios negros más pobres de Los Ángeles. El escándalo del *Irangate* formaría parte de una campaña más amplia para obviar la oposición del Congreso norteamericano y financiar la llamada "Contra". John Deutch, el director de ese servicio de inteligencia, niega estos hechos, apoyado por gran parte de la prensa; encontró sin embargo que la acusación era suficientemente fuerte como para encargar una investigación profunda. También el retorno del presidente Aristide de Haití habría sido demorado por influencia de los traficantes de droga en el ejército y en la policía.

Como el caso de las fuerzas armadas peruanas pone en evidencia, la realidad sobrepasa a la imaginación más audaz. En julio de 1996 se encontraron 174 kilos de pasta de cocaína en un avión DC-8 de la fuerza aérea, ocupado antes por el presidente Fujimori; 16 personas fueron arrestadas, de las cuales cuatro confesaron. Poco después se hallaron 96 kilos de cocaína pura a bordo de dos cargueros de la armada; uno de ellos provenía del puerto de Vancouver. Desde 1990, en ese país andino 300 militares fueron interrogados o juzgados por actividades en relación con narcóticos.

En septiembre de 1996, en el marco del asunto Alfredo Moreno en Guatemala, fue desenmascarada una organización criminal de corrupción y de drogas, con ramificaciones en la aduana, el ejército (con el viceministro de Defensa, César Augusto García, y su colega de Asuntos Internos, Mario Cifuentes), además de la policía. Se despidió a un montón de altos funcionarios, entre otros los dos viceministros, y, respectivamente, ocho altos oficiales del ejército y el inspector general de aduanas. La capital se llenó de rumores acerca de un inminente golpe de Estado a cargo del sector castrense vinculado a un grupo de la mafia. El presidente Arzú pudo evitar la tempestad y se fue tranquilamente a pronunciar su discurso ante la 51 Asamblea General de las Naciones Unidas. En 1997 un teniente coronel en retiro perteneciente a la banda de narcomilitares quedaría arrestado cuando realizaba una transacción.

En marzo de 1998 tocó el turno a Nicaragua. El presidente Alemán entró en pleno huracán tras descubrirse que en un viaje oficial a El Salvador había utilizado un Lear-Jet de ocho plazas robado en Estados Unidos. El llamado "narco-avión" había sido introducido en Nicaragua y registrado allí por la Aeronáutica Civil con documentos falsos por el cubano-estadounidense José Francisco Guasch. El estafador había "obsequiado" 10 horas al mes al gobierno para viajes oficiales. Inspectores encontraron en el interior del avión residuos de cocaína provenientes de los cargamentos de droga transportados durante los cuatro meses que el aeroplano había estado a disposición del gobierno. Ya en las elecciones presidenciales de Nicaragua en 1996 los narcos y la mafia italiana habrían tratado, sin éxito, de lanzar su propio candidato a la presidencia.

4. LA COMUNIDAD INTERNACIONAL Y LA LUCHA CONTRA LAS DROGAS

Siendo aceptado el principio de la corresponsabilidad de la comunidad internacional en la lucha contra las drogas, varios protagonistas se involucraron para provocar y estimular esfuerzos de los países productores, de trasiego y de blanqueo de narcodólares y colaborar con ellos.

4.1 Estados Unidos

En la lucha antinarcóticos, Estados Unidos asumió desde el principio la vanguardia, lo cual no debe sorprender porque el consumo de drogas se transformó primero en una plaga social y donde ahora se sitúa nada menos que el 70% de todo el consumo prohibido en el planeta. Se estima que 34% de los soldados que participaron en la guerra de Vietnam regresó a casa como adicto a la heroína-4 llamada *"China White"*. En los años ochenta, el consumo de cocaína frenaría el de heroína. La Interamerican Drug Abuse Control Commission (CICAD) y el Narcotics Control Board de las Naciones Unidas, con sede en Viena, se establecieron bajo el impulso de Washington. El "Grupo de Dublín", formado por la Unión Europea, Estados Unidos, Canadá y Australia constituye otra iniciativa norteamericana. Se trata de un foro informal de países consumidores para discutir de la producción, el comercio y el consumo de drogas y intercambiar información al respecto. También las acciones asumidas tanto por la Unión Europea como por sus Estados individuales se inspiraron en Washington.

Si bien Nixon y Reagan comenzaron la lucha, fue el presidente Bush quien entabló una guerra sin cuartel contra las drogas. Al incorporar masivamente a las fuerzas armadas la lucha se militarizó; en la perspectiva del entonces mandatario las drogas representaban una amenaza "externa" contra su sociedad y un ataque a sus valores tradicionales. Los culpables eran los países productores de la mercancía, a los cuales había que someter a alta presión. En siete años, el gobierno federal gastó 1.5 mil millones de dólares para detener la exportación de la cocaína desde países andinos.

El presidente Clinton continuó la política iniciada por su predecesor, pero le prestó más atención al aspecto interno; condujo acciones represivas y preventivas en el frente casero. Cuando la falta de resultados se transformó en un tema para la campaña electoral de 1996, decidió dar mayor peso a la lucha externa. Para el presupuesto de 1996-1997 logró un aumento de 67% de recursos a favor de actividades antinarcóticos en América Latina.

Si por ahora la corriente de cocaína bajó, no se debe al programa estadounidense antidrogas, sino a la reducción en su consumo. Según la Casa Blanca, en 1989, entre 547 y 660 toneladas de este polvillo fueron enviadas a Estados Unidos (115 quedaron interceptadas por la policía); en 1995 esa cantidad bajó entre 421 y 513 toneladas, de las cuales 98 quedaron en las redes. Durante el mismo lapso, el precio por gramo de cocaína pura disminuyó de 177 a 139 dólares, lo que pone en evidencia la baja en el consumo. El general Barry McCaffrey, el zar antinarcóticos de Estados Unidos, admitió públicamente en junio de 1996 que el programa antidrogas es inoperante[12] y que hay que experimentar con nuevas soluciones.

4.2 ¿Los malos de la película?

En América Latina, el gran luchador y, en la práctica, coordinador de lucha antidrogas entre los diversos gobiernos afectados es Estados Unidos de Norteamérica. Al respecto recurre a los agentes de la DEA y del Comando Sur, trasladado hace poco de Panamá a Miami, en el marco de la transferencia paulatina del canal interoceánico hacia las autoridades locales. En Washington, a pesar del Tratado Torrijos-Carter de 1979, siempre hubo voces para guardar en esta república ístmica una presencia militar limitada, a fin de luchar más eficientemente contra los estupefacientes. Sobre todo en cuanto se refiere a vigilancia e información, Panamá sigue siendo un lugar muy importante, en razón de la autonomía limitada de los aviones tipo Awac que se utilizan para tal efecto. También las amplias actividades con narcóticos en el departamento colombiano de Uraba hablaban a favor de una continuidad de la presencia estadounidense. Se argumentaba que la policía panameña no sería capaz de resguardar suficientemente la frontera con Colombia de las drogas que circulan desde ese país. A finales de 1997, todos esos argumentos llevaban al citado acuerdo que permitirá a los militares mantener durante 15 años más su centro de monitoreo aéreo en el famoso edificio Pizza Hut de la base Howard. Para disfrazar su carácter estadounidense el centro tuvo que volverse multilateral bajo autoridad panameña y con participación de militares, policías y civiles de otros países involucrados en la lucha contra las drogas.

En los países andinos y en América Central, en la opinión pública surgen voces encontradas respecto de esta función primaria yanqui en la lucha antinarcóticos. Para muchos no se trata de una prioridad nacional; otros ven en ello más bien un nuevo pretexto para la presencia armada e interferencia en los asuntos internos de la región ahora que el comunismo ya no sirve como chivo expiatorio, por lo que sería una nueva forma de imperialismo. No aceptan que las fuerzas estadounidenses estén presentes en Bolivia, Colombia y Perú, participando con su propio equipo en la destrucción de campos de coca o de laboratorios. Incluso Colombia tuvo que admitir finalmente que en Tuluá (departamento del Valle) y en Puerto Asís (en el departamento de la jungla de Putumayo) existen instalaciones y radares atendidos por personal foráneo. Algunos sitúan el problema en el contexto de la confrontación norte-sur, por lo que el primero le quitaría al segundo su principal fuente de ingreso, capaz de lograr una redistribución de las riquezas mundiales. Por fin, otros vislumbran detrás de ello un enfoque meramente macroeconómico, en la medida en que a Washington animaría el propósito de terminar la enorme sangría financiera que implica la importación de drogas. Sobre todo el procedimiento de la certificación,[13] con su repartición anual de puntos, a países donde se producen narcóticos, donde estén en tránsito o donde sean lavados los dineros correspondientes, lleva a tremendas discusiones, hasta en el mismo Congreso de Estados Unidos. Es evidente que si se impone vigilancia, la certificación unilateral no implica el método adecuado, porque con demasiada facilidad se presta a ser utilizada para propósitos únicamente políticos, sin relación con la problemática en cuestión. Además, la interpretación de las imágenes por satélite de las superficies de cultivo queda totalmente en manos norteamericanas y parece científicamente discutible. En 1997, Francia y Colombia firmaron un contrato para imágenes infrarrojas más precisas. Por todos esos argumentos, el presidente Banzer de Bolivia sugirió que la Organización de los Estados Americanos fuera el árbitro colectivo en ese sentido. Luce remoto que el Congreso americano, reacio a trasladar funciones a foros internacionales, acepte que un órgano de la OEA realice el examen de cada país y dé la calificación correspondiente.

4.3 La Unión Europea

También la Unión Europea y sus miembros individuales se encaminan cada vez más en la senda del frente internacional contra el tráfico de estupefacientes.[14] En 1989 se creó el Comité Europeo de Lucha contra las Drogas (CELAD) y en 1993 se estableció en Lisboa el "Observatorio europeo para drogas y toximanía". El 1 de enero de 1994 entró en funcionamiento en La Haya la Europol Drugs Unit (EDU), cuyo acuerdo de creación ya fue firmado. Por lo demás, la Unión Europea adoptó en 1994 un Plan de Acción Global 1995-1999 contra el tráfico de estupefacientes. Sus componentes son tres, a saber: la reducción de la demanda, la lucha contra el tráfico ilegal de drogas y las acciones internacionales con terceros países. El aspecto de la reducción se refiere a medidas preventivas, como información para los grupos en riesgo, educación sanitaria, formación profesional, investigación, vigilancia y reincorporación de adictos en el campo social y profesional. La lucha contra el tráfico ilegal apunta tanto a los productos mismos de la droga como a los precursores químicos, el arresto de los traficantes e impedir que las instituciones financieras sean utilizadas para actividades de lavado. En el contexto de este segundo aspecto se colabora estrechamente con la Europol Drug Unit.

Con el Plan de Acción Global 1995-1999, el último componente contiene una serie de acciones internacionales de cooperación con terceros países en riesgo. La Unión Europea suscribe la citada perspectiva global y de co-responsabilidad de las Naciones Unidas; durante su reunión con el Grupo de Río en Cochabamba, en abril de 1996, subrayó otra vez que existe un vínculo entre producción, tráfico y consumo de drogas, de manera que, en este aspecto, se comprueba indiscutiblemente un énfasis distinto en comparación con el enfoque estadounidense. En sus acciones emprendidas con terceros países, la UE se interesa esencialmente en la promoción de cultivos alternativos, la prohibición de venta de precursores químicos y el apoyo a acciones preventivas (educación antidrogas y rehabilitación).

En lo referente a América Latina, la cooperación de la Unión Europea en la lucha contra el narcotráfico se ha ampliado mucho desde que los europeos se dieron cuenta de que las acciones norteamericanas y latinoamericanas se ocupan más del tráfico sur-norte que este-oeste. En 1996 la UE lanzó su "Iniciativa antidrogas para el Caribe". Constituye un aporte mayor al "Plan de acción de los Barbados" y comprende cooperación marítima, acciones contra el lavado de narcodólares y capacitación en la aplicación de las leyes. En 1998 se estableció un "mecanismo de coordinación y cooperación con Latinoamérica y el Caribe". Demuestra la preferencia de un enfoque multilateral y una institucionalización de los diálogos. También existen consultas con la OEA en materia de químicos precursores. Determinados países miembros colaboran con las autoridades americanas, de norte y sur (servicios policiales y aduanales) en lo que se refiere a confiscación de exportación y arresto de traficantes de droga y "mulas". Algunos países del Viejo Continente tienen funcionarios de enlace en la región.

En los acuerdos de cooperación que la Unión Europea establece con terceros países, ahora se incorpora automáticamente una cláusula respecto de la lucha contra drogas ilegales y actividades de lavado de dólares. Conviene también subrayar las medidas positivas: desde 1987, la UE concede ventajas comerciales a los países andinos en compensación por sus esfuerzos en la lucha contra la producción de estupefacientes; se trata de los SPG (Sistema de Preferencias Generalizados) "especiales" en el sector agrícola e industrial. En 1991 se acordaron las mismas ventajas para los países de América Central, pero sólo para productos agrícolas, renovadas en el ínterin. Es lamentable que para la renovación de los SPG esos países no tengan que dar cuenta de lo que emprendieron efectivamente en su lucha antidrogas ni de los resultados obtenidos. A raíz de eso, los beneficiarios consideran ahora los SPG especiales como adquisición comercial sin contraparte.

4.4 Las Naciones Unidas

Desde 1987, en las Naciones Unidas prevalece el principio director de la "estrategia integral y equilibrada" respecto del fenómeno en estudios. Según esa tesis, las drogas constituyen un problema típico encadenado, en el cual tanto los países productores, las regiones de tránsito, como las naciones consumidoras han de asumir una responsabilidad solidaria.

En el marco de esta misma organización mundial se celebraron tres convenciones internacionales, en 1961, 1971 y 1988. Sobre todo la última resulta relevante en la medida en que prevé una serie de obligaciones aceptadas por los países que la ratificaron. La convención estipula la necesidad de proclamación y ejecución de una legislación que declare ilegales la producción y el tráfico de drogas y por tanto los vuelva punibles, sujetos a persecución y castigo. Lo que la vuelve única es que se trata de la primera convención internacional que subraya la necesidad de luchar contra el lavado de narcodólares, porque insiste en el intercambio de información y en el castigo del crimen. Constituye un primer paso, aunque insuficiente. Una laguna importante es el hecho de que no obliga a los bancos a investigar primero el origen de los depósitos y la actividad comercial que generó los fondos. En América Latina sólo Haití no firmó la convención de Naciones Unidas de 1988, mientras Cuba todavía no la ha ratificado. Para lograr los objetivos previstos en los tres instrumentos internacionales, se estableció el International Narcotics Control Board (NCB) y el United Nations Drug Control Program (UNDCP) que otorga apoyo financiero y logístico a los países en vías de desarrollo en su lucha contra el problema de las drogas. En 1998, la vigésima sesión especial de la Asamblea General de las Naciones Unidas era dedicada al análisis de las estrategias para enfrentar el tráfico de drogas.

4.5 La OEA

En el marco de la Organización de los Estados Americanos y, en particular, a raíz de la Cumbre Panamericana de Miami en 1994, se adoptó una estrategia antidrogas en el hemisferio. El CICAD, el grupo de trabajo antidrogas de la OEA, que la aprobó, trabaja en este momento en la elaboración de métodos colectivos de evaluación y en el establecimiento de mecanismos conjuntos de evaluación y vigilancia. A iniciativa de Estados Unidos, se piensa también en una Alianza Hemisférica Anti-Narcóticos. Ésta constituyó uno de los grandes temas de la cumbre interamericana de abril de 1998 en Santiago.[15] La Alianza estaría apoyada por el establecimiento del ya mencionado centro multilateral antidrogas en Panamá, destinado a coordinar las acciones policiales. También se apunta a la creación de una academia policial interamericana, a ejemplo de la constitución de ILEA en Budapest.

5. LA LUCHA CONTRA LAS DROGAS, MISIÓN IMPOSIBLE

5.1 Una guerra mundial perdida

En este último cuarto de siglo no hay lucha más frustrante que la llevada a cabo contra los narcóticos ilegales. Se cosecharon victorias tácticas, pero fracasó la estrategia global.[16] El uso de drogas ilícitas es una realidad de la vida y la oferta es amplia pese a enormes esfuerzos y costos para frenarla. Algunos expertos reconocen que el enfoque prohibicionista y punitivo tiene una gran responsabilidad en los crímenes relacionados con la droga, la corrupción, el consumo masivo de *crack* con base en cocaína, enfermedades, muertes y el desarrollo de sida por el uso de agujas inyectables no esterilizadas.[17] El costo de esta guerra aumenta cada año. Se calcula que en 1980 el gobierno estadounidense gastó 4 mil millones de dólares para controlar esa calamidad pública y ocho veces más actualmente. El número de personas encarceladas en Estados Unidos por drogas ilícitas aumentó de 50 mil a 400 mil durante el mismo periodo.

5.2 Acciones de erradicación en contra del cultivo de materias primas

El primer eslabón en la ominosa cadena de las drogas y, por ende, también en la lucha contra ellas, se encuentra en su materia prima. Para erradicar la producción de ésta, en realidad, sólo caben dos métodos: destruir los cultivos de la droga o promover plantaciones alternativas. Ninguno de los dos es fácil ni satisfactorio en sí. La destrucción implica grandes repercusiones políticas, sociales y económicas, mientras las siembras alternativas van en contra de la vieja legitimidad económica de la ganancia máxima por un precio mínimo. Cuando el exterminio se persigue con violencia, se desatan los duendes sociales y las instituciones democráticas pueden verse en peligro. Eso se comprobó en 1996 con la erradicación de la coca, impuesta en las regiones de Putumayo en Colombia y Mamorecillo en Bolivia.

Estados Unidos es el gran defensor de la tabla rasa, que constituye, por así decirlo, la piedra angular en su estrategia. Junto con los países productores, se establecen programas de erradicación, ejecutados con apoyo financiero y material estadounidense. Quien no colabora se expone a sanciones, porque es inscrito en la lista negra de todas las instituciones donde Washington dispone prácticamente de un derecho de veto, entre otros, el Banco Mundial, el Fondo Monetario Internacional, el BID y el Club de París. El nombre del castigo se llama "descertificación".

Bolivia experimentaría la lección en carne propia. El 8 de marzo de 1995 se le encomendó destruir para fines de junio 1 750 hectáreas de cultivos de coca y firmar un nuevo tratado de extradición de narcotraficantes. Negarse habría implicado la pérdida de la cooperación económica estadounidense, por lo que el presidente Sánchez de Losada cedió. Los "cocaleros", que a principios de los años noventa constituían 10% de la población activa, aceptaron la medida como contribución para evitar las sanciones económicas. Apenas erradicadas las plantaciones de coca en Chaparé, supieron de la nueva exigencia del norte: eliminación, en un lapso de seis años, de otras 36 mil hectáreas. Fue la gota que colmó el vaso. Por su parte, el gobierno procedió a ocupar militarmente la región de Chaparé.

La erradicación desde luego era una decisión acertada, pero para los cocaleros bolivianos aquello resultó dramático. Ya en septiembre de 1994, 3 mil agricultores habían emprendido una marcha sobre La

Paz. Su lema: "Por la vida, la coca y la dignidad"; su líder es Evo Morales. En su mayoría eran trabajadores en las minas de estaño que perdieron su empleo en 1995, a raíz de las reformas estructurales impuestas por el Fondo Monetario Internacional. Los otros son antiguos habitantes del altiplano que ya no podían sobrevivir con las miserables parcelas que la reforma agraria de 1993 les había asignado, por lo que espontáneamente habían bajado a la cuenca del Amazonas. No se trata de comerciantes de droga, y tampoco producen cocaína; el cultivo de la coca es su manera de ganarse el pan con el sudor de su frente, para el sustento de sus numerosas familias. No les quedan muchas alternativas puesto que la agricultura normal no da para competir con la coca. Por ejemplo, no es un secreto que décadas de ayuda alimenticia otorgada por Estados Unidos han borrado casi por completo la tradicional producción local de cereales.

El programa de eliminación no preveía ni siquiera una producción alternativa y rentable. La compensación ofrecida (de 2 mil a 2 500 dólares por hectárea) correspondía apenas al ingreso por un año de producción. En realidad implica un asalto a los peones, pues la mayoría de los productores de la droga y sus secuaces pueden continuar tranquilamente amasando sus fortunas. En abril de 1998, el programa del presidente Banzer de erradicar 10 mil hectáreas de coca haría estallar una nueva confrontación violenta. La región del Chaparé fue otra vez ocupada militarmente y el gobierno mantuvo su decisión de negar una compensación a los cocaleros, salvo para plantas de más de cinco años.

El presidente Samper de Colombia tampoco tuvo mucho margen. Para restablecer su credibilidad y reforzar su imagen, en junio de 1996 decidió lanzar la Operación Conquista, destinada a ser la acción antidrogas más grande del mundo. Las zonas de cultivo de coca en la región amazónica fueron puestas bajo mando militar. Tan sólo ese mismo año se destruirían 18 mil hectáreas de cultivo ilegal de coca y 8 mil de amapola, en doce departamentos. La erradicación se iba a efectuar mediante fumigación aérea con diversos químicos, entre otros glifosato, el más conocido, lo cual no estaba exento de riesgo, porque de hecho en Bolivia el uso de ese producto está expresamente prohibido. La guerrilla, que presta protección a los barones de la droga y se encuentra, ella misma, comprometida en la producción,[18] no duda en abrir fuego sobre los aviones de fumigación, obligándolos a volar cada vez más alto, por lo que los químicos aterrizan en cualquier parte, excepto en las plantas de coca. En consideración de la cantidad de lluvias previstas, estos productos tampoco son los más eficientes, aunque ya se desarrollaron especies de coca y de amapola capaces de crecer a la sombra del bosque forestal. En este caso sólo se puede erradicar de manera manual o prendiéndole fuego.

En agosto de 1996, 150 cultivadores de coca de las regiones amazónicas de Caquete y Putumayo entraron en rebeldía feroz contra las campañas de destrucción, para lo cual ocuparon las pistas aéreas no asfaltadas de los aviones de fumigación. La producción petrolífera de Colombia y de Ecuador sufrió a raíz de la destrucción de diversos pozos petroleros y un oleoducto. La policía argumenta que se trata de una provocación de la guerrilla que se financia gracias a todo tipo de servicios prestados a los señores del narco, situación que ésta niega, admitiendo solamente que no prohíbe el cultivo de la coca en las zonas bajo su control, en la medida en que aquello da a los campesinos una alternativa de ingresos digna. Durante esas manifestaciones cayeron decenas de muertos y cientos de campesinos fueron arrestados y heridos. También en Perú se comprobó que al erradicar cultivos de coca, por un lado, se afecta los ingresos de los agricultores y, por otro, se favorece a la guerrilla.

Cabe añadir que las campañas de erradicación en realidad no son nada populares y que no resultan lo más eficiente, porque de hecho sólo llevan a que los cultivos se instalen en otra parte. En Bolivia, entre 1989 y 1995, se eliminaron efectivamente 30 275 hectáreas de coca, mientras en el mismo lapso se descubrieron 29 975 hectáreas con cultivos nuevos en medio de la selva tropical, por lo visto financiadas con el mismo dinero que el gobierno paga a los cocaleros para la erradicación, es decir entre 2 mil y 2 500 dólares por hectárea. De manera que sólo hubo un saldo favorable de 300 hectáreas que costó 40 mil millones de dólares en compensación. A pesar de todo, Washington sigue creyendo en lo acertado de ese enfoque.

5.3 Los cultivos alternativos, una lucha quijotesca

También la otra perspectiva, es decir el estímulo a cultivos alternativos, recuerda a la lucha del Quijote contra los molinos de viento. Esta vía consiste en estimular a los campesinos a destruir ellos mismos sus plantaciones de coca y de amapola, para pasar a cultivos legales viables y sostenibles, como maíz, granos, café, piña, maracuyá, banano, cítricos, palmito, frutales, yuca y caucho. En términos de Cantinflas, el detalle es que esas plantaciones exigen mucho más cuidado, con el agravante de producir mucho menos. La coca no implica mantenimiento alguno, resiste a enfermedades y genera anualmente de tres a cuatro cosechas durante diez a doce años. La primera cosecha puede esperarse al año de la plantación. La inversión inicial cuesta menos de mil dólares por hectárea. Eso se llama rentabilidad, que no se repite con los sustitutos. Allí está, por ejemplo, el caso de la piña y el maracuyá, los dos únicos productos agrícolas alternativos en la región de Chaparé, Bolivia, con un ingreso de 1 500 dólares por hectárea que, hasta cierto punto, compensa el de la coca (entre mil y 3 500 dólares). Sin embargo, exige una inversión mucho más alta y el ciclo productivo consta apenas de dos a tres años. Además, el mercado para esas nuevas líneas es mucho más limitado y los precios son menos estables, sin hablar de la falta absoluta de un sistema de transporte adecuado para encaminar los productos hacia el comprador, bodegas, suficiente asistencia técnica y facilidades crediticias para financiar los insumos junto con otros gastos de producción. Como en el caso de la reforma agraria, una política de cultivo alterno requiere seguimiento, sin olvidar la infraestructura y acceso al mercado. Un ejemplo en este sentido es el saneamiento de 1 500 kilómetros en carreteras y el mejoramiento del sistema eléctrico en regiones de Perú afectadas por el cultivo de la coca. Se trata de un programa financiado por el Banco Mundial y el Banco Interamericano de Desarrollo.

En Colombia, el gobierno lanzó en 1995 el programa sustitutivo "Plante", con apoyo parcial de la comunidad internacional. Se inspiraba en tres proyectos piloto de las Naciones Unidas, establecidos antes en Perú con un costo de 24 millones de dólares. Bogotá lo vio más en grande y para el periodo 1995-1998 programó 300 millones de dólares. "Plante" se orienta sin embargo únicamente a 35 mil de los 300 mil agricultores dedicados a la coca y la amapola. Por hectárea se concede un subsidio de 300 dólares. A mediados de 1996, 7 mil familias de campesinos formaban parte del programa, pero algunos audaces deforestaron a propósito y plantaron coca para obtener el subsidio. La mayoría de los cocaleros inscritos lo hizo para escapar al cerco de una actividad donde la violencia constituye la regla, por lo que una disminución de la presión basta para hacerlos volver a sus cultivos originales. Suena raro, pero es justamente en los territorios donde se encuentra la guerrilla que los campesinos pasan más ágilmente a los cultivos alternativos, porque éstos procuran sus medios de subsistencia localmente y constituyen muchas veces la única alternativa para vender la producción. Mediante una política agrícola integral se podría remediar aquello. Incluso ahí la ley de la ganancia máxima por el precio mínimo sigue determinando con mano dura el comportamiento de los productores. A mayor ganancia de una actividad económica, más fuerte resulta también la tendencia a recurrir a esos mismos factores de producción. En ese sentido la elaboración de drogas constituye un aliciente más grande que cualquier otra actividad. En esta lógica económica, claro que el cultivo alternativo no tendrá resultado duradero si no se baja el precio de la coca, amapola o mariguana. La muy exitosa experiencia en Perú en 1996-1997 demuestra que se puede reducir drásticamente (-40%) la superficie de cultivo de materias primas de drogas por una rígida "política de interdicción" contra las personas y medios de transporte y tráfico del producto. La promoción de cultivos alternativos y de la política represiva deben apoyarse mutuamente. No todos los donantes de ayuda internacional comparten esta posición.

Durante la visita del presidente Samper a París, en julio de 1996, su colega Chirac defendió el establecimiento de un fondo internacional para comprar los productos agrícolas alternos. Tal solución resulta poco realista, porque sólo conduciría a que la rentable producción de coca se lleve un tanto más lejos en el bosque tropical, con todas las consecuencias negativas para el capital ambiental. En Bolivia ya aprendieron la lección y, por lo demás, la experiencia con anteriores fondos agrícolas puso en evidencia lo difícil que es financiarlos.

La experiencia práctica pone en relieve que la sustitución de coca por otros cultivos es a lo sumo una solución a largo plazo que necesita incluso la liberalización del comercio mundial de productos agrícolas. Además, para fructificar el desarrollo alternativo no puede limitarse al sector agrario; debe incluir también el desarrollo comunitario, la infraestructura y los servicios locales.

5.4 Guerra frontal contra los narcotraficantes

Los narcotraficantes constituyen el enemigo número uno en la lucha internacional contra el tráfico global de las drogas. Su relación con el problema es tan amplia como profunda, porque son los responsables para la compra de la materia prima, el refinamiento del producto final, la importación de productos químicos, las actividades de tránsito, la venta a mayoristas y —en menor medida— a minoristas, el lavado de narcodólares y la organización de la violencia y la delincuencia para proteger sus crímenes. La acción emprendida por los diversos gobiernos —con apoyo logístico de la DEA (Drug Enforcement Administration)— se orienta hacia la destrucción de laboratorios, el decomiso y la aniquilación de la producción y de los precursores químicos, el arresto de los productores de la droga y de sus comerciantes, la prohibición del lavado de dólares y la confiscación de bienes muebles e inmuebles adquiridos con dineros de este comercio infame.

No pasa un día sin que en alguna parte se reseñen pesquisas de drogas. Según Interpol, en 1992 se interceptaron a escala mundial las siguientes cantidades: 12 355 kilos de heroína, 40 021 de cocaína y 476 490 de mariguana. En la calle, esas requisas tienen un valor aproximado de 25 mil millones de dólares, equivalente al PNB de Marruecos. Quizá parezca mucho, pero los decomisos logrados corresponden a menos de un 10% de la totalidad que se comercia en el mundo.

Los arrestos más espectaculares ocurrieron en Colombia, en primer lugar con la eliminación del cártel de Medellín. A partir de 1990 los hermanos Ochoa, especulando con reducción de penas, se entregaron voluntariamente, y en el ínterin, todos fueron puestos en libertad, después de tres a seis años de cárcel. En 1994, cuando por fin terminó acribillado el héroe popular Pablo Escobar, el gobierno y la DEA pensaban haber asestado un golpe fatal a los traficantes colombianos de la droga, pero la ilusión fue corta, al asumir rápidamente el relevo el cártel de Cali, con Miguel Rodríguez Orejuela al frente. También los cuatro máximos cabecillas de ese cártel se encuentran ahora tras las rejas si no fueron abatidos. Para llenar el vacío creado, inmediatamente surgieron nuevos barones de la droga en Colombia (sobre todo en el norte del valle del Cauca), igual que en México. En este país, los principales arrestos fueron los de Juan García Abrego, Rafael Caro Quintero (condenado por el asesinato de Enrique Camarena, el agente de la DEA) y Manuel Rodríguez. Desde Perú (con Abelardo Cachique y Tito Trujillo Cifuentes), Bolivia (Isaac Chavarría y el anterior jefe de la policía antidroga José Faustino Rico Toro) hasta Panamá (con Castillón Henao), se anuncian regularmente arrestos de barones de la droga. Siempre se repite el mismo escenario: los suplentes sobran y la corriente del aprovisionamiento para nada se interrumpe.

La lucha antidrogas estadounidense tiene la política de extradición de los cabecillas como uno de sus componentes importantes; la considera como objetivo clave para el desmantelamiento de las organizaciones delictivas y sus redes de apoyo. Los gobiernos de países productores o de tránsito de drogas son incitados a concluir convenios de extradición. Sin duda, Washington sabe bien qué fácil resulta para los barones en cuestión escapar de cárceles latinoamericanas. Colombia y Estados Unidos habían concluido un acuerdo bilateral al respecto en 1979. Bajo los gobiernos de los presidentes Belisario Betancur (1982-1986) y Virgilio Barco (1986-1990) se extraditaron más de 40 traficantes, pese a que los tribunales locales habían rescindido el acuerdo en 1986 y que nunca fue ratificada una ley de aplicación de ese acuerdo. Cuando a pesar de todo el presidente Barco continúo con las deportaciones, los narcotraficantes desencadenaron una guerra tremendamente violenta; se perpetraron docenas de atentados sangrientos y un avión explotó en pleno vuelo entre Bogotá y Medellín. Eso bastó para lograr en 1991 una reforma de la Constitución, por la cual todo súbdito nacido en territorio nacional queda protegido contra la entrega a la jurisdicción de otra nación. Presionadas por su opinión pública, muchas otras repúblicas latinoamericanas rescindieron sus tratados de extradición con Estados Unidos, por lo que ahora ésta se negocia sobre base individual, excepto en aquellos países donde la Ley Fundamental no lo permite. Como fue reseñado antes, bajo coacción de Washington, Colombia estableció un nuevo acuerdo de extradición en noviembre de 1997, eso sí, sin efecto retroactivo. Los atentados perpetrados por los narcotraficantes no dejan duda respecto al hecho de que incluso este acuerdo limitado les hace hervir la sangre.

5.5 ....y contra el lavado de narcodólares

Al impedir las actividades de lavado de dólares, aumenta el riesgo y por consiguiente, el precio del comercio de estupefacientes ilegales. También en este comercio *sui generis*, determinada transacción comercial se considera acabada cuando el monto de la venta ha sido cobrado debidamente y se encuentran en una cuenta corriente "decente". Por lo menos en lo que se refiere a costos del lavado de dólares, como se mencionó antes, los resultados de las acciones nacionales e internacionales emprendidas en su contra pueden considerarse espectaculares, lo cual no quita que mucho queda por hacer, en consideración de que la inventiva de los encargados de la peculiar lavandería es un pozo sin fondo. Debe añadirse que muchos países todavía no han tomado disposiciones legales para declarar el carácter penal del "blanqueo"; para nombrar algunos solamente: Bolivia, Brasil, Colombia, Guatemala y República Dominicana. En México, con la dudosa reputación de ser el centro de blanqueo más grande del mundo, recién en 1995 se estableció una legislación pertinente; Panamá y Costa Rica seguirían con leyes ejemplares. América Central acordó un convenio regional con el fin de armonizar las respectivas legislaciones nacionales. Por desgracia, incluso cuando existe una normativa legal adecuada, no se aplica, porque la mayoría de los países no disponen de servicios informativos adecuados con los cuales seguir la pista a tendencias y métodos de lavado de dólares en sus respectivos territorios. La experiencia en el campo de control, investigación, persecución y enjuiciamiento de esos asuntos se encuentra todavía en pañales. Tampoco las naciones en cuestión establecieron entendimientos con otros para obtener asistencia legal mutua.

El Financial Action Task Force (FATF) constituye un instrumento decisivo en la lucha contra el lavado de dólares. Se encuentra establecido en París, en los locales de la OCDE,[19] el club pensante de los países industriales. Va más allá de la Convención de Naciones Unidas de 1988, por exigir a sus miembros y sus respectivos bancos que investiguen el origen de los depósitos, así como también la actividad comercial que los generó. En la mayoría de los países industriales se logró invertir la regla en cuanto a quién ha de aportar la prueba; en América Latina rige sólo en Panamá. Comprobar el nexo con actividades ilícitas es una condición *sine qua non* para perseguir penalmente el blanqueo. Aparte de eso, la tarea de este organismo consiste en examinar las legislaciones de los países concernientes y hacer recomendaciones para mejorarlas. A su empuje se debe que Panamá y Singapur establecieron una nueva legislación antilavado. Desgraciadamente, el FATF sólo posee una dimensión moral y no tiene ningún mecanismo para obligar a aplicar las obligaciones contractuales. Tampoco su membresía es universal; cuenta sólo con 28 miembros (26 países y dos organizaciones internacionales). De 40 países en los que se lavan dólares, a lo sumo 15 pertenecen a la organización.

Algunos confían en que el FATF pueda llevar a establecer una policía global de bancos. Que ésta llegue un día a existir depende de la voluntad política para permitir que un organismo internacional controle las actividades bancarias, lo cual sería un golpe letal para el secreto bancario.

5.6 Reducción del consumo

En Estados Unidos, el consumo de drogas recientemente vuelve a aumentar, esta vez entre menores, no tanto entre adultos. Un informe federal[20] publicado en agosto de 1996 demuestra que la cantidad de adolescentes entre 12 y 17 años que ahora confiesan recurrir a drogas aumentó de 5.3% en 1992 a 10.9% en 1995, lo cual implica el doble en cuatro años. Si bien todavía queda por debajo de los resultados de los años setenta, cuando ese indicador estaba en 16%, la tendencia no deja de preocupar. Gran cantidad del aumento del consumo se refiere a mariguana, LSD y otros alucinógenos, pero recientemente también a cocaína.

También en Europa aumenta el consumo de drogas. En 1996, el Observatorio Europeo para Drogas y Toxicomanía estimaba la cantidad de consumidores entre 500 mil y un millón de personas, con Italia, Francia, España, Alemania y Portugal como los principales consumidores relativos. La demanda aumenta sobre todo en las pequeñas aglomeraciones. Con la caída del muro de Berlín, de pronto el Este europeo llegó a ser otro terreno de explotación. Los mismos responsables aduanales rusos calculan que en 1995-96 el tránsito de drogas por su país se multiplicó por tres. Sólo falta China continental, con un crecimiento del consumo de opio y heroína, sobre todo en las provincias de Yunnan y Guangdong. Asia no deja de ser el mercado más grande del mundo en lo que se refiere a estupefacientes.

Para reducir el consumo de drogas no bastan acciones represivas y de prohibición, éstas son maneras negativas de abordar el problema. Hay que orientar a los adictos hacia clínicas especializadas con terapias personalizadas de desintoxicación, no hacia cárceles donde pueden seguir consumiendo. Tan sólo en Estados Unidos en 1996, 545 mil personas fueron arrestadas y se les inició un expediente criminal por posesión de mariguana. Miles de personas se encuentran encarceladas por uso, por primera vez, de narcóticos, sin violencia. Eso tiene un costo humano enorme. Dado que se trata de una "plaga" que no se puede erradicar y que ya forma parte integral de la cultura de mucha gente, al igual que el uso del alcohol, debe pensarse en políticas que limiten el daño[21] para los adictos, tal como su tratamiento y seguimiento, rehabilitación y programas de cambio de agujas inyectables. Ciertos países como Canadá y Australia, practican esa modalidad y en muchos casos se cambian las agujas gratuitamente.[22]

Se requiere, más que hasta ahora, abordar el problema de manera preventiva, mediante programas globales capaces de disminuir en los jóvenes y los presos la necesidad de drogas ilícitas. Los programas educativos y publicitarios en las escuelas y comunidades tienen que señalar a la población las nefastas consecuencias de la drogadicción. También el papel del hogar resulta importante. Ahora bien, ¿no pareciera el mundo al revés cuando ciertas películas y determinada música popular presentan el consumo de drogas como algo estupendo y socialmente legitimado?

5.7 La liberalización de drogas

A raíz del pesimismo en torno a la batalla frontal contra las drogas ilegales cíclicamente vuelve el debate acerca de la conveniencia o no de liberalizar su consumo y producción. Al eliminar el "arancel del crimen", el carácter lucrativo del comercio de drogas bajaría fuertemente y con ello la violencia y la corrupción. Al respecto se cita invariablemente el antecedente de la venta de alcohol en Estados Unidos, ya que en los años treinta su liberalización implicó en efecto una baja sustancial de los márgenes de ganancia y consecuentemente de la criminalidad que van de la mano con todo comercio ilegal. ¿Pero pueden compararse las consecuencias destructivas para el consumidor del alcohol y las de los narcóticos ilegales?

Existen varios casos de liberalización de estupefacientes. Merseyside en Gran Bretaña y Platzspitz en Zurich fueron proclamados zona de libre comercio de esas sustancias. El problema es que se desarrollaron como criaderos de adictos y antros de perdición, además de basureros de agujas. El espectáculo resultó tan degradante que bajo presión de la opinión pública hubo que ponerle fin al experimento. En Holanda se encuentran entre 1 500 a 2 mil cafeterías donde productos de mariguana y otras mercancías como hongos alucinógenos se venden en forma totalmente libre y legal, excepto a menores.[23] No aumentó el consumo local de este tipo de drogas suaves. La cantidad de holandeses que fuman regularmente un pitillo se estima en 750 mil personas. Lo que sí, se generó una corriente poco recomendable de turismo, por lo que las cafeterías de mariguana constituyen en Holanda un atractivo igual que el Rijksmuseum y el Keukenhof. En cambio, en Francia por ejemplo, todavía espera la cárcel a los consumidores de este tipo de drogas.

Para frenar sus efectos negativos, una hipotética liberalización de los estupefacientes requiere solucionar toda una serie de preguntas y problemas muy concretos. ¿Quién proporcionará los productos liberados y en qué cantidad? ¿Quién los pondrá a disposición: una institución pública o el mercado libre? ¿Se pondrían a la disposición del público bajo qué forma? ¿Requeriría una receta médica? ¿Quién puede tener acceso a las drogas y a partir de qué edad? ¿Qué hacer con mujeres embarazadas, con pilotos, con médicos? ¿Dónde permitir su consumo?, ¿en las escuelas, en parques públicos, en el transporte público? ¿De qué manera se puede evitar el turismo de las drogas desde países que no apliquen la liberalización?

Sin duda, quitar las regulaciones eliminaría muchas consecuencias políticas, económicas y sociales del tráfico de drogas, entre las cuales la reducción citada de la violencia y de la corrupción no sería, desde luego, lo menos gratificante. Pero como toda medalla tiene dos lados, cabe subrayar también el lado negativo. Quienes favorecen la liberalización parten de la hipótesis de que el consumo de drogas tendría una baja elasticidad de precios. ¿El comportamiento del consumidor de drogas puede ser comparado con el de quien consume papas o pan? ¿Con la baja de precios del orden de 60 u 80%, no se corre el riesgo de un enorme incremento sobre todo de drogas "duras"? En última instancia, la pregunta decisiva es de tipo moral. Es precisamente cuando se subraya el enorme daño físico y psíquico provocado por las drogas que muchos partidarios de la legalización y de la venta libre modifican finalmente su punto de vista, por lo cual no les parece ético seguir apoyando la desregularización. En ese sentido se situaba el punto de vista común entre Argentina, Bolivia, Paraguay y Venezuela con motivo de la XIV Conferencia Internacional sobre Control de Drogas en México en abril de 1996. ¿Por qué los estudios en relación con las consecuencias de la liberalización de drogas "duras" no se dan a la luz pública? Según muchos sociólogos, es imposible establecer con seguridad esas consecuencias, de tal manera que la postura de que la "desregulación" en cuestión sería dañina adquiere ribetes dogmáticos. Pero en una sociedad avanzada, la gente ya no acepta dogmas.

Otro tema es la "despenalización" de sólo el consumo de drogas ilícitas, defendida por muchas personas incluso totalmente opuestas a la liberalización. El mismo Raymond Kendall, secretario general de Interpol, declaró en 1994 que la persecución, cada año, de miles de consumidores, respetuosos por lo demás de las leyes, es hipócrita y constituye un insulto a los derechos individuales, civiles y humanos. Como ya se ha mencionado, el costo humano y social de la actual penalización es muy alto y no se justifica.

De todos modos, el problema de la citada desregulación está lejos de ser resuelto, razón por la cual mientras tanto, la única alternativa es la lucha frontal. Ésta debe ser decisiva e integrada, con plena voluntad política y en todos los componentes señalados del problema, inclusive la mencionada limitación de daño para los drogadictos. Según los expertos, en los cinco lustros venideros aumentará el consumo de narcóticos. ¿Puede ser de otra forma, si se consideran el desempleo mundial, la disminución de los controles aduanales en el marco de la unificación regional y global de los mercados, el turismo en ascenso, la electrónica bancaria, los nuevos mercados en la Europa del este y en China, el vacío emocional alimentado por los medios de comunicación de masa, la pérdida de valores, la desarticulación de las familias y las drogas sintéticas?

* * *

Dado que la lucha en contra de los estupefacientes es por definición un problema global y transfronterizo, espera a la comunidad internacional una tremenda corresponsabilidad. Actuar únicamente de manera represiva sólo proporciona una solución parcial. Las acciones preventivas y educativas son igualmente necesarias, aunque para eso haya menos fondos disponibles.

La tarea es heroica. Pero como lo dijo el estadista inglés Edmund Burke (1719-1797): *"All it takes for evil to triumph is for good men to do nothing"*. Asimismo, ningún desafío social se encuentra involucrado en un pesimismo mayor, junto con una sensación de impotencia. A pesar de los grandes esfuerzos realizados —con pérdida de muchas vidas humanas— el consumo y la producción siguen creciendo sin parar. No sorprende para nada la situación imperante, si se tienen en cuenta las ganancias tremendas de este negocio y su movilidad extrema.

En realidad, resultaría utópico concebir un mundo libre de drogas, porque sería lograr la creación de una sociedad en la cual no existan debilidades humanas. La utopía por definición nunca se alcanza, pero no por eso hay que dejar de comprometerse en la lucha. Quizás en ninguna otra situación sea más cierto el proverbio francés "No hace falta tener garantía de éxito final en una tarea para arrimarle desde ya el hombro".

Notas

[1] Paul B. Stares, *Global habit: The drug problem in a borderless world*, Brookings, Washington, 1996.

[2] También Colombia y México producen una cantidad creciente de opio.

[3] United States Department of State, Bureau for International Narcotics and Law Enforcement Affairs, *International narcotic control strategy report*, marzo, 1996; Council of the European Union, *Combating drugs in the Latin American/Caribbean regions - Proposals for cooperation*, junio, 1996.

[4] La capacidad de producción se estima sobre la base de la superficie cultivada (mediante interpretaciones por satélite, informantes, informaciones de organizaciones no gubernamentales, estudios independientes en ciertas zonas, o bien a partir del consumo (cantidad de consumidores, requerimiento promedio del consumidor, disponibilidad del producto en el mercado, lo cual después se traduce en grado de pureza y precio por dosis). En ninguno de los dos métodos de aproximación se logró hacer cálculos aceptables para todos; eso es comprensible, tratándose además de un comercio ilegal desde la producción hasta el consumo. Por lo expuesto se recomienda trabajar a partir de márgenes superiores e inferiores, respecto de producción, comercio, consumo y precios.

[5] Francisco Thoumi, *Economía política y narcotráfico*, 1994. Véase también: R. Lee & P. Clawson, *Andean Cocaine Industry*, St. Maartens Press, 1996. Además, "Narcotráfico en Colombia - Dimensiones políticas, económicas, jurídicas e internacionales", Uniandes, junio, 1991.

[6] La emisión por la Unión Europea, en 2002, de billetes de 500 euros (o sea 540 dólares) conlleva el riesgo de que la moneda única europea podría reemplazar el narcodólar.

[7] Jean Claude Grimal, "L'économie mondiale de la drogue", *Le Monde* -Editions, 1993.

[8] David Adelman, "The drug money maze", *Foreign Affairs*, vol. 73 / 4, julio - agosto, 1994.

[9] Jean Ziegler, *La Suisse lave plus blanc*, Le Seuil, París, 1990.

[10] Se dice que los narcotraficantes colombianos habrían tratado de promover el consumo de la cocaína en Europa, en detrimento de la heroína, al financiar las campañas contra el sida que desaconsejan expresamente todo uso de agujas de inyectar. Por lo visto no tuvieron mucho éxito, porque allá el uso de la heroína mantendría su preponderancia sobre la cocaína. Esta última afirmación no encuentra, sin embargo, respaldo alguno en cifras recientes de confiscaciones en Europa. Para 1994-1995, esas cifras muestran que, en promedio, se confisca de cuatro a cinco veces más cocaína que heroína.

[11] Cabe señalar que un informe de expertos, preparado a pedido de la Organización Mundial de Salud al inicio de 1995 y a cuya publicación se opuso Estados Unidos, indica que la mayoría de los consumidores de cocaína utiliza esta sustancia con mucha moderación y pocos efectos nocivos.

[12] Matheo Falco, "US Drug Policy: Addicted to Failure", *Foreign Policy*, Washington, núm. 102, primavera, 1996.

[13] La certificación es un mecanismo establecido en la mitad de los años ochenta por una legislación norteamericana; tan sólo por una nueva ley puede anularse. Determina cada año si un Estado extranjero coopera plenamente con Estados Unidos en la lucha contra las drogas ilegales. La descertificación implica sanciones comerciales al Estado impugnado: anulación de créditos del Exim Bank y obligación de Estados Unidos de oponerse con su voto al otorgamiento de préstamos por los bancos multilaterales. Por motivo de interés nacional, el presidente puede, sin embargo, acordar a un Estado decertificado un «*waiver*» o desistimiento de las sanciones. En 1998 fue el caso de Colombia y Paraguay.

[14] Commission des Communautés Européennes, *Communication de la Commission au Conseil et au Parlement Européen concernant un Plan d'Action de l'Union Européenne en matière de lutte contre la drogue*, 1995-1999, Com (94) 234, junio, 1994.

[15] En 1998 se celebrará, asimiso, un periodo extraordinario de sesiones de la Asamblea General de Naciones Unidas para abordar el tema de la cooperación internacional y combatir el problema que representan las drogas ilícitas.

[16] Kevin Jack Riley, Snow Job, *The war against international cocaine traficking*. New Brunswick, Transaction Publishers, 1996.

[17] Ethan A. Nadelmann, "Common drug policy", *Foreign Affairs*, enero-febrero, 1998.

[18] Algunos ven en el arresto de Édgar Salinas, dirigente de las FARC, en agosto de 1995, una prueba de la intromisión de la guerrilla en el tráfico de drogas. En el momento de ser detenido, tenía 50 kilos de cocaína en su poder, así como numerosos fusiles y revólveres. Según el ejército colombiano es el gerente financiero de las FARC, en el sur de Colombia. Si bien éstas lo niegan, admiten cobrar un impuesto de guerra a las personas y las empresas que tienen un ingreso anual mayor a un millón de dólares. Es poco probable que los barones del narco dispongan de exención.

[19] La Organización para el Desarrollo Económico y Social (OCDE) cuenta con 29 miembros.

[20] US Government, *National household survey on drug abuse*, 1996.

[21] En diciembre de 1994, la delegación estadounidense en una reunión internacional del UNDCP se negó a firmar toda declaración referente a "reducción de daños".

[22] Véase Ethan A. Nadelmann, *op.cit.*

[23] R. Weijenburg, *Drugs en drugbestrijding in Nederland*, 1996.

Capítulo IX
Conservación del medio ambiente

El universo presupone eternidad... Por eso se afirma que conservar este mundo constituye una creación eterna, y que los términos "conservar" y "crear" tan opuestos aquí, son sinónimos en el cielo.
Jorge Luis Borges, *Historia de la eternidad*

La destrucción del capital ambiental latinoamericano continúa a paso agigantado. La Conferencia Mundial de Río de Janeiro en 1992 fue apenas un respiro; tampoco en América Latina llevó al cambio que hacía suponer, porque no implicó un punto de ruptura hacia otro rumbo permanente. Jamás había sido tan grande la degradación del suelo. La concentración urbana de la población y de la actividad económica conllevó una contaminación del agua y del aire de proporciones alarmantes. El breve periodo de tregua o de gracia para la selva tropical, si realmente existió, ya pasó, sin pena ni gloria, porque se reiniciaron la quema y la deforestación masivas.

¿Cómo se ha podido llegar a eso? ¿El medio ambiente tan sólo constituyó un tema de moda para las Naciones Unidas que en el ínterin tuvo que ceder para otro nuevo problema decisivo? No se puede generalizar, pues para ciertos países latinoamericanos la protección ambiental sí ha permanecido en un nivel de inquietud importante, más allá de la investigación académica. Costa Rica es uno de ellos, aunque hasta hace poco no cuidaba demasiado su propia reserva de bosque tropical.[1] En la mayoría de las otras naciones, la prioridad estuvo más bien en otros objetivos, a veces más inmediatos. ¿Falta de voluntad política, o es que la paralización se debió a problemas de financiamiento?

Con excepción de Holanda y Noruega, la comunidad internacional no ha aportado los recursos técnicos y financieros a los que se había comprometido en Río. Cuando, por casualidad, sí lo hacía (con excesiva parsimonia) faltaba el cofinanciamiento local, situación de la cual Brasil es una muestra. Tal situación es grave para el continente, pero también para el mundo, sobre todo tratándose de problemas transfronterizos como la conservación del bosque tropical. En cuanto a la disminución de la deforestación y la eliminación de gases tóxicos, pareciera que durante la cumbre ambiental de Río de Janeiro nadie estaba hablando en serio, tal como luego se puso en evidencia, en diciembre de 1997, durante los debates sobre el cambio climatológico en Kyoto.

En este último capítulo se esbozará brevemente la situación continental respecto de los problemas ambientales más impactantes. Entre muchos desafíos se escogieron específicamente cuatro, por haber empeorado muchísimo en los últimos 20 a 40 años, además de que requieren una acción enérgica e impostergable. Tres tienen un carácter más local o regional: la degradación del suelo para fines agrícolas, la contaminación del agua y la contaminación del aire. No se abordará el problema de los desechos domésticos e industriales alrededor de las ciudades. Esos "problemas ambientales color café" tienen más bien una incidencia local y los expertos no les asignan el mismo grado de urgencia.[2] El cuarto problema tiene relevancia mundial o, si se quiere, global; se refiere a la destrucción del bosque tropical, tema muy relacionado con la eliminación de gases tóxicos y el efecto invernadero. No hay mayor desafío para el medio ambiente que el cambio mundial del clima. Después se hacen algunas consideraciones en cuanto al valor global y estratégico del medio ambiente latinoamericano y la utilización de la política comercial como palanca para lograr una mejor protección ambiental.

Muchos habitantes de este continente orgulloso y autoconsciente ven en la cruzada internacional por la preservación del bosque tropical la acción de un movimiento ecológico radical deseoso de sustituir la idealización de la especie humana por la deificación de la naturaleza. Por ello, no consideran el bosque tropical un desafío en sí, sino para quienes producen la contaminación en los países industriales. Ese bosque resulta de vital importancia para la recuperación de gases nocivos emitidos por el tráfico y la industria, como el CO_2, el metano, óxido de nitrógeno y sustancias con cloruro. Esos gases producen el efecto invernadero, aunque muchos científicos tienen sus dudas al respecto.

Sin embargo, también hay mentes iluminadas, profesores, dirigentes comunitarios y asociaciones escolares que adquirieron conciencia de que los bosques pueden prestar servicios ambientales y que su medio ambiente implica una gran biodiversidad, con plusvalía.[3] Países como Brasil, Costa Rica, Ecuador, México y Panamá han llegado, en efecto, al convencimiento de que es preciso preservar la excepcional diversidad biológica, es decir las plantas, animales, microrganismos y ecosistemas de los que forman parte. Desgraciadamente, la biodiversidad nunca antes se había visto en una situación mayor de peligro que en estos últimos años. La deforestación ha desempeñado un papel nefasto en el trópico, pero también lo ha tenido la destrucción de manglares, bancos de corales y bosques en zonas de clima templado.

1. Degradación de los suelos

El suelo, la piel de la tierra, tiene funciones vitales como fuente de biomasa en cosechas y madera, como hábitat y estabilizador del ecosistema. En América Latina se vuelve cada vez más difícil cumplir con esas múltiples funciones, ya que la degradación del suelo está muy extendida. Según ciertas estimaciones, eso implicará a mediano plazo una reducción de las tierras cultivables del orden de 30% en América Central y del 10% en América del Sur. Más del 70% de las tierras productivas secas en América del Sur y en México sufren desertificación. Tan sólo en la Patagonia implica una pérdida de mil kilómetros cuadrados al año.[4] Sobre todo en El Salvador, junto con Haití, el país más deteriorado en el nivel ecológico en el continente, la situación es angustiosa. Allí, 80% del suelo está erosionado, 90% de las aguas se encuentra contaminada, más del 80% de su vegetación natural ha sido eliminada y apenas subsiste 3% del bosque natural.

Las causas por las que el suelo latinoamericano se encuentra en una situación tan precaria son tanto las fuerzas de la naturaleza (la lluvia y el viento) como el hombre (sobreexplotación, fertilización excesiva, deforestación y recolección de leña para fines domésticos y, en general, uso inapropiado del suelo para la ganadería o la agricultura. En otras palabras, si el agua y el viento son agentes importantes que provocan erosión, su impacto va a depender de la acción del hombre). Esa situación implica erosión, pérdida de fertilidad, desertificación, degradación de los suelos, salinización y alcalinización de suelos bajo riego.[5]

Lo más grave es la erosión de los suelos, en la cual intervienen como causales el agua y el viento, además de factores químicos y físicos (cuadro IX.1). Los dos primeros se llevan la capa fértil en nutrientes, por lo que se daña la riqueza del suelo. La degradación física y química afecta *in situ* la productividad del suelo.[6]

Cuadro IX.1: Causas directas de la erosión de los suelos en América Latina

	América del Sur	América Central
Erosión debida al agua	51%	74%
Erosión debida al viento	17%	7%
Degradación química	29%	11%
Degradación física	3%	8%

Fuente: World Resources Institute, World Resources 1992-1993, *Oxford University Press, 1992. p. 114.*

La causa directa principal de la erosión de los suelos es desde luego el agua, que en América Central es la responsable del 74% de la erosión de la superficie, cifra que baja a 51% en América del Sur. Se presenta en todos los países. El viento causa 7% de la erosión de los suelos en el istmo centroamericano, frente a 17% en Sudamérica; se ubica en climas secos y semisecos, sobre todo en suelos granulosos. Además de disminuir la capa vegetal del suelo, el viento lleva terreno que forma montículos y huecos, que en casos calamitosos pueden obstruir calles, edificios, vías navegables y otros terrenos agrícolas. Aquí también, sin la ya mencionada acción inapropiada del hombre, el efecto del viento, agente directo de erosión, sería mucho menor.

En América Latina la degradación química de las tierras es mayor que en cualquier otra parte del mundo; es responsable del 29% de la erosión de los suelos contra 11% en América Central, frente a 0% en Estados Unidos. En efecto, se agotan los nutrientes por actividades agrícolas en terrenos pobres o medianamente fértiles si éstos no son alimentados suficientemente con abonos animales, vegetales y otros. Es específicamente en países donde no se practica una agricultura sostenible y donde se elimina el bosque natural y otra vegetación, que se encuentra la pérdida de nutrientes. Es importante indicar que en los bosques tropicales húmedos el reciclaje de nutrientes está dentro de la biomasa. Al destruir el bosque, también se elimina la mayoría de nutrientes y los pocos que quedan rápidamente son lixiviados. Los sistemas deficientes de drenaje y el bombeo excesivo de aguas subterráneas en zonas costeras (por lo que el agua marina se filtra en el subsuelo), además de otras actividades que implican una gran evaporación en suelos que contienen mucha sal o mucha agua salina, son factores que vuelven ácido el terreno. Aparte de esto, ciertos desechos industriales y domésticos, el uso irracional de abonos y pesticidas, los derrames de petróleo y de químicos inciden en la erosión química.

La degradación física de los suelos constituye un fenómeno marginal al sur del río Bravo, porque es responsable únicamente del 3% de la erosión de suelos en la América del Sur, contra 8% en América Central. La compresión de los suelos se debe al uso de maquinaria agrícola pesada y el pisoteo del ganado. Sobre todo los terrenos con un bajo contenido orgánico sufren en este sentido, porque se disminuye la infiltración del agua y la capacidad de mantener la humedad, de tal modo que el exceso pluvial se escurre y provoca erosión.

En América Latina prevalecen numerosas prácticas agrícolas erróneas, a tal punto que, junto con el problema más evidente de la deforestación, constituyen los dos factores indirectos más importantes de la erosión de suelos (cuadro IX.2). Tal es el caso, sobre todo, en América Central (45%) y menos en América del Sur (26%); resulta alto el porcentaje pero de todos modos es menos catastrófico que en Estados Unidos, donde 66% de la degradación de los suelos se debe a actividades agrícolas. El uso insuficiente de abonos o una reducción de los tiempos de descanso entre las cosechas lleva a una pérdida de nutrientes, mientras un exceso de abono vuelve ácido el terreno. La práctica agrícola en planos inclinados puede llevar a erosión por agua, si no se adoptan medidas preventivas pertinentes. Cuando el terreno no está suficientemente protegido, los periodos sin cultivo favorecen la erosión por el viento. La evacuación insuficiente del agua de riego produce una salinización.

La deforestación, sobre la cual se volverá con más detalle, es la responsable indirecta del 41% de erosión de suelos sudamericanos y 22% centroamericanos. Esas cifras implican tanto la deforestación para obtener terrenos agrícolas y de ganadería, el corte de madera para fines domésticos, la tala a gran escala para fines comerciales y de minería, como la construcción de represas y de caminos. Al sur del Tapón de Darién prevalece sobre todo el exceso de pastoreo y, al norte, otras formas de sobrexplotación.

Cuadro IX.2: Causas indirectas de erosión de suelos en América Latina

	América del Sur	América Central
Deforestación	41%	22%
Prácticas agrícolas inadecuadas	26%	45%
Pastoreo excesivo	28%	15%
Explotación excesiva	5%	18%

Fuente: World Resources Institute, World Resources 1992-1993, *Oxford University Press, 1992, p. 114.*

El mapa de erosión de suelos en América Latina suma las siguientes características: desde Panamá hasta México se consta erosión de agua, pero poco dramática, alrededor de las montañas del océano Pacífico; prácticamente 25% de las zonas verdes se afecta por esta circunstancia. Hay tremenda erosión física y química del suelo en el sureste mexicano, en Honduras y Nicaragua, a causa de deforestación, exceso de pastoreo y malas prácticas agrícolas.

En América del Sur, el suelo de la región amazónica tiene poco daño, excepto en las tierras —al suroeste y noreste brasileño y en el Paraguay oriental— donde hubo deforestación masiva. En Argentina los terrenos agrícolas y de ganadería sufren un tanto de erosión eólica y las colinas occidentales de la cordillera de los Andes sufren la erosión por las aguas. Cantidades inmensas de suelo a orillas del mar, donde está asentada la mayor parte de la gente, reflejan daño de moderado a grave.

¿Qué se puede hacer contra la erosión de los suelos? El apoyo a prácticas culturales (barreras vivas, cultivos en contorno, cortinas rompevientos) son medidas que se pueden estimular para tratar de revertir el proceso. Claro está que estos trabajos de protección de la tierra sólo se pueden efectuar al poseer los derechos de propiedad o derechos de concesión a largo plazo. Los latifundistas, que dejan sus tierras ociosas, y para quienes la posesión de tierras es más que nada un símbolo, tampoco lo hacen. En muchas oportunidades se inicia un cultivo a causa de subsidios no justificados desde un punto de vista económico y se mantiene hasta que el terreno esté exhausto, con una mentalidad totalmente cortoplacista. La eliminación de los subsidios evitaría por lo menos la explotación a ultranza.[7]

2. Contaminación de las aguas[8]

No hay recurso más vital que el agua, tan esencial para mantener la vida como decisivo para hacer retroceder la pobreza, el hambre y la enfermedad, además de indispensable para el desarrollo económico. Sin embargo, en América Latina el agua potable falta en muchísimos lugares y las aguas contaminadas ponen en riesgo la salud de millones de personas. El peligro es inmenso, sobre todo para quienes se ven obligados a tomar el "preciado líquido" no purificado, en ríos, lagunas y fuentes de poca profundidad.

Es urgente proporcionar a la población el acceso a agua pura; desgraciadamente, del dicho al hecho hay mucho trecho. En muchos casos no es suficiente hervir el agua para que sea potable, aparte de que este método, por la recolección de leña que implica, contribuye a la deforestación (véase más adelante en este mismo capítulo). Es preocupante el bajo grado de acceso a agua potable en Haití (28%), Paraguay (42%) y Nicaragua (54%). El cuadro IX.3 demuestra que esa situación es peor que en muchos países del África subsahariana. Sólo pocos países, como Costa Rica (97%), Chile (94%), Panamá (94%), México (84%) y Venezuela (80%) salen bien librados de la confrontación. Ahora bien, ¿si salvo algunas (entre otras Estados Unidos), la mayoría de las naciones reconoce la alimentación como un derecho humano fundamental, por qué no ocurre lo mismo con el agua?[9]

La utilización de aguas contaminadas para beber o para lavarse provoca enfermedades como el cólera y el tifus, además de infecciones por lombrices intestinales y esquistosomiasis, muchas veces con consecuencias fatales, sobre todo en los niños pobres. Por lo demás, las aguas contaminadas afectan la producción de peces. En muchos países del subcontinente, la pesca no sólo significa una actividad importante para gran parte de la población rural, sino que representa también su fuente principal de proteína.

La mayor degradación de las aguas proviene de desechos humanos contaminados y puede medirse por la cantidad de coliformes. Ese tipo de degradación es reversible mediante inversiones y depuración del agua. Se comprueba que en los países pobres de la región la proporción de oxígeno disuelto en el agua de los ríos sucios se encuentra debajo de la frontera de seguridad de 5.5 miligramos por litro, lo cual quizá no signifique todavía una amenaza perentoria para la salud, pero puede tener sustancial incidencia en términos económicos, particularmente para la generación de peces. ¿Cuál es el origen de la pérdida de oxígeno disuelto? Se debe, esencialmente, a la disolución de desechos humanos y agroindustriales y a la evacuación de nutrientes en zonas agrícolas donde se usa mucho abono.

Cuadro IX.3: Acceso a agua potable, en porcentajes (1975-1980 y 1990-1996)

	1975-1980	1990-1996
Argentina	-	-
Bolivia	34	67
Brasil	63	74
Chile	67	94
Colombia	65	86
Ecuador	36	69
Paraguay	13	42
Perú	-	-
Uruguay	-	-
Venezuela	80	80
Costa Rica	93	97
Guatemala	39	65
Honduras	41	88
Nicaragua	46	54
El Salvador	54	70
Panamá	78	94
República Dominicana	56	66
Haití	12	28
México	63	84

Fuente: PNUD, Informe sobre Desarrollo Humano 1997, *p. 184-185.*

Los productos químicos tóxicos, como el plomo y el mercurio, ensucian los ríos en regiones con grandes actividades industriales y mineras, o donde se recurre al abono químico. En Colombia, Perú y Costa Rica se aplican fumigaciones específicas para evitar hongos en el banano y en las raíces de las plantas. La filtración de esos productos en las aguas subterráneas o su evacuación de otro modo altera la leche y los camarones. Difícil resulta eliminar por medios corrientes la contaminación química en el agua potable. Afecta a los peces y a los mariscos, razón por la cual su digestión puede tener consecuencias nefastas. El fenómeno se produjo en los ríos Paraíba y Guandurí de Brasil. El río Lempa, la columna vertebral del ecosistema centroamericano,[10] está muy enfermo; venerado antaño por los indígenas de Cuzcatlán por su pureza y como fuente de vida, ahora tiene un caudal débil, se ve sucio, además de estar altamente contaminado por los desechos que producen las industrias, los beneficios de café y la propia acción humana.

En la contaminación de las aguas subterráneas intervienen numerosos factores. Se debe, en parte, a la penetración de líquidos producidos por metales pesados mal almacenados, por productos químicos sintéticos y por desechos peligrosos. También ocurre cuando la contaminación química va a la par con riego artificial. En América Latina la cantidad de productos dañinos que se filtran en las aguas subterráneas se duplica cada 15 años. Con demasiada frecuencia la evacuación de los líquidos industriales ocurre en las aguas superficiales. La mayoría de las industrias que producen contaminantes tóxicos no tiene plantas de tratamiento de agua y desecha directamente a los afluentes. En muchos lugares interviene la contaminación del agua por sistemas de aguas negras y pozos sépticos mal cuidados.

La situación de los recursos hídricos es bastante preocupante. Muchos cursos de agua y lagos sufren contaminación de origen urbano, industrial y agrícola. En varios de ellos ha dejado de existir toda clase de vida acuática. Esos problemas vienen a sumarse al hecho de que hay amplias extensiones desérticas y semidesérticas. Otras veces se presenta un variado ciclo hidrológico que desencadena una terrible secuencia de sequías prolongadas e inundaciones destructivas, algunas veces exacerbadas por la degradación de las cuencas hidrográficas. El inadecuado manejo de las tierras y la consecuente erosión generan, en efecto, grandes cargas de sedimentos que destruyen los cauces inferiores. Este fenómeno impide el uso de extensas superficies para la agricultura.

En América Latina se ha hecho bastante ya para ampliar la cobertura de los servicios sanitarios, pero falta muchísimo para mejorar la calidad del agua. La sustitución de los pozos sépticos por la eliminación de aguas servidas mediante alcantarillas disminuye el riesgo de degradación en el nivel subterráneo, eso, sin embargo, poco significa cuando las aguas superficiales son contaminadas a causa de la deficiencia en las instalaciones de purificación. En esta región, apenas 2% de las aguas de alcantarilla es purificada. Sin embargo, no faltan organismos para ocuparse de esa problemática. En El Salvador existen 19 leyes, 30 instituciones y cinco ministerios relacionados con la explotación de los recursos hidráulicos. No obstante, las proyecciones del Fondo de Naciones Unidas para la Agricultura (FAO) demuestran que, para el 2013, allí habrá total escasez del vital recurso.

3. CONTAMINACIÓN DEL AIRE

Para ciudades como México, Santiago y Lima las nubes grises forman parte del panorama urbano habitual. Las manifestaciones de ciudadanos preocupados por el "aire puro" exigen que se pase a la acción. Cuando en 1986, en el Distrito Federal de México, se encontraron docenas de pájaros muertos en las calles y en los parques sonó la campana de alarma. Desde entonces, cada vez que sus habitantes están a punto de ser "ahogados" por la contaminación del aire, las autoridades decretan el doble "hoy no circula", que saca del ruedo aproximadamente a la mitad de los vehículos. Felizmente, en América Latina no se ha producido todavía una catástrofe como la cortina de smog que en 1952 se produjo en Londres y que costó la vida a 4 mil personas.

En 1992, el Banco Mundial consideró la contaminación del aire el principal problema de polución que afecta al hombre. El mismo ser humano produce la contaminación aérea y, por tanto, sólo se puede recriminar a sí mismo. Se trata de una consecuencia directa del aumento en el uso de energía, los escapes de los automóviles y las emisiones industriales. Su caracterización implica la presencia en el aire de concentraciones demasiado altas de partículas flotantes (SPM, *suspended particulate matter*). Cuando la cantidad de SPM se eleva a más de 90 microgramos por metro cúbico existe peligro, según la Organización Mundial de la Salud.

Aparte de esas partículas flotantes en el aire exterior, también se comprueba contaminación del aire en el interior, con sus consecuentes problemas respiratorios. Sólo desde hace poco se presta atención a ese fenómeno, que en Latinoamérica afecta sobre todo a hogares pobres donde, por falta de otras fuentes energéticas, se ocupa productos de biomasa como madera y paja para la cocción de alimentos y el calentamiento de la vivienda. El humo puede hacer subir la cantidad de partículas dañinas muy por encima del nivel máximo recomendado, con lo cual las mujeres, los niños y los ancianos, que llevan más tiempo adentro, corren mayor peligro. La preparación de los alimentos puede implicar la exposición durante horas a concentraciones exageradas de SPM por la expulsión de monóxido de carbono, lo cual resulta incluso más peligroso que la contaminación del aire externo.

    La consecuencia mayor de la contaminación del aire a causa de niveles de concentración de SPM incide en la salud y bienestar general con toda clase de padecimientos, y desemboca en un aumento de la mortalidad en personas mayores que sufren de enfermedades pulmonares crónicas, neumonía y dolencias cardiacas. Los problemas de salud siempre implican un precio económico, en especial la atención médica y el ausentismo en el trabajo. Según ciertas fuentes, la contaminación aérea sería la causa principal de que 2.3 millones de personas presenten problemas respiratorios, sobre todo niños, y de que en el subcontinente se pierdan 65 millones de días laborales al año. También la pérdida prematura de un ser querido puede ser el precio a pagar.

    La presencia en el aire de excesivas cantidades de plomo no resulta menos peligrosa. Sobre todo en los países en los cuales todavía se añade ese metal a la gasolina el peligro es real. En la ciudad de México, en 1992 todavía 95% de la gasolina lo contenía, y en muchos países no se dispone de gasolina libre de ese aditivo letal. Quizás es conveniente recordar que el Imperio Romano se hundió por diversos factores externos e internos, en lo político-militar, pero está comprobado que la contaminación por plomo tuvo una fuerte incidencia con el tiempo. ¿No nos estaremos envenenando poco a poco? La presencia excesiva de plomo en el aire provoca presión arterial (alta) en los adultos y mayor probabilidad de ataques cardiacos y derrames cerebrales. Se ha calculado que en la capital azteca este metal sería el responsable directo del 20% en la excesiva presión arterial. Las investigaciones han demostrado que afecta el desarrollo neurológico de los niños y condiciona su coeficiente intelectual y su agilidad.

    Por último, esta contaminación puede producirse bajo la forma de elevadas concentraciones de dióxido de azufre, en países donde la gasolina contiene un alto porcentaje de esa sustancia. También la industria minera y química producen mucho dióxido de azufre. Según activistas ambientales, en la ciudad costera de Ilo, en Perú, la fundición de cobre Southern Peru Copper Corp. echaría a diario 20 toneladas de dióxido de azufre en el aire, por lo cual sería la culpable directa de la espesa nube que "cuelga" permanentemente encima de la región. Los problemas de contaminación aérea deben ser atacados con medidas pertinentes, las cuales tienen un precio económico que muchos gobiernos no pueden pagar por falta de recursos y una percepción errónea de prioridades.

4. Deforestación de la selva tropical[11]

Junto con Asia y África, América Latina pertenece a las tres grandes regiones con bosque tropical. Con sus 792 millones de hectáreas de bosque, frente a 600 millones en África y 275 millones en Asia, el subcontinente latinoamericano tiene un peso relativo mucho mayor. El bosque tropical sudamericano cubre 729 millones de hectáreas, mientras América Central y México aportan 63 millones. La reserva del Amazonas es, sin duda, la más grande del mundo, ya que comprende la cuenca central e inferior del río del mismo nombre en la Guyana, Surinam, Venezuela, Colombia, Ecuador, Perú, Bolivia y fundamentalmente Brasil, con lo que representa más de la mitad de todos los bosques tropicales que nos quedan en este planeta. Un 60% está en territorio brasileño. Los ocho países relacionados se agrupan en el Consejo de Cooperación de la Amazonia.

Ese patrimonio es de importancia colosal a causa de su biodiversidad y porque alberga y absorbe el CO_2 que provoca el efecto invernadero en el clima. Se trata de dos ventajas universales y transfronterizas. Para los gobiernos y los habitantes no refleja directamente elementos sensibles, porque para ellos el bosque tropical representa una provisión incalculable de tipos de madera que se pueden ocupar para la calefacción, la industria del mueble o la construcción, o para la exportación. Constituye también un territorio inmenso para asentamientos humanos, una posibilidad de expansión casi irrestricta de la frontera agrícola y un subsuelo con ricos minerales y fuentes de agua que pueden ser incorporadas para la producción hidroeléctrica.

¿Por qué la conservación del bosque tropical resulta decisiva para la humanidad? La explotación inadecuada y la eliminación del bosque tropical implica efectos nocivos en cuatro funciones ecológicas y dinámicas que cumple ese bosque: mantener el equilibrio del clima, regular la provisión de agua dulce, el almacenamiento de dióxido de carbono y la preservación de la biodiversidad.

Por su intensa función de transpiración y evaporación los bosques tropicales provocan corrientes aéreas y temperaturas imprescindibles para el mantenimiento del clima universal, regional y local. Tienen una influencia benéfica en el intercambio de dióxido de carbono, oxígeno y vapor de agua en la atmósfera. Al retroceder la frontera boscosa se altera también el régimen de lluvias y la extensión de ellas sobre ciertas zonas. Las regiones despojadas de su cobertura natural se encuentran cada vez más sujetas a sequías y cosechas malogradas. Los científicos ven una relación directa entre la deforestación en las Amazonas y el progreso de la desertificación en África. Los bosques tropicales regulan los sistemas de agua dulce. Conservan la fertilidad de la tierra y evitan la erosión de los suelos.

La tercera función ecológica no resulta menos importante. Los bosques en cuestión absorben el remanente de dióxido de carbono de la atmósfera y lo almacenan en su enorme materia orgánica. Cada hectárea de bosque tropical puede acumular entre 200 y 300 toneladas de dióxido de carbono en la biomasa encima del suelo (la madera, las plantas y los animales) y en la que se encuentra debajo de él (el humus y los microorganismos). Según investigaciones recientes llevadas a cabo por la Universidad de Duke en Carolina del Norte, se ha demostrado que este dióxido también puede ser canalizado hacia las aguas subterráneas y es capaz de quedar almacenado ahí durante miles de años. De confirmarse esta nueva tesis, la importancia de los bosques y de las plantas aumentará. Por otro lado, los investigadores de la Universidad de Harvard mostraron en 1995 que la absorción de carbono en los océanos (por las algas) y en las zonas de clima templado sería más grande que la de los bosques tropicales.

La cuarta función ecológica del bosque tropical es la de ser la cámara almacenadora de la biodiversidad. En esas selvas se encuentra más de la mitad de las especies de animales vivos y plantas.[12] La biodiversidad representa una herencia decisiva para la posteridad de la especie humana, tanto en términos de alimentación, como de salud. Hoy día se ocupan plantas medicinales de estas selvas para el tratamiento de enfermedades como reuma, mala digestión, resfríos y diarrea. Pero eso no es sino un comienzo, porque algunos científicos pretenden que los bosques tropicales valen miles de millones de dólares en relación con sustancias medicinales no descubiertas todavía y que podrán ser utilizadas para la creación de nuevos productos. No debe extrañar que las industrias farmacéuticas y cosméticas tengan un interés tan grande en esas inmensas reservas.

Por lo demás, la destrucción del bosque afecta el entorno humano. Como se ha mencionado antes (capítulo IV), aproximadamente 200 comunidades indígenas tienen su hábitat en la selva tropical amazónica. De ahí extraen su alimento y sus productos. Constituyen, sin duda, el mayor patrimonio de diversidad social y biológica del planeta. La deforestación amenaza su entorno. Diversos proyectos para la construcción de represas habrían inundado 26 mil kilómetros cuadrados de cubierta boscosa primaria, casi la superficie de Bélgica. En Altamira, Brasil, a finales de los años ochenta, 600 representantes de los grupos nativos bloquearon la construcción de la represa en el río Xingú. Para los pueblos autóctonos la selva virgen representa su hogar, el sitio donde su cultura y su identidad espiritual, religiosa y étnica tienen sus raíces. Su manera de vivir, su dignidad humana y sus derechos fundamentales se encuentran estrechamente vinculados con ese entorno natural, del cual ellos mismos forman parte integral. El respeto por los derechos de los nativos y por su modelo de inserción en la biosfera contribuye a su preservación; en efecto, son portadores vivos de un conocimiento ecológico milenario y su experiencia es de extrema utilidad.

Por desgracia, este subcontinente, descrito con fervor y pasión por sus riquezas naturales, primero por las poblaciones indígenas, después por los conquistadores y artistas decimonónicos, en las últimas décadas está perdiendo velozmente uno de sus más preciados tesoros: sus recursos forestales. La destrucción de las selvas tropicales ya está muy avanzada (cuadro IX.4) y vale traer a cuenta aquel lema inglés, un tanto redundante pero expresivo, que señala: "la extinción es para siempre". En el periodo 1981-1990,[13] en la región amazónica se perdieron anualmente 6.8 millones de hectáreas y en América Central 1.4 millones, lo que implica una sangría anual de 0.8 y 1.8% respectivamente. Cuanto más accesible la selva, más feroz es ese apetito insaciable. Sobre todo en Nicaragua el proceso de deforestación transcurrió de manera terriblemente rápida. Entre 1950 y 1978, el promedio alcanzado era de 3% por año; durante el gobierno sandinista (1979-1989) bajó a 1.7%, pero con la administración de la señora Chamorro se volvió a los viejos hábitos de tala y quema. En ese país se corre el riesgo de que los restantes bosques tropicales y los bosques de pino desaparezcan en unos pocos años si no se pasa

Cuadro IX.4: Reforestación y deforestación en América Latina adaptado

	Porcentaje de superficie cubierta de bosques en 1993	Superficie cubierta de bosques en 1995 miles de hectáreas	Porcentaje anual de deforestación 1981 a 1990*	Tasa anual de reforestación 1981-1990
Argentina	18.4	33 942	-0.3	1
Bolivia	52.8	48 310	-1.2	5
Brasil	57.3	551 139	-0.5	7
Chile	21.8	7 892	-0.4	12
Colombia	43.9	52 988	-0.5	24
Ecuador	55.0	11 137	-1.6	5
Paraguay	31.6	11 527	-2.6	35
Perú	66.0	67 562	-0.3	9
Uruguay	5.2	814	-	1
Venezuela	32.9	43 995	-1.1	19
Costa Rica	30.7	1 248	-3.0	13.3
El Salvador	4.9	105	-3.3	37
Guatemala	53.4	3 841	-2.0	17
Honduras	53.5	4 155	-2.3	101
Nicaragua	24.6	5 560	-2.5	144
Panamá	43.2	2 800	-2.1	18
Cuba	23.5	-	-0.9	12
Rep. Dominicana	12.3	1 100	-2.5	8
Haití	5	0	-4	257
México	24.9	55 387	-0.9	9

*No se dispone de datos globales más recientes
Fuente: Banco Mundial, World Development Report 1996, Oxford University Press, 1996, p. 206, PNUD, Informe sobre el Desarrollo Humano 1997, pp. 214-215 y FAO, State of the World's Forests 1997.

urgentemente a una explotación sostenible. Este escenario de catástrofe vale también para El Salvador, República Dominicana, Cuba y México. En Haití y en Uruguay simplemente arrasaron todo el bosque primario. ¿Quién habría pensado que la Costa Rica verde tenía en el periodo 1981-1990, después de Haití, el triste récord de deforestación en latinoamérica con un 2.6% anual? Mientras tanto, un intenso programa de reforestación está cambiando esa tendencia. En Ecuador simplemente se recurre a correr los límites de las reservas naturales para posibilitar la explotación petrolera. Sólo en Uruguay y en Chile, que pertenecen a zonas climatológicas moderadas, la cantidad global de árboles se incrementa.

En términos absolutos, la situación más deprimente se encontró en la selva tropical brasileña. En los años sesenta el gobierno militar había emprendido un grandioso proyecto de colonización y de desarrollo en los territorios de la Amazonia. Se iniciaron toda clase de trabajos de infraestructura, como la construcción de caminos y de represas hidroeléctricas. Extensas empresas agrícolas se sintieron atraídas, al igual que pobres campesinos que tenían autorización para hacer un claro en el bosque para obtener su propia zona de pastizales. Hacia finales de los setenta, el problema se agravó. A mediados de la siguiente década se siguió en esa línea con la ayuda del Banco Mundial y el Banco Interamericano de Desarrollo. Aumentó enormemente la tala con fines comerciales, pero no en las proporciones que se registraron en Asia; el resultado fue que para 1989 un buen 9% del bosque tropical brasileño se vio deforestado y 20% afectado.

Entonces sonó la alarma internacional. El asesinato de Chico Mendes, el 22 de diciembre de 1988, por cuenta de los latifundistas brasileños, conmovería al mundo. Este trabajador de una plantación de caucho era un defensor militante del bosque tropical en la región amazónica y se transformó en un símbolo internacional de la lucha por la protección del ambiente.[14] Su muerte contribuyó a una enorme preocupación por la destrucción de los bosques tropicales y sus potenciales consecuencias globales. Durante la Cumbre de Houston, en julio de 1990, el Grupo de los Siete (los países más industrializados del planeta) empezó a preocuparse por el asunto. Solicitó a la Unión Europea y al Banco Mundial que, junto con el gobierno brasileño, estableciera un plan piloto integrado para la conservación del bosque tropical brasileño. El plan se lanzó en 1994 bajo el código PPGZ.

El objetivo de este plan consistió en "maximizar las ventajas ambientales del bosque tropical brasileño conforme a los objetivos de desarrollo de ese país, mediante la ejecución de una estrategia de desarrollo sostenible que contribuiría a una disminución permanente del ritmo de deforestación". Se postulaba que "la conservación de la biodiversidad, la disminución de la contaminación aérea y el conocimiento en torno a las actividades viables en el bosque tropical constituyen ventajas de carácter global que justifican la transferencia de medios financieros y técnicos de la comunidad internacional hacia Brasil".[15]

El plan piloto preveía gastos por un total de 1.5 mil millones de dólares distribuidos en cinco a seis años, en dos etapas. La Unión Europea y el Banco Mundial se comprometieron a aportar en la primera 250 millones de dólares (incrementados luego a 297) y crear un *trust fund* con el cual todas las instituciones y los gobiernos pudieran colaborar para llevar a cabo las acciones previstas. La segunda fase arrancaría a partir de 1998. Brasil calcula que se requerirán no 1.25 mil millones de dólares, sino 1.5 para contrarrestar las actividades de tala y quema en el bosque tropical. De ese modo nació la cooperación internacional ambiental más grande de todos los tiempos. Tres años después del inicio la comunidad internacional, pero sobre todo Brasil, había contribuido sólo en forma muy deficiente con los recursos ofrecidos. Únicamente Alemania, que había prometido aportar 55% de los fondos requeridos para la primera fase, cumplió con su palabra.

Hasta la fecha los resultados de las acciones para contrarrestar la deforestación en la cuenca amazónica resultaron un fracaso total, lo cual se puso en evidencia por las cifras dadas a conocer en septiembre de 1996, en Bonn, con motivo de la reunión entre los representantes del Grupo de los Siete y Brasil. El primer análisis conocido de las imágenes por satélite tipo Lansat (establecidas 230 veces al año) desenmascaró la situación. El corte anual había aumentado de 1.09 millones de hectáreas en el periodo 1990-1991 hasta 2.9 millones en 1994-1995 (166% más que en 1990-1991 y 38% más que durante todo el decenio 1978-1988), un récord histórico. Felizmente esta cifra bajó a 2.1 millones en 1995-1996 y 1.3 millones en 1996-1997. ¿Por qué no se dieron a conocer antes estos datos escalofriantes? El director del Fondo Mundial para la Naturaleza en Brasil, Garo Batmanian, confiesa sin ambages que después de la Conferencia de la Tierra, la destrucción del bosque tropical volvió a aumentar, mientras que a finales de los años ochenta había disminuido significativamente. Esa reducción temporal se debió a un retroceso de la actividad económica y no a medidas explícitas o a un aumento de la conciencia ambiental.

Ese dramático panorama incitó al gobierno brasileño, en 1996, a no otorgar nuevas concesiones para el corte de determinados tipos de madera como caoba y virola (la materia prima principal para el multiplex) y a acelerar el examen de un proyecto de ley introducido en 1991 y que castigaría toda tala ilegal con condenas de cárcel de hasta cuatro años y denegación de contratos federales. Sin embargo, se mantuvieron las concesiones otorgadas. Se suprimieron los subsidios nefastos para los ganaderos y la parte que los propietarios de tierras en la región del Amazonas tienen que conservar como bosque tropical húmedo se incrementó del 50 al 80%. Por otro lado, el gobierno reservó para sí mismo 20% del bosque bajo la forma de parques nacionales, reservas ecológicas y áreas para la población indígena. ¿Habrá sido todo un arreglo cosmético en la víspera de la Reunión de Bonn, donde había que decidir acerca de los recursos financieros para la ejecución del plan piloto? Es posible que así fuera; con tan sólo 275 vigilantes para toda la región amazónica resulta muy difícil hacer que esos nobles objetivos sean respetados. Se afirma que 80% del comercio maderero se hace de manera ilegal.

Dos constataciones refuerzan la sospecha según la cual el furor en el ritmo de tala iniciada después de la Cumbre Ambiental de Río se mantiene todavía. Ahora que Malasia e Indonesia reforzaron sus reglamentaciones contra la deforestación, muchas sociedades madereras asiáticas procedieron a comprar bosque tropical brasileño. Así pasó, entre otros, con el grupo WTK de Malasia y el consorcio entre China y Hong Kong Fortune Timber. Las multinacionales asiáticas ya habrían comprado aproximadamente 45 mil kilómetros cuadrados de bosque tropical en el Amazonas y están haciendo fuertes inversiones en la modernización de aserraderos locales para aumentar la producción de madera prensada (triplex y multiplex). La duda es si esos métodos responden a las normas de la Organización Internacional para la Madera Tropical.

Otro indicio de que se reanudó la deforestación en esa región son los gruesos nubarrones que se notan desde hace algunos años encima de grandes partes de Brasil, Bolivia, Paraguay y Uruguay. Es un fenómeno anual entre julio y noviembre, tiempo que coincide curiosamente con la época en que todo tipo de campesinos y ejecutores de proyectos hacen quemas para el pastoreo, la siembra o la construcción. El National Institute for Space Research (INPE), que lleva el inventario de las quemas, corroboró que éstas aumentaron recientemente de manera vertiginosa. Debe añadirse la gran sequía provocada en 1997 por El Niño, un fenómeno climatológico originado en el océano Pacífico, que ese mismo año tuvo efectos sobre 20% del bosque amazónico, es decir 750 mil kilómetros cuadrados (se mantuvo una nube asfixiante más densa todavía que la que se encuentra encima del archipiélago indonesio[16]). El Environmental Defense Fund, establecido en Estados Unidos, afirma que (en 1997), se quemó 28% más de bosque que el año anterior.

El fenómeno de los incendios forestales es angustiante. Grandes nubarrones anuncian torrenciales lluvias tropicales, pero en la práctica ni la lluvia ni el viento aparecen y el cielo se oscurece, por lo que el clima se hace más pesado y caluroso, hasta sofocante, produciendo un aumento en los problemas respiratorios. Por otro lado, el humo condiciona la visibilidad en los aeropuertos que se encuentran más cerrados que abiertos. Así pasa con el de Manaus, la capital amazónica brasileña, que sólo permite aterrizajes con instrumentos de radar.

El gran desafío para la conservación del bosque tropical y la prestación de servicios vitales en el campo económico, social y ecológico que eso implica es llegar a una administración sostenible de este patrimonio de la humanidad y la adopción de objetivos vinculantes, razonables y capaces de ser controlados multilateralmente. Para ello se necesita mucha creatividad y, en primer lugar, la inserción de esos objetivos en la política nacional. Al dar títulos de propiedad o de usufructo a largo plazo, se podría instigar a los emigrantes hacia este bosque a hacer inversiones más amplias en el terreno que están ocupando para pasar a métodos agrícolas más intensivos. Por ahora, el pobre campesino en la frontera agrícola vive en forma parasitaria y en constante traslado. También la reforma agraria resulta decisiva, porque en la parte de Brasil donde se encuentra el Amazonas, 81% de las tierras es propiedad del 4.5% de los terratenientes. Ello obliga a muchos campesinos sin tierra a recurrir al bosque tropical. Hay que terminar con la dinámica destructiva del desarrollo agrícola extensivo, algo que desgraciadamente no se puede lograr sin capital,[17] el cual resulta más escaso que la tierra misma. La comunidad internacional tiene que asumir su responsabilidad y debe poner todo su esfuerzo en juego para cortar la emisión de gases nocivos; de lo contrario, el esfuerzo global perderá credibilidad. Como se demostrará más adelante, ése resulta, tristemente, el caso por ahora.

La explotación comercial del bosque tropical produce menos riesgo de calentamiento global que la tala para fines agrícolas, ganaderos y actividades mineras. Se puede reducir el daño con una mejor explotación y una mayor vigilancia de las condiciones acordadas para las concesiones de tala. La explotación comercial sostenible es posible si los programas de reforestación se vuelven obligatorios, lo que por ahora no se cumple. Estos nuevos bosques, si bien en menor rango que la selva tropical, contribuyen a mantener el valor de la naturaleza y la biodiversidad. En Estados Unidos de América y en Suecia los activistas ambientales elaboraron certificados ecológicos para madera proveniente de bosques administrados sobre un patrón sostenible. Esos *ecolabels* se basan en aproximaciones denominadas de tipo ciclo vital y, en realidad, implican un juicio sobre procesos productivos extraterritoriales. En efecto, eso permite evadir sanciones de la Organización Mundial del Comercio por no ser los gobiernos los que frenan la importación de maderas no ecológicas, sino los consumidores.

Resulta lamentable que durante la Conferencia Ambiental de Río de Janeiro no se pudiera llegar a un acuerdo en relación con una Declaración Universal sobre la Explotación de los Bosques. La resistencia provino de los países en vías de desarrollo que ven en eso una injerencia en su autonomía y en su derecho a su propia evolución. El argumento era el siguiente: ¿si hace mucho tiempo el Norte logró su despegue económico sacrificando sus bosques, por qué las naciones pobres no tendrían el mismo derecho exclusivo sobre su manto forestal? ¿Y acaso el presidente Bush no se negó a firmar la Convención de la Biodiversidad con motivo de esta cumbre ambiental, aduciendo que la Convención sobre el Clima afectaba los intereses y puestos de trabajo del lado estadounidense? ¿La Convención sobre el Clima no constituye en sí el anverso lógico de la fracasada Declaración Universal sobre la Explotación de los Bosques?

Finalmente, sólo se ganará la lucha por preservar la selva tropical si los países industriales también se comprometen a compartir los gastos. El Informe Brundtland[18] calculó que para la preservación del bosque en cuestión, en el mundo bastarían 7 mil millones de dólares por año. La Agenda 21, el plan de acción adoptado durante la Cumbre de Río, estimó los gastos en 17 mil millones; ambas cifras corresponden, respectivamente, a 3 y 7% de los presupuestos mundiales en armamento. ¿El interés por la supervivencia planetaria es suficientemente alto para desembolsar ese precio?

5. Emisión de gases de invernadero y agujeros en la capa de ozono

La contaminación ambiental y la destrucción de la biodiversidad actualmente se pueden calcular. También es factible evaluar la incidencia en el capital ambiental por la destrucción de la capa de ozono; en cambio, para los gases que producen el efecto invernadero, las consecuencias sólo se podrán medir a largo plazo. Pero por lo general; los gobiernos administran a corto plazo, lo cual es preocupante.

5.1 La capa de ozono

En los años ochenta se llegó por primera vez a comprobar la existencia de una perforación en la capa de ozono, específicamente encima de la Antártida. Ese hueco en la estratosfera, de entre 17 y 22 kilómetros, implicaría ahora un manto de 20 millones de kilómetros cuadrados, superficie que duplica a la de Estados Unidos. Algunos investigadores temen que el área se pueda extender todavía hasta incluir partes mayores de Argentina y Chile, además de sectores de Australia, Nueva Zelanda, Brasil y Uruguay. En 1988 se descubrió que la capa de ozono también se está reduciendo en el hemisferio norte. Se trata claramente de un problema global.

La desaparición de la capa de ozono tiene como consecuencia que disminuya la protección terrestre contra las radiaciones ultravioletas provenientes del sol. Los agujeros en la capa se producen por una concentración en la atmósfera de sustancias producidas industrialmente, del tipo clorofluorocarbono (CFC). Mientras tanto, la investigación científica descubrió que el metilbromuro, el metilcloruro y el tetracloruro de carbono dañan igualmente la capa de ozono.

Los clorofluorocarbonos se descubrieron en 1928 y parecían un producto ideal, no dañino para el consumidor ni el ambiente. No se inflamaba, no era venenoso, además de que se producía y almacenaba fácilmente. Al principio, los CFC sólo se aplicaron en el líquido especial de las refrigeradoras, pero a partir de 1950 se utilizaron como propelentes de aerosoles y en la manufactura de espumas plásticas. La revolución de la informática los incorporaría como solventes para los circuitos electrónicos, y la industria alimentaria recurriría a ellos para producir botellas desechables. Después se descubrirían científicamente los daños producidos por los CFC.

La Convención de Viena sobre la protección de la capa de ozono (1985) y el Protocolo de Montreal (1987) prescribieron la reducción a la mitad de los productos que afectan la capa de ozono en el mundo antes del año 2000. Si esa meta se logra, el agujero se volvería a cerrar dentro de cuarenta a cincuenta años. Así lo afirma el científico Paul Crutzen, Premio Nobel de Química y uno de los descubridores del fenómeno. Las naciones industriales ya dieron un corte absoluto al uso de los CFC en 1965. Para los países en vías de desarrollo se estableció un lapso adicional de diez años. Sobre todo en China, la India y Brasil se mantiene la producción a gran escala. Los CFC se siguen utilizando para producir refrigeradoras, congeladores, aires acondicionados, aerosoles, ciertos productos de limpieza y productos plásticos expansivos utilizados en el sector de construcción, en la fabricación de carros y en la producción de envolturas. Mediante programas de reconversión industrial se trata de introducir cambios al respecto.

A largo plazo, la destrucción de la capa de ozono sería tremendamente perjudicial para la salud, por su incidencia en diversos tipos de cáncer de la piel. Una amenaza más seria todavía es el hecho de que una exposición mayor a la radiación ultravioleta afecta al parecer el sistema inmunológico. También la vida vegetal y animal en la tierra y en el mar se pondría en peligro. Sin embargo, no hay consenso por parte de los científicos respecto a la gravedad de la amenaza. Ignoran si la disminución de la capa de ozono ya produce efectos sensibles, y los daños potenciales en gran escala de esta radiación sobre los ecosistemas y el hombre resultan todavía en buena medida desconocidos. Ronald Bailey establece tajantemente que en 1992, para conseguir su presupuesto, la NASA engañó a la opinión pública respecto de la reducción de la capa de ozono.[19]

5.2 Los efectos de invernadero

Los rayos solares determinan el clima en la Tierra. La energía del sol, absorbida por la Tierra, tiene que ser compensada por radiación que parte de ésta y la atmósfera. De no ocurrir esto, se produce calentamiento. Los gases de invernadero dejan pasar los rayos solares que entran pero no los que vuelven desde la recalentada superficie terrestre; esa circulación en vía única lleva al recalentamiento. Esos gases hacen que la vida en el planeta sea posible, porque sin ellos la temperatura promedio sería de 18 grados bajo cero. Lo que inquieta entonces no son esas emisiones en sí, sino su aumento. Sobre la existencia de este tipo de gases existe un criterio unificado de los científicos. Ya en 1827, el naturalista francés Joseph Fournier postulaba que la atmósfera de nuestro hábitat global reacciona como el vidrio en un invernadero. El aire deja pasar los rayos calientes del sol pero reduce la velocidad con que éstos rebotan en el espacio, de manera que entra más calor que el que sale.

Entre los objetivos de la Convención Marco de las Naciones Unidas para el Cambio Climático, la reducción de las emisiones ocupa un lugar central. El dióxido de carbono (CO_2) es el gas con efecto invernadero más importante, seguido por los clorofluorocarbonos (CFC), los bromofluorocarbonos (BFC), el metano (CH_4) y el óxido de nitrógeno (N_2O). La emisión de CO_2 se produce especialmente por la combustión de las reservas de energía fósil (petróleo, gas y carbón de piedra) en las centrales eléctricas y se utiliza para la calefacción de los edificios, la circulación vial y la industria. La producción de cemento genera una cantidad limitada de CO_2.

Aparte de los gases con efecto invernadero, también está la emisión de gases ácidos como el óxido de azufre y el de nitrógeno (SO_2 y N_2O_3) y amoniaco (NH_3). Este último surge casi exclusivamente de la ganadería y el abono animal. Estos tres gases ácidos, mezclados con la lluvia afectan las tierras, ríos, lagos, bosques, cultivos y edificios. Las grandes concentraciones de óxidos de nitrógeno constituyen una amenaza para la salud humana porque no sólo acidifican, sino que provocan también la formación de smog y ozono troposférico. Una capa de ozono cerca del suelo es mala para la salud, mientras que en lo alto de la atmósfera protege. Se pueden disminuir las emisiones de gas con una política más eficiente en el uso de energía y utilizando combustibles pobres en azufre como el gas natural. El carbón y el petróleo contienen azufre. Otros remedios son la energía nuclear (por lo demás poco popular en la población), la energía hidroeléctrica, la eólica, la colocación de catalizadores trifásicos en los automóviles y la limpieza de gases de combustión en la industria.

Según la Convención Marco de Naciones Unidas para el Cambio Climatológico, en una primera fase los países industriales tenían que reducir su dióxido de carbono para el año 2000 en el nivel de 1990. Esa nueva convención estuvo débil porque preveía que sólo para el año 2000 se tomarían medidas y sólo en relación con el CO_2. Para lograr esa meta se establecieron programas de ahorro energético, se introdujeron impuestos a la energía y se barajó la idea de un impuesto al CO_2. Sin embargo, eso resultó totalmente insuficiente. ¿Se puede lograr de otro modo con medidas no vinculantes?

En 1996, dos años después de la Conferencia de Río, se comprobó por desgracia, que las emisiones de gas de invernadero, en vez de reducirse habían aumentado 4% y que la expulsión de CO_2 en Estados Unidos había subido 15%. La baja momentánea observada se debió simplemente a una reducción de la actividad económica, por lo que no fue mérito especial de nadie. La deforestación y la subida de emisiones de gas mantienen un mismo ritmo. Se confirma cada vez más que nadie tomó en serio la firma en la Convención para el Cambio Climatológico en Río de Janeiro en 1992. Sólo dos países podrán quizá lograr los objetivos cuando acabe el siglo, pero por mera casualidad. Gran Bretaña sufrió el hundimiento de su industria minera y en Alemania Oriental, junto con la caída del Muro de Berlín, derribaron miles de viejas chimeneas que eran monumentos a la contaminación. Hubo un cambio radical hacia fuentes energéticas menos sucias. Alemania logró reducciones del 20% o más en ese sentido.

En las conferencias climatológicas siguientes, en Berlín (1995) y Ginebra (1996) se tomó la resolución de continuar después del año 2000 con la reducción de "todas" las emisiones de gas y se acordaron medidas legales exigibles para reducir el consumo mundial de petróleo y de carbón. Esa decisión encontró mucha oposición. Australia, que produce carbón, y los países productores de petróleo se opusieron. Los países en vías de desarrollo dudaban todavía entre las ventajas reales del desarrollo económico y los peligros teóricos del cambio climático. Por lo demás, adujeron, no sin cierta razón, que no les corresponde a ellos limpiar el desastre creado por las naciones ricas. El consenso para lograr objetivos vinculantes sólo se logró bajo presión europea y después de un giro en el punto de vista de Washington; en este último caso prevaleció sobre todo un cálculo político porque el calentamiento de la Tierra pondría en peligro el arma política de los graneros estadounidenses. Las cosechas sufrirían una creciente sequía y la frontera de los granos se desplazaría hacia el norte, con lo cual la producción en Canadá y en Rusia se vería favorecida y disminuiría la utilidad estratégica de las reservas de granos.

Respecto del cumplimiento de los objetivos vinculantes para la reducción de las emisiones de los tres gases principales que producen el efecto invernadero (dióxido de carbono, metano y óxido de nitrógeno), se realizaron negociaciones durante dos años antes de que en Kyoto (la antigua capital nipona) se lograra en diciembre de 1997 un resultado muy incompleto respecto de lo que habría debido ser el acuerdo ambiental más completo de la historia. Todos los movimientos para obtener ese acuerdo no podrían haber resultado peor: cabildeos empresariales desorganizados, la actitud de Estados Unidos, que a toda costa deseaba que el petróleo se mantuviera barato, y Asia, que no quería frenar su crecimiento sobre todo después de la profunda crisis bursátil que se había desatado dos meses antes. Finalmente se acordó que la Unión Europea disminuiría sus emisiones globales de gas para el periodo 2008-2012 hasta 8% bajo el nivel de 1990, Estados Unidos 7% y Japón 6%. Sin embargo, el acuerdo cojeaba por dos defectos muy serios. En primer lugar, la exepción para algunos países en vías de desarrollo; pues dos naciones de las más contaminantes (China y la India) fueron "invitadas" cortésmente a realizar voluntariamente un esfuerzo. En segundo lugar, no se dijo ni una palabra con respecto a las medidas que se aplicarían para obtener la obligatoriedad del acuerdo. En esas circunstancias, la posibilidad de que esos ambiciosos objetivos fueran tomados en serio resulta muy reducida, sobre todo porque frenarían la actividad económica, además de aumentar el desempleo. Su aprobación en el Congreso estadounidense por lo demás no está asegurada. En Kyoto tampoco se logró un acuerdo respecto de un tema central: si el sistema de intercambiar entre países las cuotas de emisiones de los gases de invernadero debe ser considerado como un método para reducir el calentamiento del planeta.

La tarea parece enorme. Más del 90% de la energía mundial se basa en carbón y petróleo, por ser formas energéticas más baratas. Diversos Estados, como sucede con Alemania y Rusia, siguen subsidiando su producción de carbón y en casi todos los países en vías de desarrollo se subvenciona la electricidad. Al eliminar ese subsidio a la energía fósil se promovería el ahorro energético, así como también el cambio hacia fuentes energéticas alternativas, que, al decir de algunos expertos, reducirían las emisiones tóxicas entre 4% y 18%. Según otros, el lado negativo del menor uso de carbón y petróleo supondría una baja del crecimiento económico y un aumento del desempleo.

El gran obstáculo político para la reducción de las emisiones de gas reside en las conclusiones encontradas por los científicos.[20] Los investigadores están convencidos de que los gases que inciden en el efecto invernadero aumentarán la temperatura mundial a partir de cierto momento, pero no han logrado un acuerdo unánime sobre el plazo en que éstos se vuelven dañinos. Al parecer, las emisiones de invernadero provocadas por el hombre implicarían sólo 4% del total. Esa falta de consenso dificulta desde luego la toma de decisiones políticas, así como también la búsqueda de financiamiento al respecto. Por otra parte, no existe seguridad sobre ciertos temas: el caso de las nubes, así como pueden aumentar el efecto invernadero, también lo pueden disminuir; los sulfatos que emanan de la combustión de energía fósil al parecer más bien harían bajar la temperatura. Los fabricantes de automóviles pretenden, incluso, que los vehículos no tienen responsabilidad de las emisiones de ozono y que ciertas concentraciones en el ambiente más bien resultan beneficiosas para los pulmones. Hay que recordar que el ozono —por ser O_3— es una especie de oxígeno enriquecido.

De cualquier modo, tanto los científicos como los políticos están de acuerdo en que determinados efectos de las emisiones de gas resultan suficientemente negativos para motivar que se emprenda algo desde ya. El hecho de plantar árboles resulta de todas maneras útil porque absorben el dióxido de carbono. También a los países occidentales conviene plantar árboles de rápido crecimiento, aunque sea para sustraer tierras a los sectores de producción agrícola. Al menos inicialmente, la plantación y el mantenimiento de esos árboles jóvenes daría trabajo a numerosos trabajadores de baja escolaridad. Asimismo, debe considerarse que esos árboles podrían ser utilizados como fuentes energéticas alternativas para carbón y petróleo.

6. Cambios climáticos

¿A quién se le ocurre todavía dudar que el clima está cambiando? En este siglo, la temperatura global promedio habría aumentado entre 0.3 y 0.6 grados Celsius. En 1995 el termómetro alcanzó su nivel más alto después de 130 años de mediciones, y los 10 años más calientes en ese lapso se sitúan todos en los ochenta y noventa del presente siglo. Los años más calientes se situaron entre los más recientes, en el periodo 1990-95. En los pasados cien años el nivel del mar subió entre 10 y 20 centímetros ¿Todo esto será mera coincidencia?

¿Este calentamiento se debe a variaciones naturales o a interferencia del ser humano? El foro de discusión intergubernamental sobre el cambio climatológico, reunido en Roma en diciembre de 1995, estableció su veredicto después de dos años de confrontación. Si bien afloran algunas dudas, queda patente que, de acuerdo con los hechos objetivos, la influencia humana en el cambio climatológico global resulta decisiva. El mensaje político fue más claro que la ciencia de invernadero. Las actividades humanas son capaces de condicionar peligrosamente el clima en todo el planeta, de manera que los gobiernos deben programar claramente desde ya qué hacer al respecto, porque no sirve adoptar la táctica del avestruz.

Se calcula que en el transcurso del próximo siglo habrá un aumento de temperatura entre 1 y 3.5 grados. Pequeñas diferencias climatológicas pueden tener grandes consecuencias. Quizá sea útil recordar que los glaciares que se movieron a través de Europa y la América del Norte, en el último periodo glacial, hace 115 mil años, fueron provocados por una baja de 2% promedio en la temperatura de verano. El aumento previsto es suficiente como para hacer que se derritan los polos y los glaciares. Puede suceder que el nivel del mar suba aproximadamente un metro, por lo que desaparecían ciertas islas y millones de personas tendrán que abandonar su hábitat. Las islas Barbados, por ejemplo, se transformarían en una nueva Atlántida. Las inundaciones podrían amenazar culturas enteras y provocar emigraciones a gran escala. La producción alimentaria se vería afectada con la sequía, como ya sucede en Perú. La salud pública se deterioraría dramáticamente, pues muchas enfermedades tropicales se desplazarían hacia el norte. Según un informe de la Organización Mundial de la Salud, tan sólo la variación en el termómetro implicaría que la cantidad de casos de malaria aumentaría cada año de 50 a 80 millones. Como siempre, habrá ganadores y perdedores. En efecto, algunas zonas podrían sacar ventaja de ese calentamiento del clima. Un aumento de tres grados implicaría cambios drásticos en patrones energéticos. Que habría más perdedores que ganadores, también resulta evidente.

Hasta ahora, la ciencia ha visualizado el aspecto negativo de los gases tóxicos en primera lugar desde la perspectiva de la potencial subida de temperatura. Se ha prestado mucho menos atención al cambio que provocaría una disminución de las lluvias en las actividades y los asentamientos humanos. Según algunos expertos, este peligro sería incluso más grande que la alteración del calor, algo que el fenómeno El Niño[21] pareciera confirmar. En un artículo en la revista *EOS* de la American Geophysical Union, Jim Shuttleworth, de la Universidad de Arizona, afirma que los cambios en el régimen pluvial pueden ocasionar más inundaciones en determinadas zonas, y también periodos de sequía más fuertes y prolongados. Esto último sucede actualmente en Perú, México y Panamá. En 1998 fue necesario reducir la carga de los barcos que pasan por las esclusas del canal interoceánico por falta de agua, debido a la deforestación local de años anteriores, pero ahora también sobre todo a consecuencia de El Niño.

Sin duda, el calentamiento global acelerará el ciclo hidrológico porque cuanto más caliente se encuentra el aire, más se evapora; por otro lado, a temperatura más alta puede absorber mayor cantidad de agua evaporada. Todavía no se ha podido corroborar si esto causará periodos pluviales más fuertes o lapsos más largos de sequía. Se requieren con suma urgencia mejores modelos climatológicos. La respuesta que proporcionarán podría determinar tanto la estabilidad política como la actividad económica de determinados países.

7. ¿El medio ambiente y la biodiversidad tienen un valor estratégico?

El valor estratégico o geopolítico se relaciona con influencia en la mesa internacional de negociaciones. La pregunta es si los servicios ambientales prestados por la selva tropical y la biodiversidad son capaces de fortalecer el poder negociador internacional de una nación o de un grupo de ellas. ¿Constituyen un *quid pro quo* en el comercio global del dar y tomar? El concepto de la plusvalía política del medio ambiente es relativamente nuevo, pero no carece de importancia.

En primer término, se puede comprobar que, ahora que terminó la guerra fría, el "tercermundismo" perdió muchas de sus ventajas originales, y América Latina no constituye una excepción al respecto. Muchos países de este subcontinente se sienten confinados y debilitados. Pasaron los tiempos en que el Norte buscaba afanosamente cómo transformarlos en aliados ideológicos sostenibles, todo lo cual repercutió inmediatamente en las corrientes internacionales de cooperación. Sin duda, el final de las guerras civiles en Nicaragua y en El Salvador, para nombrar sólo dos países, significó un dividendo negativo de la paz; eso no sólo afectó a los países en guerra sino también a sus vecinos, como Honduras y Costa Rica, los cuales durante la contienda habían servido de refugio y algunas veces de plataforma de ataque. Durante la guerra civil nicaragüense, hubo un periodo en que Costa Rica recibía de Estados Unidos un millón de dólares al día. Esa fuente de ayuda se secó completamente y Washington prácticamente cortó todo su programa de la AID en ese país en 1996; también en Honduras y Nicaragua se reducen esos fondos.

Según John Ravenhill, las naciones del Sur se encuentran entonces en la búsqueda de nuevos medios colectivos de presión.[22] Menciona cinco: el petróleo, la deuda internacional, el control sobre las inversiones extranjeras, el acceso a los mercados y el medio ambiente. Son cartas bajo la manga que esos Estados poseen para defender sus intereses y lograr más peso en la balanza a la hora de determinar la agenda internacional y exigir una distribución más equitativa de la riqueza y la prosperidad. El peso relativo del medio ambiente como medida de presión depende de la cantidad de bosques y la biodiversidad que posee un país, y su disposición en poner esos al servicio de otros que quieran pagar un determinado precio por ellos.

Utilizar el medio ambiente como factor estratégico resulta relativamente nuevo. Surgió sobre todo en el periodo anterior a la Conferencia sobre el Medio Ambiente de Río, en 1992. Ese cambio político no resultó demasiado evidente, sobre todo para el ciudadano común. Se requerían buenos argumentos para convencer al gobierno y a la población no indígena de que la protección de la selva tropical también iba en su beneficio y que era urgente elaborar una nueva relación con la naturaleza. Más aún en el caso de las drogas ilegales, muchos pensaron que frenar la explotación de los recursos forestales era atentar contra su soberanía, una negación del derecho de la población local a su desarrollo económico y un intento por subyugar a los países en términos políticos y económicos. Mucha agua pasó bajo el puente, a tal punto que extraer conocimientos sobre el medio ambiente a la población indígena es considerado por algunos un robo de la propiedad intelectual. Así se vio en los debates de la Ronda Uruguay.

Sin embargo, si los países industrializados —con un sentimiento que tiene algo de *mea culpa*— en son de corrección pretenden interesarse por la política ambiental de América Latina, deben estar dispuestos también a pagar un precio. El canje de "deuda por naturaleza" es una de las maneras de hacerlo. Ecuador, Costa Rica y Bolivia utilizaron abundantemente esa técnica.[23] La "facilidad global del medio ambiente" del Banco Mundial —con miras a financiar proyectos ambientales globales en el marco de un desarrollo nacional— se inserte también en esa misma perspectiva. Otra modalidad es simplemente pagar por servicios prestados por el patrimonio boscoso en su calidad de esponja que absorbe los gases nocivos. Puede llamarse comercio internacional de aire puro, igual que otros venden agua en botellas. En efecto, ¿por qué Brasil, en su política respecto de sus bosques, prestaría atención a la comunidad internacional en relación con servicios ambientales, si aquello no supone un interés financiero?.

El primer contrato para venta de servicios del medio ambiente se estableció entre Noruega y Costa Rica en 1996, cuando el primer país giró 2 millones de dólares para el Fondo Nacional de Dióxido de Carbono con fines de reforestación. El pago se efectuó contra títulos verificables y negociables. Con los recursos de este convenio, inédito en la historia de las finanzas y el medio ambiente, comunidades costarricenses reforestan y compensan así las emisiones de gas con efecto invernadero de la industria noruega. Además, estos recursos permitirán a Costa Rica incrementar su capacidad de generación eléctrica a partir de plantas hidroeléctricas, lo cual, consecuentemente, dará lugar a la reducción de CO_2. Por tonelada de dióxido absorbido se calculó un precio de diez dólares. Para la venta de derechos de compensación de carbono, Costa Rica ha elaborado también otro mecanismo financiero (llamado "*Certified Tradable Offsets*"), presentado en el "Chicago Board of Trade". Un portafolio de proyectos forestales y de conservación de bosques respalda la emisión de títulos negociables en bolsa, certificados y monitoreados por un tercero independiente. En diciembre de 1997, Costa Rica recibió la primera certificación mundial verificado por la firma "Societé Générale de Surveillance" por casi cuatro millones de toneladas de CO_2. Tales mecanismos pueden bajar los costos de los programas de reducción de gases en los países o empresas contaminantes y brindar un ingreso a los reforestadores mientras esperan que su plantación madure y produzca la primera cosecha. Ha llegado la época de venta de "aire puro". Según sus promotores, este programa podría aportar al país centroamericano 120 millones de dólares anualmente, eso está por verse, pero al menos se creó el antecedente. Chile también promociona sus servicios en este sentido. Que el asunto se está tomando en serio lo demuestra la Conferencia Climatológica de Kyoto, que fracasó en el punto neurálgico de lograr un acuerdo que permitiría a las naciones industriales comprar oficialmente aire puro en los países en vías de desarrollo, negociaciones a tomar en consideración para calcular el grado de cumplimiento en su compromiso respecto a la reducción de gases de invernadero.

En lo referente a biodiversidad, el pago de un precio de mercado para investigación y la obtención de productos fitogenéticos escasos resulta menos problemático. Ninguna gran multinacional química, farmacéutica o cosmética dejó de concluir un acuerdo de cooperación con instituciones y fundaciones locales comprometidas con el medio ambiente. Costa Rica y Ecuador son ejemplos en tal sentido.

8. Política comercial como un trampolín para la protección ambiental

Para los activistas "verdes", sobre todo enmarcados en organizaciones no gubernamentales, resulta importante incorporar la política comercial multilateral como medio para forzar la protección del ambiente. Es el caso, sobre todo, en relación con las maderas tropicales que escasean y las plantas y animales en peligro de extinción. Otros van más lejos todavía y desean internacionalizar el principio según el cual "quien contamina paga". De tal manera que los costos de la contaminación vendrían a ser un elemento fijo en la competencia internacional, con lo cual de una vez se reconciliarían los intereses comerciales y los ambientales.

La primera idea consiste en introducir derechos de importación a productos protegidos, e incluso establecer un boicot sin más contra su importación. Del lado de la exportación, ésas se consideran medidas comerciales restrictivas que ya se están llevando a la práctica. La Organización Mundial del Comercio no aborda los problemas ambientales en sí, pero se preocupa en primera instancia por evitar prácticas discriminatorias en el comercio internacional, además de levantar las barreras comerciales. Por lo demás, regocija comprobar que las reglas y la disciplina de esa organización llevaron a un debate respecto a la interacción entre política comercial y medio ambiente. Incluso dentro de la OMC se estableció un comité para el comercio y el medio ambiente, que se ocupa de la complementariedad entre liberalización comercial, desarrollo económico y protección del capital ambiental. Sin duda, la aplicación de sus hallazgos puede contribuir de manera notoria a alcanzar los objetivos de un desarrollo sostenible.

La Organización Mundial del Comercio en sí tiene una posición escéptica respecto de esa tendencia a "volver verde" la política comercial. No se opone a ello mientras no sea una forma pseudocientífica de proteccionismo y mientras los criterios ambientales sirvan *erga omnes*. Un informe establecido por un grupo de trabajo del GATT, con fecha 12 de febrero de 1992,[24] establece explícitamente que no hay restricciones al derecho de un país en proteger su medio ambiente contra el daño producido por la producción local de bienes o por el uso de productos propios o importados. Reconoce, por lo demás, el derecho soberano de cada nación a establecer sus propias prioridades ambientales. Estima que la cooperación intergubernamental resulta esencial en la medida en que tenga consecuencias transfronterizas, como en el caso de la deforestación. No recomienda acciones unilaterales y defiende la posición según la cual las cargas por perjuicio ambiental deben ser compartidas entre quienes lo producen y los que tienen medios para pagarlas.

Otro aspecto comercial de la problemática ambiental se encuentra en la competencia desleal que surge a partir de productos de exportación elaborados sin tomar en cuenta los costos ambientales. Al respecto se aportan argumentos que favorecen reglamentos comerciales para compensar el diferencial de costos que proviene de normas ambientales divergentes. Se puede comparar esa problemática con el debate acerca de la exportación por países donde casi, o totalmente no existen cargas sociales sobre los costos de producción, o donde se recurre a la mano de obra infantil.

En América Latina, casi en ninguna parte se aplica el principio según el cual quien contamina paga. Hacer pagar el precio completo a gobiernos, empresas e individuos por daños ambientales inflingidos a la sociedad global resulta políticamente difícil de lograr. Igual pasa con los impuestos ecológicos en los países occidentales, porque no conviene a los gobiernos y prefieren desviar la carga hacia las generaciones venideras. Éstas sufrirán con resignación, piensan, pero eso sucede también con la generación actual. En consideración de que los efectos negativos de la contaminación ambiental se reparten por lo general en una parte amplia del territorio y de la población, resulta difícil agrupar a los afectados para exigir compensación o reposición. Por lo pronto, el monto del daño proporcionado resulta difícil de asignar y tiene un carácter especulativo, para no decir científicamente inseguro.[25] Por otro lado, ninguna disposición reglamentaria de la Organización Mundial del Comercio permite introducir restricciones a la importación de productos desde países en los cuales las medidas ambientales son insuficientes.

De tal manera, sigue siendo posible hacer "*eco-dumping*", igual que se procede a hacer translocación ecológica de empresas contaminantes. A principios de la década de los noventa surgió al respecto, en Estados Unidos un gran debate cuando se trataba de firmar el acuerdo NAFTA con México. Se temía que la zona fronteriza azteca, donde ya existen problemas muy serios de desechos sólidos y contaminación del aire y del agua, se desempeñaría como lugar de refugio para empresas contaminadoras estadounidenses. Cierto es que la posibilidad de evadir las rigurosas normas de Estados Unidos en materia ambiental, simplemente cruzando la frontera hacia el sur, falsificaría la competitividad y favorecería la deslocalización ecológica de las empresas. El debate se amplió cuando Estados Unidos perdió la batalla en un foro del GATT respecto a un litigio comercial sobre la importación del atún mexicano pescado con redes que matan a los delfines. Washington tuvo que ceder en ese litigio y se vio obligado a retirar su limitación comercial unilateral.

El presidente Clinton tuvo que añadir reglamentos ambientales al acuerdo original del NAFTA para lograr que éste fuera aprobado por el Congreso. Esas medidas crearon, entre otros, fondos complementarios para eliminar el daño ambiental del lado mexicano de los 3 mil kilómetros de frontera común. Entre 1991 y 1996 la Environmental Protection Agency gastó en eso 520 millones de dólares. Mientras tanto la situación se deterioró de tal manera que para la limpieza se requerirían ocho mil millones de dólares en un periodo de diez años. El mismo México, mientras tanto, con ayuda estadounidense, ha pedido préstamos a sociedades locales con miras a construir estaciones de purificación de agua, mejoramiento del agua potable y tratamiento de desechos sólidos.

Para los Estados latinoamericanos, igual que para otros países en vías de desarrollo, existe el problema de la adaptación de sus productos a procesos productivos que cuentan con normas ambientales rígidas impuestas por las naciones industriales. Sobre todo las pequeñas empresas, en sectores como textiles, zapatería, electrónica y muebles son frágiles porque la adaptación elevaría sus costos de producción y afectaría, desde luego, su capacidad competitiva. Contra esas medidas no tienen defensa, siempre que valgan *erga omnes*.

Sin duda, entre comercio y medio ambiente hay más de una zona de límites compartidos. Si dentro de la Organización Mundial del Comercio se llegara a introducir el respeto por normas ambientales mínimas, se requeriría definirlas de manera muy precisa. Las medidas de restricción a las importaciones, impuestas unilateralmente, no resultan nada convenientes; incluso son discriminatorias. Así establecía también la tesis explícita en el principio número 12 de la Declaración de Río de 1992. Cuanto más rápida se lleve a cabo la globalización y la liberalización del mercado mundial, más urgente se hará una coordinación mundial de normas ambientales. Durante la conferencia ministerial de la Organización Mundial del Comercio, en Singapur, en diciembre de 1996, ese argumento se escuchó una y otra vez.

El tema de la protección del medio ambiente surgió también en el contexto de las negociaciones para el Acuerdo Multilateral sobre Inversiones (AMI). Los miembros de la Organización para la Cooperación y el Desarrollo Económico (OECD) estaban negociando un tratado, desde 1995, con participación de Argentina, Brasil y Chile y otros países en vías de desarrollo. El propósito del AMI es establecer un marco incluyente para las inversiones extranjeras, ampliar el ámbito de liberalización existente, instaurar un mecanismo eficaz de solución de controversias y otorgar seguridad jurídica a los inversionistas. Aborda también compromisos en materia de temas sensibles, como aspectos laborales y de protección al medio ambiente. Unas semanas antes de la firma, prevista para abril de 1998, críticos lanzaron fuertes ataques contra el acuerdo, argumentando que daría demasiado poder a las multinacionales para oponerse a las leyes locales, sobre todo en el campo del medio ambiente y la legislación laboral.

9. Uso sostenible del medio ambiente

Resulta significativo que los problemas ambientales serios en latinoamérica sean muchas veces tanto causa como consecuencia de la pobreza, la cual, si bien siempre ha existido, antes no implicaba la destrucción del capital ambiental, como ahora se comprueba. La población indígena originaria vivía en una biosfera propia y se encargaba de conservarla. La base de recursos alcanzaba y era sostenible. Todo uso era suplido por la misma naturaleza, por lo que no había empobrecimiento. ¿Cómo se alteró la situación para que ahora resulte tan dramática? La cantidad de población y el volumen de consumo aumentaron enormemente, lo cual trajo por consecuencia el uso extensivo e intensivo de la tierra, el agua y otras fuentes naturales. Para romper el círculo vicioso del empobrecimiento emparejado a la destrucción ambiental, resulta imperioso restablecer el carácter sostenible del uso ambiental, para lo cual se requieren acciones mancomunadas en una perspectiva global.

Regocija comprobar que las naciones latinoamericanas fueron entendiendo que la defensa del medio ambiente les conviene y que la insistencia de la comunidad internacional no implica necesariamente una injerencia hegemónica en contra de su soberanía. Al contrario, los países comprobaron que los servicios ambientales pueden proporcionar un mecanismo para restablecer su balanza de pagos y para adquirir mayor peso en la mesa global de negociaciones. Eso merece estímulo. Pero por otro lado es lamentable que en lo interno se haga tan poco para llevar a la práctica el principio "quien contamina paga". En la democracia latinoamericana de intereses eso desgraciadamente resulta una utopía política. Por lo demás, es lamentable que los problemas ambientales brillen prácticamente por su ausencia en la agenda de la cooperación regional.

El enfoque con que se aborden los problemas del medio ambiente depende en buena medida de acuerdos institucionales, de los estímulos con que se encuentran confrontadas tanto las empresas individuales como las economías y de los derechos efectivos de propiedad.[26] Cuando los estímulos ambientales son malos, como sucede en la silvicultura y la pesca, el capital ambiental se malgasta rápidamente en forma poco económica y nada sostenible. Así, los estímulos favorecen un afán por satisfacer de manera irracional los deseos individuales, provocando de paso que la generación futura no pueda utilizar el mismo recurso ambiental para sus propias necesidades. Cuando los estímulos se conciben adecuadamente se puede lograr una relación tan sostenible como productiva entre el hombre y la naturaleza. Por ello, el establecimiento de estímulos ambientales debe verse como un desafío importante.

Como sucede en la lucha frontal contra las drogas ilegales la protección adecuada del medio ambiente requiere en lo posible un enfoque global e integral, lo primero en cuanto se refiere a los participantes en la cooperación internacional y lo segundo en cuanto a la materia.[27] La prevención y la rehabilitación del daño ecológico merecen similar atención. La protección paliativa, si fuera posible todavía, resulta mucho más costosa a la larga. La preocupación por proteger las riquezas naturales y reducir el consumo energético debe estar presente tanto en las etapas de desarrollo de los productos como de los procesos productivos, igual que en la planificación de asentamientos humanos, el uso de la tierra y del agua y la tala de árboles. Crear conciencia ambiental requiere educación y modificaciones en diversos patrones culturales, para lo cual la población indígena latinoamericana puede servir de modelo. A pesar de todo, ¿será cierto que Abya Yala, el mundo que surge de la tierra, todavía pueda dar lecciones valiosas?

Notas

[1] En el periodo 1981-1990 (no se dispone de datos más recientes), en Costa Rica la deforestación anual era de 2.6%, felizmente en los últimos años se ha notado un esfuerzo de reforestación del 13,3%. Así se ha logrado reducir el margen entre área reforestada y área deforestada, porque ya no existen muchos bosques naturales productivos que deforestar y que la legislación ha hecho una mayor regulación de la misma. (PNUD, *Informe sobre el desarrollo humano* 1997, p. 214).

[2] En América Latina la recolección de basura doméstica e industrial se hace de una manera bastante mejor que en Yakarta o en Dar es-Salaam, donde la situación es simplemente dramática. El promedio de recolección en Caracas, Santiago, Buenos Aires, Río de Janeiro y otras ciudades grandes fluctúa entre 91 y 99%. En Curitiba (Brasil) los habitantes aportan sus propios sacos de basura desde colinas inaccesibles y, a cambio, tienen derecho a cupones para el transporte. Sin embargo, la basura recolectada termina generalmente en botaderos abiertos o se usa para nivelar terrenos. Cada vez más se recurre a rellenos sanitarios y se aplican sanciones para evitar el depósito de desechos industriales nocivos sin garantías mínimas en ríos, cuencas hidrográficas o terrenos baldíos. Los desechos sólidos constituyen más bien un problema local, excepto cuando se afecten las aguas subterráneas por filtraciones.

[3] En la definición de biodiversidad se incluye: diversidad de ecosistemas, diversidad entre especies y diversidad dentro de especies (genética).

[4] Comisión de Desarrollo y Medio Ambiente de América Latina y el Caribe, *Nuestra propia agenda*, Banco Interamericano de Desarrollo y PNUD, 1992, pp. 23-27

[5] World Resources Institute, *World Resources 1992-1993*, Oxford University Press, 1992.

[6] Piers Blaikie & Harold Brookfield, *Land degradation and society*, Londres, 1987.

[7] Banco Mundial, *World Development Report 1992*, Oxford University Press, 1992, capítulo 2.

[8] Antonio Augusto CanÁado Trinidade (ed.), *Derechos humanos, desarrollo sustentable y medio ambiente*. Instituto Interamericano de Derechos Humanos, San José, 1995, pp. 102-111.

[9] IRELA, *Poverty in Latin America: causes and costs*, Dossier, núm. 46, Madrid, septiembre, 1993, p. 19.

[10] El río Lempa drena 40% en El Salvador y tiene 45% de su superficie en Guatemala y Honduras. Provee 98% de la energía eléctrica de El Salvador. El estado avanzado de deterioro de ese río en cien años podría disminuir en 40% el porcentaje de energía generada.

[11] En América Latina existe un cultivo forestal muy extensivo en las zonas climatológicas moderadas y boreales, como Argentina y Chile. Un fenómeno nuevo que surgió en los últimos años es la amenaza de la explotación masiva de los bosques húmedos templados y fríos para reemplazar la reducción de bosques similares en América del Norte y producir «*wood chips*» para el mercado internacional, sobre todo en Japón. Esta industria ha tenido un impacto enorme sobre el frágil ecosistema forestal del sur de Chile y Argentina. En cambio, la reforestación en estas zonas climatológicas no constituye un problema. En consideración de que los árboles plantados (sobre todo eucaliptos y pinos) crecen más rápidamente en el hemisferio sur que en Estados Unidos y los países escandinavos, se comprueba ahí una colosal reforestación en la cual están implicadas grandes empresas madereras extranjeras. La multinacional norteamericana International Paper tiene varias plantaciones de pino en Chile. El interés foráneo en los asuntos forestales implicó, incluso, que aumentaran los precios de la tierra. En el nivel mundial, Brasil está en primer lugar en lo que se refiere a plantación de nuevos árboles, seguido por Argentina, Nueva Zelanda, Indonesia y Tailandia; Chile se encuentra en el sexto.

[12] T. L. Erwin, *The tropical forest canopy: the heart of biotic diversity.* E. O. Wilson, Biodiversity, National Academy Press, Washington, 1988. Véase también: A. J. Grayson (ed.), *The world's forests: international iniciatives since Rio.* The Commonwealth Forestry Association, 1995.

[13] En 1996 sólo se dispone de estadísticas del periodo 1981-1990, algo que en sí resulta un tanto sospechoso, a sabiendas de que existen imágenes por satélite que se confeccionan periódicamente. ¿Qué se esconde detrás de esta «laguna informativa»?

[14] Alex Shoumatoff, *Qui a tué Chico Mendes?* Editions Payot, 1991. Véase también: Ronald M. Schneider, *Brazil, culture and politics in a new industrial* powerhouse. Westwiew, Press, Oxford, 1996.

[15] Documento de la Comisión de la Unión Europea, *Meeting cooperation European Union- Brazil* abril 18, 1996; Point IV-3, Environmental cooperation.

[16] Sobre todo en los estados de Mato Grosso, Pará, Tocantins, Rondãnia y Maranh, en incontables lugares el bosque tropical se encuentra en llamas. Sin embargo, las quemas más grandes se originan al este del bosque. En 1997, el INPE contabilizó más de 25 mil quemas en la región amazónica, más de 5 mil más que el año anterior.

[17] Johan Bastiaensen, "Ontbossing en ontwikkeling, een voorbeeld van Nicaragua", *Streven,* Bélgica, enero, 1996.

[18] Brundtland Commission, *Our Common Future,* Nueva York, 1987.

[19] Ronald Bailey, *Eco-scan: The false prophets of ecological apocalypse,* St. Maartens Press, Nueva York, 1993.

[20] Peter Read, *Responding to global warming: The technology, economics and politics of sustainable energy,* Atlantic Highlands, Zed Books, 1994.

[21] El Niño es el nombre dado a una corriente tibia que llega a las costas de Perú y Ecuador cada Navidad. Ahora el término se utiliza para referirse mundialmente a las corrientes muy calientes y prolongadas que llegan cada dos a siete años al inicio del verano y que pueden durar hasta 22 meses. En 1993 El Niño redujo el BNP de Perú un 12%, la producción agrícola un 8.5% y la producción de la vital industria pesquera un 40%. Perú demoró 10 años en recuperarse de este desgaste enorme. En 1997-1998 El Niño provocó una nueva catástrofe en este país andino.

[22] John Ravenhill, "The North-South balance of power", *International Affairs,* vol. 66, núm. 4, 1990.

[23] Joseph S. Tulchin & Andrew I. Rudman, *Economic development and development protection in Latin America.* Woodrow Wilson International Center for Scholars, 1991, p.2.

[24] GATT, *Trade and environment document 1529,* febrero 3, de 1992. Véase también: Jessica Tuchman Mathews (ed.), *Preserving the global environment, the challenge of shared leadership,* Nueva York, 1991.

[25] Daniel C. Esty, "GATTing the greens", *Foreign Affairs,* noviembre-diciembre, 1993.

[26] Ronald Bailey et al., *The true state of the planet,* The Free Press, Nueva York, 1995.

[27] Gunter Schramm & Jeremy J. Warford (eds.), *Environmental management and economic development,* Banco Mundial y John Hopkins University Press. Véase también: Banco Mundial, *Mainstreaming the environment,* 1995.

Epílogo

América Latina nunca fue un continente "predecible". También ahora ofrece un gran horizonte con un abanico de desafíos y opciones abiertas. Los años noventa introdujeron muchas modificaciones *prima facie*, pero también desnudaron muchos problemas profundos que requieren cirugía inmediata.

El repliegue de los dictadores y la reapertura de los parlamentos constituyó una gran victoria para la democracia "electoral". Pero ésta requiere cambios, sobre todo hacia una igualdad razonable de ingresos y oportunidades, porque jamás antes resultó tan grande la brecha socioeconómica, que no hace sino crecer. Los actuales avances económicos generan una pérdida de empleos. Sin embargo, los "esfuerzos propios" que los gobiernos están dispuestos a imponerse y a sus súbditos para superar esta dramática desigualdad resultan muchas veces insuficientes. Si la "democracia" latinoamericana no se transforma en una "democracia social", su propia supervivencia está en peligro. La indiferencia con la cual se ven las elecciones hoy en día no deja margen de duda al respecto. Después de la caída del Muro de Berlín las guerrillas supieron agenciárselo para tener sus propios ingresos con miras a exigir mayor igualdad, en la mesa de negociaciones, si se puede, y con las armas, si se debe.

La Gran Patria de Bolívar vive bajo el temor, porque la violencia política cedió para dar paso a la violencia social y la delincuencia, que se manifiestan claramente como un hecho cultural incorporado. El ciudadano vive atrincherado y dejó la calle para el delincuente. La pobreza no es la única causa, sino que se recurre a toda clase de delitos, en primer lugar por la ganancia económica fácil. La impunidad adquirió proporciones inauditas, por lo que, en realidad, el delito se transformó en una actividad económica privada. Muchos expolicías, militares despedidos, guerrillas anuladas, agentes de seguridad dejados cesantes por barones de la droga encarcelados, pero sobre todo bandas juveniles hacen su agosto con este *business* particular. La población pareciera tan impotente y abatida al respecto que no logra un despertar ético.

Los derechos humanos, sobre todo el derecho a la vida y la integridad física de la persona, se pisotean tanto como antes, con la diferencia de que ahora la violencia del Estado no es más un mecanismo de control social y los gobiernos aparecen menos como autores. Siguen siendo culpables, sin embargo, en la medida en que no son capaces de garantizar estos derechos y castigar a los culpables. El restablecimiento del Estado de derecho deja mucho que desear. Los derechos políticos están garantizados, pero no llevan a cambios sociales. En lo que se refiere a derechos económicos y sociales, la creciente disparidad de ingresos no hizo sino aumentar la brecha socioeconómica.

Muchos gobiernos ponen su mejor empeño para superar los problemas de las dictaduras pasadas. Su búsqueda de reconciliación nacional no terminó necesariamente, pero el problema no es nada fácil y el arrepentimiento mutuo suele faltar, lo cual debilita la base moral de todo intento de reconciliación impuesto desde arriba. La amnistía se utilizó demasiado como un recurso meramente político que deja en las víctimas y en su familia una sensación amarga de injusticia. Mientras no se logre aclarar y castigar las muchas desapariciones, no se puede esperar una verdadera reconciliación. Y, sin embargo, una democracia sin arrepentimiento nacional y absolución no tiene futuro.

Pasaron los tiempos de los modelos de desarrollo proteccionistas, para abrir las economías hacia la integración regional y global, lo cual no transcurre sin dificultades, porque siempre hay ganadores y perdedores. Es el caso, sobre todo, en lo que se refiere a la incorporación en el mercado global. Una globalización al galope puede llevar al suicidio político. Es imprescindible prever las etapas para la transición, lo cual también aumenta las oportunidades para los bloques regionales de integración y para establecer alianzas estratégicas con terceros países. El MERCOSUR probó ser exitoso y contagioso por lo que se transformó en auténtica locomotora para la integración latinoamericana en el mejor espíritu bolivariano.

No hay desafío más global que la lucha contra las drogas ilegales. La coincidencia entre la ganancia económica enorme de los narcotraficantes y la intrínseca debilidad humana de los consumidores la convierten en una lucha sin fin. Por desgracia, respecto de los narcóticos ilícitos son más los problemas globales que las soluciones del mismo signo y el desencanto en la lucha se generaliza. Lo anterior provoca la tentación de la sirena y la legalización como solución fácil, pero el debate respectivo no está maduro todavía en cuanto a sus consecuencias físicas, psíquicas y morales. Independientemente del daño individual por la adicción que generan, los estupefacientes han demostrado ejercer un impacto desestabilizador al extremo en la convivencia latinoamericana, sus instituciones políticas y su economía. La pregunta podría hacerse acerca de cuál es en realidad el poder más grande, el de los narcotraficantes o el de aquellos que los protegen. También la comunidad internacional tiene que asumir su parte de responsabilidad porque es demasiado cómodo echar la culpa a los países productores. Tiene que apoyar resueltamente los esfuerzos de las naciones que se lo toman en serio para revertir el problema colosal. En su propio terreno se impone acción más represiva, pero también, sobre todo, actuar de manera preventiva para reducir la demanda.

En este continente penetró finalmente la percepción según la cual la protección ambiental no es o no constituye un problema de lujo sólo para países ricos e industrializados. Se ha tenido que comprobar por dentro que la destrucción del capital ambiental no es sostenible. Ahí la degradación de los suelos nunca fue mayor y jamás antes resultaron tan contaminados el agua y el aire. La cuestión de la deforestación de la selva tropical es muy delicada. El papel que juega ésta a favor del clima global no se ha demostrado de manera incontestable, en un nivel científico. En el mejor de los casos los efectos sospechados se distribuyen a más largo plazo. Por otro lado, con su riqueza en árboles, fauna y flora, constituyendo una biodiversidad increíble, el bosque tropical tiene también un valor enorme para el desarrollo económico autónomo. No se está dispuesto a ceder esta carta bajo la manga sin contrapartida a países que continúan ellos mismos con la destrucción de su propio entorno por mero afán de ganancias. Dando y pasando, se llama la regla. El medio ambiente adquirió también un valor de mercado en términos políticos. Todos estamos en la obligación de lograr para la generación actual y las venideras, los acuerdos internacionales vinculantes, que resulten eficientes en términos de costo, razonables y verificables. En efecto, el compromiso "protección del bosque / reducción de emisiones de CO_2" firmado durante la Cumbre Ambiental de Río de Janeiro no se respetó por ninguna de las dos partes. Ojalá los Acuerdos de Kyoto tengan mejor suerte.

Esta revisión general de una serie de desafíos urgentes en América Latina lleva a una agenda que debe permitir entrar al tercer milenio con oportunidades mayores para la igualdad social, la paz y el desarrollo sostenible. La comunidad internacional tiene que estar dispuesta a contribuir a su realización, sobre todo en países más pobres. Ahora bien, sólo lo hará si comprueba un adecuado esfuerzo propio. Desarrollo es, en primera instancia, desarrollo de sí mismo.

ÍNDICE DE MAPAS

Mapa I.1 Repliegue de las dictaduras militares en quince países de América Latina entre 1979 y 1991, pág. 34.
Mapa I.2 Repliegue de la guerrilla latinoamericana, pág. 59.
Mapa VI.1 El Mercado Común Centroamericano (MCCA), pág. 283.
Mapa VI.2 La Comunidad Andina, pág. 288.
Mapa VI.3 MERCOSUR, pág. 292.
Mapa VIII.1 Rutas de tránsito de las drogas, pág. 372.

ÍNDICE DE CUADROS

Cuadro I.1 Gastos militares, pág. 29.
Cuadro I.2 Descontento con la democracia, pág. 78.
Cuadro II.1 Hogares pobres en América Latina, en la década de los noventa (porcentajes), pág. 95.
Cuadro II.2 Desigualdad de ingresos (1989-1994), pág. 102.
Cuadro II.3 Crecimiento real del PNB global y *per capita* en América Latina, pág. 106.
Cuadro II.4 Indicadores sociales en América Latina en los años noventa, pág. 109.
Cuadro II.5 Distribución geográfica de la población latinoamericana (porcentaje), pág. 112.
Cuadro II.6 Impuestos recaudados o ingresos tributarios en 1995, pág. 130.
Cuadro III.1 Cantidad de asesinados por año por 100 000 habitantes (fin de la década de los ochenta y principios de los noventa), pág. 141.
Cuadro III.2 Ordenamiento según grado de corrupción en América Latina, a partir de su percepción por parte de los empresarios, pág. 150.
Cuadro V.1 Diversas leyes de amnistía en América Latina desde 1978, pág. 223.
Cuadro V.2 Asesinatos y desapariciones ocurridos durante las dictaduras y las guerras civiles en América Latina, pág. 224.
Cuadro V.3 Justicia y reconciliación nacional en América Latina, pág. 268.
Cuadro VI.1 Regionalismo abierto y cerrado en América Latina, pág. 278.
Cuadro VI.2 Sinopsis de los bloques regionales (1996), pág. 281.

Cuadro VI.3 Comercio intrarregional como porcentaje de la exportación total, pág. 303.
Cuadro VI.4 Ensayo de eficiencia del regionalismo abierto en América Latina (porcentaje de aumento entre 1992 y 1995), pág. 307.
Cuadro VII.1 Comercio mundial de mercancías de 1988 y 1996 (en miles de millones de dólares), pág. 326.
Cuadro VII.2 Inversiones extranjeras directas en América Latina, 1990-1996 (en millones de dólares estadounidenses), pág. 333.
Cuadro VII.3 Forma de la inversión extranjera directa en los siete países más importantes de América Latina, 1990-1995, pág. 337.
Cuadro VII.4 Inversiones directas extranjeras aportadas vía privatizaciones (1990-1995), pág. 338.
Cuadro VII.5 Índice de precios de transacciones en los principales mercados de valores de América Latina, antes y después del torbellino del sudeste asiático de octubre de 1997, pág 347.
Cuadro VII.6 Inversiones de capital extranjero en América Latina (1993), pág. 348.
Cuadro VII.7 Grado de integración de siete países latinoamericanos en 1992-1993, pág. 352.
Cuadro IX.1 Causas directas de la erosión de los suelos en América Latina, pág. 410.
Cuadro IX.2 Causas indirectas de erosión de suelos en América Latina, pág. 412.
Cuadro IX.3 Acceso a agua potable, en porcentajes (1975-1980 y 1990-1996), pág. 414.
Cuadro IX.4 Reforestación y deforestación en América Latina adaptado, pág. 421.

Índice de gráficos

Gráfico II.1 Porcentaje de hogares bajo la línea de pobreza en países de América Latina, pág. 96.
Gráfico II.2 Evolución de la desigualdad de ingresos en América Latina (1970-1995), 20% más ricos / 20% más pobres, pág. 103.

Índice general

Prólogo de Óscar Arias	7
Introducción	9
Capítulo I. Difícil transición hacia la democracia social	23
1. Oportunidades inauditas para la democracia "electoral"	25
2. América Latina: incidencia de sus tradiciones autoritarias	28
3. Diferentes modalidades en el ejercicio del poder militar	31
4. El atardecer de los generales	32
5. ¿Hacia el fin negociado de la resistencia armada?	58
6. Cuba: auténtico Galápagos de la Guerra Fría	73
7. La gran desilusión "social" de la democracia "electoral"	77
8. Hacia una democracia "social"	84
Notas	86
Capítulo II. Lucha frontal contra la pobreza y la desigualdad social	91
1. El peligroso aumento del empobrecimiento	95
2. Pobreza e injusticia social, una pareja indisoluble	100
3. Perfil de un siglo de pobreza y desigualdad	105
4. Grupos sensibles a la pobreza	110
5. ¿Es fatal la pobreza?	118
6. Elevar los egresos sociales insuficientes y equiparar las oportunidades	127
7. América Latina, ¿un gran paraíso fiscal?	128
8. Alegato a favor de un mayor "aporte propio"	131
Notas	133
Capítulo III. La vorágine de la violencia privada y de la delincuencia organizada	135
1. Formas de delincuencia	139
2. La violencia común, ¿un fenómeno debido a la pobreza o una iniciativa económica privada?	152
3. Consecuencias de la delincuencia	159
4. Lucha contra la violencia	162
Notas	171

CAPÍTULO **IV**. RESPETO POR LOS DERECHOS HUMANOS 173
  1. Normas no faltan... 177
  2. Derechos civiles y políticos 179
  3. Derechos económicos, sociales y culturales 196
  4. Los derechos de los niños 204
  5. Los derechos colectivos de la población indígena 206
  6. Los derechos humanos de "izquierda" en Cuba 209
  7. La presión internacional: un centinela imprescindible 211
  Notas 216

CAPÍTULO **V**. LOS CRÍMENES MASIVOS Y SISTEMÁTICOS DEL PASADO; JUSTICIA Y RECONCILIACIÓN NACIONAL 219
  1. El pasado se resiste a irse 221
  2. Impunidad forzada en Argentina 225
  3. Impunidad forzada y refrendada por referendo en Uruguay 232
  4. Chile, perdón sin arrepentimiento 235
  5. El caso salvadoreño: la amnistía apresurada 242
  6. Guatemala. La Comisión para el Esclarecimiento Histórico como calmante político para un frágil acuerdo de paz 249
  7. Honduras. La aplicabilidad de leyes de amnistía al caso de desapariciones 254
  8. ¿Qué tan eficientes son las comisiones de la verdad? 258
  9. Una tarea inconclusa 259
  10. Amnistía y reconciliación nacional 263
  11. La desaparición: el crimen no acabado 265
  12. Balance provisional de los esfuerzos para justicia y reconciliación nacional 267
  Notas 270

CAPÍTULO **VI**. CONSOLIDACIÓN DE LA INTEGRACIÓN ECONÓMICA REGIONAL 273
  1. Con CEPAL: desde el regionalismo cerrado hacia el regionalismo abierto 277
  2. El Mercado Común Centroamericano 280
  3. La Comunidad Andina resucita de sus propias cenizas 287
  4. El arranque eufórico del MERCOSUR 290
  5. Cuellos de botella para los esquemas regionales de integración 297
  6. Ensayo de eficiencia para el regionalismo abierto 306

7. La integración panamericana o el superregionalismo
(ALCA) 308
8. Alegato por una asociación de libre comercio
latinoamericana con Mercosur como catalizador 312
9. Integración económica como garantía para la
preservación de la democracia y la paz 314
Notas 317

Capítulo VII. Integración en la economía global 319
1. Los primeros efectos de la globalización en
el intercambio de bienes son negativos 324
2. Los servicios, un terreno prácticamente virgen 328
3. Florecimiento de la inversión extranjera directa 331
4. Privatización, la gran tentación pasajera 337
5. Pocos son los llamados al mercado internacional
de capitales 345
6. ¿Cuál es el grado de integración de las economías
latinoamericanas en la economía global? 351
7. ¿Qué beneficios implica una globalización para
América Latina? 353
8. Alegato para una globalización gradual 355
Notas 357

**Capítulo VIII. Las drogas: más problemas globales
que soluciones globales** 359
1. Incidencia del problema de la droga 362
2. Consecuencias sociales y económicas de la producción
y consumo de drogas 378
3. Las drogas como amenaza para la democracia
y las instituciones 380
4. La comunidad internacional y la lucha contra las drogas 384
5. La lucha contra las drogas, misión imposible 390
Notas 403

Capítulo IX. Conservación del medio ambiente 405
1. Degradación de los suelos 409
2. Contaminación de las aguas 413
3. Contaminación del aire 416
4. Deforestación de la selva tropical 418

5. Emisión de gases de invernadero y agujeros en
la capa de ozono 427
6. Cambios climáticos 432
7. ¿El medio ambiente y la biodiversidad tienen
un valor estratégico? 434
8. Política comercial como un trampolín para la
protección ambiental 437
9. Uso sostenible del medio ambiente 440
Notas 443

Epílogo 445

Índice de mapas 449

Índice de cuadros 449

Índice de gráficos 450

Desafíos para América Latina terminó de imprimirse en abril de 1999, en Litográfica Ingramex, S.A. de C.V. Centeno 162, Col. Granjas Esmeralda, C.P. 09810, México, D.F. Composición tipográfica: Fernando Ruiz. Cuidado de la edición: Rafael Luna, Josefina Jiménez, Rafael Serrano y Ramón Córdoba.